微型金融经营管理与创新

刘志友 编著

责任编辑：王雪珂
责任校对：孙 蕊
责任印制：陈晓川

图书在版编目（CIP）数据

微型金融经营管理与创新/刘志友编著. —北京：中国金融出版社，2020.11

ISBN 978 - 7 - 5220 - 0858 - 5

Ⅰ.①微… Ⅱ.①刘… Ⅲ.①企业管理—金融管理—研究—中国 Ⅳ.①F279.23

中国版本图书馆 CIP 数据核字（2020）第 205902 号

微型金融经营管理与创新
WEIXING JINRONG JINGYING GUANLI YU CHUANGXIN

出版
发行 中国金融出版社
社址 北京市丰台区益泽路 2 号
市场开发部 （010）66024766，63805472，63439533（传真）
网上书店 http://www.chinafph.com
（010）66024766，63372837（传真）
读者服务部 （010）66070833，62568380
邮编 100071
经销 新华书店
印刷 保利达印务有限公司
尺寸 169 毫米×239 毫米
印张 23.5
字数 342 千
版次 2020 年 11 月第 1 版
印次 2020 年 11 月第 1 次印刷
定价 69.00 元
ISBN 978 - 7 - 5220 - 0858 - 5
如出现印装错误本社负责调换 联系电话 （010）63263947

目 录

第一章 微型金融的产生与发展 ·· 1
 第一节 微型金融的产生 ·· 1
  一、微型金融的含义 ·· 1
  二、微型金融的产生 ·· 2
  三、微型金融产生与发展的社会经济背景 ······················ 8
  四、微型金融产生与发展的理论基础 ···························· 16
 第二节 我国微型金融的创建与发展 ································· 27
  一、以农村信用合作社形式探索发展阶段（1949—1978 年）······ 27
  二、改革开放后城乡小微金融共同发展阶段（1979—2004 年）······ 28
  三、微型金融快速发展阶段（2005—2015 年）················ 31
  四、大力发展普惠金融阶段（2015 年以后）··················· 35

第二章 微型金融的组织结构 ··· 39
 第一节 微型金融组织的类型 ·· 39
  一、微型金融机构组织形式的分类与演变 ······················ 39
  二、国际微型金融机构主要模式 ···································· 42
 第二节 我国的微型金融组织 ·· 56
  一、主要从事微型金融业务的正规金融机构 ·················· 56
  二、只设立微型金融业务部门的正规金融机构 ·············· 79
 第三节 微型金融企业的组织结构 ····································· 84
  一、微型金融机构的公司治理现状 ································ 84

二、股东（社员）大会 ………………………………………… 89
　　三、董事（理事）会 …………………………………………… 94
　　四、监事会 ……………………………………………………… 96
　　五、高级经营管理层 …………………………………………… 97
　　六、党委会 ……………………………………………………… 98
第四节　我国微型金融企业的公司治理现状及优化 ……………… 99
　　一、我国微型金融组织公司治理中存在的问题 ……………… 99
　　二、我国微型金融组织公司治理结构创新 …………………… 105

第三章　微型金融企业的业务 ………………………………………… 110
　第一节　微型金融企业的资产负债表 …………………………… 110
　　一、微型金融企业资产负债业务结构与基本特点 …………… 110
　　二、微型金融企业资产负债规模现状分析 …………………… 116
　第二节　微型金融企业的负债业务 ……………………………… 117
　　一、同业和其他金融机构存放款项 …………………………… 117
　　二、向中央银行借款 …………………………………………… 118
　　三、拆入资金 …………………………………………………… 120
　　四、衍生金融负债 ……………………………………………… 120
　　五、卖出回购金融资产款 ……………………………………… 121
　　六、吸收存款 …………………………………………………… 121
　　七、负债业务的新变化 ………………………………………… 122
　第三节　微型金融企业的资产业务 ……………………………… 124
　　一、交易性金融资产 …………………………………………… 124
　　二、买入返售金融资产 ………………………………………… 125
　　三、可供出售金融资产 ………………………………………… 126
　　四、发放贷款及垫款 …………………………………………… 127
　　五、持有至到期投资 …………………………………………… 128
　　六、长期股权投资 ……………………………………………… 129
　第四节　微型金融企业的表外业务 ……………………………… 130

一、商业银行表外业务的含义与分类 …………………………… 130
　　二、微型金融机构表外业务的特点 ……………………………… 136
　第五节　微型金融企业业务发展的现状与创新 …………………… 137
　　一、微型金融业务发展的现状分析 ……………………………… 137
　　二、微型金融业务发展的模式创新与推进策略 ………………… 146

第四章　微型金融的需求与供给 ……………………………………… 154
　第一节　微型金融的需求分析 ……………………………………… 154
　　一、微型金融的需求主体分析 …………………………………… 154
　　二、中小微企业的资金需求分析 ………………………………… 157
　　三、中小微企业的其他金融服务需求 …………………………… 159
　第二节　微型金融的供给分析 ……………………………………… 161
　　一、微型金融的供给主体 ………………………………………… 161
　　二、微型金融服务的供给政策分析 ……………………………… 162
　　三、微型金融的资金供给规模分析 ……………………………… 166
　　四、微型金融的供给结构分析 …………………………………… 167
　第三节　微型金融供求制约因素与优化策略 ……………………… 170
　　一、微型金融供求制约因素分析 ………………………………… 170
　　二、微型金融供求优化策略选择 ………………………………… 174

第五章　微型金融企业的经营目标与定位 …………………………… 179
　第一节　微型金融企业经营的内外部环境分析 …………………… 179
　　一、内部环境分析 ………………………………………………… 179
　　二、外部环境分析 ………………………………………………… 181
　第二节　微型金融企业的目标与定位 ……………………………… 185
　　一、微型金融的发展战略与目标 ………………………………… 185
　　二、微型金融的发展定位：紧贴县域新农村和社区主战场 …… 189
　第三节　新时代微型金融企业经营管理转型发展的趋势 ………… 200

一、新时代的发展战略与经营定位决定了微型金融机构未来
经营管理的重点 ………………………………………… 200
二、新时代微型金融经营管理的转型发展之路 ……………… 202

第六章 金融科技推动微型金融企业经营管理变革与创新 ………… 205
  第一节 金融科技的产生与发展 …………………………………… 205
    一、金融科技的产生 …………………………………………… 205
    二、金融科技的发展阶段 ……………………………………… 206
    三、金融科技发展的现状特征分析 …………………………… 207
  第二节 金融科技冲击商业银行 …………………………………… 211
    一、金融科技对商业银行资产端的冲击 ……………………… 211
    二、金融科技对商业银行负债端的冲击 ……………………… 214
    三、金融科技对商业银行中间业务的冲击 …………………… 218
    四、金融科技对商业银行经营管理的影响与冲击 …………… 220
  第三节 金融科技赋能商业银行 …………………………………… 224
    一、金融科技赋能商业银行的资产端 ………………………… 224
    二、金融科技赋能商业银行的负债端 ………………………… 226
    三、金融科技赋能商业银行的中间业务 ……………………… 228
    四、依靠金融科技推动物理网点向轻型化、智能化转变,
        提高商业银行科学管理水平 ……………………………… 231
  第四节 金融科技运用对商业银行经营管理影响的实证分析 …… 232
    一、研究假设 …………………………………………………… 232
    二、变量选取与衡量 …………………………………………… 233
    三、样本选择与数据来源 ……………………………………… 237
    四、描述性统计及检验 ………………………………………… 238
    五、研究设计 …………………………………………………… 240
    六、实证结果分析 ……………………………………………… 241
    七、研究结论与政策建议 ……………………………………… 247
  第五节 微型金融企业科技运用的实践与探索 …………………… 248

  一、互联网民营银行的率先实践 …………………………………… 248

  二、农村信用社和农村商业银行系统的金融科技运用 …………… 251

第七章 微型金融企业的内部控制与风险管理 ……………………………… 271

 第一节 内部控制与风险管理的关系 ……………………………………… 271

  一、商业银行内部控制各环节的职责界定 ………………………… 271

  二、内部控制、风险控制、内部审计的关系 ……………………… 274

 第二节 我国微型金融组织的内部控制现状分析 ………………………… 277

  一、我国微型金融组织的内部控制现状 …………………………… 277

  二、我国微型金融组织内部控制工作存在的问题与原因 ………… 280

  三、加强我国微型金融组织内部控制工作的几点思考 …………… 282

 第三节 我国微型金融组织风险管理现状分析 …………………………… 284

  一、我国微型金融组织经营风险现状 ……………………………… 284

  二、我国微型金融企业风险形成的主要原因 ……………………… 298

  三、微型金融企业防范与化解风险的几点思考 …………………… 300

 第四节 微型金融企业风险管理创新案例分析 …………………………… 304

  一、商业银行推行绩效工资延时支付制度 ………………………… 304

  二、大丰农村商业银行运用薪酬设计、绩效考核等激励约束

    机制，有效控制银行业务风险，提高经营效益 ……………… 304

  三、村镇银行集团化内部控制和风险管理模式 …………………… 307

第八章 微型金融企业的内部审计与外部监管 ……………………………… 313

 第一节 微型金融企业的内部审计与外部监管现状分析 ………………… 313

  一、微型金融企业的内部审计监督现状 …………………………… 314

  二、微型金融企业的外部监管现状 ………………………………… 315

 第二节 微型金融企业内部审计改进与创新 ……………………………… 333

  一、微型金融企业内部审计工作的改进思考 ……………………… 333

  二、农村商业银行内部审计技术创新实践 ………………………… 334

  三、村镇银行内部审计的组织创新 ………………………………… 340

第三节 微型金融企业的监管创新 …………………………… 342
  一、微型金融企业金融监管的理念创新 …………………… 342
  二、金融监管的组织创新，提高微型金融监管的针对性，
     增强微型金融企业监督的属地性 ………………………… 344
  三、探索建立适应微型金融企业的适应性监管指标体系 ……… 351

参考文献 ………………………………………………………… 355

后记 ……………………………………………………………… 366

第一章 微型金融的产生与发展

第一节 微型金融的产生

一、微型金融的含义

微型金融一词最早由世界银行在全球推广,其发起成立的扶贫咨询委员会(CGAP)是国际上颇具权威的微型金融研究和推广机构。关于微型金融的定义,目前理论界并没有统一的界定,主要是因为讨论问题的对象不同和时间差异。顾名思义,"微"是指小、精或少,就是主体小、对象精和方式少。所以关于微型金融的传统理解往往局限在金融机构自身规模小(早期主要是指小额信贷、村镇银行等),金融业务规模小(每笔业务的规模较小),金融服务对象小而弱(被正规金融体系排除在外的人或小企业),金融服务种类少(主要提供小额贷款服务)等。根据世界银行的定义,微型金融(Microfinance)是指对低收入家庭提供贷款、储蓄、保险及货币支付等一系列金融服务,其核心是微型信贷(Microcredit),即对没有收入来源的借款者提供无抵押贷款,但是微型金融不仅仅是小额信贷,还包括存款、保险及汇兑等金融服务。

在微型金融的概念被引入中国时,有关学者将其译作"小额信贷",这实际上是一种与中国的社会现实紧密结合的译法。微型金融和小额信贷的内涵和所反映的理念都有很大差别。小额信贷只强调为低收入者提供贷款服务,其隐含的假设是,贷款是低收入者最缺乏也是最需要的金融服务；而微型金融是一个内涵更广的概念，既包括贷款服务，也包括储蓄、汇款、转账、保险等一系列金融服务，其隐含的假设是，低收入者需要的是全方位的金融服务。

近年来，随着世界经济的发展、金融业务技术手段的进步以及各国对消灭贫困问题的重视，微型金融的内涵和外延都有了较大发展，一幅从小额信贷到微型金融再到普惠金融的微型金融发展路线图已十分清晰，微型金融活动已成为所有金融机构的必要组成部分。微型金融已经发展为一个非常宽泛的概念，只要是以低收入群体为目标的各种类型的金融服务，无论其性质、规模和发起人如何，都应该算作微型金融业务。因此，微型金融既包括正规金融机构（如商业银行）所开展的微型金融服务，也包括非正规机构和个人所开展的微型金融服务，既包括商业化的、以盈利为目的的微型金融，也包括非商业化的微型金融项目，如国家发起的针对穷人的扶贫贷款项目。

二、微型金融的产生

从国际上看，微型金融源于 20 世纪 70 年代为贫困人口提供以贷款为主的金融服务和非金融企业咨询服务的试验，微型金融引起世界性的关注源于穷人银行家、经济学家、格莱珉银行创始人穆罕默德·尤努斯（Muhammad Yunus）于 2006 年获得诺贝尔和平奖，实际上此时各国为贫困人口提供的这种小型金融服务已经取得了非常引人注目的成绩，"为表彰他们从社会底层推动经济和社会发展的努力"，诺贝尔委员会把 2006 年和平奖授予穆罕默德·尤努斯与他创立的孟加拉乡村银行。这既是对为从事国际贫困事业而努力的人们的一种褒奖，又吹响了国际重视发展微型金融的冲锋号。联合国在宣传"2005 年国际小额信贷年"时提出了建立"普惠金融体系"的理念，确立社会个体享受金融服务的基本平等权利，强调金融体系要有效、全方位地为社会所有阶层和群体提供服务。这也标志着国际微型金融事业从此迈向新的历史阶段。到目前为止，我们可以把微型金融的产生与发展划分为四个阶段，即小额信贷阶段、微型金融初创阶段、微型金融发展阶段和普惠金融阶段。

（一）小额信贷阶段（20世纪70年代以前）

世界各国在20世纪70年代以前多有支持农村和农民的小额贷款，18世纪爱尔兰信贷体系就给没有抵押担保的贫困农民提供小额贷款，19世纪欧洲出现了更加规模化和正规化的储蓄信贷机构，20世纪早期拉丁美洲的部分地区出现小额信贷模式的信贷系统，20世纪50年代至70年代各种国有农村金融组织如农村信用合作社以及国际援助组织为农村贫困人口提供小额信贷项目（焦瑾璞，2013）。这一阶段的小额信贷活动具有以下明显特点：

1. 早期的小额信贷活动更多带有高利贷资金追逐高额利润的属性。有记录以来，人类已经有了几千年的发展历史，经济学在研究经济发展或者货币发展的时候通常把随着社会进步的人类社会发展分成自然经济、简单商品经济、发达商品经济、货币信用经济以及知识经济等阶段，人类有了商品剩余才有了交换，借贷也随之产生，货币经营业、高利贷者、早期银行业等实际上从事小额资金余缺调节作用，其唯一目标就是追逐高额利润。人类发展历史中几千年的农业社会相对平等发展，但进入农业革命和工业革命以后的全球社会，不平等成为一种普遍现象。凯恩斯主义诞生以前的经济学理论主要研究农业、商业为主的重商主义和重农主义，生产活动和资金活动的规模都较小，农民和小工商业者借钱主要是由于受伤患病、丧葬嫁娶等无法维持生计情形，或是天灾战乱无以持续简单再生产等原因，小额信贷这种不能维持社会再生产的特性决定了早期农业社会不可能有较大发展。

2. 经营目标的摇摆性，成为用金融手段支持贫困者的一种有益尝试。从20世纪50年代开始，不少发展中国家和国际组织开始了对早期农村小额信贷高利盘剥的反思，尝试通过捐赠建立发展基金或者政府贴息等方式向乡村农户发放贷款以支持农村穷人摆脱困境，如多米尼加发展基金会的小组信贷项目1966年向乡村农户提供了10万比索（官方汇率为1比索兑1美元）贷款，到1973年鼎盛时期达到400个信贷小组7000名成员得到贷款。但由于项目的援助性特征，基金会的贷款被农民理解为援助，贷款收回越来越困难，可持续发展面临挑战，到1979年信贷小组缩小到124

个,得到贷款成员减少到2590人。再如孟加拉国的政府贴息贷款项目,国家通过建立发展银行为低收入人群提供政府贴息贷款,但项目应对贫困的效果并不理想,还款率很低。1980年还贷率只有51.6%,1988—1989年更是因洪灾而下降到了18.8%(Morduch,1999;焦瑾璞,2013)。这类项目最终大面积失败的原因可以归结为如下几点:第一,代理机构的运作和管理成本过高,而贷款利息又被控制得很低,导致亏损严重,负责提供贷款的银行没有动力将项目做大;第二,很多穷人抱着政府会颁布特赦的侥幸心理,或认为这些项目很快就会以失败而告终,缺少及时还款的激励;第三,由于利息超低,提供了牟利空间,贷款多被当地富户和有势力的人家获得,并未真正到达穷人手中(Morduch,1999;焦瑾璞,2013)。但这次贷款目标偏向社会性的尝试却开辟了金融支持贫困的先河,为未来通过小额信贷和微型金融提供农村金融服务积累了经验。

(二)微型金融初创阶段(20世纪70年代至90年代中期)

乡村银行家们对非政府组织的基金项目尝试进行了有效分析,认为其失败的主要原因是缺乏金融运作经验,没有明确的商业目标以及缺乏有效率的管理机制等,这些原因在银行家们看来并不是落后地区和贫困人群自身的问题,而是信贷基金项目经营管理中存在的问题,即使在发达城市如果不求质量和不讲回报也会出现不能如期收回贷款成本的风险。20世纪70年代以后,一些继续为穷人提供小额信贷的项目和机构开始注重社会目标和自身经营目标的统一,把机构财务的可持续性发展作为衡量指标,使小额信贷在80年代以后得到了快速发展,并成为为穷人提供良好金融服务的重要途径,也成为国际消除贫困的重要手段。在这一阶段发展较好的小微金融机构主要有:孟加拉国的乡村银行(Grammen Bank)、印度尼西亚人民银行(Bank Rakyat in Indonesia,BRI)的农村信贷部(UNIT)、玻利维亚的团结互助银行(BancoSol Solidario)、泰国的农业和农村合作社银行(BAAC)、自治体信用机关(Badan Kredit Kecamatan,BKK)和村信用组织(Badan Kredit Desa,BKD)、孟加拉国农村促进委员会(Bangladesh RURAL Advanced Committee,BRAC),活跃在肯尼亚、坦桑尼亚、马拉维和乌干达的骄傲非洲(Pride Africa),在拉丁美洲、加勒比海地区和非洲地区开展项目的国际行动组织（ACCION International），在东欧和俄罗斯开展项目的国际行动组织（Opportunity International）以及遍布拉丁美洲的国际社区援助基金会（Foundation for International Community Assistance，FINCA）的村庄银行（Village Banks）等（焦瑾璞，2013）。

基于政府贴息贷款项目失败的教训，从20世纪70年代开始，一些发展中国家开始寻求通过专业的微型金融机构来解决低收入群体的贷款缺乏问题，把小额信贷当作一种全新的制度安排来发展。最早涉足微型金融领域的机构是拉丁美洲的ACCION。ACCION是一个美国非政府组织，创立于1961年，一直致力于改善底层人民的生活状况。1973年，ACCION开始在巴西为微型企业提供贷款，该项目在4年时间里取得了巨大的成功。ACCION由此认识到，低收入人群对于微型金融服务同样有着巨大的需求，并通过在巴西的实践经验认为，微型金融有助于解决拉丁美洲底层工人的就业和福利问题。

1976年，尤努斯教授在孟加拉国成立了世界上第一个专门为穷人提供贷款的组织。后来这个组织发展壮大为一个全国性银行，也就是后来的格莱珉银行（Grameen Bank）。乡村银行是世界上运作最成功的微型金融机构之一，在很多国家设有分支机构，其小组贷款模式也被许多国家先后效仿和借鉴，用于本国的微型金融实践。受乡村银行和ACCION取得成功的影响，20世纪80年代，微型金融开始在发展中国家甚至发达国家兴起，90年代以后更是发展迅速，成为许多发展中国家传统正规金融体系的一个有益的补充，也成为各国普遍认同的解决贫困问题的新型工具。这一发展阶段的主要特征表现为：

1. 小微金融组织的资金来源越来越多元化。早期基金会的资金主要来源于捐赠，目前已经发展到包括捐赠、国家拨款以及吸收贷款者创造的收入存款等。

2. 注重权衡自身经营目标和社会目标，机构发展的可持续性越来越强。乡村银行家们在注重小额信贷机构社会性的同时，注重机构发展的可持续性，把贷款的收回和一定比例的收益作为重要目标，确保机构发展的可持续性。在考虑社会性目标时，不是从援助资金角度出发，而是更多考虑到援助技术,从如何培养和培训贷款者的生存技能着手,并为小额贷款者提供产供销等良性循环的信息咨询和服务。

(三)微型金融发展阶段(20世纪90年代后期至2005年)

经过20世纪80年代的发展,小额信贷和微型金融组织在许多发展中国家和地区得到迅猛发展,微型金融这种在乡村支持贫困农民的有效发展方式被越来越多的国家和个人所接受,甚至被国际社会誉为削减贫困、促进经济和社会转型的突破性微型金融或小额信贷革命。根据2005年"微型金融高峰会议运动"的数据,微型金融的行业规模从1997年开始,以40%的速度迅猛发展,从1997年有618家机构、1300多万客户到2004年年底全球已有3000家机构在为8000万名客户提供金融服务。到2005年微型金融机构又增加到3133家,服务对象增长到1.13亿人,其中有8200万人在取得第一笔贷款的时候属于赤贫人口,赤贫客户的84.2%即6900万人是妇女(Daley – Harris,2006;张伟,2011)。这一阶段的主要特点表现为:

1. 国际社会重视程度与日俱增,微型金融从重视实践上升为重视实践与研究并重。1995年由世界银行发起并有多方资助者的扶贫协商小组(CGAP)成立,CGAP的成立标志着小额信贷被主流发展组织所接受。其目的在于系统增加用于小额信贷的各种资源,其资助的主要目标是培养小额信贷组织和服务对象的能力。

1997年2月,在美国华盛顿举办的首届小额信贷高峰会议,标志着小额信贷运动的普及达到了新高潮。这个会议启动了一个雄心勃勃的九年计划:到2005年要向世界上最贫困的1亿家庭,尤其是向那些家庭中的妇女提供自我就业贷款以及其他金融和商业服务。紧接着1998年联合国第53/197号决议将2005年确定为"国际小额信贷年",主题是"建立普惠性的经济部门以实现千年发展目标",目的是使国际社会团结一致,促进金融多样性服务,帮助贫困人口改善生活。

2. 小额信贷的自身可持续发展与小额信贷的反贫困潜能并举成为这一时期微型金融发展的"双赢战略目标"(焦瑾璞,2013)。1997年2月,在美国华盛顿举办的首届小额信贷高峰会议认为:遵循良好信贷原则的小额信贷机构，能够在很大程度上实现扶贫，而且最终不需要补贴并且能实现金融的持续性，小额信贷机构能够在不依赖捐助机构的情况下实现增长。认为贫困户需要得到信贷，而不必是"廉价"信贷，项目能够在收取高利率的同时而不危及项目的覆盖面。高峰会议声称小额信贷具有帮助世界上10亿最贫困人口中绝大多数人的潜能。这一"双赢战略目标"理念影响了此后微型金融的发展，但双赢发展并未取得预料的好效果，因为实际中要权衡好这两个目标是非常困难的。

3. 注重运用风险管理技术来平衡社会目标与经营目标之间的关系。在小额贷款的实践中一味追求高利率则不符合社会再生产的发展规模，最终导致杀鸡取卵；相反片面考虑其社会性，又会导致贷款不能回收，微型金融自身发展不可持续。而通过一定的贷款风险控制手段，如团体联保贷款等方法却较好解决了风险问题，确保了其金融性。

（四）普惠金融阶段（2005年以后）

联合国和世界银行在2005年提出以微型金融为核心，构建能有效地、全方位地为社会所有阶层和群体（特别是中低收入人口和微型企业）提供服务的普惠金融体系，其宗旨是为全社会各阶层人士和企业提供服务。普惠金融概念的提出充分说明了国际社会越来越重视运用金融手段改善世界贫困人口状况，也充分肯定了微型金融"双赢战略目标"发展道路的价值。2006年，鉴于在反贫困中作出的重要贡献，穆罕默德·尤努斯和他创立的乡村银行被授予诺贝尔和平奖。瑞典皇家诺贝尔奖委员会给出的颁奖词指出：微型金融将在反贫困和坚持持久和平中扮演重要的角色。2009年以来，"普惠金融"这个概念得到了全球最有影响力的二十国集团、国际货币基金组织、世界银行等组织的大力推广，已逐渐成为一套牵涉金融结构调整和金融体制变革等重大问题的发展战略和操作理念。

2013年9月，在圣彼得堡举办的G20高峰论坛上更是专门设立了"金融包容、金融教育、消费者权益保护"专题，又把"普惠金融"提升到"包容性金融"的概念范畴，从我国学者（董昀，2013）对"包容性金融"的研究中可以看出，"包容性金融"既强调家庭和企业以合理的成本获取较广泛的金融服务，又要以金融机构的稳健和可持续发展为基本前提，还强调增强金融服务的竞争性和创新性，为消费者提供多样化的金融服务选择。由此可见，"包容性金融"是在尊重金融体系运行规则的前提下实施的一套扩大金融服务覆盖面的框架性理念和发展战略，它比只强调金融服务可得性的"普惠金融"更加接近 Inclusive Financial System 的实质内涵和金融体系运行的基本规律。2016 年在中国杭州举办的 G20 峰会上，数字普惠金融话题成为热点，在会上通过的《G20 数字普惠金融高级原则》便成为数字普惠金融领域首个国际纲领。

这一阶段的典型特征可以概括为：

1. 强调普惠，更加注重发展的可持续性和可获得性，也更加体现其社会目标。普惠的应有之义在于面广且可获得，强调服务对象的覆盖面要广，这里包括社会各个阶层特别是由于自身条件不符合传统商业金融要求的服务客体都能够享受普惠金融带来的便利服务。

2. 大数据和移动互联网技术的支持，进一步降低了微型金融部门风险防范的成本，使普惠金融兼顾经济目标和社会目标成为可能。大数据和移动互联网时代的企业信用和个人信用可以通过数据分析得到有效确认，使微型金融的风险控制手段实现革命性变化，与此同时，金融部门服务客户的成本也呈指数级下降，为更多免费服务提供了可能。

3. 更加体现了人类与贫困作斗争的集体意志。进入 21 世纪以来，人类与贫困作斗争的集体意志更加强烈，在联合国以及其下属组织世界银行的带领下，世界各个国家纷纷响应，从 G20 首脑高峰讨论，到瑞典皇家科学院决定将 2015 年诺贝尔经济学奖授予普林斯顿大学的安格斯·迪顿（Angus Deaton），以鼓励他在消费、贫困与福利领域经济分析所作出的贡献。各国对扶贫工作更是高度重视，特别是中国，2015 年底，中共中央、国务院发布《关于打赢脱贫攻坚战的决定》，明确提出到 2020 年农村贫困人口实现脱贫的目标，与此同时，制定并颁布《推进普惠金融发展规划（2016—2020 年）》，全面推进普惠金融发展，提高金融服务的覆盖率、可得性和满意度，增强所有市场主体和广大人民群众对金融服务的获得感。

三、微型金融产生与发展的社会经济背景

上文分析了微型金融产生与发展的时间过程，从中我们可以看出，微

型金融的产生与发展是个人摆脱贫困意愿、社会进步与经济规律三大力量共同作用的结果,随着社会的发展,每一个社会成员都有强烈摆脱贫困的愿望,这就带来了大量的、小额的金融需求,由于这些金融需求与传统金融追求利润和防范风险的要求不完全匹配,这种需求的满足更需要市场规律、科技进步和人类文明等众多条件的共同作用,因此,几十年来基于商业性、公益性的小贷机构共同发展,扶持不同类型的微型企业和农户,与此同时,基于大数据的高科技发展,也为金融企业提供了海量的数据支撑,更好地解决了风险控制问题,共同推动了微型金融的全面发展和可持续发展。

(一)人们对平等权利的追求

第二次世界大战后,世界各国表现出的状况是物价飞涨,货币贬值,失业严重,绝大多数平民穷困潦倒,经历了多年战争苦痛的各国人民渴望和平发展,民族富裕的愿望日益强烈,在经济理论上1936年凯恩斯的代表作《就业、利息和货币通论》(*The General Theory of Employment, Interest and Money*)的出版为满目疮痍的世界经济带来了振兴发展的金钥匙。在政治上,世界人民争取自由平等的诉求也日益高涨,为顺应时代发展,1948年12月10日,联合国大会通过第217A(II)号决议并颁布《世界人权宣言》。《世界人权宣言》是联合国的基本法之一,这一具有历史意义的宣言颁布后,大会要求所有会员国广为宣传,并且"不分国家或领土的政治地位,主要在各级学校和其他教育机构加以传播、展示、阅读和阐述"。作为第一个关于人权问题的国际文件,《世界人权宣言》为国际人权领域的实践奠定了基础,对后来世界人民争取、维护、改善和发展自己的人权产生了深远影响。

正是在上述社会政治经济背景下,世界经济经历了"二战"以后三十年黄金发展期,这三十年发达国家与发展中国家之间以及发达国家与发展中国家各自内部的发展出现了一定程度的不平衡,贫富差别开始扩大,财富逐步向少数人集中,贫困人群逐年扩大,与此相适应,金融领域服务于弱势群体的小额信贷规模也逐年扩大,并逐渐向规模越来越大、形式越来越多的微型金融发展。

(二) 国际反贫困思潮的推动

1987年10月17日，10万多人聚集在《世界人权宣言》的签署地巴黎特罗卡德罗广场，他们宣称贫困是对人权的侵犯，并承诺将携手保护贫困人群的人权，自1987年，每年10月17日，人们都举行相关活动，表达他们对贫困人群的关注和声援。1992年12月22日，第47届联合国大会决定将每年10月17日确定为国际消除贫困日，以引起人们对贫困问题的重视，推动全球消除贫困工作。1995年3月，联合国将1996年定为"国际消除贫困年"。同年12月，联大又将1997年至2006年定为第一个"国际消除贫困十年"。2000年9月，联合国千年首脑会议把"到2015年将世界极端贫困人口和饥饿人口减半"，作为联合国千年发展目标之一。2008年12月，联大再次确定2008年至2017年为第二个"国际消除贫困十年"。根据联合国2008年9月发布的一份报告，1990年至2005年，世界极端贫困人口总数从18亿减少到14亿，到2015年可能会减少到9亿。但是，贫困人口减少较多的地区主要集中在东亚，特别是中国，而其他地区的贫困人口减少幅度要低得多。在撒哈拉以南非洲地区和独联体国家，贫困人口人数不降反升。此外，国际社会消除贫困的努力正面临诸如能源和食品价格上涨和全球经济滑坡等新的挑战，前景不容乐观。

联合国于2015年7月发布的《千年发展目标2015年报告》显示，生活在极端贫困中的人数已从1990年的19亿降至2015年的8.36亿。全球极端贫困人口减半的目标已基本实现。2015年9月举行的联合国发展峰会通过了《2015年后发展议程》。新发展议程包括17个可持续发展目标和169个具体目标，可持续发展目标中的第一个就是"在全世界消除一切形式的贫穷"，下设7个具体目标，其中第一个目标是"到2030年，在世界所有人口中消除极端贫穷"。世界银行2015年10月4日宣布，按照购买力平价计算，将国际贫困线标准从此前的每人每天1.25美元上调至1.9美元。世界银行行长金墉在一份声明中说，贫困人口持续减少主要是因为发展中国家经济增长强劲以及各国在教育、医疗、社会福利等方面加大了投入。但考虑到全球经济放缓以及贫困问题的广度和深度，要想实现2030年消除绝对贫困的目标仍需作出很大努力。

与此同时，2005年联合国和世界银行提出了普惠金融的概念和建立普惠金融体系的目标，通过对普惠金融理念和运行机制的深入研究，以推动微型金融在世界反贫困战役中发挥主力军的作用。

在国际反贫困思潮中，中国力量令世界瞩目，世界贫困人口的快速下降主要贡献来源于中国的快速发展，1978年开始的农村经营体制改革，为解决农村的贫困问题找到了出路。截至1985年，全国农村农民人均纯收入增长了2.6倍，没有解决温饱的贫困人口从2.5亿减少到1.25亿。

1986年，我国开始了大规模的开发式扶贫工作。经过8年的不懈努力，到1993年底，农村贫困人口由1.25亿减少到8000万，占农村总人口的比重从14.8%下降到8.7%，1994年，《国家"八七"扶贫攻坚计划》公布实施，明确提出，力争用7年左右的时间，基本解决农村贫困人口的温饱问题，到2000年底，国家"八七"扶贫攻坚目标基本实现，农村贫困人口下降到3000多万。

2001年，以《中国农村扶贫开发纲要（2001—2010年）》的颁布实施为标志，扶贫开发工作进入了解决和巩固温饱并重的新阶段，有关部门确定了14.8万个贫困村作为扶持重点，重心下沉，进村入户，瞄准到人，采取更有针对性的帮扶措施，调动了广大人民群众的积极性，提高了扶贫资源的使用效率，保证了扶贫开发的顺利进行。国家统计局2016年2月29日发布的《2015年国民经济和社会发展统计公报》显示，2015年我国农村贫困人口从上年的7017万减少到5575万（数据比2000年增加源于联合国提高了贫困线的标准），减少1442万（比上年多减210万），贫困发生率从上年的7.2%下降到5.7%。

党的十六大提出了全面建设小康社会的奋斗目标，就是要在21世纪头二十年，集中力量，全面建设惠及十几亿人口的更高水平的小康社会，使经济更加发展、民主更加健全、科教更加进步、文化更加繁荣、社会更加和谐、人民生活更加殷实。这是中国特色社会主义经济、政治、文化全面发展的目标，是与加快推进现代化相统一的目标，符合我国国情和现代化建设的实际。2015年10月党的十八届五中全会审议通过了《中共中央关于制定国民经济和社会发展第十三个五年规划的建议》，强调要如期实现全面建成小康社会奋斗目标。全会首次明确了全面建成小康社会新的目标要求，同时提出必须牢固树立并切实贯彻创新、协调、绿色、开放、共享的新发展理念。全会从五个方面提出了全面建成小康社会新目标和新要求。经济方面，保持中高速增长，在提高发展平衡性、包容性、可持续性的基础上，到2020年国内生产总值和城乡居民人均收入比2010年翻一番，产业迈向中高端水平，消费对经济增长贡献明显加大，户籍人口城镇化率加快提高。民生方面，农业现代化取得明显进展，人民生活水平和质量普遍提高，我国现行标准下农村贫困人口实现脱贫，贫困县全部摘帽，解决区域性整体贫困；国民素质和社会文明程度显著提高；生态环境质量总体改善；各方面制度更加成熟更加定型，国家治理体系和治理能力现代化取得重大进展。为确保全面小康社会的实现，习近平总书记提出精准扶贫的新思想，2014年5月国务院扶贫办印发《建立精准扶贫工作机制实施方案》（国开办发〔2014〕30号），2015年11月29日中共中央、国务院印发《关于打赢脱贫攻坚战的决定》，2016年2月中共中央办公厅、国务院办公厅印发了《省级党委和政府扶贫开发工作成效考核办法》，2015年12月31日国务院印发了《推进普惠金融发展规划（2016—2020年）》，通过普惠金融体系建设来推动国家全面小康社会目标的实现。

由于国家高度重视扶贫帮困工作，我国已经基本实现党的十八大提出的到2020年我国现行标准下农村贫困人口实现脱贫、贫困县全部摘帽、解决区域性整体贫困的目标任务。贫困人口从2012年年底的9899万减少到2019年年底的551万，贫困发生率由10.2%降至0.6%，连续7年每年减贫1000万以上。到2020年2月底，全国832个贫困县中已有601个宣布摘帽，179个正在进行退出检查，未摘帽县还有52个，区域性整体贫困基本得到解决。2020年3月6日习近平总书记在决战决胜脱贫攻坚座谈会上的讲话中要求各级政府要分析当前形势，克服新冠肺炎疫情影响，凝心聚力打赢脱贫攻坚战，确保如期完成脱贫攻坚目标任务，要严格落实摘帽不摘责任、摘帽不摘政策、摘帽不摘帮扶、摘帽不摘监管的要求，确保全面建成小康社会（习近平，2020）。

（三）全球摆脱贫困的实践证明金融支持的有效性

人类为了摆脱贫困一直在做着艰苦的努力，一直在与自然作斗争，为温饱、为生老病死而忙碌。但贫困就像恶魔一样始终缠绕在人类左右，直到20世纪末才被世界各个国家所重视，也被一些先富起来的人们所关注，各种援助、慈善纷纷出现，有的直接捐赠给当地政府或组织，有的以政府开发援助（ODA）形式，有的成立非营利性政府组织（NGO），但减贫效果并不理想，有些刚脱贫又返贫。2010年人均接受援助最多的前三位国家分别是萨摩亚（802美元）、汤加（677美元）、佛得角（664美元），而印度和中国两个人口大国，所接受的最多人均援助分别仅为3.1美元（1991年）和2.9美元（1995年），截至2008年世界上48%的穷人生活在印度和中国，而中国和印度在2010年仅仅从政府开发援助中获得了35亿美元的援助，这一数额只占政府开发援助总额的2.6%（安格斯·迪顿，2014）。但出现的结果却富有戏剧性，这些得到巨额援助的非洲穷国穷人，目前依然穷困潦倒，而得到微小援助的中国和印度却充分抓住20世纪80年代以后的全球化机遇，经济迅速增长，且增长速度大大超过当期的富裕国家，迅速从较贫困国家行列中离开，尤其是中国近四十年来的发展成就，更是令世界瞩目。安格斯·迪顿在《逃离不平等：健康、财富及不平等的起源》中得出研究结论，援助之所以不能治理贫困是因为：一方面援助方往往把援助政治化，援助成了其得到政治美誉的一种形式，显然不可持续，此外，援助与接受援助国的吻合程度也是有效性的重要考量，特别是物资和医疗援助等；另一方面援助的接受方由于缺乏监督，往往导致援助实施的效率低下，援助往往被用于不可持续的用途，没有成为解决贫困的钥匙，有的还出现了随便挪用援助资金等腐败问题。中国和印度的现实告诉人们，解决贫困的根本之路是经济增长，而实现经济增长的途径必须靠财政和金融支持，这也是2005年以后普惠金融多次被联合国和二十国集团政要们强调的根本原因，同时几十年来世界各国微型金融的实践与探索也充分了证明小额信贷是解决贫困的有效手段。

（四）完善、先进的金融公共基础设施的支撑

金融基础设施是指金融运行的硬件设施和制度安排，主要包括支付体

系、法律环境、公司治理、会计准则、信用环境、反洗钱以及由金融监管、中央银行最后贷款人职能、投资者保护制度组成的金融安全网等。通常金融基础设施由法律基础设施、会计基础设施和监管基础设施三个要素构成。法律基础设施是金融基础设施的核心，完善的金融法律是金融市场正常运转的保证。从计量经济结果所得到的政策启示系统性地指明：运行良好的法律体系对外部投资者包括股东及其他小投资者具有良好的产权保护作用，使小债权人和小股东的权利得到执行，有利于促进金融市场发展和刺激投资，并进而带动经济增长。会计基础设施是金融决策的主要依据，会计是一种以价值运动为对象，通过收集处理和利用经济信息，对经济活动进行组织、控制、调节和指导，促使人们权衡利弊、比较得失和讲求效果的管理活动。在市场经济条件下，在金融领域中，会计工作已为相关部门领导者、组织者、投资者、债权者、管理者以及其他各个方面了解和掌握财务状况、经营成果和现金流量的重要信息来源。监管基础设施主要是构筑高效的监管制度，确保金融市场行为的公平、公开和公正。现代金融监管旨在提高金融市场信息效率，保护消费者权益免受欺诈和渎职的侵害，保持系统稳定。

1997年，巴塞尔委员会在中国香港通过的《有效银行监管的核心原则》明确了完善的金融公共基础设施的内容包括以下五个方面：有助于公平解决争议的长期实施的商业法律体系，其中包括公司法、破产法、合同法、消费者保护法和私有财产法；国际普遍接受的综合、明确的会计准则和规定；对规模较大的公司进行独立审计的体系，以确保财务报表的使用者（包括银行）相信各类账目能真实公允地反映公司的财务状况，各类账户应是按照既定的准则制定的，并且审计师对其工作负责；有效独立的司法部门和接受监管的会计、审计和律师行业；具备针对其他金融市场以及在适当情况下针对这些市场参与者的明确规章制度和充分监督；安全、有效地支付和清算系统，确保金融交易的清算，并且控制交易对手风险。

（五）金融科技快速发展，为微型金融服务实体经济提供强大技术保障

21世纪前十年，计算机技术突飞猛进，互联网渠道无孔不入，大数据

分析信用可靠，技术的进步使金融风险控制技术显著提升，使金融业务成本显著下降，这些金融发展的新平台与新手段，促进了金融业向着基层、向着大众更深入一步，对微型金融化发展形成强力支撑，金融惠及大众已不再是梦想。

商业银行为客户提供信用服务必须解决风险控制问题，比较传统的做法是商业银行通过自身的信贷人员按照贷前调查、贷中检查、贷后审查的"三查"原则对客户进行评估，以此来层层隔离风险，严格防范风险，为了克服办事流程长，客户贷款等待时间过长等问题，许多银行进行了大量的探索，如完善银行内部治理结构，实施扁平化管理，在银行内部优化风险管理流程，建立审贷分离制度；运用计算机系统建立客户关系管理系统，实现信贷流程前置化；评估企业看"三表"，即水表、电表和税表，但这些工作都需要耗费大量的人工收集成本，由于信息变化太快，往往收集赶不上变化，在手工操作的情况下，大量信息的收集、分类和选用受到严重制约，在互联网技术和信息技术的推动下，现代大数据征信在金融行业的风控中获得了引人注目的进展，大数据已经撼动了世界的方方面面，从商业科技到医疗、政府、教育、经济、人文以及社会其他各个领域。早在 1980 年，阿尔文·托夫勒（Alvin Toffler，2018）在《第三次浪潮》一书中就预言大数据将成"第三次浪潮"。奥巴马政府将大数据定义为"未来的新石油"。凯文·凯利（Kevin Kelly，2014）认为所有的生意都是数据生意。2013 年互联网金融将"大数据"推向了新的高度。金融的核心是风险控制，将风控与大数据结合、不断完善和优化风控制度和体系，对于互联网金融企业和传统金融企业而言都同等重要。

在应用层面，金融行业利用大数据进行风控已经取得了一定的成效。使用大数据进行风控已成为美国等发达国家互联网金融企业的标准配置。美国 Zest Finance 公司开发的 10 个基于机器学习的分析模型，对每位信贷申请人的超过 1 万条原始信息数据进行分析，并得出超过 7 万个可对其行为作出测量的指标，而这一过程在 5 秒钟内就能全部完成。为网上商家提供金融信贷服务的公司 Kabbage 主要目标客户是 eBay、Amazon、PayPal 等电商，其通过获取这些企业网店店主的销售、信用记录、顾客流量、评论、商品价格和存货等信息,以及他们在Facebook和Twitter上与客户的互动信息,借助数据挖掘技术,把这些店主分成不同的风险等级,以此来确定提供贷款金额数量与贷款利率水平。

中国互联网金融企业对于大数据风控的运用也如火如荼。阿里推出了面向社会的信用服务体系芝麻信用,芝麻信用通过分析大量的网络交易及行为数据,对用户进行信用评估,这些信用评估可以帮助互联网金融企业对用户的还款意愿及还款能力作出评价,继而为用户提供相关的金融和经济服务。腾讯的微众银行推出的"微粒贷"产品,其风控核心就是,通过社交大数据与央行征信等传统银行信用数据结合,从社交圈、行为特征、交易、基本社会特征、中国人民银行征信信息5个维度对客户进行综合评级,运用大量的指标构建多重模型,以快速识别客户的信用风险。

金融科技的高速发展已经使新技术贯穿于整个金融产业链,不仅带来了全新的金融运作模式,而且直接创新了金融运用层面,如产品、组织、渠道、客户和风险控制等技术,优化了金融应用场景,全面提升了金融运行效率和经营管理模式,为微型金融服务实体经济,提供普惠金融服务扫清了技术障碍。

四、微型金融产生与发展的理论基础

微型金融属小额信贷的广义范畴,是小额信贷金融多样化和持续化的结果。从上文微型金融的产生与发展轨迹中可以找到其发展的理论基础,小额信贷的历史最早可以追溯到20世纪60年代,它的起源受到金融深化论、金融创新等理论的启发,在此基础上,产生支持小额信贷的农村信贷补贴理论、农村金融市场理论等;后来小额信贷在农村广泛推广,实际上是受不完全市场竞争理论的推动,90年代的一批经济学家运用信息经济学、博弈论和契约理论等克服了农村金融市场上的信息不对称和抵押物缺失等问题,这些理论在一定程度上解释了金融企业为广泛的低收入群体、贫困群体和小微企业提供服务的风险控制问题。

(一)金融发展与深化理论

20世纪50年代美国经济学家约翰·G. 格利(Gurley J. G)、爱德华·

S. 肖（Shaw E. S）联合发表了三篇关于发展中国家金融问题的论文和著作，即《经济发展的金融方面》（1955年9月号《美国经济评论》）、《金融中介体和储蓄—投资过程》（1956年5月号《金融杂志》）和《金融理论中的货币》（格利，1988）。在这些论文和著作中开创性阐述了金融和经济的关系、各种金融中介在储蓄—投资过程中的重要作用，指出货币不是货币金融理论的唯一分析对象，除货币体系（包括商业银行和中央银行）之外，各种非货币金融中介也在储蓄—投资过程中扮演着重要角色。金融的作用在于把储蓄者的储蓄转化为投资者的投资，从而提高全社会的生产性投资水平。同时，他们也从发展中国家金融发展本身落后的角度提出了金融发展的理论基础——发展中国家金融发展过程中的资金流动模型，该模型集中关注怎样将发展中国家一个部门的剩余储蓄（投资机会较少）向其他具有丰富企业家才能的部门转化。

1969年美籍比利时经济学家雷蒙德·W. 戈德史密斯（Raymond W. Goldsmith）出版《金融结构与金融发展》（上海三联书店，1991）一书，提出了金融结构和金融发展概念，讨论了不同经济发展阶段的金融结构模式，并且通过对金融结构和金融发展进行实证研究，开创了金融结构和金融发展理论的研究基础。他认为金融结构是指一国金融工具和金融机构的形式、性质和相对规模，指出金融理论的职责是找出决定一国金融结构、金融工具存量和金融交易量的主要经济因素，并阐明这些因素怎样通过互相作用而促成金融发展。该理论对金融发展的过程及规律进行了描述和分析。

格利、肖、戈德史密斯的开创性研究为20世纪70年代产生金融深化理论提供了重要的理论渊源和分析思路。

1973年，美国经济学家罗纳德·I. 麦金农（R. I. Mckinnon）和爱德华·S. 肖（E. S. Show）分别发表了《经济发展中的货币与资本》（上海人民出版社，1997）和《经济发展中的金融深化》（格致出版社，2018）两本专著。两位经济学家放弃了以成熟市场经济国家金融体系为对象的研究方法，转而研究发展中国家的金融问题。他们在书中提出了著名的"金融抑制"与"金融深化"理论，该理论针对性提出发展中国家普遍存在的金融市场不完全、资本市场严重扭曲和患有政府对金融的"干预综合征"问题,分析说明了凯恩斯主义低利率刺激投资的政策模式在发展中国家的不适用性:有管理的低利率必然会要求在有管理的贷款市场上进行信贷配给,而信贷配给将使低效率的投资获得廉价贷款,从而阻碍了经济增长,即把发展中国家的经济欠发达归咎于金融抑制。在他们看来,由于利率扭曲的存在,造成了整个社会的平均收益率偏低。因而,他们主张发展中国家应该取消上述金融抑制政策,通过放松利率管制、控制通货膨胀使利率反映市场对资金的需求水平,使实际利率为正,恢复金融体系集聚金融资源的能力,达到金融深化的目的。从那以后,国际上逐渐开始了一场意义深远的金融改革(又称金融自主化)运动,其范围之广,不仅涉及发展中国家和地区,而且也牵动了美、日等发达国家,到了20世纪80年代中期,金融改革的浪潮已席卷了整个太平洋沿岸地区。

从格利、肖以及戈德史密斯的金融发展理论到麦金农和肖的金融深化理论,货币金融与经济发展关系的研究得到进一步拓展,然而前者并不专门以发展中国家作为分析对象,通过比较研究解释金融发展的一般规律,揭示金融发展的原因。后者专门以发展中国家作为分析对象,通过分析利率状况,重点考察金融发展的结果,关注金融市场的信贷配给机制,它将一般均衡利率运用到金融理论中,改变金融部门和其他经济部门不同,金融部门的有效运行离不开政府干预的传统看法,主张应当尽可能地减少政府对金融的干预。

第二次世界大战以后的世界经济发展中,财政政策一直起着主导作用,上述学者有关金融发展与金融深化的研究,进一步丰富了人们关于经济成长中发挥金融杠杆作用的认识,提出了金融如何通过市场化改革来适应经济发展和支持经济发展的路径与方法。与此同时,在农村金融领域,学者们也提出了相应的理论,对这一阶段农村经济影响较大的理论主要有农业信贷补贴理论和农村金融市场理论(焦瑾璞,2013;张伟,2011)。

农业信贷补贴论是20世纪80年代以前处于主导地位的农村金融理论。由于农业产业具有投资规模大、周期长、收益低且稳定差等特性,加之农村居民特别是贫困阶层没有储蓄能力,农村经济发展面临的资金不足问题长期客观存在，它也不可能成为以利润为目标的商业银行的融资对象。该理论认为要增加农业生产和缓解农村贫困，有必要从农村外部注入政策性资金，并建立非营利性的专门金融机构来进行资金分配。该理论指出，为缩小农业与其他产业之间的结构性收入差距，对农业的融资利率必须较其他产业为低。考虑到地主和商人发放的高利贷及一般以高利率为特征的非正规金融，使农户更加穷困并阻碍了农业生产的发展，为促使其消亡，通过金融机构的农村分支行和农业信用合作组织，将大量低息的政策性资金注入农村，以支持农村经济发展。

农业信贷补贴理论尽管支持信贷供给先行的农村金融策略，但其假设前提和理论论证存在明显缺陷：如果农民存在可以持续得到廉价资金的预期，那么农民就缺乏储蓄的激励，这使得信贷机构无法动员农村储蓄以建立自己的资金来源，从而农业信贷成为纯粹的财政压力；当低的利率上限使得农村贷款机构无法补偿由于贷款给小农户而造成的高交易成本时，那么官方信贷的分配就会偏向于照顾大农户，这使得低息贷款的主要受益人不是农村的穷人，低息贷款的补贴被集中并转移到使用大笔贷款的较富有的农民身上；政府支持的、不具有多少经营责任的农村信贷机构缺少有效监督其借款者投资和偿债行为的动力，这样会造成借款者故意拖欠贷款的后果。

对消除贫困贡献最大的，可能既不是贷款也不是储蓄，而是建立一种可持续发展的金融机制。而农业信贷补贴政策会逐渐损害金融市场的可持续发展能力，导致信贷机构活力衰退，这最终使得农业信贷补贴政策代价高昂且收效甚微。实践表明，农业信贷补贴论下的专门农业贷款机构，从未发展成为净储户与净借款者之间真正的、有活力的金融中介。

许多亚洲国家的经验表明，如果存在储蓄的机会和激励机制，大多数贫困者会进行储蓄。许多经验表明，低息贷款政策很难实现其促进农业生产和向穷人倾斜的收入再分配目标。由于贷款的用途是可替换的，低息贷款不太可能促进特定的农业活动。低息贷款的主要受益人不是农村穷人，低息贷款的补贴可能被集中并转移到使用大笔贷款的较富有的农民身上。

20世纪80年代以来，农村金融市场论逐渐取代了农业信贷补贴论，它是在对农业信贷补贴论批判的基础上产生的,强调市场机制的作用,也是对数十年农村金融实践进行规范分析和实证分析的结果。它的主要理论前提与农业信贷补贴论完全相反:农村居民以及贫困阶层是有储蓄能力的。对各类发展中国家农村地区的研究表明:只要提供存款的机会,即使贫困地区的小农户也可以储蓄相当数量的存款,故没有必要由外部向农村注入资金;低息政策妨碍人们向金融机构存款,抑制了金融发展;运用资金的外部依存度过高,是导致贷款回收率降低的重要因素;由于农村资金拥有较多的机会成本,非正规金融的高利率是理所当然的。

农村金融市场论完全依赖市场机制,极力反对政策性金融对市场的扭曲,特别强调利率的市场化。该理论认为,利息补贴应对补贴信贷活动的一系列缺陷负责,而利率自由化可以使农村金融中介机构能够补偿其经营成本。这样就可以要求它们像金融实体那样运行,承担适当的利润限额;利率自由化也可以鼓励金融中介机构有效动员农村储蓄,这将使它们更加不依赖于外部的资金来源,同时使它们有责任去管理自己的资金。

农村金融市场论虽然取代了农业信贷补贴论,但它的功效或许并没有想象中那么大。例如,通过利率自由化能否使小农户充分得到正式金融市场的贷款,仍然是一个问题。自由化的利率可能会减少对信贷的总需求,从而可以在一定程度上改善小农户获得资金的状况,但高成本和缺少担保品,可能仍会使它们不能借到所期望的那么多资金,所以,仍然需要政府介入以照顾小农户的利益。在一定情况下,如果有适当的体制结构来管理信贷计划的话,对发展中国家农村金融市场的介入仍然是有道理的。

(二) 金融风险控制理论

同时满足农业产业的特性、减除贫困的政治目标以及金融机构自身的可持续发展三个条件成为金融在农村深化发展的必要前提,信息不对称理论的发展为金融风险控制提供了理论保障。20世纪70年代美国三位经济学家(G. Akerlof 乔治·阿克罗夫,M. Spence 迈克尔·斯彭斯,J. E. Stiglitz 约瑟夫·斯蒂格利茨)先后对信息不对称问题关注和研究,形成了信息不对称理论。发展中国家在向市场经济转型中由信息不对称导致的各种问题和风险尤为突出和严重,这一理论的诞生不仅为洞察市场经济运行拓宽了理论视角，而且也为经济转型中的发展中国家进行体制设计和政策选择提供了具有启发性的思路。

信息不对称理论是指在市场经济活动中，各类人员对有关信息的了解是有差异的；掌握信息比较充分的人，往往处于比较有利的地位，而信息贫乏的人，则处于较不利的地位。该理论认为，市场中卖方比买方更了解有关商品的各种信息；掌握更多信息的一方可以通过向信息贫乏的一方传递可靠信息而在市场中获益；买卖双方中拥有信息较少的一方会努力从另一方获取信息；市场信号显示在一定程度上可以弥补信息不对称的问题。

斯蒂格利茨等人认为，尽管金融机构可以在一定程度上解决导致逆向选择和道德风险的信息不对称问题，但这主要取决于以下两个条件：一是储户对金融机构的信心，二是金融机构对借款人进行高效率且低成本的筛选与监督。金融机构要想高效率、低成本筛选借款人，就必须对借款人的投资项目有充分的了解。但由于信息不对称的存在，金融机构往往不会比借款人更容易了解投资项目的情况。金融机构通常会热衷于经济稳定条件下有着丰厚利润的项目，但恰恰就是这些项目，在经济出现波动时，造成的损失往往更大。此外，金融机构管理者在经营业绩的奖惩上也存在着明显的不对称性。

不完全竞争市场和信息不对称问题的研究成果是20世纪90年代以后形成的农村金融不完全竞争市场理论的基础。其主要内容是：发展中国家的金融市场不是一个完全竞争的市场，尤其是贷款一方（金融机构）对借款人的情况根本无法充分掌握，如果完全依靠市场机制就可能无法培育出一个社会所需要的金融市场。为了补救市场的失效部分，有必要采用诸如政府适当介入金融市场以及借款人的组织化等非市场要素。不完全竞争市场理论又为政府介入农村金融市场提供了理论基础，但显然它不是农业信贷补贴论的翻版。不完全竞争市场理论认为，尽管农村金融市场可能存在的市场缺陷要求政府和提供贷款的机构介入其中，但必须认识到，任何形式的介入，要能够有效克服由于市场缺陷所带来的问题，就必须具有完善的体制结构。因此，对发展中国家农村金融市场的非市场要素介入，首先应该关注改革和加强农村金融机构,排除阻碍农村金融市场有效运行的障碍。这包括消除获得政府优惠贷款方面的垄断局面,随着逐步取消补贴而越来越使优惠贷款集中面向小农户,以及放开利率后使农村金融机构可以完全补偿成本。尽管外部资金对于改革金融机构并帮助其起步是必需的,但政府和提供贷款的机构所提供的资金首先应用于机构建设的目的,这包括培训管理人员、监督人员和贷款人员,以及建立完善的会计、审计和管理信息系统。

小额信贷由于其特殊性,客户贷款金额小、抵押品缺乏、客户一般无信用记录,存在信息不对称问题。在信息不对称的情况下,银行无法选取优质的安全客户,为此银行会对所有客户收取较高的利率,从而使一些效益好有潜力的客户退出信贷市场,其结果导致信贷市场无效率。但在小组共同贷款下,安全的借款者会寻求安全的借款者,有风险的借款人只能寻求有风险的借款人。后者易于拖欠,因而小组成员有可能为其他成员的拖欠多付,而前者的可能性要小。尽管金融机构收取的是同一利率,但安全的借款人所付的实际利率要低,因为他们的预期成本较低,因而他们会更愿意贷款。这种做法实际上是把风险大的借款人的成本转移给这些借款人本人。从贷款人来讲,把优质客户拉回到信贷市场,提高了市场效率,降低了成本,而低成本有可能使金融机构进一步降低利率,从而进入良性循环。

不完全竞争市场理论强调,借款人的组织化等非市场要素对解决农村金融问题是相当重要的。Ghatk(2000)、Laffont 和 N'Guessan(2000)等研究表明,小组贷款能够提高信贷市场的效率;Ghatak(1999、2000)、Ghatak 和 Guinnane(1999)、Tsaael(1999)等的分析模型解释了在小组贷款下,同样类型的借款者聚集到一起,有效解决了逆向选择问题;Besley 和 Stepthen(1995)、Stiglitz(1990)的研究表明,尽管在正规金融的信贷中,银行由于无法完全控制借款者行为而面临着道德风险问题,但是在小组贷款下,同一个小组中的同伴相互监督却可以约束个人从事风险性大的项目,从而有助于解决道德风险问题。

以 Stiglitz(1990)等为代表的一批经济学家运用信息经济学、博弈论和契约理论致力于小额贷款和微型金融运行机制的研究,强调利用借款人互相担保、互助合作、相互监督等团队贷款机制缓解和克服农村金融市场上的信息不对称和抵押物缺失问题，团队贷款机制缓和并克服了无抵押贷款过程中的逆向选择和道德风险问题，从而使资金到达贫困人口和实现较高还贷率，比较成功地实现了传统金融机构长期以来没有实现的为贫困人口提供有效的金融服务，同时机构自身可持续发展的问题，较好地实现了金融机构自身可持续发展和削减贫困的双重目标。这些理论也为微型金融在农村的发展奠定了理论基石（焦瑾璞，2013；张伟，2011）。

（三）金融理论、信息技术和心理学融合设计的新型风险管理理论

2013年诺贝尔经济学奖获得者，耶鲁大学金融学教授罗伯特·席勒在其最新出版的著作《新金融秩序——如何应对不确定的金融风险》（罗伯特·席勒，2014）一书中提出：传统上每个时代的经济思想家都受制于其时代风险管理理论的发展阶段。最近一段时间以来，金融理论、信息技术和心理学的发展使我们具备了管理资本主义原生技术和经济风险的能力——这种能力是过往的思想家连想都不敢想的。随着人们对金融理论的验证、创新和发展，随着风险相关信息处理方式的改变，随着社会学家基于心理学理论设计用户友好型风险管理技术的出现，金融活动必然形成利用信息技术管理信用风险的新风险管理文化。罗伯特·席勒在书中针对新的风险管理基础架构提出六大风险管理新理念，一是扩大保险业务覆盖范围，建立一种用来保护个人收入的生计保险，或者住房价值保险，使其能够应对长期风险；二是建立以世界各国国内生产总值之和或所有有经济价值的物品总值为标的的宏观市场，作为重大风险的发源地；三是建立收入挂钩型贷款，作为摆脱经济困境和破产风险的工具；四是建立不平等保险，保障收入分配的公平性；五是建立跨代社保体系，在年轻人和老年人之间分摊风险；六是建立风险控制国际协议，管理国别经济风险，避免风险的跨国传播等。通过建设全球风险信息数据库，建立新计量单位，如指数型会计单位，建立电子货币以及利用心理学思维等手段，建构新型金融秩序，从而实现大规模风险共担，通过大规模风险共担，大力发展普惠金融，通过金融工具弥合收入差距，降低贫困程度，缩小贫富差别，建设公平、平等的理想社会。

1. 长尾理论和大数据分析理论

长尾理论由美国《连线》杂志主编克里斯·安德森提出（克里斯·安德森，2015），是网络时代兴起的一种新理论，由于成本和效率的因素，当商品储存、流通、展示的场地和渠道足够宽广，商品生产成本急剧下降以至于个人都可以进行生产，并且商品的销售成本急剧降低时，几乎任何以前看似需求极低的产品，只要有卖，就会有人买。这些需求和销量不高的产品所占据的共同市场份额，可以和主流产品的市场份额相当，甚至更大。安德森系统研究了亚马逊、狂想曲公司、Blog、Google、eBay、Netflix等互联网零售商的销售数据，并与沃尔玛等传统零售商的销售数据进行了对比，观察到一种符合统计规律（大数定律）的现象。这种现象恰如以数量、品种二维坐标上的一条需求曲线，拖着长长的尾巴，向代表"品种"的横轴尽头延伸，长尾理论由此得名。

Google 是一个最典型的"长尾"公司，其成长历程就是把广告商和出版商的"长尾"商业化的过程。我国的互联网企业阿里巴巴的支付宝业务和腾讯的微信支付业务等都是长尾理论在金融领域实践的成功案例。互联网技术通过移动终端带来客流量，不但可以扩大服务的覆盖范围，提高范围经济效率，还可以通过大数据分析来代替传统金融机构主要靠人工获取客户信息和尽职调查，降低获客成本，实施风险评估与定价，开展对海量客户的精准个性化服务等，这种互联网技术形成的长尾效应使传统金融不可能提供的金融服务变为可能，这正是当前普惠金融蓬勃发展的理论基础。

长尾理论颠覆传统"二八定律"下的商业模式，打造出全新的商业模式。传统商业银行一直以来秉持"二八定律"经营理念，认为80%的利润都由20%的重要客户创造，故而产品服务在设计、销售上更针对前20%重要客户，而基于成本、渠道、效益等因素考虑，剩余80%客户金融服务需求始终处于待满足状态。金融科技充分运用长尾理论，有效破解传统银行服务困境。一方面，大数据、云计算等技术基于多维数据对用户分析画像，指导银行进行金融产品服务设计，以满足长尾客户个性化的金融服务需求；另一方面，API等接口技术实现银行和客户端口对接，完成在线获客，既降低获客成本，又打破金融服务时空限制，使长尾客户随时随地都能享受金融服务。在金融科技加持下，商业银行低成本开发长尾市场，丰富金融产品服务种类，攫取丰厚利润，有效推进转型，降低风险水平。

信息技术是金融风险管理的廉价手段。大数据（Big Data）或称巨量资料指的是所涉及的资料量规模巨大到无法通过目前主流软件工具，在合理时间内实现获取、管理、处理并整理成为帮助企业经营决策更积极目的的资讯。大数据理论的依据在于心理学家威廉·詹姆斯（威廉·詹姆斯，2014）1884年提出的表现理论的一种特殊学说，该学说认为：情绪只不过是对于身体所发生的变化的感觉，如果没有了身体变化，如肌肉紧张、心跳加剧等，也就没有什么情绪（这种学说就是表现理论），当数据总量较小时（样本模式），样本数据量不足以准确完整反映该事物，因此这样的样本不能满足表现理论，而只能用来推演和预测。然而，当数据量规模足够大或者在全数据模式下，当它超过了表现理论所需的临界值时，我们就能够直接用大数据来描述该事物了。在大数据技术与大数据思维的影响下，传统的交易行为将会发生重大的改变，并且从中创造出巨大的价值。大数据价值创造的应用包括两个方面，分别从企业和顾客的角度出发将大数据应用分为顾客大数据和商品大数据。顾客大数据是指企业收集顾客的信息而建立起来的一种大数据营销模式；商品大数据是指消费者借助企业所提供的大数据服务来为自己做消费规划和消费决策。

在顾客大数据中，企业先收集顾客的历史交易数据，还有通过顾客关系管理所收集到的交互数据，然后通过技术处理对数据进行分析，得出用户的特征，洞察用户的喜好，建立顾客档案。还可以使用一些其他方法，收集顾客的网站浏览数据、社交数据和地理追踪数据等，使得消费者描述更加完整更加细致。而一旦在我们的数据库中有了完整的顾客描述之后，我们就能用数据来分析顾客的购物行为并且准确地预测他们下一步的消费。另外，我们通过顾客的消费信息研究其购买习惯，并且能识别出潜在的更有价值的目标群体。这样我们就能够优化自身的营销策略，调整商品库存与商品之间的组合，向目标顾客推荐他们最感兴趣的产品和服务，从而达到个性化的精准营销。在这个过程中，企业能够把自身的资源最大限度地利用起来，减少了不必要的资源浪费，还能使每位顾客都享受到最贴心、最个性化的服务,甚至企业还能从中挖掘出潜在的新的价值。

然而,在传统的交易过程中,消费者一方往往会处于"信息洼地"的不利位置。但是随着大数据的发展,智能消费将会成为一个重要的趋势。智能消费是企业将数据分析作为一种服务提供给消费者,而不是像在商业智能时代,数据仅被用作企业内部的业务分析和决策支持。在传统的消费过程中,顾客都是根据以往自身的购物经验来进行消费的,这其实又是一个从分析、计划、实施,最后到检验的传统认知模式。但是在大数据所带来的新型消费模式下,这种情况也会得到改变。总而言之,企业通过开发一些应用或工具,支持终端顾客作相关的规划,而顾客在使用这些工具时,企业也会捕捉相应的数据和场景,重新设计相应的产品和服务。因此,智能型消费就形成了企业利用数据与顾客沟通的新模式,顾客使用这些数据服务支持个人决策,形成最合理最个性化的个人消费规划,反过来企业也能在此过程中收集更多的数据信息并且与顾客建立良好的伙伴关系,这样更加有利于企业的长远发展。

大数据理论在互联网时代已经成为金融服务的手段,互联网金融的快速发展就是一个鲜明的案例。大数据分析与云计算联合生成有用信息,互联网技术所形成的渠道优势使服务的成本趋近于零,这些新理论与新技术的集合运用使金融普惠大众成为可能(伊恩·艾瑞斯,2014)。

2. 心理学、行为金融学理论为金融企业防范风险提供了人性防线

1990 年前后,理论界逐步意识到金融风险管理除了传统方法以外,心理学的影响也不可忽视。行为金融学理论的发展开始从心理学原则出发研究金融以及用其他社会性学科的眼光来研究金融。行为金融学理论纠正了大多数数理金融学理论的通病,即在研究过程中忽视了人性的因素。心理学家丹尼尔·卡尼曼(丹尼尔·卡尼曼,2017)和阿莫斯·特沃斯基的研究成果"既有思维框架"对风险管理有着决定性作用,即普通人对自己身处的环境、参照物、心理状态和心理联想等所持有的思维框架通常会对人们的决策过程产生重要影响。现实中一个企业经营好坏在很大程度上取决于经营者的决策和努力。事实上,本书第二章介绍的印度微型企业金融服务模式其中一个重要特点就是富登印度信贷有限公司不是以抵押品作为贷

款标准,而是以客户的还款意愿和还款能力为放贷的决定因素,这是行为金融运用的典型案例。

第二节 我国微型金融的创建与发展

1919年,被誉为"中国合作运动之父"的银行家薛仙舟联合一部分学界人士创办"上海国民储蓄银行",这是中国历史上第一个现代意义上的合作金融组织。1923年,由华洋义赈总会组织设立的信用合作社在河北香河县正式成立,这是我国历史上第一个信用合作社。1927年,湖北省黄冈县成立了农民协会信用合作社,这是中国共产党领导下组建的第一个信用合作社。1949年新中国成立后全国人民热情高涨积极投身到社会主义建设的伟大事业之中,金融支持国民经济各行各业的发展成为必然选择,金融向农村延伸成为农村社会主义建设的有益探索。我国微型金融的产生与发展大体可分为以农村信用合作社形式探索发展阶段、改革开放后城乡小微金融共同发展阶段、微型金融快速发展阶段以及大力发展普惠金融阶段。

一、以农村信用合作社形式探索发展阶段(1949—1978年)

新中国成立后,如何进行社会主义建设?中国第一代领导集体作了许多有益的探索,当时中国还是以农业经济为主体,还没有形成工业体系,4亿人口80%是农民,农业是国民经济的命脉,农村经济框架定格为"一体两翼",即农业生产合作是主体,供销合作、信用合作是两翼。中央政府高度重视农村金融工作,以合作制理论为指导,构建农村信用合作体系,通过建立农村信用合作社支持农村经济的发展。农村信用合作社的发展经历了从最初的社员互助、合作制性质逐步发展到商业化经营阶段。

1951年召开全国农村金融工作会议,决定大力发展农村信用合作社,随后中国人民银行颁发了《农村信用合作社章程准则草案》,重点试办农村信用合作社。农村信用合作社的宗旨是"农民在资金上互帮互助",即农民组成信用合作社,社员出钱组成资本金,社员用钱可以贷款。至此,产生了由农民自愿入股组成,由入股社员民主管理,主要为入股社员服务的，具有一级法人资格的合作金融机构即农村信用合作社。因其充分体现组织上的群众性、管理上的民主性、经营上的灵活性，且不以营利为最大目的，属于社会主义劳动群众集体所有制，市场定位是服务广大农村的农业和农民。1951年至1959年，农村信用合作社资本由农民入股，干部由社员选举，信贷为社员提供，合作制性质明显，到1957年，全国共建立农村信用合作社10.3万家，是扶持农业生产的重要金融力量。

1958年至1979年，农村信用合作社先后下放给人民公社、生产大队管理，后来交给"贫下中农"操作，合作金融事业遭到严重破坏。

因此，这一阶段农村信用合作社的发展特点可以概括为：一是服务对象主要是农村集体经济，由于当时限制私营个体经济发展，农民个人很难获得贷款支持；二是政策性与金融性的矛盾难以调和，集体经济贷款的质量很差，多数贷款无法收回，如果没有国家支持，实际上农村信用合作社发展的可持续性存在严重挑战，国家也不得不多数减免贷款。

二、改革开放后城乡小微金融共同发展阶段（1979—2004年）

1978年党的十一届三中全会吹响了中国农村和城市改革的号角，私营个体经济成了社会主义国营经济和集体经济的重要补充，金融作为国民经济的核心和"晴雨表"，成为支持国家改革发展战略实施的重要力量。

（一）农村信用合作社管理机制逐步完善，成为服务农村集体经济和私营经济发展的主要金融力量

1980年至1996年，农村信用合作社由农业银行管理，合作制"三性"（群众性、民主性、灵活性）基本恢复，其间设立了县级联社，但实际上成了国家银行的基层机构。1996年年底，农村信用合作社与农行脱钩，由人民银行监管。根据《国务院关于农村金融体制改革的决定》（国发〔1996〕33号）的要求，农村信用合作社管理体制的改革是农村金融体制改革的重点。改革的核心是把农村信用合作社逐步改为由农民入股、由社员民主管理、主要为入股社员服务的合作金融组织。此后，1997年10月人民银行发布《农村信用社改进和加强支农服务十条意见》，放宽小额信贷政策；1999年7月中国人民银行发布《农村信用社农户小额信用贷款管

理暂行办法》；2000年1月中国人民银行发布《农村信用合作社农户联保贷款管理指导意见》，确定农户联保贷款"多户联保、按期存款、分期还款"的基本原则；2001年12月中国人民银行发布《农村信用合作社农户小额信用贷款管理指导意见》；2002年5月发布《中国人民银行关于进一步做好农户小额信用贷款发放和改进支农服务工作的通知》，除了要求农村信用合作社规范和大力发展小额信贷外，还要求人民银行分支行加强督促指导，改进再贷款管理，确保农户贷款资金及时到位。2003年国务院下发《深化农村信用社农村改革试点方案》，要求按照"明晰产权关系、强化约束机制、增强服务功能、国家适当支持、地方政府负责"的总体要求，"加快农村信用社管理体制和产权制度改革，把农村信用社逐步办成由农民、农村工商户和各类经济组织入股，为农民、农业和农村经济发展服务的社区性地方金融机构，充分发挥农村信用合作社农村金融主力军和联系农民的金融纽带作用，更好地支持农村经济结构调整，促进城乡经济协调发展"。明确中央银行提供专项票据资金解决农村信用合作社到2002年年底实际资不抵债额的50%，财政补贴保值储蓄贴补息、免征或减半征收所得税、实行优惠营业税税率等扶持政策，以化解历史包袱，农村信用合作社改革进入新阶段，信用社支农能力大大提高。这样农村信用合作社建立之初确定的合作金融属性逐步退化，商业性金融机构的属性日益明显。

（二）建立城市信用社和城市商业银行支持城镇县域经济和中小企业发展

1982年，党的十二大首次提出鼓励劳动者个体经济在国家规定的范围内和工商行政管理下"适当发展"，作为公有制经济的"必要的、有益的补充"。随着号角的吹响，我国城镇私营经济开始迅速复苏，一些中小商业、加工业和手工企业需要得到金融的支持，为此城市信用社应运而生，城市信用社正是适应中国经济和金融体制改革的必然产物。我国第一个城市信用社于1979年在河南驻马店成立，它作为城市金融改革的一种过渡形式，虽然与严格意义的合作信用组织还有一定的距离，但也揭开了我国城市信用合作社发展的新篇章。

以后经过1986—1988年和1992—1994年两次大发展，1995年年末全国共有城市信用社5279家，存贷款余额分别为3357亿元和1929亿元，分别占全国金融机构的7.0%和4.0%，1996年后，由于组建城市商业银行，城市信用社数量趋于减少，1998年年末为3290家。1998年冬，为化解城市信用社的金融风险，开始"大整顿"，数量急剧下降。2002年年末，仍处于营业状态的城市信用社仅存449家（其中有相当数量的信用社是等待处置的高风险社）。城市信用社从1979年开始组建，到2012年全部改制完成，存在时间最长也就三十年，随着金融改革的深入，城市信用社逐步改制成城市商业银行（赵冬青，王康康，2009）。2012年3月29日，全国最后一家城市信用社宁波象山县绿叶城市信用社改制为城市商业银行，即宁波东海银行股份有限公司（简称宁波东海银行），城市信用社正式退出历史舞台。江苏省辖城市的城市信用社陆续组建城市商业银行，县域城市信用社更名为农村信用社，其他省份也陆续以省辖市为单位组建商业银行，成为县域经济中支持中小企业的中坚力量。

(三) 探索发展农村合作基金会

农村合作基金会是人民公社解体后，农村基层重建和完善农业积累制度的一种组织基础，它是社区合作经济组织内部各成员在资金上互通有无、有偿使用、独立核算、自负盈亏、民主管理、自愿互利、共担风险的一种专业性合作经济组织。据有关部门统计，1990—1996年，全国农村合作基金会累计投放于种养业生产的资金达到1515亿元。1996年投放于农业生产的资金占当年投入总额的比重达43.3%。据四川省1999年的统计资料表明，全省合作基金会资金投放总额214.6亿元，其中，农业借款78.8亿元，占36.7%，非农产业借款135.9亿元，占63.3%。逾期、呆滞和呆账资金总数为108.4亿元，其中农户（一般以农业为主）34.8亿元，占32.1%；企业和其他贷款（一般以非农业为主）达73.6亿元，比重为67.9%。1997年，农村合作基金会开始清理整顿、关闭合并，部分资产及对应的负债并给农村信用社，部分资产负债由当地政府组织清理（郭晓鸣，豆丁网）。

三、微型金融快速发展阶段（2005—2015年）

随着农村信用合作社体制改革的逐步深入，法人治理结构逐步合理，经营管理效率逐步提高，与此同时，城市商业银行建立与改革也逐步完成，城乡微型金融的基本力量已经形成。国家为了进一步满足城乡中小微企业发展过程中的资金需求瓶颈，批准建立了一批新型微型金融组织，推动我国微型金融快速发展。

（一）城乡小额贷款公司顺应潮流发展迅猛

2005年中央一号文件《中共中央、国务院关于进一步加强农村工作提高农业综合生产能力若干政策的意见》第二十三条指出："推进农村金融改革和创新。要针对农村金融需求的特点，加快构建功能完善、分工合理、产权明晰、监管有力的农村金融体系。抓紧研究制订农村金融总体改革方案。继续深化农村信用社改革，要在完善治理结构、强化约束机制、增强支农服务能力等方面取得成效，进一步发挥其农村金融的主力军作用。抓紧制定县域内各金融机构承担支持'三农'义务的政策措施，明确金融机构在县及县以下机构、网点新增存款用于支持当地农业和农村经济发展的比例。采取有效办法，引导县及县以下吸收的邮政储蓄资金回流农村。加大政策性金融支农力度，增加支持农业和农村发展的中长期贷款，在完善运行机制基础上强化农业发展银行的支农作用，拓宽业务范围。农业银行要继续发挥支持农业、服务农村的作用。培育竞争性的农村金融市场，有关部门要抓紧制定农村新办多种所有制金融机构的准入条件和监管办法，在有效防范金融风险的前提下，尽快启动试点工作。有条件的地方，可以探索建立更加贴近农民和农村需要、由自然人或企业发起的小额信贷组织。加快落实对农户和农村中小企业实行多种抵押担保形式的有关规定。扩大农业政策性保险的试点范围，鼓励商业性保险机构开展农业保险业务。"

在2005年中央一号文件明确提出要在农村发展小额信贷组织政策的强力推动下，部分地区开始探索"只贷不存"的小额信贷组织，即小额贷款公司。2005年山西平遥打响了发展商业性小额信贷"第一炮"，率先成立了"日升隆"和"晋源泰"两家完全由民间资本投资组建的小额信贷公司，此种发展模式无疑是我国小微金融发展的一次尝试。2005年5月中国人民银行在山西、陕西、四川、贵州、内蒙古5个省区进行商业性小额信贷试点。2007年年底，中国人民银行明确在省级政府承担风险处置责任的基础上，由各省决定小额贷款试点工作。江苏、浙江率先启动试点，出台专门办法。自2008年5月人民银行和银监会联合共同发布了《关于小额贷款公司试点的指导意见》以来，小额贷款公司已经成长为我国金融体系中重要生力军。小额贷款行业呈现出爆发式增长，2008年底小额贷款行业的资产规模不到百亿元，数目不到数百家，根据人民银行2019年10月25日发布的《2019年三季度小额贷款公司统计数据报告》，截至2019年9月末，全国共有小额贷款公司7680家。贷款余额9288亿元，前三季度减少257亿元。其中，江苏省小额贷款公司机构数量达到565家，贷款余额794.49亿元，机构总数全国第一，贷款余额仅次于重庆市。江苏设立小额贷款公司规模要求相对较高，苏北地区不低于2000万元，苏中地区不低于3000万元，苏南地区不低于5000万元。要求单户贷款比例不高于10%，用于"三农"的贷款不低于80%，较好地支持了县域经济的发展。此外，小额贷款公司机构数量超过400家的地区还包括辽宁、河北、广东和安徽，分别是424家、488家、456家和435家（中国人民银行，2019），较2015年末均有所减少。根据人民银行公布的数据，全国小额贷款公司数2015年9月末达到顶峰，之后开始下降，2015年9月末机构数为8965家，2015年末为8910家，年末比9月末减少55家，贷款余额比9月末减少20亿元（《金融时报》2016年1月27日），到2019年9月末机构数和贷款余额分别比2015年末减少1230家和124亿元。

（二）村镇银行等新型农村金融机构的建立与发展

2006年12月，中国银行业监督管理委员会在全国县域推出了建立村镇银行、商业银行全资持有的贷款子公司、农村资金互助社三类新型农村金融机构的试点工作。2006年12月22日银监会公布了《关于调整放宽农村地区银行业金融机构准入政策更好支持社会主义新农村建设的若干意见》，依照"低门槛，严监管，先试点，再推开"的原则，来引导各类资本到农村投资建设村镇银行、农村资金互助社、贷款公司等新型农村金融机构，鼓励银行业金融机构到农村地区设立分支机构。境内外银行资本、产业资本、民间资本都可以到农村地区投资、收购、新设银行业金融机构；同时调低注册资本，取消营运资金限制，明确在县（市）设立的村镇银行，其注册资本不得低于人民币300万元；在乡（镇）设立的村镇银行，其注册资本不得低于人民币100万元，并要求其金融服务必须能够覆盖机构所在地辖内的乡（镇）或行政村。2007年3月首批村镇银行在国内6个试点省诞生，2007年10月经国务院同意，银监会宣布试点从6个省扩大到31个省（自治区、直辖市），自此以后，新型农村金融机构在我国农村地区的数量和规模实现了快速的增长。

从数量上来看，我国新型农村金融机构发展势头迅猛。资料显示，2007年年末，新型农村金融机构数量为23家，到2008年10月末，全国新型农村金融机构已经增加到77家，2009年末，数量增加到172家，2010年、2011年、2012年末时我国新型农村金融机构的数量分别达到245家、786家、858家；从吸收资金的规模上来看，2007年9月，新型农村金融机构吸纳股金1.27亿元，吸纳存款0.89亿元。到2008年10月，全国新型农村金融机构吸纳股金30.05亿元，吸收存款34.01亿元，短短一年，规模实现了"井喷式"增长。截至2009年12月，我国新型农村金融机构吸纳股金和吸纳存款的规模分别达到70亿元和269亿元（孙颖，2010）。可以看出，我国新型农村金融机构自2007年成立起，短短几年时间就实现了快速的发展，不仅获得了众多投资者们的青睐，吸引了大批资金注入，而且在农村地区也逐渐吸引了大量存款，取得了农村大部分储户的信赖与支持。与小额贷款公司的发展类似，农村新型金融机构的发展也受到经济下滑的影响，近年来增速开始下降，也逐步从数量扩张向质量优化的方向发展。

在三类农村新型金融机构中除了村镇银行发展较快外，贷款公司和农村资金互助社发展较慢，只有少数省份进行了试点，由于互助社资金规模较小，管理水平较低，试点效果较差，没有能够实现可持续发展，机构数量几乎没有变化。2007年山东省临沭县被列为试点县，该县利用上级拨付的 75 万元扶贫资金，另筹集资金 80.3 万元，选择了处于丘陵地带的青云镇 5 个行政村（含 14 个自然村）作为试点，成立了青云村民发展互助资金合作社。组建时，自下而上逐层推举，每 10 到 20 户社员成立一个小组，民主推选一名小组长，共推选出了 109 个小组长。互助资金的使用对象为全体社员，主要用于支持农户发展生产经营性项目，包括种植业、养殖业以及农副产品加工等，借款数额为 3000 元以下，最多不超过 5000 元，使用期限为 3 个月到 6 个月，最长不超过一年，办理业务时间为每隔四天集中办理一次。合作社向借款农户收取每月 9‰ 的借款管理费，用于合作社正常运转，剩余部分转作互助资金本金和用于合作社社员补贴（谭帅，2011）。截至 2018 年底，全国村镇银行 1616 家、贷款公司 13 家、农村资金互助社 45 家（任涛，2019），到 2019 年底三类农村新型金融机构数量分别是 1630 家、13 家和 44 家（《今日农商行》，2020），除村镇银行有明显增加外，贷款公司和农村资金互助社机构处于稳中有降状态。

除了上述银监会批准设立的新型农村金融组织在各地迅速发展外，一些省份还试点建立了农村资金互助组织。如江苏省在苏北部分贫困县以村为单位，每个村以国家扶贫资金 15 万元为依托，成立农民资金互助合作社。盐城滨海东港村有 11 个村民小组、1450 户、5800 人、7300 亩耕地，该村利用扶贫资金 15 万元，成立东港村农民资金互助合作社，村主任兼会长。到 2008 年年底，163 户农户入社，互助资金规模已达 22.7 万元，73 户农户累计获得支持 40 万元，吸收的互助金每月利率 4‰，使用互助金金额在 200～800 元的有 67 户，1000～8000 元的有 93 户，1 万元以上的有 3 户，最高的为 1.6 万元，使用的利率不高于农村信用社贷款利率。他们坚持"六个不贷"和"六个必须"，即无发展项目不贷，无固定资产不贷，无土地承包不贷，无配偶家庭不贷，长期外出户不贷，信誉程度差的不贷和必须是本村村民、入社会员、有发展项目、发放资金不超过 5000 元、两名社员担保、低于基准利率等条件。2008 年返还社员 3551.2 元，管理费用 1724 元，获得收益 1830 元。

盐城市部分地区农民根据 2005 年、2006 年、2007 年中央一号文件精神，开展农民资金互助组织试点。盐城市阜宁硕集镇农民 2006 年自发开展农民资金互助合作，市及亭湖区农村工作办公室指导便仓镇设立便仓农民资金互助社，开展农民资金互助合作。此后，盐城市出台指导意见，开始在全市范围内不断扩大试点。试点要求在一个或几个村范围内，最多不得超出本乡镇范围，以农户自愿加入成为会员，在会员间有组织地开展资金融通。到2008年经市农工办备案的试点单位近60家，吸收互助基金15263万元，用于支持农民生产、生活的资金投放达8830万元。阜宁古河生猪合作社借鉴农民资金互助组织试点做法，在合作社内部成员之间组织资金互助，会员227户，吸纳互助金210万元，会员间融通165万元（薛亮，2009）。该组织提出"三不"，即吸股不吸储、分红不分息，对内不对外，较好地体现了内部信用互助合作精神。由于依托专业合作组织，合作社社员通过合作社不仅能够获得生产经营技术等方面服务，在资金方面也获得便利，有力地促进了专业合作社的发展。

四、大力发展普惠金融阶段（2015年以后）

普惠金融是指立足机会平等要求和商业可持续原则，通过加大政策引导扶持、加强金融体系建设、健全金融基础设施，以可负担的成本为有金融服务需求的社会各阶层和群体提供适当的、有效的金融服务，并确定农民、小微企业、城镇低收入人群和残疾人、老年人等其他特殊群体为普惠金融服务对象。尽管联合国和世界银行在2005年提出以微型金融为核心，构建能有效地、全方位地为社会所有阶层和群体（特别是中低收入人口和微型企业）提供服务的普惠金融体系，但是国内关于普惠金融体系的建设还是近年之事。

从学者理论研究层面，焦瑾璞（2006，2007，2010）首次提出"普惠金融体系"的概念，认为普惠金融是小额信贷及微型金融的延伸和发展，是以商业可持续的方式，为包括弱势经济群体在内的全体社会成员提供全功能的金融服务。吴晓灵（2008，2013）认为，普惠金融的核心是让每一个人在具有金融需求时，都能够以合适的价格，享受及时的、有尊严的、方便的、高质量的金融服务，具体内容包括在政策层面的监管与监督，对普惠金融机构的财务报告和信息披露要求，对客户的公平定价三方面内容。周小川（2013）认为，普惠金融是指通过完善金融基础设施，以可负担的成本将金融服务扩展到欠发达地区和社会低收入人群，向他们提供价格合理、方便快捷的金融服务，不断提高金融服务的可获得性，其目标包括：一是家庭和企业以合理成本获取较广泛的金融服务，包括开户、存款、支付、信贷、保险等；二是金融机构稳健，要求内控严密、接受市场监督以及健全审慎监管；三是金融业实现可持续发展，确保长期提供金融服务；四是增强金融服务的竞争性，为消费者提供多样化的选择。周小川2013年的论述已经较全面地回答了我国普惠金融是什么、应该做什么和怎么做的问题（张晓燕，2014）。

从国家政府层面，经过近年来的微型金融实践和快速发展，以及理论界对普惠金融的认识与讨论，特别是党的十八大提出"两个一百年"奋斗目标的需要，2013年11月党的十八届三中全会上通过的《中共中央关于全面深化改革若干重大问题的决定》中明确提出："允许具备条件的民间资本依法发起设立中小型银行等金融机构"，"发展普惠金融"。至此，普惠金融的发展被提升到国家战略层面。紧接着，2014年3月两会《政府工作报告》中提出了更加明确的意见：稳步推进由民间资本发起设立中小型银行等金融机构，引导民间资本参股、投资金融机构及融资中介服务机构。发展普惠金融，促进互联网金融健康发展，完善金融监管协调机制，守住不发生系统性和区域性金融风险的底线。

2014年4月20日《国务院办公厅关于金融服务"三农"发展的若干意见》（国办发〔2014〕17号）第二条明确提出要大力发展农村普惠金融，具体内容包括：一是优化县域金融机构网点布局。稳定大中型商业银行县域网点，增强网点服务功能。按照强化支农、总量控制原则，对农业发展银行分支机构布局进行调整，重点向中西部及经济落后地区倾斜。加快在农业大县、小微企业集中地区设立村镇银行，支持其在乡镇布设网点。二是推动农村基础金融服务全覆盖。在完善财政补贴政策、合理补偿成本风险的基础上，继续推动偏远乡镇基础金融服务全覆盖工作。在具备条件的行政村，开展金融服务"村村通"工程，采取定时定点服务、自助服务终端，以及深化助农取款、汇款、转账服务和手机支付等多种形式，提供简易便民金融服务。三是加大金融扶贫力度。进一步发挥政策性金融、商业性金融和合作性金融的互补优势，切实改进对农民工、农村妇女、少数民族等弱势群体的金融服务。完善扶贫贴息贷款政策，引导金融机构全面做好支持农村贫困地区扶贫攻坚的金融服务工作。

2015年3月，李克强总理在十二届全国人大三次会议上作《政府工作报告》时指出，2015年将加强多层次资本市场体系建设，实施股票发行注册制改革，发展服务中小企业的区域性股权市场，推进信贷资产证券化，扩大企业债券发行规模，发展金融衍生品市场。推出巨灾保险、个人税收递延型商业养老保险。创新金融监管，防范和化解金融风险。大力发展普惠金融，让所有市场主体都能分享金融服务的雨露甘霖。

2015年12月31日国务院发布《推进普惠金融发展规划（2016—2020年）》（国发〔2015〕74号）（以下简称《规划》），从总体思路、健全多元化广覆盖的机构体系、创新金融产品和服务手段、加快推进金融基础设施建设、完善普惠金融法律法规体系、发挥政策引导和激励作用、加强普惠金融教育与金融消费者权益保护、组织保障和推进实施八个方面规划了未来五年我国普惠金融的发展方案，明确提出大力发展普惠金融，是我国全面建成小康社会的必然要求，有利于促进金融业可持续均衡发展，推动大众创业、万众创新，助推经济发展方式转型升级，增进社会公平和社会和谐。《规划》无疑是我国普惠金融未来发展的政治宣言和经济号令。

从监管层面，2015年1月20日，中国银监会宣布进行机构调整，将原有27个部门分拆，合并成23个部门，其中新成立普惠金融部，负责推进银行业普惠金融工作、融资性担保机构、小贷、网贷工作等。9月18日，在首届中国普惠金融国际论坛现场，中国银监会普惠金融部主任李均锋接受《中国经济周刊》等数家媒体采访时表示，普惠金融部的主要职责有三个方面：第一，从顶层设计上制定中国普惠金融发展的战略或者规划，谋划未来5年或10年中国普惠金融的发展目标，达到这些目标的措施及主要政策保证。第二，综合推动整个金融机构更好地为薄弱领域或者弱势领域、弱势地区、弱势群体提供金融服务。我们将其概括为"三薄弱"或者"三弱势"。一是我们要推动金融业更好地为农村地区，为"三农"

提供金融服务。二是金融业更好地服务小微企业，这些企业总体来说轻资产、缺乏信息、缺乏信用。三是推动金融机构更好地服务特殊人群，主要包括中低收入者，包括大学生就业、农民工返乡创业，包括城市的下岗再就业，也包括一些残障人士的特殊金融服务。第三，加强对新的金融业态、新的机构的管理和指导。目前管理的主要有四类机构，第一类是为金融机构提供辅助性服务的融资性担保公司。第二类是小额贷款公司，是为小微企业和农户提供小额贷款的专业的放贷机构。第三类是 P2P 网络借贷。网络借贷这几年发展非常迅猛，特别是 2014 年以来，网络借贷平台在机构数量和业务流量上都是成倍增长。但也存在不少问题，问题平台约占 30%，每 10 家平台当中有 3 家或多或少存在问题，如跑路、欺诈、缺乏公信力等。第四类是农村地区发展新型合作金融，通过农民之间的资金互助来解决农村地区传统金融机构、银行机构覆盖不到的农民。

根据《中国普惠金融创新报告（2018）》（李扬和叶蓁蓁，2018）当前中国普惠金融创新正呈现四个新特征：一是产品和服务日益丰富。普惠金融不仅包括信贷，还包括储蓄、投资理财、保险、支付、汇兑、租赁、养老金等全功能、多层次的金融服务，甚至可能会增加管理咨询、财务顾问等其他服务内容。二是参与主体更加多元化。普惠金融的参与主体已逐步发展为囊括商业银行、政策性金融、非银行金融以及金融科技企业等在内的多层次、多元化普惠金融机构体系，如消费金融公司，网络小额信贷，P2P 网络贷款，互联网财富管理，保险、股权众筹，农业保险与小额保险，第三方支付等依赖金融科技的新型金融企业和服务方式正成为普惠金融的重要力量。三是数字普惠金融发展迅速，并有可能成为未来发展的主流。四是普惠金融商业模式不断创新，可持续性得到极大改善。一些新的普惠金融模式开始形成，普惠金融开始成为许多机构竞相进入的蓝海。

第二章 微型金融的组织结构

第一节 微型金融组织的类型

一、微型金融机构组织形式的分类与演变

(一) 微型金融机构的分类

所有致力于为贫困、低收入人口和微型企业提供金融服务的市场主体都可以称为微型金融机构,早期主要是指小额信贷机构,如从业务范围的角度来划分,通常包括为小微企业和低收入人群提供金融服务的小额信贷公司、银行和保险公司等企业。亚洲发展银行根据目前现状给出了微型金融机构比较权威的界定,认为目前微型金融机构主要有三类:

1. 正规金融机构,如中小型商业银行、合作金融组织以及大型商业银行设立的微型金融事业部等,目前这类微型金融机构占微型金融服务主体地位,典型机构有玻利维亚团结互助银行(BancoSol)、印度尼西亚人民银行(BRI)、国际社区援助基金会(FINCA)的村庄银行(Village Banks,VB)等,在我国有农村商业银行、农村合作银行、农村信用社、城市商业银行、村镇银行以及大型商业银行设立的普惠金融事业部等。

2. 半正规金融机构,如从事微型金融业务的非政府组织(NGO)等准金融机构,通常以项目型非营利组织或公司等形式存在,这类微型金融项目中成功的典范是孟加拉国乡村促进委员会(Bangladesh Rural Advancement Committee,BRAC),孟加拉国乡村银行(GB)等,我国比较典型的

有农村贷款公司、农村互助基金会等。

3. 非正规金融，如民间借贷行为和零售店主等，这类机构多为个人，在我国比较典型的有小额贷款公司，另外我国的民间借贷也属于此类。

（二）微型金融机构组织形式的演变

微型金融机构的发展经历了从小额信贷到微型金融、从微型金融到普惠金融，从福利主义和制度主义到双赢主义的过程（张伟，2011），其中正规金融机构更倾向于实行商业化经营，以营利为目的，目前理论界通常将其归入制度主义组织；半正规金融机构则倾向于不以营利为目的，目前理论界通常将其归入福利主义组织。第一章我们已经讨论了微型金融的发展，实际上目前世界各国的微型金融机构都在向实现可持续发展和削减贫困的"双赢主义"即混合主义过渡，商业化已经成为微型金融机构的主要发展方向，因此微型金融的组织形式也多倾向于公司制模式。

福利主义的理论基础为平等的福利权益价值观，即每个公民不因其主体差异而享有差别性福利权益。福利主义追求的社会公正不仅是规则公平，更多的是通过为社会不同个体提供必要和及时的生活和发展支持来减少贫困、消除差距，充分体现了经济社会发展观和人本思想的内在统一。福利主义微型金融机构的资金主要来源于政府和国际机构，资金成本低，以相对合理的低利率就可实现机构在经济上和操作上的可持续。

早期的微型金融机构主要以福利主义为主导，属于非政府组织和非营利组织类微型金融机构，此类服务单纯出于正义和慈善的目的，不受任何政治和利益因素的干扰，探索和改善能为穷人带来福利的微型金融模式，因而具有比较高的运作效率。但由于现实中容易发生信贷资产不良等不可持续发展的问题，这类组织没有得到迅速发展。

制度主义的理论基础是基于制度分析的规则公平价值观，其最重要的原则是非歧视原则，即通过非歧视原则对个体行为加以约束，在保障个体自由的基础上实现过程公平。根据该理论，规则公平先于结果公平，对分配正义的追求并不在基本价值上优先于自由和平等，致力于缩小结果和起点不公平的责任主体应是政府而非民间机构。制度主义微型金融机构大多通过市场价格机制运作，通过自身加强管理实现收支平衡进而获取利润。

此类模式特别强调微型金融机构在操作上和经济上的可持续性，认为只有依赖深度和广度拓展实现微型金融机构的可持续性，才能确保有不断满足需要的资金被导入贫困群体中。但在实际运行过程中微型金融组织为确保自身的持续性和经济利益，必然重点放在对商业利益的追逐上，这样就会促使微型金融机构在资金安排中追逐高收入阶层，忽视对贫困、低收入人口和微型企业等弱势群体的关注，可能使微型金融机构出现"消除贫困使命漂移现象"。

混合主义或者说双赢主义微型金融机构可看成是制度主义模式和福利主义模式的兼顾形式，发展到目前基本演变为普惠性金融制度安排（焦瑾璞，2013）。它以福利主义为宗旨、以制度主义为手段，其价值观在于确立社会个体享受金融服务的基本平等权利，强调要能有效、全方位地为社会所有阶层和群体提供服务，尤其要为目前金融体系还没有覆盖的社会人群提供服务。该模式认为只有将贫困群体融入金融体系的各个层面，才能根本改变其被排斥于金融服务之外的现实，因此贫困人口在服务主体中应处于中心地位，微型金融服务要能在规模上提供高质量的金融服务满足大范围贫困人口的金融需求，同时能以更高效率使金融服务向最需要金融支持的极端贫困人群延伸。

但就双赢目标两者的关系来讲，微型金融的可持续发展目标还是处于主体地位，否则微型金融的发展将面临生存危机，这已经在微型金融近几十年来的发展中得到证实，通过政府拨款或者社会捐赠模式获取资金的NGO模式往往存在后续资金的可持续获得问题，商业化微型金融组织必将在未来获得大规模发展。微型金融的商业化指的是在提供微型金融服务时以盈利和财务上的可持续发展为目标，所以这一类微型金融服务一般由一些商业化金融机构（如商业银行）来提供。商业化微型金融机构或微型金融项目一般具有三个特征：一是在经营理念上追求和重视盈利，以脱离补贴、实现财务上的独立和自给自足为目标，与此同时兼顾微型金融的社会效益。二是在管理上实行商业化机构的管理，比较重视效率。三是这些机构一般都是正规机构，在有关部门登记注册，接受相关监管部门的监督和管理，受金融法律法规的约束。因此，微型金融的商业化通常是和微型金融的正规化联系在一起的。根据以上这些标准，目前世界上较为知名和成功的微型金融机构或项目基本都是商业化的，商业化经营和正规化组织是微型金融的未来发展方向。中国的微型金融机构也多数属于商业化运作的营利性组织，除了作为政府为支持贫困地区发展而设立的政策性银行以外，少数在农村试点的农民资金互助组织基本运营不正常，多数虎头蛇尾，草草收场。

二、国际微型金融机构主要模式

微型金融机构在其发展过程中，经历了从非营利性的非政府公益组织到目前正规营利性金融组织的过渡，这里介绍几个发展较好的代表性机构。

（一）以公益性非政府组织（NGO）等为主的半正规微型金融机构

非政府组织是英文 Non - Governmental Organizations 的意译，英文缩写为 NGO，是独立于政府体系之外的具有一定程度公共性质并承担一定公共职能的社会组织，这些组织活跃于人类社会生活的各个领域和层面，其形式、规模、功能千差万别，但一般都具有非政府性、非营利性、公益性或共益性、志愿性四个方面的基本属性。20 世纪 80 年代以来，人们在各种场合越来越多地提及非政府组织（NGO）与非营利组织（NPO），把非政府组织与非营利组织看作在公共管理领域作用日益重要的新兴组织形式。"非政府组织"一词最初是在 1945 年 6 月 26 日美国旧金山签署的联合国宪章第 71 款使用的。1968 年联合国经社理事会 1296 号决议规定了联合国同非政府组织关系的法律框架，决议规定非政府组织如要在经社理事会中得到咨询地位，首先应致力于联合国经社理事会及其附属机构所关注的问题，如国际经济、社会、环境、文化、教育、卫生保健、科学、技术、人道主义和人权以及其他一些相关的问题，非政府组织的宗旨与使命，不得同联合国宪章的精神、宗旨以及原则相抵触。

非政府组织（NGO）从事的微型金融业务，实际上是非政府组织借助融资平台实现减贫扶贫公益目标的有益尝试，这类微型金融项目中的成功典范最早是成立于 1972 年的孟加拉国乡村促进委员会（Bangladesh Rural

Advancement Committee，BRAC）。BRAC 是孟加拉国最大的 NGO，它的目标是消除贫困和提高穷人的能力，BRAC 采用整体方法来消除贫困，将微型金融与经济发展项目（包括医疗、教育、人权和法律服务）相结合，微型金融项目向穷人提供小额贷款，还鼓励穷人储蓄，为农村的儿童和成年人（特别是妇女）提供非正规教育、基本医疗卫生方面的教育以及提供妇女权益保护方面的法律咨询等。BRAC 建立之初，是一个全部由捐赠资金支持的小规模非政府组织，开始主要是为了医治孟加拉国解放战争带来的创伤，帮助安置从印度返回的难民。但现在 BRAC 的覆盖面之广令人惊叹，已成为世界上最大的非政府组织。从 1972 年的一个村庄已经发展到了现在几乎覆盖孟加拉国的所有村庄和贫困人口，到 2017 年 8 月 BRAC 在世界共有 11.1 万名员工，其中在孟加拉国有 5500 人，员工中女性占 72%，总资产接近 4 亿美元。BRAC 已拥有 1 家银行 BRAC BANK（包括世界最大的行动支付平台 bKash，使用者超过 2500 万人）、拥有 4.8 万所学校（包括孟加拉国顶尖大学 BRAC University）、1.2 万个社区发展组织，并通过创新模式经营社会企业（包括 6 个大商场、7 个全国性大企业以及数百家中小企业，如孟加拉国最大的乳制品公司 Aarong Dairy）。BRAC 根据服务对象的不同需求，把贷款分为以下四个层次：小于 100 美元的针对极度贫困人群的贷款、单笔金额 100~1000 美元的低收入妇女贷款；单笔金额 100~4000 美元的农业贷款；1000~4000 美元的迁徙贷款以及 1000~10000 美元的中小企业贷款。其中，前两项主要由小贷公司来负责，而后两项交由银行。除此之外，BRAC 还将自己多年的扶贫经验带到非洲和亚洲的 11 个国家和地区，受益人口超过 1.38 亿，仅在阿富汗，BRAC 就已经覆盖 564 万人。金融服务只是 BRAC 扶贫工作的一环，除了提供金钱支持，BRAC 还为贫困群体提供"一条龙服务"，包括帮助他们建立生产资料与市场需求的连接，以及提供低收入人群所需教育和卫生医疗服务等。从目前 BRAC 的财务状况来看，每年年度费用 10 亿美元，项目支出的 70% 至 80% 来自自身项目经营收入，捐赠来源显著下降，显然其目前的发展也在逐步脱离早期的完全公益性质（刘晏汝，2017）。

格莱珉银行成立之初也接受政府资助和公益组织捐赠，1995 年，格莱珉银行决定不再接受任何捐助资金,最后收到的一笔原有捐款的分期付款是在1998年。格莱珉银行的待偿贷款全部由自有资金与储蓄存款提供,68%的存款来自银行的贷款者,仅存款储蓄已达到待偿贷款的97%,如将自有资金与存款储蓄两项相加,则达到代偿贷款的130%。

(二) 以商业性经营为主的正规微型金融机构

新兴的以商业性经营为主的微型金融机构已经作为一种全新的制度安排,改变了对低收入者的那些传统假设,也促使微型金融机构获得了正当的法律地位,享受正规机构的待遇,使其大规模、可持续发展成为可能。因此这一转变又被称为"微型金融的革命"。专业微型金融机构的优势在于专门致力于微型金融业务,不会受到其他业务或整体决策导向的干扰。主要代表有孟加拉国的乡村银行格莱珉银行(Grameen Bank)、玻利维亚团结互助银行(BancoSol)、国际社区援助基金会(FINCA)的村庄银行(Village Banks,VB)等。目前,许多国家还通过商业银行直接内设微型金融部门等方式开展微型金融服务,典型代表有印度尼西亚人民银行(Bank Rakyat Indonesia)乡村信贷部(BRI–UD)、埃及开罗银行和肯尼亚合作银行等。

1. 孟加拉国的乡村银行格莱珉银行(Grameen Bank)(富平微型金融事业部,2014)

乡村银行的创始人穆罕默德·尤努斯出生在孟加拉国吉大港,1971年孟加拉国独立后,在美国范德比特大学获得经济学博士学位的他返回孟加拉国,后来在家乡吉大港大学担任经济系主任,1975—1976年他带领学生在大学附近的乔布拉村开展乡村开发与农村发展调研,了解到该村共有42个通过向高利贷者借钱的手工业者,他们用从高利贷者借来的钱(共856塔卡,约合27美元)购买竹子纺织竹凳,竹凳编好后只能卖给高利贷者算作还贷,收购价由高利贷者说了算,其中一个叫苏菲亚的3个孩子的母亲每天仅借5塔卡(约合22美分),还款后仅剩2美分,高利盘剥下的村民无法通过自己的劳动摆脱贫困,于是尤努斯决定建立专门为穷人提供小额贷款服务的乡村银行,帮助穷人实现个体创业。1977年,在孟加拉国农业银行的支持下,尤努斯建立了孟加拉国农业银行乡村试验分行,1979年孟加拉国中央银行同意开展乡村项目，1983年孟加拉国议会通过了《1983年特别Grameen银行法令》，特许乡村银行独立在农村全面开展小额贷款业务，乡村格莱珉银行正式诞生。在此之后，乡村银行逐步成为孟加拉国全国性金融机构，成为世界上规模最大、效益最好的微型金融机构之一。乡村银行的贷款总额在1997年仅为9万美元，截至2011年1月，乡村银行共有835万名借款人，其中97%是妇女，拥有2565家分支机构，在81377个村庄开展业务，占孟加拉国村庄总数的97%以上，累计发放贷款6040亿塔卡（约合102.6亿美元），已经偿还的贷款总额为5365亿塔卡（约合91亿美元），贷款余额为675.1亿塔卡（约合11.6亿美元）（张伟，2011）。截至2016年年底，银行有效借贷户增加到890万名，137万个小组，服务对象稳定，97%是贫穷妇女，其中还包括7.76万名乞丐会员，客户基本属于贫困人群，其中267万名客户处在孟加拉国的贫困线以下，约占30%，覆盖的村庄数占孟加拉国全国村庄总数的占比较2011年下降近4个百分点，实际为93.16%（修德弘法，2017），说明扶贫效果显著，一些村庄整体脱贫了。孟加拉国乡村银行成为现代微型金融的典型案例），对世界小额信贷和微型金融的发展作出了特殊贡献，其先进经验和业务特点可以概括为以下几个方面：

（1）金融公益性的示范作用巨大。格莱珉银行创立的初衷就是为穷人特别是穷苦妇女服务，1983年乡村银行改制成为具有独立法人机构地位的股份公司，95%的股份由借款人持有，5%的股份属于孟加拉国政府所有，支持客户中97%以上为穷苦妇女，创造了资金回收率100%的奇迹，成为国际上公认的、最成功的信贷扶贫模式之一。它扶贫面广、扶贫效果显著，自身按市场机制运作，实现可持续发展，且具有极强的生命力。目前全球有近60个国家按照乡村银行的经营模式开办微型金融机构，使金融在固有的商业性功能的基础上充分发挥了公益性功能，较好实现了"双赢主义"目标，是金融打破传统服务功能的一次普惠性探索。

（2）风险控制技术推动了微型金融革命。微型金融的发展一直受信息不对称、道德风险大、客户经营规模小、业务管理成本高等传统观念和客观现实的束缚，早期福利主义NGO组织运营的失败也证明了这一点，传统的信贷风险控制技术很难在规模和范围上有所突破，乡村银行在信贷风险控制技术上进行了大胆创新，推动了微型金融的革命。乡村银行的小额贷款不要求借款人提供任何担保抵押物，也不要求贷款者签署任何法律文件。这明显不符合传统银行防范风险的要求，那么乡村银行在风险控制技术上是如何创新的呢（张伟，2011）？

首先，缩短还款周期，改变传统贷款到期一次还本付息为每周还本付息，把贷款人的一次性还款压力分解到每一周。尤努斯教授研究了传统的银行业务模式，发现其中有一些很大的问题，如传统银行信贷通常要求借款人到期全额还款，现实中借款人在贷款到期时一次性拿出一大笔现金，往往心理上很难受，通常会尽可能拖延还款，在拖延的过程中，贷款数额越滚越大。最终他们决定根本不还这笔钱了。如此长期而全额偿还的贷款，也使得借贷双方对早期出现的一些问题不予理会；他们不是在问题出现时解决它们，而是希望随着贷款到期，那些问题会自行消失。有鉴于此，尤努斯教授在建立格莱珉银行的还款模式时，与传统银行背道而驰：创立了每周还款模式，实行整借零还制度，一次借款，每周借贷人只需偿还非常小数额的贷款（这类贷款金额微小，期限一般为一年，52周，第二周开始还款，50周还清，每周还本付息1/50）。在日积月累中，就会不知不觉完成还款，也正是由于这种还款模式的制定，才保证了格莱珉银行的高还贷率。这种还款模式现在看来比较平常，但在三十年前的孟加拉国，的确是一个创举。

其次，建立了贷款5人小组式团队贷款道义激励机制。要求每个贷款者都必须属于一个5人小组，但小组并不需要为其成员的贷款提供任何担保，偿还贷款是每一位贷款者个人的责任，没有任何连带责任，即组员不承担为其他有拖欠行为的组员偿付的责任，但小组成员承担组员违约的停贷风险。为确保联保小组对贷款偿还的约束责任，格莱珉银行对于组建联保小组有较高的要求。一是建组严格。组员必须自己同村找伙伴，5人一组，自愿组成，同组人没有亲戚关系，6个小组组成一个中心，小组长和中心主任都有借款人民主选出。每个小组只有全员通过格莱珉银行的面试后，才能得到贷款。一个小组要得到格莱珉银行的认同或认证，可能花几天时间，也可能要花上几个月时间。为了得到认同，这个贷款小组的所有5个成员都必须到银行去，至少要接受7天有关格莱珉银行政策的培训，并要通过由一名高级银行主管主持的口试，表明他们理解了这些政策。而且，每个组员必须单独接受考试。二是联保小组形成内在激励和约束机制。小组内一个组员想要得到贷款，就必须整个小组先行通过，然后才能申请；如果小组中有一名组员的贷款不能按时偿还，那么其他组员就不能再次得到贷款。由于每一组员的贷款请求都要由小组批准，小组就为每一笔贷款担负起了道义上的责任。当小组的任何成员遇到麻烦时，小组其他成员通常都会来帮助。小组成员的身份不仅建立起相互的支持和保护，还舒缓了单个成员不稳定的行为方式，使每一个贷款人在这一过程中更为可靠。来自平等伙伴之间的微妙而更直接的压力，使每一个组员时时与贷款项目的大目标保持一致；小组内与小组之间的竞争意识也激励着每一个成员都要有所作为。事实上就等于将银行初始监管的任务移交给小组，这不仅减少了银行的工作，还增强了每个贷款人的自立能力。所以，小组中的每一个人都要在保证自己合理利用并努力偿还贷款的同时，帮助和鼓励或监督其他组员合理利用贷款并不断努力偿还，这样他们才有共同的机会和希望。三是优化贷款程序，通过贷款流程明确小组的初始监管责任。乡村银行不直接与借款人发生联系，而是与5人小组和中心发生联系，银行要求小组每周召开一次会议，中心每半个月召开一次会议，在会议上，乡村银行营业所员工和借款人集中进行贷款项目的选择、贷款的发放与收回等，业务过程保持透明，鼓励和组织穷人参与信贷项目的选择、管理、监督和实施的全过程，银行要求小组和中心直接参与贷款管理，前移了贷款的监督环节，也降低了自身贷款的监督和管理费用。

（3）帮助客户脱贫致富是银行经营发展的理念。"客户至上"往往是许多商业银行业务营销的口号，但真正为客户着想的却很少，客户感到的往往是过度营销，向客户推销一些银行盈利强但客户并不需要的产品，格莱珉银行的日常经营管理与自身确定的发展理念高度吻合，为客户服务过程充满了这种真帮忙的社会责任感。一是小额贷款的定价充分考虑客户的可持续发展。孟加拉国政府将所有政府运作的小额贷款项目规定为11%的统一利率，经余额递减计算即接近了 22%。格莱珉银行的贷款利率低于政府的利率，其贷款利率有四种：创收目的的贷款利率为 20%，住房贷款利率为 8%，学生贷款利率为 5%，艰难成员（乞丐）贷款免息，所有利率都是简单利率，存款利率最低为 8.5%，最高为 12%。当时农民靠高利贷生存，格莱珉银行的贷款确保农民可持续发展。二是要求借款者必须每周存款作为小组基金和风险基金，帮助穷人理财，这些存款可以在穷人遇到困难或寻找其他创收项目时应急。格莱珉银行要求贷款者将所贷款项的 5% 存入小组基金，这是小组成员们的共同存款，只要满足规定条件（其他组员对其申请的数额与用途表示赞同；贷款不能超过小组基金总额的一半），任何小组成员都可以从这笔小组基金中得到一笔无息贷款用于解决小组组员家庭急需，如婚丧嫁娶、子女教育等。三是银行对借款人提供非信贷服务。如进行扫盲、开展手工或农业技术培训以及健康卫生等方面的教育培训，提高穷人自身素质，增强他们摆脱贫困的信心和能力（互动百科，格莱珉银行）。

2. 印度尼西亚人民银行的 BRI–UD 模式（百度百科，印度尼西亚人民银行）

印度尼西亚人民银行（BRI）是大型金融机构从事微型金融业务的典范，分支机构遍布印度尼西亚全国，是最贴近农村居民的国有商业银行。它成立于 1895 年，主要从事商业金融、小额信贷金融、公司和国际金融等业务。1983 年以前，BRI 的农村金融业务以发放指令性粮农补贴贷款为主，1984 年 BRI 在内部建立农村银行（Unit Desas of Bank Rakyat Indonesia，BRI–UD），成为 BRI 内部的独立盈利中心。BRI–UD 模式通过存贷利率差所获的信贷服务收入来覆盖其运营成本和扩展金融服务业务的广度与深度，成为制度主义小额信贷的典范，在有效向低收入人口提供信贷服务的同时，也获得了巨大的商业成功。到 2014 年末，印度尼西亚人民银行下设 19 家大区分行、461 家地区分行、5293 个营业所、2457 个服务站等分支机构，安装 20792 台 ATM、131204 个电子数据采集机、392 台现金存款机和 55 个 E–Buzz 设备的电子渠道网络系统。资产总额 778 万亿印尼盾（约合 3890 亿元人民币），较 2010 年增长 95.5%，占印度尼西亚银行业资产总额的 14.4%，成为印度尼西亚第二大银行，净利润 24.3 万亿印尼盾（约合 122 亿元人民币），净利润连续 10 年位居印度尼西亚银行业第一。取得这么骄人的业绩主要得益于印度尼西亚人民银行所坚持从事的微型金融服务，2010—2014 年印度尼西亚人民银行小额贷款占总贷款比重基本保持在 30% 左右，而小额贷款业务占其总收入的比重逐年升高，到 2014 年已经超过 50%，而在银行总收入中贷款利息收入占总收入的比重接近 90%，2014 年净息差达到 8.51%（韩军伟，2016），这充分说明大型金融机构从事微型金融业务的优越性。2003 年 11 月，BRI 在印度尼西亚上市，并同时在美国证券柜台交易市场（OTC）挂牌交易，被《亚洲货币》评为当年最佳上市公司。这家有百年历史的银行，已开展微型金融服务 30 多年，BRI – UD 模式的特点与经验可概括为：

（1）BRI – UD 是商业银行业务模式。1984 年 BRI 通过内部改革使其原来农村金融业务实现商业化并且取得明显实效。一方面 BRI – UD 有效地利用了政府提供的启动支持资金和世界银行的贷款建立独立盈利中心，使传统国有政策性银行可以在不改变目标客户群体定位的条件下，通过建立员工工作激励和奖惩制度，充分重视一线信贷员的重要地位，加强内部成本控制和管理系统，成功改制为具有财务硬约束的盈利性商业银行。另一方面 BRI 利用市场定价方式，通过利率市场化向中低收入群体提供小额储蓄和贷款产品服务，形成存贷利差实现盈利。例如为低收入群体开设的名为 Simpedes 的储蓄项目实践，成功地动员了储蓄；开设利率可浮动的普通农贷，年利率达到 32%，通常浮动幅度为 20%～40%，这样拉大了存贷利差，扩大了盈利空间。

（2）贷款一般为面向个人的盈利性普通农贷，贷款采用传统的担保抵押方式，要求借款者提供不低于借款等额的抵押物，抵押物包括耕地、宅基地、动产等，这类贷款最低额度为 2.5 万印尼盾（约合 12.5 美元），最大为 100 万印尼盾（约合 500 美元）。

BRI 同时开发了少量无抵押的、利率较低的面向小组而非个人的团体贷款。这类贷款者主要是无地者、农业劳动力、用谷物交租的佃农、家庭农业加工者、边缘小农、小养殖户、小渔民、谷物商人和手工业者等，小额信贷服务的对象为联保小组。贷款额度根据需求和小组还款能力确定，贷款利息可达年利率22.5%，还款频率可灵活确定。由于小额信贷客户不能提供担保（抵押）品，乡村信贷部建立了特殊的安全保障和还款激励机制。比如在贷款时先扣除借款小组贷款额的10%作为还款保证金，如果呆账率超过5%便中止项目，按期还款的农户可以贷到更多款项等。

（3）BRI是大型商业银行从事微型金融业务的成功典范。对于国际小额信贷运动来说，BRI最大的贡献在于其业务经营事实向人们表明：正规银行可以从事小额信贷活动，但应该设立独立的小额信贷部，并采取完全不同的风险管理技术。

（4）通过金融科技和互联网技术优化物理网点和移动渠道的布局，充分发挥物理网点和虚拟渠道两个优势。BRI基层网点多，贴近客户是其经营的一大特色，但经营成本高、效率相对低（一般一个营业所有4~5位工作人员，一个服务点有2个工作人员）。如何在不改变原有经营特色条件下提高效率呢？近年来，BRI通过互联网技术大力发展移动金融，轻型化服务站，推动服务渠道转型升级，形成线上渠道和线下实体网点对客户服务的有机互补，既降低了运营成本，又提高了服务精准率和工作效率，成功融合了物理网点和虚拟渠道两个优势。

3. 玻利维亚国际社区援助基金会（Finca，译作"芬卡"）的村庄银行（Village Banks，VB）模式（焦瑾璞，2013；张伟，2011）

1984年，一个曾经在秘鲁工作并获得福布赖特奖学金资助的经济学家暨社会发展专家约翰·海奇，在玻利维亚开始了一项穷人贷款项目，在不需要任何抵押的情况下，向穷人发放小组成员联保贷款。1985年，约翰·海奇建立了国际社区援助基金会（芬卡），以村庄为单位建立互助联保小组，这些互助联保小组约翰·海奇称为村庄银行。村庄银行是一个以村和社区为基础的贷款和储蓄协会，其目的是为农村地区提供金融服务。村庄银行的主要做法是建立10~90人组成的互助小组，互助小组从商业银行获得资金，并贷给它的成员，互助小组每一周或两周开一次会，为互助小组成员提供三项服务：提供自我就业贷款，每笔贷款50~100美元；以激励的方式鼓励存款和积蓄；以社区为基础提供相互支持，提高个人自主权。

互助小组成员之间互相担保，实行民主管理，由小组成员自己选举小组长，自己制定章程，自己管理资金，自己放贷收贷，自己记账，自己负责监督，自己对违约行为实施惩罚。

约翰·海奇在玻利维亚萨尔瓦多村庄银行的实践取得巨大成功，项目使当地妇女通过自己经营创收来摆脱贫困，通过互相扶持，使这些低收入妇女及家庭在医疗卫生、健康和教育等许多方面得到明显改善。受村庄银行项目成功的鼓舞，1989年"芬卡"先后在在墨西哥、洪都拉斯、危地马拉和海地，相继设立了村庄银行项目。1992年，"芬卡"进入非洲，目前在非洲和拉丁美洲已拥有25万客户。1995年，"芬卡"在地处欧亚大陆的吉尔吉斯斯坦设立了村庄银行，随后又相继进入了亚美尼亚、俄罗斯、科索沃、阿富汗、塔吉克斯坦。截至2009年4月，"芬卡"已在21个国家拥有74万客户。"芬卡"模式的发展经验与经营特点总结如下：

（1）"芬卡"创立了一种独特的模式，通过捐赠筹集资本、通过互助小组创建信用合作互助式村庄银行和商业化运营管理等多种元素，建立了为贫困农户提供金融服务的控股公司组织。利用捐款为其全额控股的各个分支机构（村庄银行）建立自有资产，村庄银行以自有资产作质押，从外部商业银行获取更多的贷款资金，一般情况下，每一美元自有资产，可以从商业银行获得5美元的贷款资金。村庄银行获得商业银行的批发贷款后再以自己的方式在成员内部集体分配资金、利息、投资和回收资金。村庄银行成员不直接与外部商业银行发生关系，不直接承担还款义务，村庄银行为组员的还款提供保证。"芬卡"依靠捐赠筹集的资本款，保持了对各分支机构及其项目的控股权，从而确保村庄银行经营服务于穷人特别是妇女的发展方向始终不变，目前村庄银行服务目标客户中妇女客户占到总贷款人数的95%。

（2）"芬卡"村庄银行强调信用合作与自治管理，把内部风险控制与降低经营管理成本较好地结合起来，与孟加拉国乡村银行的早期模式有较大相似性。为降低村庄银行团体担保可能诱导会员道德风险从而产生资本损失的问题，村庄银行采用强制会员储蓄来对冲风险，村庄银行要求会员存款必须达到贷款额的20%以上，会员存款构成村庄银行内部的资本金，外部商业银行根据村庄银行的存款规模决定下一轮贷款规模;会员贷款还款周期根据实际情况采用1周、2周和1个月等方式,利息也可分期偿还或一次性偿还,村庄银行通过定期会议,集中讨论会员贷款的分配与偿还。

4. 玻利维亚团结互助银行(BancoSol)

BancoSol 是非政府组织微型金融商业化运作的代表,1986 年美国非政府组织行动国际和玻利维亚的一些商界领袖共同创办了非营利性组织——"促进和发展微型企业",开始"促进和发展微型企业"的主要服务对象是城市地区的微型企业和自我雇佣者,采取团体贷款模式提供信贷服务和培训,项目运作非常成功,1990 年已经收回所有成本,1991 年"促进和发展微型企业"的客户数量达到 22000 名,贷款余额为 450 万美元,不良率为零,贷款余额已超过其获得的捐助资金额。1992 年经玻利维亚银行和金融实体监管处的批准,"促进和发展微型企业"另外成立了一家私人商业银行——BancoSol,接管了"促进和发展微型企业"在城市地区的商业银行业务,"促进和发展微型企业"拥有 BancoSol 股份的 60%,行动国际、Calmeadow 基金会和私人投资者拥有 40% 的股份,BancoSol 具有全部银行业务的许可证,可以根据市场需求提供金融产品和金融服务,并成为第一家可以通过国际资本市场获得资金的小额信贷银行(张伟,2011)。其业务经营的主要特点非常鲜明:BancoSol 成立之时即采用股份公司形式,具有完善的现代公司治理机制,按照商业化理念经营与管理,客户选择上注重盈利性,业务定价上强调市场化,不是一个承担政策使命的金融组织。BancoSol 虽然在风险控制技术上与孟加拉国乡村银行有相似之处,主要以团体贷款为主,但其贷款客户主要集中在城市,以城市中的小微企业为服务对象,不对农村极贫农户发放贷款。

5. 印度尼西亚金融银行的 DSP 模式(范保群,2008)

1997 年亚洲金融危机后,印度尼西亚政府硬性将九家即将破产倒闭的银行合并设立成一家银行,2003 年新加坡淡马锡收购其股权的 51%,成立印度尼西亚金融银行(Danamon Simpan Pinjam,DSP),逐步使之成为印度尼西亚新型专营小额存贷业务的金融机构,其后持股比例增至 68%。截至

2007年底，DSP在印度尼西亚拥有专营小额存贷的分支机构超过700家，员工7000人，客户达到31万人。DSP实现印度尼西亚摩托车融资市场占有率15%，微型银行市场占有率7%，中小企业占有率8%，整体市场占有率7%。2004年至2007年，DSP的整体市场占有率由3%上升至7%，总收益增长1倍，税前利润增长1倍，成为印度尼西亚资产规模排名第五，贷款规模排名第五，利润排名第四，资本回报率排名第三的银行。DSP模式成功的主要经验在2006年世界银行报告《位于中爪哇Wiradesa市郊的Danamon Simpan Pinjam银行针对小型企业贷款采取的创新方案》中概括如下：

（1）目标市场明确，提供精准服务，为目标客户定制特色金融产品。DSP贷款产品的重点客户是小规模贸易者，这些市场贸易者占印度尼西亚小型企业市场份额的20%。DSP瞄准目标客户为他们定制Dana Pinjam 50（最大为5000万卢比的贷款）和Dana Pinjam 200（最大为2亿卢比的贷款）两种贷款产品，并在客户两公里范围内建立支行以确保方便客户。

（2）注重关系营销，培育客户的忠诚度。DSP员工与借款客户之间签订借贷合同，确保有借有还，每天都去客户工作的地方进行拜访以收集信息、办理放款和偿还贷款，通过方便客户，建立信任关系，培育客户忠诚度。

（3）运用信息技术提升服务效率，强化内部控制。银行重视借助金融科技的力量，优化业务流程、简化贷款手续，强化内部监管。DSP在执行上体现为简单（贷款申请流程简便、无纸化电子信息现金交易、指纹身份识别系统）、快速（三天内划拨所有款项）和方便（分行设立在社区集市中、使用电子数据采集系统EDC收、付款项），通过信息技术最大程度便利客户，提升客户黏度；在工作上DSP要求所有信贷人员使用电子数据采集机（EDC）快速并准确记录偿还情况，每天EDC信息下载到银行支行电脑上，上传到DSP总部，为高级经理提供相关组织绩效的实时信息。

6. 印度微型企业金融服务模式（范保群，2008）

印度储备银行（印度微型金融服务监管机构）鼓励印度境内的商业银行自主从事微型金融服务活动，允许在印度具有网点运营的商业银行、私有银行与国外银行经营微型金融业务，也允许印度本国与国外投资者成立不能吸收存款的非银行金融公司，开展所有种类的贷款业务。富登印度信贷有限公司（Fullerton India Credit Company Limited Vyapaar, FICCLV）是印度微型金融服务的典型代表，属于非银行金融公司。该公司微型金融业务自2003年11月开始设计，2006年在25个分行试点，2007年开始在印度农村范围内推广，设立分行超过600多个，当年新增客户1万多人，基本实现盈亏平衡。FICCLV采用连锁模式，每个分行都由相同的8人团队构成，1个分行经理，1个信贷员，1个操作员，3个销售员和1个柜台营业员。产品设计覆盖面较宽，提供个人需求贷款、业务扩张贷款、原材料周转资金贷款、家庭成长计划贷款、投资理财咨询、商业保险等产品及产品组合。FICCLV模式的主要特点与做法是：

（1）建立新型微型金融服务风险与信用管理理念，把客户还款意愿和还款能力作为放贷依据。FICCLV不是以抵押品作为贷款标准，而是以客户的还款意愿和还款能力为放贷的决定因素。虽然抵押品的价值可以帮助控制客户的行为，但是FICCLV更加关注客户本身的还款态度。为了更好地控制风险，在财务模型中设置适当拨备，以更好预测和抵御风险。

（2）运用高科技手段建立分权式的授信系统，既实现了操作上的便捷，又成功分散了信贷风险。FICCLV通过采用分权式的授信系统，大部分的信贷审核（将近80%的审批案例）发生在营业网点且主要由网点信贷人员审批，缩短贷款审批时间，平均贷款审批流程仅2天；通过"点对点"客户信用审核和非刚性的信用评分体系（客户供应商调查、客户家庭情况调查、邻里关系和社区关系调查以及每周定期拜访等），及时了解客户资信和经营情况，对客户的现金流做出充分有效判断，从而决定贷款的额度和周期，有效降低坏账损失的可能性。

（3）服务流程标准化，客户经理社区化。FICCLV通过标准化文件，建立易懂和简便的业务流程。FICCLV要求客户经理必须来自社区，对当地的市场情况了解，为社区服务对象提供邻里式融资，专属化服务，FIC-CLV为坐落在方圆5千米的客户提供一站式到户服务，力求满足所有融资要求，为每位小额贷款客户提供专属的客户经理，贷款发放、评估、抵押品存管等都由客户关系经理一手经办,从头到尾单一联系人。客户经理负责所在区域的产品销售,更重要的是必须负责自己放贷产品的回收。

综上所述,微型金融机构作为在传统正规金融体系之外发展起来的一种金融组织方式,其发展尽管经历几个阶段,也曾有多种不同形式,但发展到目前,基本都呈现出如下三个特点(刘金兴,林旻,斐巧彬,2016):

第一,客户群体独特,把贫困人口或低收入人群作为目标客户。消灭贫困、促进农村经济增长是发展微型金融的最初动机以及发展目的。穷人银行家穆罕默德·尤努斯教授提出的穷人金融理念是:信贷是每个人所应该享有的权利,穷人是有信誉的。很多国家的微型金融机构自发展伊始,始终秉承这样的理念,根植于广大的农村地区,真正贴近主要穷困人群,为低收入贫穷人群提供可贵的金融服务。

第二,单笔业务交易额小,服务方式灵活、快捷。微型金融服务的主要内容是为无法从正规金融体系中获得金融服务的小企业、穷人和贫困家庭发放微型信贷和办理其他金融业务,帮助他们进行生产性活动或小本经营。所以,单笔交易额非常小,一般低于人均 GDP 水平。微型金融服务的方式也很方便、快捷,一般提供无抵押贷款,一些地方的微型金融业务还委托加油站、零售商办理。

第三,兼顾扶贫这一社会宗旨,组织形式明显走向商业化。在国外,提供微型金融服务的机构复杂多样,有正规金融机构,如商业银行;非政府组织;成员(小组)制集体组织机构,如合作金融机构;非正式金融中介机构,如循环储蓄和联合信用贷款协会等。从近几年的发展趋势来看,追求盈利和可持续经营,以商业化的方式来支持贫困人群生产经营,逐渐成为微型金融的发展主流。一些微型金融组织运用小组联保贷款、动态激励、分期还款等新型金融合约方式,较好克服信息不对称障碍,保证较高贷款偿还率,实现了"可持续发展和削减贫困的双赢目标"。有研究显示,世界上最好的微型金融的权益回报率(ROE)在 2003 年超过了全球盈利前 10 名商业银行 16.2% 的平均水平,不少拉美国家的权益微型金融回报率超过了 40%~50% 的水平。2015 年印度尼西亚人民银行的 ROA 为 4.19%,ROE 为 29.89%,年均市净率高达 2.31 倍(韩军伟,2016)。

第二节　我国的微型金融组织

与上述介绍的国际微型金融组织发展状况相比，中国是一个微型金融发展相对比较发达的国家。众所周知，中国是世界上人口最多的国家，也是世界上最大的发展中国家，1978年改革开放以来，中国政府高度重视扶贫帮困工作，积极探索运用财政金融手段解决城乡居民的生产生活困难问题，经过努力，全国有几亿人脱贫致富，走上小康道路。早在2004年，世界银行前行长沃尔芬森曾评价说："中国有2.2亿人摆脱了贫困，中国扶贫的成就之大是'人类历史上无与伦比的'"（唐钧，2017）。事实上帮助困难群众脱贫致富一直是党和国家的重要工作，党的十九大报告更是明确提出：坚决打赢脱贫攻坚战。铿锵有力的九个字，道出的是坚定如铁的承诺："确保到二〇二〇年我国现行标准下农村贫困人口实现脱贫，贫困县全部摘帽，解决区域性整体贫困，做到脱真贫、真脱贫。"与此相应的是进一步出台了一系列支持小微金融和普惠金融发展的政策与举措。本章第一节谈到国际微型金融组织分类时以亚洲发展银行的划分为标准，把微型金融分成正规、半正规和非正规三类，但这种分类似乎不太适合中国的现状，因为中国目前几乎所有的正规金融机构都从事一定量的微型金融业务，只是主次不同而已，所以本书拟先按照市场定位标准把我国微型金融组织分成两类，即主要从事微型金融业务的金融机构和只设立微型金融业务部门的金融机构，然后再按亚洲发展银行的划分标准把主要从事微型金融业务的金融机构分成正规微型金融机构、准微型金融机构和非正规微型金融机构三类。

一、主要从事微型金融业务的正规金融机构

中国是一个发展中国家，中小微企业的发展是我国国民经济快速发展的中坚力量，截至2017年7月，中国小微企业名录中的小微企业数量达到7328.1万家，行业分布比较集中，占比最高的三个行业分别为批发零售、工业和租赁及商务服务业，合计占比三分之二，另外，科技型企业占比为

4.62%,小微企业总数占我国市场主体的95%（行业频道，2018）。这也推动了我国微型金融事业的发展。

（一）正规微型金融机构

改革开放以来，我国城乡经济飞速发展，中小微企业如雨后春笋般诞生，微型金融需求催生供给侧结构性改革，在我国，出现了主要从事微型活动的金融机构数量多、种类多、规模大等特点。

1. 农村信用合作社、农村合作银行和农村商业银行

我国微型金融的发展以农村为起点，新中国成立后就开始建立农村信用合作社支持集体经济发展，2003年以后一些信用社改制为农村商业银行，2005年后为全面缓解小微企业融资难融资贵等问题，创新发展了一些新型微型金融组织，如成立村镇银行、中国邮政储蓄银行等。目前在我国县域基本形成了以农村商业银行、农村信用社、邮政储蓄银行和城市商业银行为主力军，村镇银行、贷款公司、农村资金互助社等新型农村金融机构为补充的微型金融组织发展格局。

（1）农村信用合作社。新中国成立后，农村信用社的发展经历了几个阶段，从最初的社员互助、合作制性质逐步发展到目前的商业化经营。从2003年到现在，全国农村信用社的组织体制已经基本完成了县级法人实体组建，信用社产权关系明晰，已不是原来的社员互助性质。2003年6月国务院印发《深化农村信用社改革试点方案》，按照"明晰产权关系、强化约束机制、增强服务功能、国家适当扶持、地方政府负责"的总体思路，在江苏、浙江、山东等八省市率先启动农村信用社改革试点；2004年8月扩大至西藏和海南以外的29个省；2007年海南省联社正式挂牌成立，农村信用社的产权组织形式呈现多元化发展的态势。

根据中国银保监会网站2020年3月24日公布的数据：2019年底全国现存农村信用合作社722家，比2018年的812家减少90家（银保监会网站）。农村信用合作社作为银行类金融机构有其自身的特点，主要表现为：一是由农民和农村的其他个人集资联合组成，以互助为主要宗旨的合作金融组织，其业务经营是在民主选举基础上由社员指定人员管理经营，并对社员负责。其最高权力机构是社员代表大会，负责具体事务管理和业务经

营的执行机构是理事会。二是其主要资金来源是合作社成员缴纳的股金、留存的公积金和吸收的存款；贷款主要用于解决其成员的资金需求。起初主要发放短期生产生活贷款和消费贷款，目前随着经济的发展，逐步扩宽放款渠道，和农村商业银行贷款没有区别。三是由于业务对象是合作社成员，因此业务手续简便灵活。农村信用合作社的主要任务是：依照国家法律和金融政策的规定，组织和调节农村基金，支持农业生产和农村综合发展，支持各种形式的合作经济和社员家庭经济，限制和打击高利贷。近年来，我国农村信用社的数量急剧下降，按照商业化开展业务经营是信用社未来发展的方向，目前江苏省范围内的所有农村信用社都已改制成农村商业银行。

（2）农村合作银行和农村商业银行。随着我国经济改革的不断深化，农村信用社的内部治理结构越来越受到质疑，产权关系背离合作制，内部股东已经基本不是真正的农民，经营目标的盈利性，管理脱离农民自主性，农村信用合作社已完全背离了原来设计的农村合作金融性质，适应农村经济发展的农村信用合作社改革势在必行。2000年农村信用合作社改制经国务院同意在农村经济发达的江苏省率先展开，人民银行在江苏省实行以县为单位，农村信用社统一法人，组建江苏省信用社联合社，负责全省农村信用合作社的业务指导与管理，并在常熟、江阴、张家港三地组建了股份制农村商业银行，自此我国农村信用社向农村合作银行和农村商业银行改制逐步在全国展开。根据中国银行业监督管理委员会公布的年报，2014年底全国有农村商业银行665家、农村合作银行89家。2016年3月末，全国农村商业银行数量已达1000家，北京、天津、上海、重庆、江苏、安徽和湖北七个省（市）已全面完成农村商业银行组建工作，农村商业银行数量占农合机构（农村信用社、农村商业银行和农村合作银行的统称）的44.4%，资本、资产和利润分别占农合机构的66.7%、63%和70.5%，存贷款占比分别从2002年末的59%和58%提高到64%和65%，涌现出一批定位"三农"、财务健康、内控严密、治理有效、服务优质的农村商业银行，重庆农村商业银行在香港成功上市，江苏江阴、无锡、常熟和吴江4家农村商业银行通过境内上市发行审核，6家农村商业银行准备挂牌新三板,有 21 家入选英国《银行家》杂志世界银行业 1000 强。到 2017 年年底,全国农村商业银行 1262 家,从业人员 6202849 人;农村合作银行 33 家,从业人员 11580 人。2019 年底农村合作银行减少到 28 家,农村商业银行增加到 1478 家(银保监会网站)。2019 年底有江阴、无锡、常熟、苏州、张家港、紫金、青岛、重庆 8 家农商银行在国内 A 股上市,重庆、九台和广州 3 家农商银行在香港上市,这是国务院深化农村信用社改革试点取得的重大成果。

表 2-1　　2010—2018 年全国农村商业银行成立情况统计　　单位:家

年份	2010	2011	2012	2013	2014	2015	2016	2017	2018	2019
家数	85	212	337	468	665	859	1114	1262	1427	1478

注:资料根据银监会年报和银保监会公布的机构数据整理,其中 2018 年农村商业银行占全国农村金融机构 3915 家(农村商业银行 1478 家+农村合作银行 28 家+农村信用社 722 家+村镇银行 1630 家+贷款公司 13 家+农村资金互助社 44 家)的 37.8%。

与农村信用社相比,农村商业银行有如下特点:

(1)内部治理结构不同。农村信用社的内部治理分为管理层和经营层,管理层有三会,即社员大会、理事会和监事会,经营层设主任、副主任,负责日常经营管理,改制后的农村商业银行的内部治理结构也分管理层和经营层,简称"三会一层",三会是股东大会、董事会和监事会,经营层由行长和副行长构成。主要区别在于经营理念上,农村信用社是合作制模式,服务对象应以内部社员为主。农村商业银行是股份有限公司,必须按照股份公司的要求经营管理,服务股东要受到严格限制,服务对象以"三农"为主。

(2)国家政策扶持和监管的要求不同。在税收上,农村信用社比农村商业银行的优惠越来越少,并且逐步取消。根据《财政部、国家税务总局关于试点地区农村信用社税收政策的通知》(财税〔2004〕35 号)和《财政部、国家税务总局关于进一步扩大试点地区农村信用社有关税收政策问题的通知》(财税〔2004〕177 号)的精神,为促进农村金融发展,从 2004 年起,农村信用社和农村商业银行营业税税率调整为 3%,加上附加综合税率为 3.36%(税法规定我国金融机构营业税税基包括贷款业务利息收入全额,融资租赁取得的全部价款和价外费用减去承租方实际成本后的余额,买卖金融产品的价差收入,银行业中间业务收取的手续费与佣金四类)。银行业营业税税率为5%,附加征收的城市维护建设税、教育费附加、地方教育费附加税率分别为营业税的7%,其中市区7%、县镇5%、乡村分别为1%、3%和2%,合并计算商业银行一般金融业务的营业税及附加名义税率为5.6%,农村金融机构的优惠税收为2.24%。

根据《财政部、国家税务总局关于农村金融有关税收政策的通知》(财税〔2010〕4号)的规定,自2009年1月1日至2013年12月31日,农村金融机构可享受多项税收优惠政策:一是对金融机构农户小额贷款的利息收入,免征营业税;二是对金融机构农户小额贷款的利息收入在计算应纳税所得额时,按90%计入收入总额;三是对农村信用社、村镇银行、农村资金互助社、由银行业机构全资发起设立的贷款公司、法人机构所在地县(含县级市、区、旗)及县以下地区的农村合作银行和农村商业银行的金融保险业收入,减按3%的税率征收营业税;四是对保险公司为种植业、养殖业提供保险业务取得的保费收入,在计算应纳税所得额时,按90%的比例减计收入。财税〔2010〕4号文件规定,金融机构应对符合条件的农户小额贷款利息收入进行单独核算,不能单独核算的不得适用本通知第一条、第二条规定的优惠政策。适用暂免或减半征收企业所得税优惠政策至2009年底的农村信用社,执行现有政策到期后,再执行本通知第二条规定的企业所得税优惠政策。适用本通知第一条、第三条规定营业税优惠政策的金融机构,自2009年1月1日起至发文之日应予免征或者减征的营业税税款,在以后的应纳营业税税额中抵减或者予以退税。同时,根据《财政部、国家税务总局关于试点地区农村信用社税收政策的通知》(财税〔2004〕35号)第二条和《财政部、国家税务总局关于进一步扩大试点地区农村信用社有关税收政策问题的通知》(财税〔2004〕177号)第二条的规定,自2009年1月1日起停止执行。

在监管要求上,目前农村商业银行严格按照商业银行的监管指标执行,农村信用社的监管要求相对于商业银行来看各省宽严不一,均按银监会2006年1月1日颁布的《商业银行风险监管核心指标(试行)》参照执行。银保监会没有对农村合作银行、农村信用社和城市信用社提出严格要求，目前在资本充足率、不良贷款率等重要监管指标上给予适当弹性。

2. 城市信用社和城市商业银行

（1）城市信用社。1982年，党的十二大首次提出鼓励劳动者个体经济在国家规定的范围内和工商行政管理下"适当发展"，作为公有制经济的"必要的、有益的补充"。城市信用社正是适应中国经济和金融体制改革的产物，我国第一个城市信用社于1979年在河南驻马店成立，1995年达到最高峰，全国城市信用社总数为5279家，1996年起随着金融改革的深入城市信用社逐步改制成城市商业银行，城市信用社的数量逐年减少，2012年3月29日，全国最后一家城市信用社宁波象山县绿叶城市信用社，改制为城市商业银行，即宁波东海银行股份有限公司（简称宁波东海银行），城市信用社正式退出了历史舞台。

城市信用合作社是中国城市居民集资建立的合作金融组织。宗旨是通过信贷活动为城市集体企业、个体工商户以及城市居民提供资金服务。城市信用社（包括城市信用合作社市联社）的民主管理形式，是社员代表大会制度。社员代表大会由全体社员选举代表参加，是城市信用社的最高权力机构。其职权是制定或修改社章程，选举理事会、监事会成员，审议通过聘用由理事会推荐的社主任，遵循中央银行的宏观决策，确定一定时期的资金投向，讨论制订社年度计划和财务计划等。社员代表大会原则上每年召开一次。日常业务和工作实行理事会领导下的主任负责制。

城市信用社是适应我国经济体制改革的潮流而诞生的，同样它也顺应我国经济发展而顺利退出历史舞台。它以为集体经济和个体经济提供服务、方便人民生活为宗旨，积极进取，不断壮大实力，有力地促进了我国集体经济的发展。

（2）城市商业银行。城市商业银行的前身是兴起于20世纪80年代的城市信用社，其投资主体是当地财政、企事业单位，并吸收了当地部分自然人入股，建立的初衷是为当地集团企业、个体工商户提供金融服务，进入20世纪90年代，随着信用社业务的发展，其服务范围和对象逐步超出了合作制金融的范畴，为了进一步规范城市金融体系，1995年9月7日国务院发布《关于组建城市合作银行的通知》，决定自 1995 年起在 35 个大中城市分期分批组建由城市企业、居民和地方财政投资入股的地方股份制性质的城市合作银行，1995 年 6 月 22 日中国第一家城市合作银行——深圳城市合作商业银行正式成立，标志着我国金融体制改革又迈入了一个新里程。1996 年 6 月，经国务院同意组建城市合作银行的城市扩大到 60 个地级市，1997 年 12 月国务院又批准在东莞等 58 个地级市开展城市合作银行组建工作。1998 年 3 月 13 日经国务院批准，人民银行与国家工商行政管理总局联名发出通知，将城市合作银行统一更名为城市商业银行，城市商业银行的发展步入快车道。截至 2019 年底，共有 26 家城市商业银行在 A 股和 H 股上市，其中 A 股 13 家、H 股 12 家，郑州银行和青岛银行分别在 A 股、H 股同时上市。2007 年南京银行、宁波银行、北京银行三家成功率先在上海证券交易所 A 股挂牌上市，之后江苏银行、郑州银行、杭州银行、上海银行、北京银行、长沙银行、成都银行、贵阳银行、西安银行、苏州银行、青岛银行 11 家先后在 A 股挂牌，重庆银行、天津银行、徽商银行、盛京银行、中原银行、锦州银行、哈尔滨银行、郑州银行、青岛银行、甘肃银行、江西银行和九江银行 12 家城市商业银行在香港证券交易所 H 股挂牌上市。

城市商业银行在成立之初就确立了"服务地方经济、服务中小企业和服务城市居民"的市场定位，经过 20 多年的发展已经成为我国金融支持中小企业的重要力量。根据中国银行业监督管理委员会公布的年报，2017 年 134 家，总资产 317217 亿元，总负债 295342 亿元，所有者权益 21875 亿元，总利润 2473.5 亿元，从业人员 420180 人。总资产、总负债、所有者权益三年分别增长 75.41%、75.41%、75.42%，发展势头强劲。目前我国城市商业银行的机构数基本稳定不变。

3. 中国邮政储蓄银行

根据国务院金融体制改革的总体安排，在改革原有邮政储蓄管理体制基础上，2007 年 3 月中国邮政储蓄银行有限责任公司正式成立。2012 年 1 月 21 日，经国务院同意并经中国银行业监督管理委员会批准，中国邮政储蓄银行有限责任公司依法整体变更为中国邮政储蓄银行股份有限公司。

2015年12月，中国邮政储蓄银行采取发行新股方式，融资规模451亿元，发行比例16.92%，实现由单一股东向股权多元化过渡。在英国《银行家》杂志"2015年全球银行1000强排名"评选中，中国邮政储蓄银行按总资产居第23位、按一级资本居第54位。2016年8月27日，中国邮政储蓄银行80亿美元香港IPO获批，2016年9月28日中国邮政储蓄银行在香港联交所主板成功上市。2018年底被中国银保监会正式确定为第6家国有大型商业银行。

中国邮政储蓄银行坚持普惠金融理念，根据自身网点遍布城乡的特点，自觉承担"普之城乡，惠之于民"的社会责任，把目标市场定位于服务"三农"、服务中小企业、服务社区，在"小""散""特"上做文章，目前中国邮政储蓄银行已成为全国网点规模最大、覆盖面最广、服务客户数量最多的商业银行。2017年底中国邮政储蓄银行完成27家分行三农金融事业部省市县各级机构组建工作，除京津沪、计划单列市及西藏等9家分行，共成立三农金融事业部一级分部27个、二级分部319个和营业部1604个，机构改革基本实现省市县三级全覆盖。三农金融事业部的成立，有利于中国邮政储蓄银行进一步发挥网络、资金等独特优势，深入打造专业化为农服务体系，全面落实服务"三农"战略[①]。截至2017年末，中国邮政储蓄银行总资产达9.01万亿元、同比增幅9.04%。在资产端，邮储银行加大实体贷款投放力度，客户贷款总额为3.63万亿元，新增6194.87亿元。存贷比为45.02%，同比提升3.7个百分点，信贷资产占总资产比重上升3.85%。存款总额8.06万亿元，客户存款新增7763.48亿元，同比增长10.65%，负债付息率下降17个基点。存款总额在总负债中占比为94%，个人存款在存款总额中占比超过85%，核心负债优势进一步夯实。实现营业收入2248.64亿元，同比增长18.6%，实现净利润477.09亿元，同比增长19.94%。中国邮政储蓄银行近4万个网点覆盖内地所有城市和近99%的县域地区，超过了中国银行业金融机构营业网点总数的1/6，个人客户量达5.53亿户，较上市时增加近5000万户，服务客户数量超过中

---

① 引自《银监会2017年报》。

国总人口的 1/3；VIP 客户数量和信用卡结存量较上市时分别增长超过 30% 和 63%；电子银行客户数量达 2.34 亿户，较上市时增长 48.1%；手机银行上线 3.0 版本，客户数量达 1.75 亿户，较上市时增长 63.55%；电子银行交易替代率达 86.97%，较上市时提升超过 13 个百分点；电子银行交易金额 14.12 万亿元，同比增长 35.38%（植凤寅，2018）。

4. 新型微型金融组织

我国新型微型金融组织发展较快的是民营银行和村镇银行。根据中国银行业监督管理委员会公布的年报，截至 2019 年底全国共有民营银行 18 家、消费金融公司 24 家、村镇银行 1630 家、贷款公司 13 家、农村资金互助社 44 家。

（1）民营银行。自 2014 年以来，中国银监会认真贯彻落实党中央、国务院关于推进民营银行发展的部署，坚持审慎监管与创新发展并重的原则，按照"成熟一家，设立一家"的原则，稳步推进民营银行试点工作。2014 年 12 月 28 日，由腾讯作为第一大股东的深圳前海微众银行官网正式上线，2015 年浙江网商银行、上海华瑞银行、天津金城银行和温州民商银行等相继开业。

随着首批民营银行成功落地，国家逐渐在四川、安徽、重庆、湖北、湖南等中西部省市，吉林、辽宁等东北老工业城市以及北京、南京等重点城市批准建立民营银行。截至 2017 年底共批筹开业 17 家。其中，12 家新批设银行已全部实现股权集中托管，监管工作同步、稳步推进。民营银行是中国国有金融体制的重要补充，由民间资本控股，采用市场化运作，主要为民营企业提供资金支持和服务，打破中国商业银行国有垄断，实现金融机构多元化，促进了金融市场的公平竞争。根据中国银行业监督管理委员会公布的年报，2017 年全部民营银行总资产 3381.40 亿元，同比增长 85.22%，其中各项贷款余额 1444.17 亿元，同比增长 76.38%；总负债 2856.23 亿元，同比增长 81.53%，其中各项存款余额 1135.13 亿元，同比增长 90.46%。不良贷款率 0.53%，拨备覆盖率 697.58%，流动性比例 98.17%，资本充足率 24.25%，主要监管指标符合监管要求，利润合计 19.67 亿元。

民营银行开业以来，在坚守市场定位、支持实体经济，尤其在服务小微、服务"三农"、服务"双创"等方面积累了不少有益经验。如东北地区首家民营银行吉林亿联银行于 2016 年 12 月获银监会批筹。自 2017 年 5 月开业以来，该行发挥在渠道流量、风险控制以及信息技术等领域的优势，与吉林大学合作成立"吉大亿联人工智能实验室"，加强信息科技建设；成立小微企业与三农金融事业部、普惠金融事业部，探索研究开发普惠金融产品，支持地方经济发展（引自《银监会 2017 年报》）。微众银行通过不断技术创新，将领先科技运用于金融业务和产品设计研发中，通过构建 ABCD（分别指人工智能 AI、区块链 Blockchain、云计算 Cloud Computing、大数据 Big Data）金融科技基础服务功能，帮助合作金融机构提高金融科技水平，降低成本，构建开放、共赢、有特色的互联网金融生态圈（引自《银监会 2017 年报》）。

国内首家独立持牌直销银行法人机构——中信百信银行，经批准于 2017 年 11 月 18 日正式开业，开始探索商业银行以独立法人形式开展直销银行业务，通过互联网渠道开展核准范围内相关业务，有助于提供更多特色化、差异化、便捷化、低成本的服务，更好地发挥商业银行"金融+互联网"的积极作用，持续提升商业银行服务实体经济的能力，为商业银行子公司改革试点积累了经验。目前，中信百信银行科技类人才占 60%，金融类人才占 30%，其他人才占 10%，重点开展消费金融、小微企业金融、财富管理等业务（引自《银监会 2017 年报》）。

到目前为止，民营银行的发展状态良好，符合建立初衷，业务经营充分体现了业务定位精准，围绕普惠、小微、"三农"发展；"一行一店"模式，专注于当地服务；无物理网点、纯线上运营的互联网银行等特点（万木，2018）。当然，其在发展过程中也遇到了一些问题，如吸收存款能力弱，资金来源受制于同业负债；由于以线上为主，获客广度受到一定限制，服务当地社区，客户范围受到严重挤压，提高了运营成本，此外，风控模式也受数据来源渠道多少的影响。

（2）消费金融公司。消费金融公司指不吸收公众存款，为中国境内居民提供小额、分散的无抵押担保的个人消费贷款的非银行金融机构，由于这类机构发放的贷款风险大，为此，银保监会对这类公司设立了严格的监管标准，必须持有消费金融牌照才能获得放贷资格。据不完全统计，自 2009 年银监会颁布了《消费金融公司试点管理办法》以来，截至 2018 年 1 月，已有 25 家公司获得消费金融牌照，其中开业的有 23 家，筹建的有 2 家。在这 25 家消费金融公司中，四分之三以上为银行主导的消费金融公司，其余为产业系主导，有上市公司、零售企业等参与设立，包括马上消费金融、海尔消费金融、苏宁消费金融和华融消费金融（张彭鸿，2018）。Trustdata 发布了《Trustdata：2017 年中国消费金融行业发展分析报告》，截至 2017 年 9 月，消费金融借贷规模突破 1100 亿元，同比增长约 1.5 倍，用户量达到 370 万户，同比增长超过 3 倍。在现金贷和消费分期对比研究中发现，现金贷用户需求旺盛，月新增用户超过千万户；但在移动互联网市场渗透率方面，以现金贷和消费分期为主的消费金融行业还处于市场培育阶段。

（3）村镇银行。2006 年 12 月 20 日，中国银行业监督管理委员会出台了《关于调整放宽农村地区银行业金融机构准入政策，更好支持社会主义新农村建设的若干意见》，提出在湖北、四川、吉林等 6 个省（区）的农村地区设立村镇银行试点，全国村镇银行试点工作从此启动。2007 年 3 月 1 日，中国第一家村镇银行——四川仪陇惠民村镇银行在四川省南充市仪陇县金城镇开业，四川仪陇惠民贷款有限责任公司同时也在仪陇县马鞍镇开张。2007 年，新设立村镇银行 19 家，2008 年年末，共建立村镇银行 91 家，比 2007 年增加 72 家，2009 年村镇银行开设的速度减慢，共建立 57 家，共为 148 家。截至 2017 年末，村镇银行机构组建数量已达 1601 家，其中中西部地区机构占比 65%；已覆盖全国 31 个省份的 1247 个县（市、旗），辽宁、湖北、贵州等 10 个省份已实现全覆盖，全国 758 个国定贫困县和连片特困地区所辖县市中，有 416 个（占比 55%）县市已设立或已备案规划拟设村镇银行，县域覆盖率达 68%。村镇银行坚持专注"存贷汇"等基础金融服务，近六成资产为贷款，近九成负债为存款，吸收资金主要用于当地；持续加大涉农和小微企业贷款的投放力度，农户和小微企业贷款合计占比 92%，连续四年保持在 90% 以上；坚持按照小额分散原则开展信贷业务，户均贷款余额 37 万元，连续五年下降，支农支小特色显著（银保监会，2018）。2019 年机构数增加到 1630 家，村镇银行已成为服务乡村振兴战略、助力普惠金融发展的金融生力军。

2015 年 8 月 12 日，昆山鹿城村镇银行股份有限公司（证券简称"鹿城银行"，证券代码："832792"）在全国中小企业股份转让系统有限责任公司挂牌上市，成为全国首家在"新三板"挂牌的村镇银行，开创了村镇银行进入资本市场先河。

村镇银行是指经中国银行业监督管理委员会依据有关法律、法规批准，由境内外金融机构、境内非金融机构企业法人、境内自然人出资，在农村地区设立的主要为当地农民、农业和农村经济发展提供金融服务的银行业金融机构。村镇银行不同于银行的分支机构，属一级法人机构。根据《村镇银行管理暂行规定》，村镇银行具备以下几个特点：一是村镇银行通常设立在县域及其以下地域，准入门槛相对较低。村镇银行的一个重要特点就是机构设置在县、乡、镇，根据《村镇银行管理暂行规定》，在地（市）设立的村镇银行，其注册资本不低于人民币 5000 万元；在县（市）设立的村镇银行，其注册资本不得低于人民币 300 万元；在乡（镇）设立的村镇银行，其注册资本不得低于人民币 100 万元。二是面向"三农"和面向小微企业是村镇银行的市场定位。服务"三农"和服务"中小企业"是村镇银行设立的初衷，根据这一实际情况，村镇银行的市场定位主要在于两个方面：第一，要满足农户的小额贷款需求，第二，要服务当地中小企业。三是以服务本地区的客户为宗旨。《村镇银行管理暂行规定》中明确要求村镇银行服务范围仅限于本地区，不得发放异地贷款，在缴纳存款准备金后其可用资金应全部投入当地农村发展建设，然后才可将富余资金投入其他方面。四是村镇银行采取"主发起人控股的产权多元化与扁平化管理相结合"的内部治理模式。村镇银行的创新之处是"发起人制度"，《村镇银行管理暂行规定》明确指出，村镇银行的组建必须有一家符合监管条件、管理规范、经营效益好的商业银行作为主要发起银行并且单一金融机构的股东持股比例不得低于 20%，此外，单一非金融机构企业法人及其关联方持股比例不得超过 10%，以确保主发起人的控股地位和主发起人经营金融服务业的同业身份。为了鼓励民间资本投资村镇银行，2012年5月银监会出台《关于鼓励和引导民间资本进入银行业的实施意见》，将主发起行的最低持股比例降至15%，进一步促进了村镇银行多元化的产权结构。

（4）贷款公司。贷款公司是指经中国银行业监督管理委员会依据有关法律、法规批准，由境内商业银行或农村合作银行在农村地区设立的专门为县域农民、农业和农村经济发展提供贷款服务的银行业非存款类金融机构。贷款公司是由境内商业银行或农村合作银行全额出资的有限责任公司。"贷款公司"这种称谓仅局限于我国境内，与国内商业银行、财务公司、汽车金融公司、信托公司这种可以办理贷款业务的金融机构在定义和经营范围方面都有不同。2009年8月11日银监会下发《关于印发〈贷款公司管理规定〉的通知》（银监发〔2009〕76号），规范了我国贷款公司的行为。规定明确贷款公司的经营范围包括办理各项贷款、办理票据贴现、办理资产转让、办理贷款项下的结算、经中国银行业监督管理委员会批准的其他资产业务，贷款公司开展业务，必须坚持为农民、农业和农村经济发展服务的经营宗旨，贷款投向主要是用于支持农民、农业和农村经济发展，贷款公司不得吸收公众存款，信贷额度较高，贷款方式灵活。

设立贷款公司必须符合如下条件：有符合规定的章程；注册资本不低于50万元人民币，为实收货币资本，由投资人一次足额缴纳；有具备任职专业知识和业务工作经验的高级管理人员；有具备相应专业知识和从业经验的工作人员；有必需的组织机构和管理制度；有符合要求的营业场所、安全防范措施和与业务有关的其他设施；中国银行业监督管理委员会规定的其他条件。

由于原银监会批准设立的贷款公司成立时间较晚，加之也不能吸收存款，其性质与中国人民银行倡议设立的农村小额贷款公司类似，后来基本上没有再发展。截至2014年底，经银监会批准设立的贷款公司为14家，2019年末为13家，减少1家。

（5）农村金融互助组织。农村资金互助合作组织是伴随着我国农民专业合作经济组织的发展而产生的，是民间金融组织的一种创新形式。自

2004年以来,几乎每年的中央一号文件都是关于"三农"发展方面的,都要提到关于如何鼓励农村新型民间金融组织形式的建设问题,2004年7月,全国首家农村资金互助社——吉林省梨树县闫家村百信资金互助社成立,2006年10月31日第十届全国人民代表大会常务委员会第二十四次会议通过了《中华人民共和国农民专业合作社法》,并于2007年7月1日起在全国施行,2007年1月银监会《农村资金互助社管理暂行规定》(银监发〔2007〕7号)颁布实施,一些地方政府也响应中央精神,积极引导农村资金互助合作组织组建和发展,这些都表明从中央到地方对这种民间金融组织形式在我国农业现代化发展中作用都是予以肯定的。从2004年7月吉林梨树县闫家村挂牌成立百信资金互助社算起,农村资金互助合作组织在我国的发展大致分为三个阶段:

一是探索发展阶段(2004—2006年)。这段时期各地都在进行农民合作社和资金互助的实践探索,但有较大风险,各地都存在是否合法的顾虑,但政策层面已开始作出引导性鼓励。如2004年1月中央"一号文件"明确提出:"鼓励有条件的地方,在严格监管、有效防范金融风险的前提下,通过吸引社会资本和外资,积极兴办直接为'三农'服务的多种所有制的金融组织。"国务院《关于2005年深化经济体制改革的意见》(国发〔2005〕9号)提出要"探索发展新的农村合作金融组织",最终带来2006年《农民专业合作社法》出台,以及银监会调整放宽农村金融市场准入政策的推出。

二是正规化发展阶段(2007—2012年)。2007年3月,吉林梨树百信资金互助社得到第一张资金互助社的金融许可证。之后各地资金互助社在银监会《农村资金互助社管理暂行规定》及其示范章程的引导下,开始了"千军万马挤独木桥"的正规化努力。经过5年努力,到2012年底最终只有49家农村资金互助社得到金融许可证。

三是规范化发展阶段(2013年以后)。伴随2012年银监会暂缓审批农村资金互助社牌照,正规化的大门关闭了,但各项政策仍在引导各地的合作社培育发展资金互助。2013年党的十八届三中全会决议进一步简化为"允许合作社开展信用合作",删去了"有条件的"和"专业合作"的字眼,大大开放了在合作社基础上开展资金互助的政策空间。2014年中央"一号文件"更明确指出"在管理民主、运行规范、带动力强的农民合作社和供销合作社基础上,培育发展农村合作金融……推动社区性农民资金互助组织发展"。农民合作社和供销合作社,成为开展资金互助的组织基础。在一些地区,资金互助社不再局限于单纯服务农业生产,它的业务范围开始拓展到扶助低保户、助学、养老等方面。但同时资金互助社遍地开花也暴露出存在监管缺失的问题。一些地区爆发的所谓"资金互助社非法集资事件"引发了人们对于资金互助社"游走于合法与非法"之间的质疑。各类市场主体假借合作社名义或以合作社组织形式进入农村市场吸收公众存款或诈骗集资,不仅扰乱了金融市场秩序,造成人民财产的重大损失,同时合作社依法开展信用合作也被抹黑,严重破坏了2014年"一号文件"关于"发展新型农村合作金融组织"的市场生态环境。必须严格按2014年中央"一号文件"中对于判定资金互助社合法边界的五条标准加以规范和整顿。这五条标准是:坚持社员制,资金互助社的资金来源和服务对象都是合作社社员;封闭性原则,作为一种相互制的金融活动,不对外开放;不对外吸储放贷,使得资金在合作社内部封闭运行;不支付固定回报,不能以承诺高息的方式吸收存款;社区性,政策鼓励和推动社区性农民资金互助组织的发展。中央要求各地方政府加大整改力度,规范农民资金互助组织的发展,与此同时,银监会也停止了对农村资金互助合作组织牌照发放。

  通过规范整顿,确保了农村资金互助合作组织的健康发展。如吉林梨树县闫家村百信资金互助社在经营中结合银保监会对商业银行管理的相关要求,坚持下列五条原则:一是坚持民主管理的原则。资金互助组织的管理民主首先体现在股权结构上,即资金互助组织的发起人不得低于10人,单个户口人数出资总额所占股权比例不得超过该组织资本总额的10%。其次体现在治理结构上,资金互助组织应该按照章程要求设立社员(代表)大会、理事会、监事会等机构,聘请符合要求的经营管理团队,既确保民主管理和民主监督,又能保持经营的专业性和灵活性。最后,要严格遵守《会计法》,建立规范的财务制度。二是坚持社员制原则,不对外吸储放贷。农民资金互助组织应坚持社员内部信用交易原则,严禁向非社员融入或融出资金。三是坚持盈余返还的原则,不承诺固定回报。农民资金互助组织吸收社员存款、给付利息,应该参照国家存款利率标准,作为融入资金的成本;同时,要按照合作制的要求,农民资金互助组织经营盈余再提取法定准备金后,股金分配红利最高不得超过所分配盈余的50%,剩余应按存(贷)款交易量进行二次返还。四是坚持社区制原则。各社业务活动服务范围严格限定在所在的社区(街道、镇、乡或行政村)内。五是坚持审慎经营原则。资本充足率不得低于8%,最大单户贷款不得超过资本净额的10%,同一户口贷款之和不得超过资本净额的15%,最大10户不得超过资本净额的50%,呆坏账要100%提取损失准备,并符合政府信用监督管理机构的其他要求(薛亮,2009)。

综观各国的合作金融,都是以自律为主,只要坚持社区性和社员内部互助的封闭性,金融风险的外溢性就不存在。尽管农民资金互助组织蓬勃发展,但却一直缺乏一个专门机构来为之服务:在培训上,没有专门的服务机构;在规范上,没有专业的指导机构;在与政府的沟通上,没有专门的协调机构;在管理上,没有一个专门的咨询机构。尤其在2011年底,银监会在审批49家资金互助社后,暂缓审批资金互助社,大量资金互助组织游离于监管体系之外,对于农村资金互助组织的发展必须探索市场化及商业可持续模式。2011年8月,来自江苏、浙江、河北、河南、吉林等地的10家农民资金互助组织共同出资成立了"北京农信之家"。2014年7月,农民资金互助组织2014年年会暨全国首家资金互助社试点10周年纪念大会在北京召开,与会者形成的一致共识是:农民合作社一定要从信用合作起步,通过资金将农民组织起来,为农民合作社成员提供"从摇篮到坟墓"的综合性服务,资金互助从保护农民生产向养老、教育、医疗等农民生活的新型领域开拓发展。截至2013年年底,全国已有200多家资金互助组织与百信资金互助社组成信用联盟,其愿景是:通过联合与合作打造一个金融集团、投资集团、消费集团,通过三大集团推动新农村建设和城乡共同发展,参与国际竞争与合作。之后农村资金互助社的规模没有继续扩大,2019年末机构数为44家,比2011年末减少5家。

（二）准微型金融机构

本文的准微型金融机构主要是指部分或专门从事金融业务的类金融企业，但这类企业在法律上没有得到金融监管部门的认可，未取得经营金融业务的许可证，尽管这些组织的经营活动都得到上级主管部门的批准，如农村小额贷款公司得到了地方金融监管局（原地方政府金融办公室）的批准，并得到地方政府的政策支持；农民资金互助社得到市县政府的支持，经当地农工办批准、去民政部门注册登记经营。再如网络借贷公司P2P，通过网络接受委托资金，代为委托客户提供投资贷款，等等。

1. 农村小额贷款公司

农村小额贷款公司指自2005年开始试点的、专门针对农村中低收入群体提供小额信贷服务的商业性贷款组织。为解决农户和小型企业贷款难问题，提高农村金融服务水平，促进农村经济发展，并引导民间金融逐步走上规范化发展道路，2005年底，中国人民银行、中国银监会同有关部门启动"商业性小额贷款公司试点"工作，以山西省平遥县作为首批试点地区，2005年12月，山西省率先在全国成立了"日升隆"和"晋源泰"两家小额贷款公司，小额贷款公司开始了在我国的成长之路。2006年，试点扩大到山西、四川、陕西、贵州、内蒙古5个省、自治区，成立了7家商业性小额贷款公司。2008年5月，中国银监会、中国人民银行联合发布了《关于小额贷款公司试点的指导意见》（银监发〔2008〕23号）（以下简称《指导意见》），对小额贷款公司的性质、设立条件、资金来源、资金运用和监管等方面做出了明确规定。随后，小额贷款公司在我国蓬勃发展起来。根据《指导意见》的定义，小额贷款公司是由自然人、企业法人与其他社会组织依法投资设立、不吸收公众存款、经营小额贷款业务的有限责任公司或股份有限公司。我国农村小额贷款公司的发展经历了"试点、扩大试点、推广"三个阶段。从全国各小额贷款公司的运行情况看，小额贷款公司作为新型的"草根金融"组织，以其期限灵活、还款方式自由、抵质押形式多样及"简、快、易"等特点，深受小微企业、个体工商户及农户的青睐，农村小额贷款公司发展工作进展顺利，取得了较好效果。

《指导意见》规定小额贷款公司的名称应由行政区划、字号、行业、组织形式依次组成，其中行政区划指县级行政区划的名称，组织形式为有限责任公司或股份有限公司。小额贷款公司的股东需符合法定人数规定。有限责任公司应由50个以下股东出资设立；股份有限公司应有2~200名发起人，其中须有半数以上的发起人在中国境内有住所。小额贷款公司的注册资本来源应真实合法，全部为实收货币资本，由出资人或发起人一次性足额缴纳。有限责任公司的注册资本不得低于500万元，股份有限公司的注册资本不得低于1000万元。单一自然人、企业法人、其他社会组织及其关联方持有的股份，不得超过小额贷款公司注册资本总额的10%。申请设立小额贷款公司，应向省级政府主管部门提出正式申请，经批准后，到当地工商行政管理部门申请办理注册登记手续并领取营业执照。此外，还应在五个工作日内向当地公安机关、中国银行保险监督管理委员会派出机构和中国人民银行分支机构报送相关资料。

小额贷款公司应有符合规定的章程和管理制度，应有必要的营业场所、组织机构、具备相应专业知识和从业经验的工作人员。出资设立小额贷款公司的自然人、企业法人和其他社会组织，拟任小额贷款公司董事、监事和高级管理人员的自然人，应无犯罪记录和不良信用记录。小额贷款公司在当地税务部门办理税务登记，并依法缴纳各类税费。

小额贷款公司的主要资金来源为股东缴纳的资本金、捐赠资金，以及来自不超过两个银行业金融机构的融入资金。在法律、法规规定的范围内，小额贷款公司从银行业金融机构获得融入资金的余额，不得超过资本净额的50%。融入资金的利率、期限由小额贷款公司与相应银行业金融机构自主协商确定，利率以同期"上海银行间同业拆放利率"为基准加点确定。

人民银行2016年1月26日发布的《2015年小额贷款公司统计数据报告》显示，截至2015年末，全国共有小额贷款公司8910家，较2014年末增加119家，较2015年9月末减少55家，贷款余额9412亿元，2015年人民币贷款比上年减少20亿元。数据显示，农村小额贷款公司在2015年9月末达到峰值以后，随着我国宏观经济调整，小额贷款公司也正经历转型发展期，从以往的机构数量快速增长期过渡到适应经济新常态发展的注重质量阶段。根据中国人民银行《2019 年三季度小额贷款公司统计数据报告》，截至 2019 年 9 月末，全国共有小额贷款公司 7680 家，贷款余额 9288 亿元，前三季度比上年同期减少 257 亿元。

2009 年 6 月银监会发布《小额贷款公司改制设立村镇银行暂行规定》（银监发〔2009〕48 号），给经营良好的农村小额贷款公司明确了发展的方向。规定明确小额贷款公司改制设立村镇银行，除满足《村镇银行管理暂行规定》第二章、第三章、第四章规定外，还须满足下列条件：

（1）召开股东（大）会，代表三分之二以上表决权的股东同意小额贷款公司改制设立村镇银行，并对小额贷款公司的债权债务处置、改制工作作出决议。债权债务处置应符合有关法律法规规定。

（2）公司治理机制完善、内部控制健全、经营状况良好、信誉较高，且坚持支农服务方向。一是各治理主体职责明确，议事规则和决策程序清晰，治理目标科学，考核激励机制有效，信息披露透明。二是具有完备有效的内部控制制度，能覆盖各业务流程和各操作环节，且执行到位。三是有良好社会声誉、诚信记录和纳税记录，无重大违法违规行为。四是按《指导意见》新设后持续营业 3 年及以上；清产核资后，无亏损挂账，且最近 2 个会计年度连续盈利；资产风险分类准确，且不良贷款率低于 2%；已足额计提呆账准备，其中贷款损失准备充足率 130% 以上；净资产大于实收资本。五是资产应以贷款为主，最近四个季度末贷款余额占总资产余额的比例原则上均不低于 75%，且贷款全部投放所在县域。六是最近四个季度末涉农贷款余额占全部贷款余额的比例均不低于 60%。七是单一客户贷款余额不得超过资本净额的 5%，单一集团客户贷款余额不得超过资本净额的 10%。八是抵债资产余额不得超过总资产的 10%。

（3）已确定符合条件的银行业金融机构拟作为主发起人。

（4）省级政府主管部门推荐其改制设立村镇银行，同时对其公司治理、内部控制、经营情况等方面进行评价。

从理论上讲，小额贷款公司改制为村镇银行是一条好的出路，村镇银行与小额贷款公司相比存在四个方面不同，从经营金融业务来说，这四个方面都体现了村镇银行的相对优越性：一是机构性质不同，村镇银行是从事银行业务的金融机构，属于银行业金融机构；小额贷款公司是从事放贷业务的商业性机构，属于一般工商企业。二是监管部门不同，村镇银行是经银行业监管部门批准设立并监管；小额贷款公司由省级政府主管部门批准设立和管理。三是出资人不同，村镇银行由境内外金融机构、境内非金融机构企业法人、境内自然人出资设立；小额贷款公司由自然人、企业法人和其他社会组织投资设立。四是业务范围不同，村镇银行在农村地区设立，主要为当地农民、农业和农村经济发展提供金融服务，在成本可算、风险可控的前提下，村镇银行经行政许可可以开办各类银行业务；小额贷款公司不吸收公众存款，经营小额贷款业务。尽管该文件明确了小额贷款公司转制村镇银行的具体路径，但现实中是改制遇冷，原因大概有以下三个：一是小额贷款公司转制后会失去控股权，这是其不愿转制的重要原因。上述转制条件中明确小额贷款公司转制村镇银行必须由已确定符合条件的银行业金融机构拟作为主发起人，这样势必将原控制小额贷款公司的民间资本排除在外。且最大银行业金融机构股东持股比例不得低于村镇银行股本总额的20%（现为15%），单一非银行金融机构或单一非金融机构企业法人机构关联方持股比例不得超过村镇银行股本总额的10%。这样转制就等于主动让出控制权，所以现已成立小额贷款公司对转制一事并不积极。二是小额贷款公司转制后也很难吸收存款。《暂行规定》最大的好处就是小额贷款公司转制为村镇银行后，可吸收存款以补充资本不足，改变原来的靠资本经营为靠负债经营，更能解决小额贷款公司资本金不能满足放贷需求的问题。但是存款市场的竞争已经白热化，特别是实施了存款保险制度和存款利率市场化以后，村镇银行很难与国有大行和股份制银行竞争，所以小额贷款公司都持观望态度是一种相对理性的选择。三是改制后变成银行需要更全面经营管理能力，接受管制的范围和程度都会明显提高，小额贷款公司作为商业性企业其要求和约束相对较少，这样自主性更强。

2. 网络互金平台

互联网金融（ITFIN）就是互联网技术和金融功能的有机结合，依托大数据和云计算在开放的互联网平台上形成的功能化金融业态及其服务体系，包括基于网络平台的金融市场体系、金融服务体系、金融组织体系、金融产品体系以及互联网金融监管体系等，并具有普惠金融、平台金融、信息金融和碎片金融等相异于传统金融的金融模式。

中国互联网金融发展历程要远短于美欧等发达经济体，大致可分为三个发展阶段，即1990—2005年传统金融行业互联网化阶段，2005—2011年第三方支付蓬勃发展阶段以及2011年之后互联网实质性金融业务发展阶段。目前通过互联网从事金融和准金融业务的模式主要有：利用互联网技术进行金融运作的电商企业、P2P模式的网络借贷平台、众筹模式的网络投资平台、第三方支付平台、理财宝类及互联网保险等。

（1）众筹。是以团购预购的形式，向网友募集项目资金的模式。众筹利用互联网和SNS传播的特性，需要资金的个人或团队将项目策划交给众筹平台，经过相关审核后，便可以在平台的网站上建立属于自己的页面，对公众展示项目及创意，向公众介绍项目情况，争取大家的关注和支持，进而获得所需要的资金援助。

（2）P2P网贷。P2P（Peer–to–Peer Lending），即点对点信贷，是通过第三方互联网平台进行资金借、贷双方的匹配，需要借贷的人群可以通过网站平台寻找到有出借能力并且愿意基于一定条件出借的人群，帮助贷款人通过和其他贷款人一起分担一笔借款额度来分散风险，也帮助借款人在比较充分的信息中选择有吸引力的利率条件。

两种运营模式，第一种是纯线上模式，其特点是资金借贷活动都通过线上进行，不结合线下审核。通常这些企业采取的借款人资质的审核措施有视频认证、查看银行流水账单、身份认证等。第二种是线上线下相结合的模式，借款人在线上提交借款申请后，平台通过所在城市的代理商采取入户调查的方式审核借款人的资信、还款能力等情况。

（3）互联网金融第三方支付。第三方支付（Third–Party Payment）狭义上是指具备一定实力和信誉保障的非银行机构，借助通信、计算机和信息安全技术，采用与各大银行签约的方式，在用户与银行支付结算系统间建立连接的电子支付模式。

根据中国人民银行 2010 年在《非金融机构支付服务管理办法》中给出的非金融机构支付服务的定义，从广义上讲第三方支付是指非金融机构作为收、付款人的支付中介所提供的网络支付、预付卡、银行卡收单以及中国人民银行确定的其他支付服务。第三方支付已不仅仅局限于最初的互联网支付，而是成了线上线下全面覆盖，应用场景更为丰富的综合支付工具。

我国目前网络互金平台经过 20 多年的发展，部分平台正逐步走上正规金融业务的经营之路，如前文分析的新型微型金融组织中的民营银行和消费金融公司等多数都已经成为正规持牌金融组织，许多第三方支付公司也已经获得中国人民银行颁发的支付许可证，根据 2010 年 9 月 1 日施行的《非金融机构支付服务管理办法》，截至 2018 年 7 月 5 日公布第六批续展名单，中国人民银行已经先后给 272 家公司核发了非金融行业从业资格证书，其中注销 29 家，实际剩余有效牌照 243 张。调研机构益普索发布的《2018 年上半年第三方移动支付用户研究报告》显示，第三方移动支付在网民中的渗透率超过 92%，移动支付用户规模约为 8.9 亿户。基于调查数据推算，人们在日常开销中，由第三方支付完成的比例达 48%（包括占 35% 的移动支付，占 13% 的互联网支付），用户人均每天移动支付约 3 笔。2018 年上半年第三方移动支付在网民中的渗透率为 92.4%，比 2017 年的 90.8% 提升 1.6%。其中，财付通用户 8.2 亿户、支付宝用户 6.5 亿户，财付通和支付宝的用户渗透率分别为 85.4% 和 68.7%。

一些运营规范的 P2P 平台也已经在美国纽交所上市，如乐信集团、点牛金融、拍拍贷、融金所、信而富、宜人贷、小赢等。但目前还有绝大多数的 P2P 平台、网络理财的各种宝类等还处在不规范发展的阶段，影子银行的特征十分明显，特别是近年来经济下行压力加大和监管部门从严监管以后，大量 P2P 平台出现问题。全国 P2P 网贷截至 2018 年 6 月末，贷款余额 1.53 万亿元，环比下降 0.38%，历史累计成交额 9.68 万亿元。2018 年上半年全国 P2P 网贷成交额突破 1.35 万亿元（未含各类宝宝类理财产品），达到 13453.35 亿元，环比下降 31.58%，出现了网贷成交额急降。技术平台对 P2P 平台违规情况开展持续监测累计发现涉嫌自融自保、开展校园贷等违规业务、虚假宣传、诱导性宣传、服务器在境外、收益率过高等违规的 P2P 平台 2000 余家。可见，问题不容乐观。截至 2018 年年底，风靡一时的 P2P 网贷平台仅剩 1039 家，累计 5114 家出现相关问题（见图 2-1）。

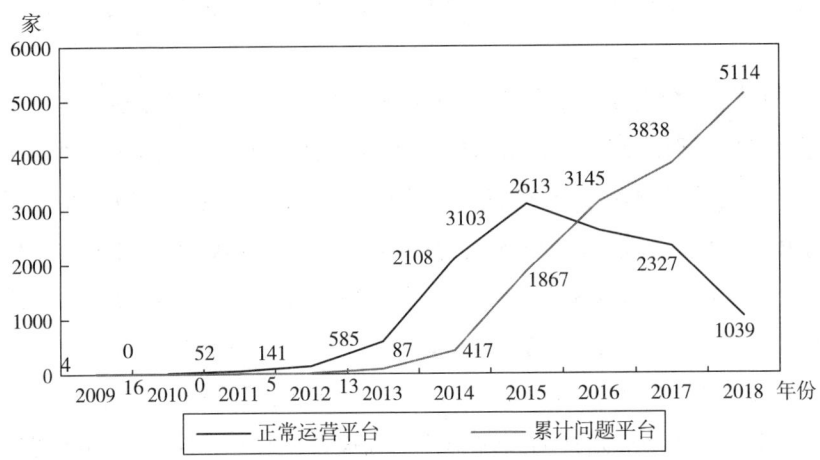

图 2-1 P2P 网贷平台数量走势

（数据来源：零壹财经）

（三）非正规微型金融机构

除了上述介绍的准金融组织以外，我国早就存在民间金融形式，目前主要表现为大量民间高利借贷行为，其实也可把民间金融归入准微型金融机构的范畴，但通常民间金融都处于灰色地带，未经任何部门批准注册，但一直以来在我国广大城乡基层存在并发展，其小规模经营并未暴露很大风险，相反还起到对正规金融拾遗补阙的作用。

2002 年中国人民银行宣布在温州建立金融试验区，探索民间金融合法化。2008 年 11 月，中国人民银行研究局负责人透露，由中国人民银行起草的《放贷人条例》草案已提交国务院法制办，民间借贷有望通过国家立法形式获得规范。《放贷人条例》草案的目的是通过国家立法形式获得规范民间借贷或拟将所谓的"地下钱庄"阳光化，打破我国信贷市场所有资源都被银行垄断的局面。《放贷人条例》草案重在保障有资金者的放贷权利,表达对其私有财产使用权的尊重,将使民间借贷的合法性得到确定,使民间借贷从此走上阳光化路径。《放贷人条例》草案允许符合条件的企业和个人都可开办借贷业务,准入门槛参照《小额贷款公司试点指导意见》,并可能适当放宽。从而打破被银行垄断的信贷市场,解决中小企业融资难问题。根据《放贷人条例》草案,放贷的钱必须是自有资金,严禁吸收存款,"只借不收",这也是"放贷人"与银行的最大区别。另外,借贷利率不能超过基准利率的4倍;公司老板和高管应无犯罪记录和不良信用记录。抵押品除了房屋、机器、设备等不动产外,还可以由借贷双方根据自己协商的内容,把应收账款、农民土地流转等动产纳入抵押品中。"一旦发现有人利用放贷非法集资,就取消他的放贷资格。"不过,这一《放贷人条例》草案一直未能得到相关程序正式批准为法律法规,因此,民间金融还处于探索发展阶段。2012年温州市政府起草《温州金融改革综合试验区总体方案》,递交浙江省政府并上报国家有关部门,这是2002年中国人民银行首次在温州建立金融试验区十年后,着重在民间金融如何推动小微企业发展上注入活力,创新体制机制。

二、只设立微型金融业务部门的正规金融机构

上述介绍的农村商业银行、城市商业银行、农村信用社及中国邮政储蓄银行等中小型金融机构,它们往往以小微企业作为自身的市场定位,服务中小企业是由自身的业务特点所决定的。对于大中型商业银行就不同了,它们目标市场往往定位于服务大中型企业,虽然也为中小微企业服务,但业务占比微不足道,20世纪90年代我国的五大商业银行甚至主动退出了自己占有的农村市场,一些大型商业银行的县域支行都没有贷款授信权,2011年国家层面大力推进各级商业银行支持中小企业发展,《中国银监会关于支持商业银行进一步改进小企业金融服务的通知》(银监发〔2011〕59号)明确提出商业银行支持小企业的具体要求,文件第四款:优先受理和审核小企业金融服务市场准入事项的有关申请,提高行政审批效率。对连续两年实现小企业贷款投放增速不低于全部贷款平均增速且风险管控良好的商业银行,在满足审慎监管要求的条件下,积

极支持其增设分支机构。第五款：督促商业银行进一步加强小企业专营管理建设。对于设立"在行式"小企业专营机构的，其总行应相应设立单独的管理部门。同时鼓励小企业专营机构延伸服务网点，对于小企业贷款余额占企业贷款余额达到一定比例的商业银行，支持其在机构规划内筹建多家专营机构网点。第六款：鼓励商业银行新设或改造部分分支行为专门从事小企业金融服务的专业分支行或特色分支行。文件下发后，各类商业银行特别是大型商业银行纷纷设立小微企业服务机构，根据原银监会统计，2012年12月全国已经有100多家商业银行设立小微企业专营机构（2012年12月8日时任银监会主席助理阎庆民在海南举行的2012年APEC中小企业峰会上作出上述表示），其中包含了大型商业银行和股份制商业银行。

2015年1月，中国银监会根据经济金融形势的变化，进行了内部管理机构的大调整，一个显著特点是内部机构设置体现国家战略，突出监管服务向基层一线和普惠倾斜，新成立审慎规制局、现场检查局和普惠金融局。

2017年根据全国两会《政府工作报告》要求，原银监会牵头有关部门推进大中型商业银行设立普惠金融事业部，建立健全普惠金融综合服务、统计核算、风险管理、资源配置、考核评价"五个专门"经营机制，会同相关部门完善税收优惠、风险补偿、差异化监管等措施。印发《关于推进大型商业银行普惠金融事业部设立工作的通知》，全面开展大型商业银行普惠金融事业部设立工作。制定印发《关于深入推进大型银行普惠金融事业部相关工作的通知》，进一步明确加快机构设立、加快"五个专门"经营机制落地、加快实现普惠金融业务商业可持续等要求。截至2017年底，五家大型商业银行在总行和全部185家一级分行层面（包括计划单列市分行）设立普惠金融事业部，7家股份制商业银行已在总行设立或正在筹建普惠金融事业部，进出口银行已在总行成立普惠金融部（引自《银监会2017年报》）。

小微金融业务是商业银行的蓝海，有些大型商业银行和股份制商业银行组建小微金融部门更早。2005年中国建设银行小企业业务发展起步，"成长之路""速贷通"品牌相继创立，迈出了大银行服务小微企业的第一步。2008 年,建行制定新的发展战略纲要,明确将小企业业务作为战略性业务。2009 年,建行总行在四大行中率先成立小企业一级部,到 2015 年年底,全行 37 家一级分行中有 34 家分行成立小企业业务专门管理部门,在全国主要城市和百强县设立 288 家信贷工厂模式的小企业经营中心,在全行推行统一的业务操作规范,实行中后台信贷操作环节的集中处理,并配备了近 5000 名小企业业务专职人员。同时,单独核定小微企业信贷规模,将小微企业信贷服务指标纳入各行的关键业务指标体系进行考核,配备单独的激励费用,不断强化小微企业专属服务能力。截至 2015 年 10 月,建行小微企业贷款余额 1.2 万亿元,授信客户超过 25 万户,并为 454 万户小微企业提供结算、理财等金融服务。自 2013 年以来,小微企业贷款新增连续实现"两个不低于",累计为 61 万户小微企业提供信贷资金 3.5 万亿元,日益成为小微企业金融服务的主力军。2012 年,建行荣获中央电视台"全国服务小微企业最佳创新成就奖"。2013 年,荣获银监会"小微企业金融服务表现突出的银行",荣获中国中小企业协会 2013 年度唯一"最佳中小企业服务银行",2015 年,荣获银监会"全国银行业金融机构小微企业金融服务先进单位",是唯一获此殊荣的国有大型银行,在 40 家先进单位中排名第一。截至 2018 年 7 月末,建设银行小微企业贷款余额达 1.46 万亿元,贷款客户达 75 万户,累计为超过 160 万户小微企业提供 7.4 万亿元信贷资金支持(肖文斌,2018)。

从 2009 年开始,工商银行针对小微企业的融资需求特点,组建了服务小微企业的独立体系,并不断完善内部管理体制和运营机制。在机构建设层面上,总行和一级分行设立小企业金融业务营销管理机构,在二级分行、支行设立"小企业金融业务中心""分中心"和"专业支行"等专营机构。2017 年 4 月 12 日,中国工商银行决定在总行成立普惠金融业务部,通过专业化经营、差别化考核评价提升小微金融服务水平,缓解中小微企业融资难、融资贵的问题。2018 年 6 月末,工商银行已设立 236 家小微中心,覆盖全行 75% 以上的小微企业贷款,累计服务小微客户超过百万户,投放小微贷款 9 万多亿元,成为服务小微客户的主渠道。2018 年上半年,工商银行归属于银保监会考核口径的普惠贷款余额约 3200 亿元,普惠贷款余额较年初增长

17%，远高于各项贷款的平均增幅。贷款增幅、客户增长、融资利率均达到"两增两控"的监管要求（资料来源于中国工商银行网站）。

2013 年，中国农业银行为进一步贯彻落实党中央、国务院和监管部门关于金融支持小微企业发展战略部署，提出了以大力发展小微金融为核心的"客户下沉"战略，总行党委决定设立小微企业金融部，强化农业银行小微金融业务的专业化管理，完善小微企业金融服务体系。2017 年 7 月，农业银行印发《中国农业银行普惠金融事业部建设实施方案》（农银发〔2017〕198 号）（以下简称《方案》），宣告该行"三农金融事业部"+"普惠金融事业部"双轮驱动的普惠金融服务体系正式建立。《方案》厘清了农业银行普惠金融服务体系相关部门的职能边界，明确了商业化运作、条线化管理、专业化经营、差异化发展的基本原则，为农业银行普惠金融业务的发展夯实了制度基础。农业银行普惠金融服务体系的组织架构包括董事会和管理层成立相关的专业委员会，总行构建"一部八中心"的事业部组织架构，分支行相应建立普惠金融服务的专门机构和团队。为推进普惠金融事业部的专业化经营管理，农业银行建立了普惠金融服务体系专门的综合服务、统计核算、风险管理、资源配置和考核评价等"五个专门"经营机制。截至 2017 年末，农业银行全行小微企业（含个体工商户和小微企业主）贷款余额 1.36 万亿元，同比增加 1602 亿元，同比增长 13.3%，高于全行各项贷款增速 1.92 个百分点；贷款户数 38.8 万户，高于上年同期 5.5 万户；申贷获得率 94.1%，高于上年同期 4.68 个百分点。连续 8 年完成原银监会"三个不低于"监管要求。县域贷款余额 3.57 万亿元，较上年增加 3900 亿元，增速 12.3%，高出全行贷款平均增速 2 个百分点，涉农贷款、农户贷款余额分别突破 3 万亿元、1 万亿元，各项监管指标全面达标（中国农业银行，2018）。

2017 年 6 月 20 日，中国银行普惠金融事业部正式成立，在集团层面建立了"1+2"的普惠金融事业部架构，即普惠金融事业部涵盖的主体不仅包括商业银行法人机构，还包括专门从事普惠金融服务的中银富登村镇银行以及中银消费金融公司。普惠金融事业部成立后，将尽快形成具有中行特色、从村镇到城市"全覆盖"的普惠金融服务，中行普惠金融工作将进入全新发展阶段。注重发挥自身优势和特色,近年来,中国银行在普惠金融服务模式上不断创新、持续发力,形成了具有中行特色的普惠金融服务模式。中行创新推出了"中银信贷工厂"模式,精准解决了部分小微企业"短、小、频、急"的资金需求;首创"中银全球中小企业跨境撮合服务",专门帮助国内外中小企业"走出去"和"引进来",为一批"小而美"的"独角兽"企业搭建了跨境平台;批量化发起设立村镇银行,在金融服务空白或薄弱的县域设立了82家法人机构,180多个网点,建成了全国最大的村镇银行集团。中银富登由中国银行与淡马锡下属的富登金融控股公司于2011年合作设立,截至2018年6月末,中国银行在县域设立村镇银行法人机构近100家,占所有大型银行发起村镇银行数量的72%,成为国内机构数量最多、地域覆盖范围最广的村镇银行。截至2018年6月末,中国银行普惠金融小微企业贷款余额已达2869亿元,同比增速超过10%,高于全行各项贷款同比增速;贷款户数超过38万户,高于上年同期水平(陈月石,2018)。2018年中国银行业发展论坛暨第六届银行综合评选,中国银行获年度"最佳普惠金融银行"奖项。

2017年7月,交通银行正式成立普惠金融事业部,形成针对普惠金融业务的垂直化、专业化经营管理体系。交通银行普惠金融事业部制改革,从顶层设计入手,完善体制机制,统筹规划机构设置、统计核算、考核激励、风险管理、资源配置等全方位支撑服务体系,加强金融科技运用,加强产品创新、渠道建设,研发推出商票快贴和快捷保理等创新业务,解决链属小微企业轻资产、无抵押物的担保难题;推出线上"优贷通"、线上"税融通"等标准化小额信贷产品,确保体制机制到位、考核引导到位、资源配套到位、组织保障到位,保障支撑普惠金融发展,防控金融风险,实现可持续发展。截至2018年6月末,普惠金融"两增"口径贷款余额较上年末增加人民币96.02亿元,增幅10.83%,显著高于全部贷款平均增幅;普惠口径贷款客户6.78万户,较上年末增加5745户,阶段性达成"两增"指标(引自《交通银行2018年半年业绩报告》)。

在股份制商业银行中,中国民生银行创新开展服务小微企业的探索实践,不仅创造性提出了"小微金融"的概念,而且十年如一日深耕小微金融市场，成为中国小微金融的首倡者、引领者，赢得了"小微看民生"的市场美誉。民生银行的小微金融业务开创于2009年，并将"小微金融"作为银行发展战略进行打造。2009年"商贷通"面世以来，小微金融不断创新商业模式，变革作业流程，实现了从单一信贷向综合服务转变，持续打造金融核心竞争力。在此基础上，组建各类小微企业城市商业合作社4334家，会员18万户，成立专业支行151家。数据显示，2008年以来，中国民生银行累计投放小微贷款超过6万亿元。截至2018年10月末，该行小微企业贷款余额6400多亿元，较年初新增近480亿元，户均贷款60多万元，累计为超过760万户小微商户提供了融资、结算、理财等综合性金融服务（中国民生银行，2018）。

第三节 微型金融企业的组织结构

上一节我们介绍了微型金融的组织形式，由于我国政府高度重视社会均衡发展，党的十九大报告中习近平总书记强调一定要提高人民的获得感，在金融行业的表现就是金融企业必须回归本源，加大支持实体经济的力度，切实解决中小微企业融资贵和融资难的问题，金融的普惠性发展被提升到新高度层面。如何贯彻落实好中央精神，发展好中国的微型金融事业，光是制定政策把微型金融企业建立起来显然只是开始，完善微型金融企业的内部公司治理结构，强化企业规范管理才能确保微型金融企业基业长青，本节主要研究我国主要从事微型金融业务的正规金融机构的公司组织结构问题。

一、微型金融机构的公司治理现状

目前，我国主要从事微型金融业务的代表性微型金融机构主要有城市商业银行、农村商业银行、农村合作银行、农村信用合作社、村镇银行、民营银行、消费金融公司、农村小额信贷公司和农民资金互助组织等机构。目前这些机构的管理模式基本都采用公司制管理模式，基本都设立股东（社员）大会、董事（理事）会、监事会和高级经营管理层，如果要比较这些微型金融机构在内部治理结构上的差异的话，主要还是体现在规范程度的不同和运作程序上的差异。图 2-2 至图 2-8 分别是城市商业银行（南京银行）、农村商业银行（江苏紫金农村商业银行）、村镇银行（昆山鹿城村镇银行）、民营银行（浙江网商银行）、消费金融公司（华融消费金融公司）、农村小额贷款公司（山西省平遥县日升隆小额贷款有限公司）、P2P 网贷平台（宜人贷）等的组织结构图。从形式上看，城市商业银行、农村商业银行、村镇银行、民营银行以及消费金融公司等金融机构的组织架构比较完善，"三会一层"相对健全，小额贷款公司、农民资金互助组织、P2P 网台平台等机构因为经营规模小、股东少以及线上运作经营管理人员少等原因，比较重视经营层面的内部机构，股东大会、董事会和监事会等负责决策监督约束等职责的组织机构相对简化，如股东少全部股东都是董事，那么董事会就能代行股东会的职能，或者通过设立首席风险官行使监事会的职能等。

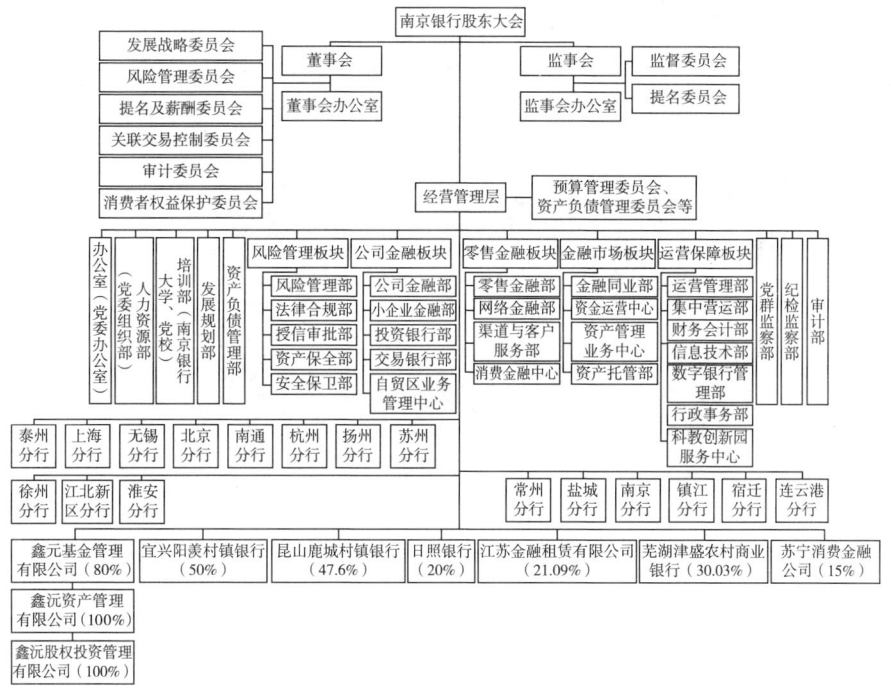

图 2-2 南京银行股份有限公司组织架构

（资料来源：南京银行股份有限公司网站）

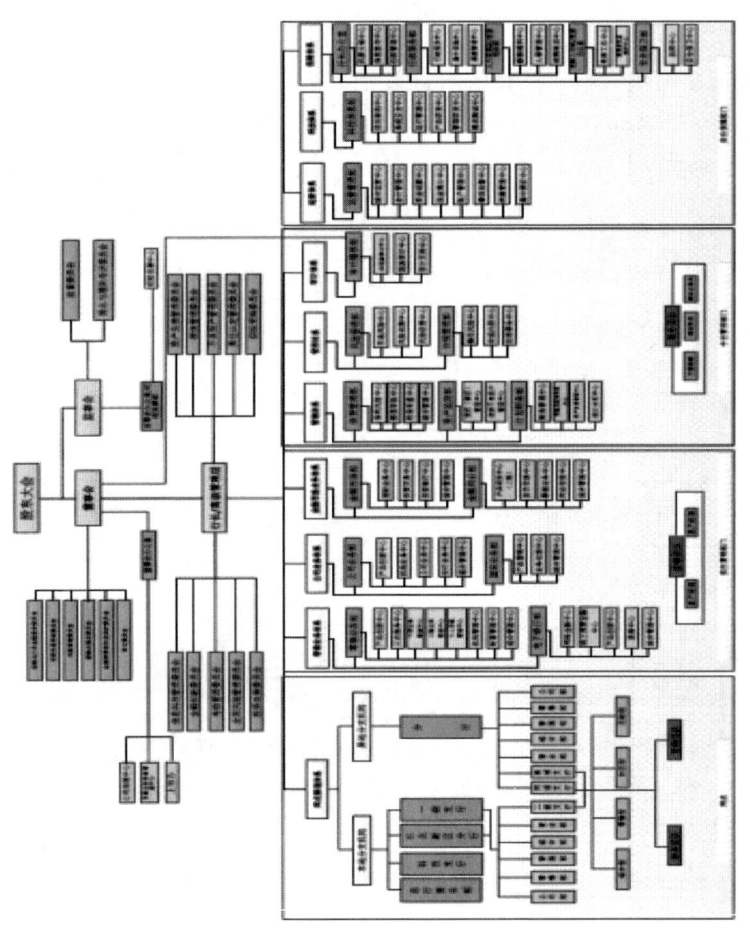

图 2-3 江苏紫金农村商业银行股份有限公司组织架构

（资料来源：江苏紫金农村商业银行股份有限公司网站）

第二章　微型金融的组织结构　　87

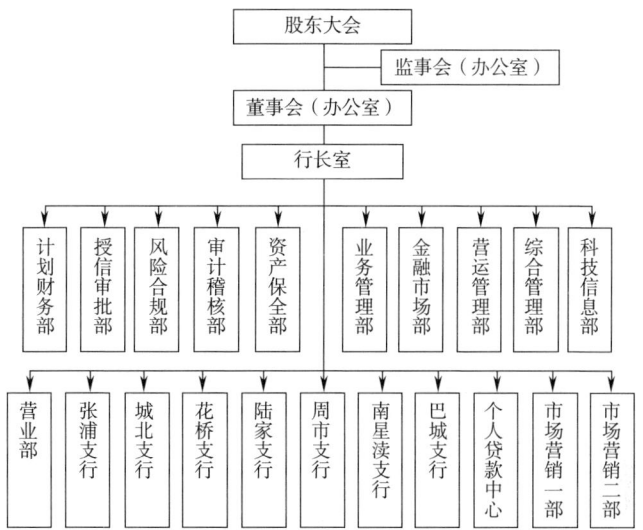

图 2-4　江苏昆山鹿城村镇银行股份有限公司组织架构

(资料来源：江苏昆山鹿城村镇银行股份有限公司网站)

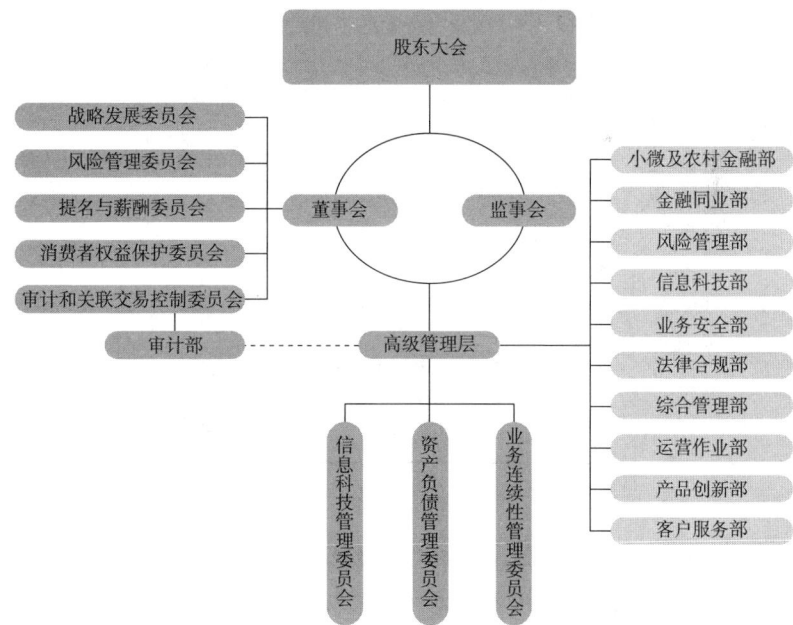

图 2-5　浙江网商银行股份有限公司组织架构

(资料来源：《网商银行 2017 年年度报告》，网商银行网站)

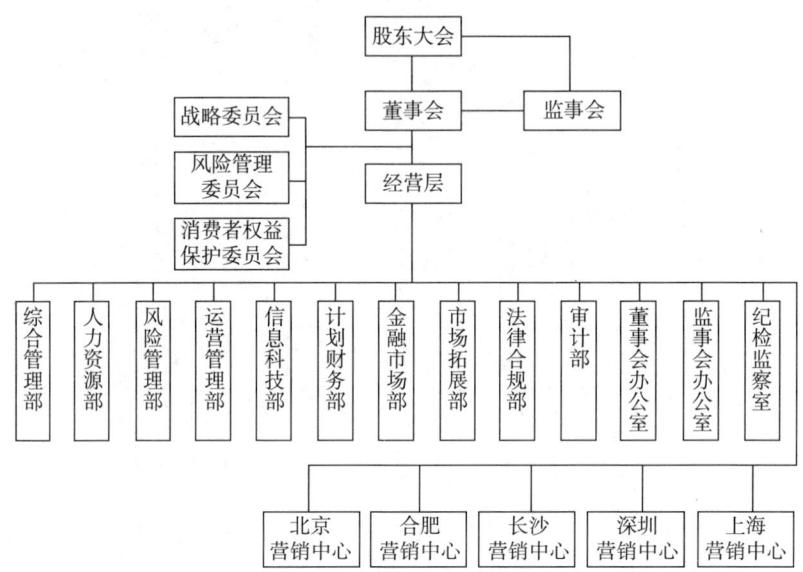

图 2-6　华融消费金融公司组织架构

（资料来源：华融消费金融公司网站）

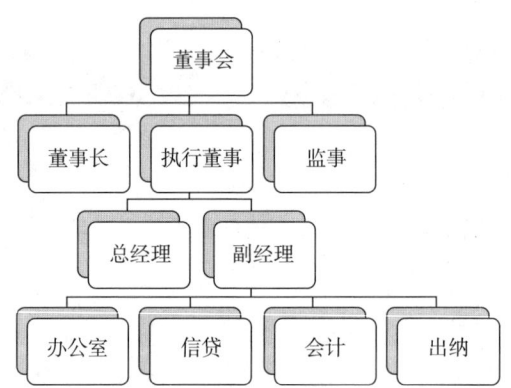

图 2-7　山西省平遥县日升隆小额贷款有限公司组织架构

（资料来源：山西省平遥县日升隆小额贷款有限公司网站）

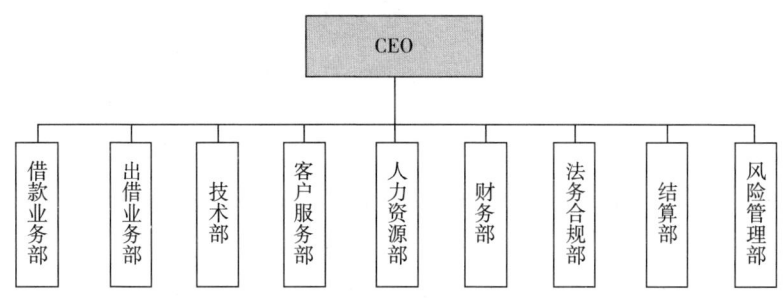

图 2-8　宜人贷公司组织架构

(资料来源：宜人贷公司网站)

根据《商业银行公司治理指引》(银监发〔2013〕34 号)第一章总则第五条要求：商业银行董事会、监事会、高级管理层应当由具备良好专业背景、业务技能、职业操守和从业经验的人员组成，必须确保商业银行依法合规经营，确保商业银行培育审慎的风险文化，确保商业银行履行良好的社会责任，确保商业银行保护金融消费者的合法权益。第七条明确提出：商业银行良好公司治理应当至少包括以下六个方面：一是健全的组织架构；二是清晰的职责边界；三是科学的发展战略、价值准则与良好的社会责任；四是有效的风险管理与内部控制；五是合理的激励约束机制；六是完善的信息披露制度。

二、股东（社员）大会

（一）股东大会的法定程序

根据《商业银行公司治理指引》(银监发〔2013〕34 号)规定：商业银行股东大会依据《公司法》等法律法规和商业银行章程行使职权。股东大会会议包括年度会议和临时会议。股东大会年会应当由董事会在每一会计年度结束后六个月内召集和召开。因特殊情况需延期召开的，应当向银行业监督管理机构报告，并说明延期召开的事由。股东大会会议应当实行律师见证制度，并由律师出具法律意见书。法律意见书应当对股东大会召开程序、出席股东大会的股东资格、股东大会决议内容等事项的合法性发表意见。股东大会的会议议程和议案应当由董事会依法、公正、合理地进行安排，确保股东大会能够对每个议案进行充分讨论。股东大会议事规则由商业银行董事会负责拟定，并经股东大会审议通过后执行。股东大会议事规则包括会议通知、召开方式、文件准备、表决形式、提案机制、会议记录及其签署、关联股东的回避等内容。

股东大会的临时会议，是指公司章程中没有明确规定什么时间召开的一种不定期会议。临时会议相对于定期会议，是一种因法定人员的提议而召开的会议。根据《中华人民共和国公司法》第一百零一条规定，股东大会应当每年召开一次年会。有下列情形之一的，应当在两个月内召开临时股东大会：董事人数不足本法规定人数或者公司章程所定人数的三分之二时；公司未弥补的亏损达实收股本总额三分之一时；单独或者合计持有公司百分之十以上股份的股东请求时；董事会认为必要时；监事会提议召开时；公司章程规定的其他情形。

（二）股东大会的投票权重特征分析

1. 城市商业银行股权结构呈现多样化趋势，外资股成为第一大股东的银行有5家，占11家上市城商行的45.5%。

目前，我国城市商业银行以国有资本控股为主，且地方政府持有股权比例较高，地方政府或地方国有资本有绝对的话语权。2004年国务院发展研究中心金融研究所《中国城市商业银行研究》课题组对我国东部、中部、西部地区三个有代表性的省份境内的20个城市商业银行的运营情况进行了比较深入的实地调查，分析得出样本城市商业银行的股权结构。东中西部样本省份的地方政府对城商行的平均持股比例分别为22.3%、28.9%和21.9%，国内私有股东（包括私有非金融企业和个人投资者）对城商行的平均持股比重为23.7%，而国有资本（包括地方政府）的持股比例则达到76.3%，并且股权相对比较集中在包括地方政府在内的少数法人大股东手中，大股东数量大多在10家以下，国有资本在城商行的占比各地区之间差异不大，东部占比略低于中西部（《中国城市商业银行研究》课题组，2005）。

再以2018年年末上市的11家城商行股权为例作进一步分析，从上市的城市商业银行来看，国务院发展研究中心金融研究所2004年的调查结果显然已经得到明显改善，地方政府和国有资本已经不是绝对控制部门，北京银行、南京银行、杭州银行、青岛银行、郑州银行五家银行的第一大股东还是外资，宁波银行的外资占比也已经接近地方政府平台持股比例，对于提升城市商业银行的国际化水平有现实意义。

此外，地方政府及其平台和其他国有控股企业持有城商行的股权总体较高，11家银行的法人股（含地方政府、企业和外资）占比普遍较高，青岛银行最高达到总股本的68.87%，江苏银行占比最低，法人股占总股本的39.96%，接近40%，对于城市商业银行稳定经营有一定的积极作用。

表2-2　　　　我国A股上市城市商业银行股权结构分析

证券代码	银行名称	地方政府占比（%）	其他国资占比（%）	企业占比（%）	外资占比（%）	其他占比（%）
601009	南京银行	14.65	6.68	10.43	16.55	51.74
600919	江苏银行	17.0	18.01	4.95	—	60.04
601169	北京银行	10.98	17.09	11.98	13.03	46.92
601229	上海银行	17.33	18.67	9.07	6.47	48.46
601926	杭州银行	18.62	11.48	16.08	18.00	35.82
601838	成都银行	21.33	14.12	12.41	17.99	34.15
601997	贵阳银行	26.75	7.43	8.17	—	57.65
601577	长沙银行	19.26	—	49.5		31.24
002142	宁波银行	21.6	4.04	25.09	20.0	29.27
002936	郑州银行	8.29	3.64	23.49	25.63	38.95
002948	青岛银行	11.17	2.11	25.51	30.08	31.13

注：（1）地方政府股权包括政府投资平台和国有资产投资管理公司等，其他国资股权包括中国证券金融股份有限公司、中央汇金资产管理有限责任公司、全国社保基金等；（2）表2-2是截至2018年12月31日A股11家上市城市商业银行的股权分布情况，数据根据银行公告整理。

2. 农村商业银行（含农村合作银行和农村信用合作社）的股权结构分散，私有特征明显，股权稳定性相对差。从已经上市的6家（600908无锡银行、601128常熟银行、601860紫金银行、603323吴江银行、002807江阴银行和002839张家港银行）农村商业银行股权结构来看，国有资本的影子相对较少，6家银行只有3家国有资本平台持股，第一大股东占比最高为9%，持股民营企业较多，且一般持股都达不到5%，如截至2019年1月江阴农村商业银行第一大股东江阴市长达钢铁有限公司持股为4.41%，第二大股东江阴长江投资集团有限公司持股为4.36%（李玉雯，2019）。农村商业银行股权结构分散化的状况会带来一些不良后果：一是持股法人的专业化水平低，对商业银行经营管理没有太大帮助，往往从投资角度出发，影响银行利润分配，不利于银行股权结构的相对稳定；二是容易导致关联交易和风险集中问题，一些持股企业会增加在商业银行内部的贷款。为此，中国银行业监督管理委员会办公厅《关于加强农村商业银行股东股权管理和公司治理有关事项的意见》（银监办发〔2017〕99号）第一部分"加强股权管理"第四款提出："鼓励吸收一定数量持股比例在5%及以上的优质涉农法人股东，支持引进资本实力雄厚、有先进管理经验、风险管控和服务创新能力强的金融机构或中资企业作为战略投资者。"这是对农村商业银行长期发展设计的股权优化方案。

3. 村镇银行股权结构强调战略投资者的稳定和业务指导作用，为村镇银行未来发展预留了专业化窗口。根据《村镇银行管理暂行规定》（银监发〔2007〕5号），在村镇银行设立之时就对股权结构的安排作了系统规范，文件第三章"股权设置和股东资格"第二十五条明确："村镇银行最大股东或唯一股东必须是银行业金融机构。最大银行业金融机构股东持股比例不得低于村镇银行股本总额的20%，单个自然人股东及关联方持股比例不得超过村镇银行股本总额的10%，单一非银行金融机构或单一非金融机构企业法人及其关联方持股比例不得超过村镇银行股本总额的10%。任何单位或个人持有村镇银行股本总额5%以上的，应当事前报经银监分局或所在城市银监局审批。"为了鼓励民间资本投资村镇银行，2012年5月银监会出台《关于鼓励和引导民间资本进入银行业的实施意见》，将主发起行的最低持股比例降至15%，进一步促进了村镇银行多元化的产权结构。以我国第一家在新三板挂牌的昆山鹿城村镇银行股份有限公司为例，其发起人南京银行持股占47.5%，该行网站数据显示，截至2018年9月30日前十大股东只有3家法人（包括南京银行），其他都是自然人股东，另外2家法人的持股占比分别为9.31%和4.66%，南京银行的控股对鹿城村镇银行的业务发展有积极的指导和推动作用。

4. 民营银行主要由企业股东组成且数量小，比较容易协调业务关系。

如前海微众银行注册资本30亿元人民币，主要股东只有3家公司，分别为腾讯、百业源投资和立业集团，分别持股30%、20%和20%。浙江网商银行总股本有6家机构持有，其中浙江蚂蚁小微金融服务集团有限公司认购该行总股本的30%；上海复星工业技术发展有限公司认购该行总股本的25%；万向三农集团有限公司认购该行总股本的18%；宁波市金润资产经营有限公司认购该行总股本的16%；杭州禾博士电子商务有限公司认购该行总股本的8%，认购股份占总股本的10%以下企业的股东资格由原浙江银监局按照有关法律法规审核，金字食品有限公司（金字火腿）持有浙江网商银行3%的股份。从上述两家典型民营银行的股权结构中不难发现其股权结构特征基本是"网络科技公司+实体经营公司"，显然缺乏有经验的商业银行参与，但都是由国内重要的网络科技公司发起，从近年发展来看，民营银行走的是线上发展业务的路线，其金融科技开辟了长尾客户，助力小微金融业务良好发展。

5. 消费金融公司股权相对集中，多数都有现有商业银行作为发起人设立的作为经营消费信贷业务的子公司，股权结构的安排有利于消费金融公司的业务经营。2013年11月14日中国银行业监督管理委员会《消费金融公司试点管理办法》第七条规定："消费金融公司的出资人应当为中国境内外依法设立的企业法人，并分为主要出资人和一般出资人。主要出资人是指出资数额最多并且出资额不低于拟设消费金融公司全部股本30%的出资人，一般出资人是指除主要出资人以外的其他出资人。前款所称主要出资人须为境内外金融机构或主营业务为提供适合消费贷款业务产品的境内非金融企业。"

正是基于试点办法的要求，截至2018年底组建的23家消费金融公司的股权结构充分体现了金融资本与金融科技的结合、金融业务与消费大数据的结合，充分运用了网络技术和线上优势来发展消费金融业务。如2015年5月成立的苏宁消费金融有限公司是由苏宁易购集团股份有限公司、先声再康江苏药业有限公司、南京银行股份有限公司、法国巴黎银行个人金融集团（BNP Paribas Personal Finance）和江苏洋河酒厂股份有限公司五家企业共同出资申请设立的非银行金融机构。公司注册资本6亿元，总部设在南京，是全国首家以互联网零售企业为主发起人的消费金融公司。成立后业务发展依托苏宁易购强大的渠道客户资源、南京银行丰富的金融行业经验以及法国巴黎银行全球领先的风险控制技术，以更具突破性的创新思维和科学态度，打造互联互通的 O2O 消费金融新模式。再如，2018 年 10 月 22 日开业的厦门金美信消费金融公司，是由中国信托商业银行、厦门金圆控股以及国美控股公司联合发起成立，出资比例依次为 34%、33% 和 33%（注资资本为 5 亿元），也是一家以商业银行和零售企业优势互补型为特征的消费金融公司。

三、董事（理事）会

董事会是商业银行的决策机构，设董事长 1 人，可以设副董事长。依据《公司法》等法律法规和商业银行章程履行职责行使职权，对股东大会负责，对商业银行经营和管理承担最终责任。根据《商业银行公司治理指引》（银监发〔2013〕34 号）第十九条规定，商业银行董事会的职责主要有以下八个方面：制定商业银行经营发展战略并监督战略实施；制定商业银行风险容忍度、风险管理和内部控制政策；制定资本规划，承担资本管理最终责任；定期评估并完善商业银行公司治理；负责商业银行信息披露，并对商业银行会计和财务报告的真实性、准确性、完整性和及时性承担最终责任；监督并确保高级管理层有效履行管理职责；维护存款人和其他利益相关者合法权益；建立商业银行与股东特别是主要股东之间利益冲突的识别、审查和管理机制。

商业银行董事会人数及构成通常根据自身规模和业务状况确定。人数在 9~15 人不等，一般为单数。董事可分为执行董事和非执行董事两类，非执行董事包含独立董事。执行董事是指在商业银行担任除董事职务外的其他高级经营管理职务的董事。非执行董事是指在商业银行不担任经营管理职务的董事。独立董事是指不在商业银行担任除董事以外的其他职务，并与所聘商业银行及其主要股东不存在任何可能影响其进行独立、客观判断关系的董事，独立董事人员通常 1~5 人。

商业银行董事会为了确保其决策的科学性，一般根据实际情况单独或合并设立专门委员会,这些委员会包括战略委员会、审计委员会、风险管理委员会、关联交易控制委员会、提名委员会、薪酬委员会等。战略委员会主要负责制定商业银行经营管理目标和长期发展战略,监督、检查年度经营计划、投资方案的执行情况;审计委员会主要负责检查商业银行风险及合规状况、会计政策、财务报告程序和财务状况;负责商业银行年度审计工作,提出外部审计机构的聘请与更换建议,并就审计后的财务报告信息真实性、准确性、完整性和及时性作出判断性报告,提交董事会审议;风险管理委员会主要负责监督高级管理层关于信用风险、流动性风险、市场风险、操作风险、合规风险和声誉风险等风险的控制情况,对商业银行风险政策、管理状况及风险承受能力进行定期评估,提出完善商业银行风险管理和内部控制的意见;关联交易控制委员会主要负责关联交易的管理、审查和批准,控制关联交易风险;提名委员会主要负责拟定董事和高级管理层成员的选任程序和标准,对董事和高级管理层成员的任职资格进行初步审核,并向董事会提出建议;薪酬委员会主要负责审议全行薪酬管理制度和政策,拟订董事和高级管理层成员的薪酬方案,向董事会提出薪酬方案建议,并监督方案实施。

《加强农村商业银行三农金融服务机制建设监管指引》(银监办发〔2014〕287号)第八条至第十条规定:农村商业银行应根据自身特点完善公司治理,大中城市和县域农村商业银行董事会下应设立由董事长任主任委员的三农金融服务委员会,城区农村商业银行可根据实际自行决定是否设立三农金融服务委员会。三农金融服务委员会委员构成由农村商业银行自主确定,原则上具有"三农"工作经验或行业背景的委员应不低于委员总数的三分之一。农村商业银行三农金融服务委员会负责制定三农金融服务发展战略和规划,审议年度三农金融发展目标和服务资源配置方案,评价与督促经营层认真贯彻落实。三农金融服务委员会应每半年至少召开一次会议,邀请涉农企业、农民合作社、种养大户、家庭农场等新型农业经营主体的客户代表参加,就三农金融业务开展情况、存在问题和下一步措施等提出意见和建议。农村商业银行三农金融服务委员会应在每年第一次董事会上报告上一年度本行三农金融业务计划执行情况。

董事会专门委员会向董事会提供专业意见或根据董事会授权就专业事项进行决策并定期与高级管理层及部门交流商业银行经营和风险状况，提出意见和建议。

董事会例会每季度至少召开一次，临时会议的召开程序由商业银行章程规定。董事会应当制定内容完备的议事规则并在章程中予以明确，内容包括会议通知、召开方式、文件准备、表决形式、提案机制、会议记录及其签署、董事会授权规则等，并报股东大会审议通过。董事会会议须有超过半数董事出席方可举行，作出决议，须经商业银行全体董事过半数通过，表决方式可以采用会议表决（包括视频会议）和通信表决两种，实行一人一票。采用通信表决形式的，至少在表决前三日内将通信表决事项及相关背景资料送达全体董事。董事会召开会议应当事先通知监事会派员列席。

四、监事会

监事会是商业银行的内部监督机构，对股东大会负责，依据《公司法》等法律法规和商业银行章程履行职责，根据《商业银行公司治理指引》（银监发〔2013〕34号）第三十二条规定，重点关注以下事项：监督董事会确立稳健的经营理念、价值准则和制定符合本行实际的发展战略；定期对董事会制定的发展战略的科学性、合理性和有效性进行评估，形成评估报告；对本行经营决策、风险管理和内部控制等进行监督检查并督促整改；对董事的选聘程序进行监督；对董事、监事和高级管理人员履职情况进行综合评价；对全行薪酬管理制度和政策及高级管理人员薪酬方案的科学性、合理性进行监督；定期与银行业监督管理机构沟通商业银行情况等。

监事会由职工监事、外部监事和股东监事组成，职工监事由职工代表大会选举产生，外部监事和股东监事由股东大会选举产生。外部监事与商业银行及其主要股东之间不得存在影响其独立判断的关系。监事会可根据需要设立提名委员会和监督委员会。提名委员会负责拟定监事的选任程序和标准，对监事候选人的任职资格进行初步审核，并向监事会提出建议；

对董事的选聘程序进行监督；对董事、监事和高级管理人员履职情况进行综合评价并向监事会报告；对全行薪酬管理制度和政策及高级管理人员薪酬方案的科学性、合理性进行监督。提名委员会原则上应当由外部监事担任负责人。监督委员会负责拟订对本行财务活动的监督方案并实施相关检查，监督董事会确立稳健的经营理念、价值准则和制定符合本行实际的发展战略，对本行经营决策、风险管理和内部控制等进行监督检查。根据《加强农村商业银行三农金融服务机制建设监管指引》（银监办发〔2014〕287号）规定，监事会应将农村商业银行三农金融服务委员会和经营层围绕三农金融服务的工作开展情况纳入监督内容。

监事长（监事会主席）应当由专职人员担任，须具有财务、审计、金融、法律等某一方面专业知识和工作经验。

监事会应当制定内容完备的监事会议事规则并在公司章程中予以明确，内容包括会议通知、召开方式、文件准备、表决形式、提案机制、会议记录及其签署等。监事会例会每季度至少召开一次，临时会议召开程序由商业银行章程规定。监事会在履职过程中有权要求董事会和高级管理层提供信息披露、审计等方面的必要信息。监事会认为必要时，可以指派监事列席高级管理层会议。监事会可以独立聘请外部机构就相关工作提供专业协助。

五、高级经营管理层

高级管理层是商业银行日常经营管理的具体执行组织，由商业银行总行行长、副行长、财务负责人及监管部门认定的其他高级管理人员组成，行长依照法律、法规、商业银行章程及董事会授权行使有关职权。《商业银行公司治理指引》（银监发〔2013〕34号）规定高级管理层根据商业银行章程及董事会授权开展经营管理活动，确保银行经营与董事会所制定批准的发展战略、风险偏好及其他各项政策相一致。

高级管理层对董事会负责，同时接受监事会监督。高级管理层依法在其职权范围内的经营管理活动不受干预。高级管理层应当建立向董事会及其专门委员会、监事会及其专门委员会的信息报告制度，明确报告信息的种类、内容、时间和方式等，确保董事、监事能够及时、准确地获取各类信息。高级管理层应当建立和完善各项会议制度，并制定相应议事规则。

六、党委会

党的十八大以来，党的建设被提到重要议事日程，习近平总书记强调："党政军民学，东西南北中，党是领导一切的。"在党的十九大报告中，习近平总书记明确指出"中国特色社会主义最本质的特征是中国共产党领导"。2017年4月25日，中央政治局就维护国家金融安全进行第四十次集体学习，习近平总书记在主持学习时强调，金融安全是国家安全的重要组成部分，是经济平稳健康发展的重要基础。维护金融安全，是关系我国经济社会发展全局的一件带有战略性、根本性的大事。金融活，经济活；金融稳，经济稳。并就维护金融安全提出六项任务，其中第六项任务就是"加强党对金融工作的领导，坚持党中央集中统一领导，完善党领导金融工作的体制机制，加强制度化建设，完善定期研究金融发展战略、分析金融形势、决定金融方针政策的工作机制，提高金融决策科学化水平"。按照党中央要求，金融企业建立党委会，那么如何处理好党委会与"三会一层"的关系呢？在实践中各级金融机构特别注重企业党的建设与公司治理的有效融合：一是确保党委会在企业经营管理中的领导核心地位，领导核心作用的发挥重在管战略、谋大局、把方向，坚守企业政治站位，确保业务经营沿着党中央确定的经济发展大方向，回归本源，支持实体经济发展；二是通过"双向进入、交叉任职"等组织融合方式发挥党组织的作用。目前，我国金融企业基本都是党委书记和董事长、党委副书记和行长、纪委书记和监事长等一肩挑，通过这种职务的融合方式把党委会的要求融入企业公司治理的全过程，这样既没有增加企业的管理层级，又实现了党的领导与商业银行经营决策、业务发展与内控监督等方面有机结合，为金融企业平稳发展保驾护航。

第四节 我国微型金融企业的公司治理现状及优化

从第一章我国微型金融的产生与发展过程得知，我国微型金融企业是在不断改革与发展过程中完善与壮大的，城市信用社从1996年开始改制为城市商业银行，经历15个年头，直到2012年3月29日宁波东海银行股份有限公司建立才完成改制工作；农村信用社的改制过程更是漫长，以2003年国务院下发《深化农村信用社农村改革试点方案》为契机，率先从江苏等省起步把农村信用社改制成农村合作银行和农村商业银行，根据银保监会2018年统计，全国还有812家农村信用社未完成改制工作。通过近年来的努力，我国主要微型金融机构基本形成架构规范、运作科学、治理有效的公司治理模式，改制为我国微型金融机构的发展注入强大动力和活力，使我国微型金融机构在支持县域经济、地方经济，服务小微企业、民营企业，开展普惠金融服务等方面发挥出巨大的主力军作用。

当然，由于诸多历史问题与改革过程中需要进一步探索的问题，目前我国微型金融机构在公司治理方面还存在很多运作不规范、形式重于内容等问题，需要在今后深化改革中予以完善。

一、我国微型金融组织公司治理中存在的问题

（一）改制中遗留下来的管理问题，出现了以政代法的不合理治理环境

以农村商业银行为例，2003年以来国务院启动的农村信用社改制已经取得了巨大成就，使当年资不抵债的农村信用合作系统重新焕发活力，成为国家支持"三农"的主力军。但当时保留了省信用合作社联合社作为省政府管理全省农村信用社、农村合作银行和农村商业银行的行业管理组织，一直担任着行业管理者的角色，虽然近年来业内传出多种省信用联合社的改革思路，但最终都没有兑现。以致目前各地农村商业银行在公司化运营中仍然存在"上级婆婆"的问题，农村商业银行的高级管理人员仍然按照原规定由省级联社推荐提名，程序上有悖于股份有限公

司高级管理人员由股东大会和董事会选举产生的法定内涵，从而直接违背《公司法》。《公司法》明确规定，股东大会、董事会、监事会是股份制形式公司法人的基本治理基础。第四十七条第九款明确规定了董事会对股东负责的重要职权之一，是"决定聘任或者解聘公司经理及其报酬事项，并根据经理的提名决定聘任或者解聘公司副经理、财务负责人及其报酬事项"。信用社改制的目的在于彻底解决产权不明、内部人控制、内控管理薄弱、股东由于小而分散导致参与管理积极性不高等深层次问题，现在这种治理现状，是改革中遗留下来的问题，还需要通过深化改革来解决。当然，目前省联社也起到积极的宏观调控作用，毕竟商业银行与其他企业不同，系统性金融风险及其脆弱性会影响整个社会经济的稳定，需要一定的行业干预。不过近年来国家已经在探索地方金融监管机制改革问题。

（二）"三会一层"组织机构不健全、内在权责利划分不明确，组织内缺乏有效内部控制与制衡机制

目前，我国主要微型金融组织基本上都没有建立起完整的公司治理组织架构，特别是地方性微型金融机构。尽管通过股份制改造形式上建立了股东大会—董事会/监事会—高级管理层的"三会一层"治理结构，但实际上董事会、监事会、高级管理层成员都是由政府管理部门提名，经董事会选举产生，选举通过只是一种程序，由于高级管理层不是董事会直接任命，这就容易产生公司内部权责利划分不清问题。在公司内部，由于所有高级管理人员都是管理部门提名的，往往相互之间协调配合不够充分，抢权、推事、逃责就成为一些商业银行内部的正常现象。当然，上级任命也强调一把手负责制，但这一体制与商业银行公司治理中决策权、监督权和执行权相分离是不一致的。

村镇银行主要存在内部管理机构不健全的问题。《村镇银行管理暂行规定》对村镇银行的董事会、行长、独立董事、各专业委员会等设立均没有作出强制性要求，第三十一条规定"村镇银行应根据其决策管理的复杂程度、业务规模和服务特点设置简洁、灵活的组织机构。村镇银行可只设立董事会，行使决策和监督职能；也可不设董事会，由执行董事行使董事

会相关职责"。第三十二条规定"村镇银行应建立有效的监督制衡机制。不设董事会的,应由利益相关者组成的监督部门(岗位)或利益相关者派驻的专职人员行使监督检查职责"。第三十三条规定"村镇银行设行长1名,根据需要设副行长1~3名。规模较小的村镇银行,可由董事长或执行董事兼任行长。村镇银行董事会或监督管理部门(岗位)应对行长实施年度专项审计。审计结果应向董事会、股东会或股东大会报告,并报银监分局或所在城市银监局备案。行长、副行长离任时,须进行离任审计"。这些规定不够严格,与《公司法》第五十条、第五十一条等相关条款规定存在明显冲突,不利于村镇银行经营风险的有效预防。现实中因为村镇银行规模太小,管理机构俱全也会提高管理成本而且也会影响决策效率,但这对矛盾的解决应该从村镇银行的组织结构发展上进行突破,好在2018年起监管部门已经同意建立村镇银行投资管理型组织,可以收购其他村镇银行,这也是一种解决问题的方法。

(三)股权结构配置不合理,导致微型金融组织在经营过程中出现代理人缺位问题、内部人控制问题、道德风险问题等传统经济学问题

国有股一股独大导致"产权主体缺位",进而引发"代理人缺位"。我国各级地方政府在改制城市信用社的过程中,通过地方财政或者国资委控制比较多,尽管已经在A股上市的城市商业银行股权结构中只有少数几家还存在这种现象,但大量未上市的城市商业银行基本上都是地方政府控股,是当之无愧的地方政府"钱袋子"。这些城商行在经营管理过程中同样遇到国有股份公司的问题,即政府以产权主体的名义实施转委托,却无须对代理人的经营结果向所有者承担责任,最终会产生"产权主体虚位",进而导致"代理人缺位"的问题。

农村商业银行改制中却是另一番景象,地方政府控制股份的极少,大部分农村商业银行的股权都被民营企业、内部职工和外部个人持有,根据银行监督部门的规定,企业持有农村商业银行的股权占比受到限制,绝对控股的企业基本没有,一些持股比例大的企业往往占有银行董事席位,许多持有股权的企业都会增加在本行的贷款,容易产生内部人控制和道德风险等问题,从许多商业银行的资产负债表中不难发现,关联交易和内部股

东贷款比例都比较高。与此同时，企业股东关心的重点是投资收益，多数希望银行每年多分红利，对银行的长远发展考虑相对较少。

村镇银行采用商业银行控股模式，《村镇银行管理暂行规定》第八条、第二十五条以及之后的《鼓励和引导民间资本进入银行业的实施意见》等确立了村镇银行的主发起行制度，即合格的村镇银行必须由银行业金融机构发起设立，最大或唯一股东需为发起银行，且其他股东持股比例不得超过股本总额的10%等。原中国银监会关于村镇银行主发起行制度设计的出发点大致有两点：一是充分利用主发起行成熟的经营模式，专业的筹建人员等资源优势，且在确保发起行控股的同时，实现股权多元化，为村镇银行快速建立以及专业化运作提供重要支撑；二是村镇银行中缺乏政府股份，一旦经营困难难以为继，主发起行也可以为村镇银行承担某种程度上的"风险兜底"责任。

但过于严格的主发起行制度，限制了主发起人的选择面，限制了民间资本的大量引入，使民间资本有意发起村镇银行却苦于找不到合适的主发起行，或有意增大股权比重，而主发起行却不愿增资的情况屡见不鲜。其实，通过考察各类银行业金融机构发起设立村镇银行的目的不难发现，城市商业银行、农村商业银行、农信社和外资银行多是"醉翁之意不在酒"，试图迂回实现跨区域经营的战略目标。中国银监会2010年4月20日发布的《关于加快发展新型农村金融机构有关事宜的通知》明确指出，发起设立30家以上村镇银行的金融机构可申请组建村镇银行控股公司，并严禁以各种方式和手段阻碍或变相阻碍符合条件、有发起意愿的中小银行也进入机构跨地区、跨省份发起设立新型农村金融机构。这更是为城市商业银行和农村商业银行通过发起村镇银行实现跨区域经营创造了必要的制度条件。而这一复杂的发起动机，也是导致村镇银行贷款脱农化、大额化、短期化等的关键原因（管斌，2017），当然这只是一种观点。中国银行继2017年成功收购国家开发银行持有的15家村镇银行股权后，2018年8月再出手16亿元，整体收购中国建设银行旗下的27家村镇银行，截至2018年6月末，中国银行在县域设立村镇银行法人机构近100家，占所有大型银行发起村镇银行数量的72%（陈月石，2018），成为国内机构数量最多、地域覆盖范围最广的村镇银行集团。中国银行大举收购村镇银行的用意在于为中银富登创造开展普惠金融的路径（中银富登由中国银行与淡马锡下属的富登金融控股公司于2011年合作设立），实施结果也是中银富登主要业务集中在普惠金融领域。

（四）行政管理与短期化行为等不合理激励约束机制导致经营主动性和能动性不强

目前我国多数微型金融组织的高级管理人员都是通过行政任命的方式产生的，薪酬高低也主要与行政级别相关，特别是在严格限薪的情况下，高管薪酬的高低与所经营银行的业绩相关性不够强，高管经营的动力是自己仕途的升迁和内在责任心，而不完全是股东的利益，这很容易导致工作懈怠，反正干好干坏一个样，多干不如少干，因为少干不会出现太大风险，反而确保自己职务的安全；控制权和剩余索取权的不对称也使高级管理层有可能利用有限的控制权为自己谋求隐性收入，如提高职务消费标准，增加职务消费范围，对控制成本缺乏动力，造成"内部人控制"现象。

（五）限制跨区经营，制约了农村商业银行的成长性

为了支持"三农"的发展，近年来原银监会和现银保监会多次发文明确限制农村商业银行跨区经营，严格限制农村商业银行跨县域设立分支机构，这是从"三农"出发而采取的一种行政管理的做法。改革开放之初我国就是工行在城市、农行在农村、建行搞基建、中行在口岸，后来通过改革开放打通了这些隔离，形成了目前交叉竞争的局面，改革开放四十多年后的今天再用行政方式来控制农村商业银行的经营管理，其实对农村商业银行的发展是不公平的。这主要是因为农村"三农"市场和县域市场一直都是开放的，而且现在金融脱媒现象愈显，各类金融机构都在向农村市场进发，特别是金融科技成熟的民营银行正以长尾客户为服务对象，向小微企业和普惠金融下沉发展，县域市场竞争越来越激烈，在这个时候给农村商业银行画地为牢，允许他人进入其经营市场，不允许其开发其他市场，等于捆住其手脚，机遇上明显不公平。另外，农村商业银行在金融大家族中本来就是弱势群体，再用行政方式限制其发展，它就永远达不到规模效

应。目前,我国农村商业银行作为"三农"主力军,是其越壮大越能支持"三农"还是越"袖珍"越有能力支持"三农"发展呢?一家金融机构能承担微型金融业务、支持小微企业、立足"三农",主要应该靠政策激励,运用经济手段进行调节,或者也可以通过制定业务指标进行比例监管的方法来约束,比如通过税收优惠鼓励支持小微企业、民营企业、立足"三农"的微型金融企业发展;再如中央银行可以通过结构性定向降准的货币政策支持微型金融组织开展小微金融业务,再如近来银保监会制订的商业银行"三农"服务四类十五项考核指标;再如政府和财政可以建立支小支民支农风险补偿基金,为承担风险的金融企业提供风险担保等。这些政策近年来国家都已经在实施,这些政策肯定比以行政手段规定一类商业银行的市场定位要好。从经济管理角度来看,一项政策的落地必须给予自负盈亏的商业银行风险覆盖的能力和未来发展的机遇,否则这项政策就值得商榷。目前,管理部门尽管放松对金融机构支持小微企业的风险容忍度,这仅是行政手段,商业银行支持小微"三农"企业引发的亏损还得自己埋单。政府和监管部门应该拿出真金白银和保障性政策来促进微型金融企业支小支民和支农发展,而不是让商业银行拿股东的利益来覆盖风险,这实际上限制了农村商业银行的成长。

(六)股票流通市场不健全和信息披露制度不完善,导致公司治理的外部约束力不强

目前我国微型金融机构中除少数城市商业银行、农村商业银行上市以外,绝大多数微型金融机构都存在股票流通转让难等问题,多数城市商业银行、农村商业银行和村镇银行的股票只能通过地方股权转让市场进行交易,许多还只是本行簿记协议转让方式,缺乏"用脚投票"的资本市场监督约束机制,另外,前文已经分析我国微型金融组织的高级管理人员也不是股东选举产生的,银行家市场的缺乏也是公司治理的一大缺陷。

信息披露力度不够影响了公众和媒体对商业银行公司治理的监督。尽管 2007 年 7 月 3 日中国银行业监督管理委员会公布《商业银行信息披露办法》(以下简称《办法》),该《办法》规定了商业银行信息披露的内容及相关要求,从法规上明确规范商业银行信息披露工作,但目前就微型金融机构来说其信息披露的范围、渠道、及时性、真实性等诸多方面还不够完善,需要进一步提高,以确保股东、社会公众和媒体对商业银行的经营管理实施透明监督,充分发挥"用脚投票"和"用眼投票"的市场淘汰机制。

二、我国微型金融组织公司治理结构创新

2019年1月3日,《中共中央国务院关于坚持农业农村优先发展做好"三农"工作的若干意见》的2019年"一号文件"发布,作为2004年以来连续第16个指导"三农"工作的中央"一号文件",主要聚焦全面建成小康社会决胜期的"三农"工作硬任务。为了贯彻中央"一号文件"精神,中办、国办2019年2月14日发布《关于加强金融服务民营企业的若干意见》,第二条为"加大金融政策支持力度,着力提升对民营企业金融服务的针对性和有效性",其中第六款为"提高金融机构服务实体经济能力"。所以要加大支小支民支农微型金融组织改革创新的力度,支持农村微型金融机构健康发展。

(一)完善微型金融机构的法律法规,用法治化思维规范地方微型金融机构公司治理

针对微型金融机构与普通商业银行的不同特点,有针对性地完善与修改微型金融机构管理的相关法律法规。目前,我国银保监会在监管商业银行的过程中基本上还是实施统一的法律法规监管,比如《商业银行公司治理指引》《商业银行股权管理暂行办法》以及一些业务经营管理方面的法律法规,针对微型金融机构的单独法规很少,如《中国银监会农村中小金融机构行政许可事项实施办法》《村镇银行管理暂行规定》等,上文说到《村镇银行管理暂行规定》随着村镇银行的发展也存在一些不符合现实的情况,事实上,微型金融机构特别是针对"三农"和小微企业服务的微型金融机构,因其服务对象的特性,与其他大型商业银行面对的经营环境相比有很大的不同,鉴于我国正大力鼓励金融机构支农支小支民支持实体经济,应该针对微型金融机构的经营特点,制定一些针对性强的法规,以支

持微型金融机构的健康发展。

（二）按照《公司法》和《商业银行公司治理指引》的要求建立健全微型金融机构内部组织、选聘高级管理人员，完善微型金融机构内部控制与制衡机制

要改变目前地方微型金融机构高级管理人员的任命程序，由商业银行按照公司章程和有关法规自主选聘董监事和高级管理人员，政府管理部门按照法律法规对商业银行选出的高级管理人员进行资格审核与论证，明确股东大会、董事会和监事会以及高级管理人员之间的职责和权利，完善公司治理的组织体系，形成有效的制衡机制。充分发挥董事会、监事会和高级管理层在商业银行日常经营管理中的不同作用。尽量减少地方政府及其主管部门的外部干预，提高商业银行经营自主性。

（三）建立并实施董事和高级管理人员经营管理责任追究制度和激励机制

给地方微型金融机构管理松绑的同时，必须落实压实公司内部管理者的自主责任，否则将产生内部人控制问题，导致经营风险暴露。责任追究和激励机制是一枚硬币的两面，贯彻落实好责任追究制度必须首先有明确的业绩考核评价体系，准确衡量决策机构、高级管理人员以及职工个人对于银行所作的贡献，在此基础上才能行使有效的正向激励和负向惩罚。为此，要建立一整套科学的考核体系和监督制度，要充分运用金融科技的力量，形成快速有效的经营全过程跟踪、记录、反馈、改进的运行机制，精准把控业绩、风险，及时根据业绩和贡献进行激励，及时发现风险进行处置，高级管理人员和员工收入与商业银行的经营业绩与自身的努力直接挂钩，形成现代商业银行包括工资、奖金、社会保险、公积金及股权等多种方式在内的、科学合理的收入分配新机制。高管及员工的总收入分配要建立延期制度，一定比例的收入直接进入商业银行风险基金池，预留的风险基金分配与风险的真实形成直接挂钩，对于没有形成风险的风险基金延期期满全额发放，对于形成的风险要有专门部门及时进行责任认定，因主观原因导致的风险要追究相应的经济责任，对于违法违规的行为要移送司法机关追究法律责任。通过商业银行自身责任追究制度和激励约束机制，形

成内在相互制衡、既有动力又有活力的自主发展机制。

（四）鼓励地方微型金融机构通过上市、重组兼并壮大自身实力，提升抗风险能力

农村微型金融机构的发展由于服务对象的不确定性，增加了自身经营的风险，如农业周期长，受自然环境影响大；小微企业往往自主知识产权少，自主品牌成长时间长，经营受宏观环境影响大，生存稳定性差。2016年国家工商总局的调查显示，我国小微企业的平均寿命不足3年。这些都决定了农村微型金融机构的经营风险高，如果国家没有必要的政策扶持，很容易出现经营困难。我国农村信用社在2003年改制前就出现过大批不良资产率超过50%的信用社，出现完全资不抵债的情况，因此，必须出台一些政策鼓励农村微型金融机构自身发展，通过做强做大增强自身的抗风险能力。所以，要打开思路，不应患其做大，而应患其不做支农支小的工作，而应增强其支农支小的实力，拓展其支农支小的空间。国家要加大政策扶持力度，为农村微型金融机构支农支小支民保驾护航，2019年2月中国人民银行、银保监会、证监会、财政部、农业农村部五部门联合发布《关于金融服务乡村振兴的指导意见》从税收、利率、成本、上市筹集资本、风险担保、损失补贴等方面系统提出金融机构支农支小支民的实质性举措，是一套组合拳，肯定会起到显著的效果。

笔者认为，对于农村商业银行等农村微型金融机构的发展，可以以县域作为限制条件，限制其纵向发展，拓展其横向发展空间，即不允许农村微型金融机构到县域以上的地区设立分支机构（在市区建立的农村商业银行除外，如北京、上海、紫金等农村商业银行），可以在异地县域及其以下的广大农村设立分支机构或者收购兼并当地的微型金融机构。这样做既可以通过到异地设立分支机构或者对其他地区农村微型金融机构设施重组兼并而壮大实力，在更大范围更广区域服务"三农"支持小微，提升自身经营的规模效应，又不会因为采用行政手段人为压制了发展快发展好的农村商业银行。

此外，以农村商业银行为例，建议进一步深化农村商业银行的体制机制改革，改变目前以县为单位建立独立法人的现状。自2003年以来，

我国经济发展迅猛,经济实力迅速提升,社会主义新农村的面貌也焕然一新,支持新农村建设需要有一定实力的金融支持作为后盾,从自身来看,金融科技的发展如火如荼,对小微金融的投入力不从心,往往容易坐失自身发展良机,这些外部环境的变化都需要农村微型金融机构做强,不以小为美。再从商业银行发展的趋势来看,近年来金融兼并浪潮席卷全球,国际上许多都是大型金融机构在从事微型金融业务,微型金融天生缺乏抗风险能力,所以内在和外在条件都需要考虑鼓励农村微型金融机构壮大发展问题。建议深化我国2003年以来的农村信用社改制工作,把农村信用社或农村商业银行的法人主体从原来的以县为单位扩大到以省辖市为单位。以省辖市为单位建立农村商业银行,江苏目前有南京市和常州市率先进行了试点,江南农村商业银行和紫金农村商业银行都成为常州地区和南京地区支农支小的排头兵,并没有因为其合并重组而减少支农支小的作用,恰恰相反,这样做既增强了农村商业银行自身的经营实力,提升了自身抗风险的能力,又增强了服务当地实体经济的能力和实力;既提升了商业银行公司治理的水平,如紫金农村商业银行通过上市扩大了资本水平,改善了股权结构,增强股东"用脚投票"的积极性,同时又自觉提高了商业银行信息的披露程度。这样也提高了股东、社会媒体关注农村商业银行发展的积极性,对于农村微型金融机构提升公司治理水平,改善公司经营管理能力,有巨大的外在促进作用和内在推动作用。又如2015年以新设合并方式组建的陕西秦农农村商业银行以及2019年以发起设立和参股其他农村商业银行而探索集团经营的广东东莞农商银行,都通过扩展经营空间的方式加快转型升级,随着资产规模稳中有增,实现了资产质量稳中有进,利润水平稳中有升,经营实力不断提高。

中国银保监会一直坚持深化农村商业银行的体制改革,2019年更是进行了大胆探索,3月14日吴江农村商业银行发布公告,经当地银保监分局批准将公司名称改为江苏苏州农村商业银行股份有限公司,经营范围扩大到江苏省范围内;4月9日,常熟农村商业银行发布公告:4月4日收到银保监会批复同意筹建兴福村镇银行股份有限公司,兴福村镇银行股份有限公司采取控股公司模式，属于村镇银行类首张新型银行牌照，可在全国范围内开展村镇银行兼并收购，成为农村商业银行这类不准跨地区设置分支机构的微型金融机构组织结构发展的新型渠道，是微型金融制度改革的大胆创新，有利于深化农村县域金融供给侧结构性改革，提升县域小微企业金融服务效率与水平。

第三章 微型金融企业的业务

第一节 微型金融企业的资产负债表

一、微型金融企业资产负债业务结构与基本特点

第二章研究了我国微型金融机构的类型和种类,考虑到获取研究资料的便利性,本章及后面各章的分析口径偏窄,主要以从事存贷款活动的微型金融企业为研究对象,包括城市商业银行、农村商业银行、村镇银行和农村小额贷款公司等。表3-1至表3-3是目前我国城市商业银行、农村商业银行、村镇银行和农村小额贷款公司的典型资产负债表,从下列这些资产负债表可以看出,城市商业银行、农村商业银行与大中型商业银行的差别不大,主要体现在各项业务的规模大小不同,村镇银行业务范围相对比较传统,以存款贷款为主,小额贷款公司因为不能吸收存款,资产负债比较单一。

表3-1　　　城市(农村)商业银行的资产负债简表

资产	负债
现金及存放中央银行款项	向中央银行借款
存放同业和其他金融机构款项	同业和其他金融机构存放款项
投资	债券发行
应收	吸收存款
发放贷款及垫款	其他负债

续表

资产	负债
其他资产	负债合计
	所有者权益合计
资产总计	负债及股东权益总计

注：(1) 表 3-1 项目来源于上市银行年报汇总；(2) 存放同业和其他金融机构款项包括：拆出资金、交易性金融资产、衍生金融资产、买入返售金融资产等；(3) 投资：贵金属、可供出售金融资产、持有至到期投资、长期股权投资、应收款项类投资等；(4) 应收包括应收利息等；(5) 其他资产包括固定资产、无形资产、递延所得税资产、投资性房地产、资产差额（特殊报表科目）等；(6) 同业和其他金融机构存放款项包括：拆入资金、同业 CD 存单、衍生金融负债、卖出回购金融资产款等；(7) 其他负债包括应付职工薪酬、应交税费、应付利息、应付债券、预计负债等；(8) 所有者权益包括股本（其他权益工具：优先股）、资本公积金、其他综合收益、盈余公积金、未分配利润、一般风险准备、少数股东权益等。

表 3-2　　　　　　　　村镇银行资产负债简表

资产	负债
现金及存放中央银行款项	向中央银行借款项
存放同业和其他金融机构款项	同业和其他金融机构存放款
应收利息	吸收存款
发放贷款及垫款	其他负债
其他资产	负债合计
	所有者权益合计
资产总计	负债及股东权益总计

注：(1) 表 3-2 项目来源于鹿城村镇银行年报整理；(2) 其他资产包括固定资产、无形资产、递延所得税资产和其他等；(3) 同业和其他金融机构存放款包括卖出回购金融资产款和其他同业等；(4) 其他负债包括应付职工薪酬、应交税费、应付利息、其他等；(5) 所有者权益（或股东权益）包括股本、资本公积金、盈余公积金、未分配利润、一般风险准备等。

表 3-3　　　　　　　　农村小额贷款公司资产负债简表

资产	负债和所有者权益（或股东权益）
流动资产	流动负债
短期贷款	短期借款
短期应收	存入保证金
其他	短期应付
非流动资产	其他

续表

资产	负债和所有者权益（或股东权益）
中长期贷款	非流动负债
投资	长期借款
其他	中长期应付
	其他
	负债合计
	所有者权益（或股东权益）合计
资产总计	负债及股东权益总计

注：(1) 表3-3项目来源于原江苏省政府金融办公室年报整理；(2) 流动资产包括货币资金、交易性金融资产、短期农户贷款、短期农业经济组织贷款、短期非农业贷款、应收利息、应收股利、存出保证金、其他应收款、代理业务资产、一年内到期的非流动资产等；(3) 非流动资产包括中长期农户贷款、中长期农业经济组织贷款、中长期非农业贷款、逾期贷款、呆滞贷款、呆账贷款、抵债资产、贷款损失准备、持有至到期投资、长期应收款、长期股权投资、固定资产、在建工程、固定资产清理、长期待摊费用、递延所得税资产、其他非流动资产等；(4) 流动负债包括短期借款、存入保证金、应付职工薪酬、应交税费、应付利息、应付股利、其他应付款、代理业务负债、一年内到期的非流动负债、其他流动负债等；(5) 非流动性负债包括长期借款、应付债券、长期应付款、预计负债、递延所得税负债、其他非流动负债等；(6) 所有者权益（或股东权益）包括库存股、盈余公积、未分配利润、一般风险准备等。

从资产负债表可以大概比较出四类微型金融机构的业务特色：

1. 城市商业银行的业务发展类型齐全，表内业务与表外业务基本与大型商业银行类似，农村商业银行与城市商业银行相比，传统存贷汇业务基本相当，但规模都弱小，特别是农村商业银行业务经营还受到范围不能跨所在县域的限制，规模更小，业务竞争能力相对较弱，抗风险能力较差。截至2019年底，我国银行业金融机构总数4607家，其中大型商业银行6家，股份制商业银行12家，城市商业银行134家，农村商业银行1478家，农村信用社722家，农村合作银行28家，村镇银行1630家，贷款公司13家、农村资金互助社44家（今日农商行，2020）。2019年全国有19家农村商业银行进入中国银行业百强，以2018年资产规模统计，其中排名第20位全国资产规模最大的重庆农村商业银行（北京富华创新科技发展有限责任公司，2019）为9506.18亿元（根据其2019年8月16日发布中期业绩公告显示，资产规模已经过万亿元，达到10196.85万亿元，比2018年年末增加7.27%，2019年成功回归A股市场，成为全国首家A+H股上市的农村商业银行）。全国农村商业银行资产排前四名的另外三名是上海农村商业银行（8337.13亿元）、广州农村商业银行（7632.9亿元）、北京农村商业银行（8811.38亿元），其他农村商业银行的资产规模均未超过5000亿元（中国银行业协会，2020）。根据银保监会网站公开数据测算，2018年6家大型商业银行总资产1167770亿元，平均每家约19463亿元；12家股份制银行总资产517818亿元，平均每家约43152亿元；城市商业银行总资产372750亿元，平均每家约2782亿元；农村商业银行总资产372157亿元，平均每家约261亿元。从平均资产规模来看，城市商业银行和农村商业银行的规模的确太小，尤其是农村商业银行，目前还没有完成改制的农村信用社和村镇银行规模就更微小了，可见其业务竞争能力肯定是较弱的，抗风险能力也是非常差的。

再从资本规模和资本金补充渠道上看，大型商业银行中的股份制商业银行资本规模大、补充能力强，中小银行的资本规模偏小。根据《商业银行法》第十三条规定："设立全国性商业银行的注册资本最低限额为十亿元人民币。设立城市商业银行的注册资本最低限额为一亿元人民币，设立农村商业银行的注册资本最低限额为五千万元人民币。注册资本应当是实缴资本。"国务院银行业监督管理机构根据审慎监管的要求可以调整注册资本最低限额，但不得少于前款规定的限额。截至2019年底，我国大型商业银行全部A+H股上市，12家股份制商业银行也已经在A股或H股上市9家；城市商业银行有23家在A股或H股上市，农村商业银行有10家在A股或H股上市，但总体来说，小微金融企业补充资本金的要求更加强烈。国务院总理李克强2019年2月11日主持召开国务院常务会议，会议决定支持商业银行多渠道补充资本金。一是对商业银行，提高永续债发行审批效率，降低优先股、可转债等准入门槛，允许符合条件的银行同时发行多种资本补充工具。二是引入基金、年金等长期投资者参与银行增资扩股，支持商业银行理财子公司投资银行资本补充债券，鼓励外资金融机构参与债券市场交易。一般情况下，银行资本补充工具主要有股权融资、可转债、优先股、二级资本债。其中二级资本债门槛低、体量大，银行发行永续债可缓解当下银行业的资本补充压力，特别是有利于非上市中小银行补充非核心一级资本，推动城市商业银行、农村商业银行和农村信用合作社业务逐步回归本源（钟源，2019）。

相对而言，大型商业银行和股份制商业银行补充资本渠道较多且容易，2014年10月23日中国银行在境外率先发行优先股的，其后也有不少商业银行在境内通过发行优先股的方式补充资本，截至2018年11月1日，共有25家、1家、13家银行分别在境内交易所、新三板市场和香港联交所完成发行优先股（孙海波，2019）。已经发行优先股的银行绝大多数仍然是规模大或者已经上市的银行，如城市商业银行中的江苏银行、南京银行、宁波银行、长沙银行等在境内发行优先股，重庆银行、青岛银行等在境外发行优先股，城市商业银行和农村商业银行中规模较小的银行成功发行优先股的难度较大。好在监管部门已经在落实2019年2月国常会的精神，2019年7月银保监会、证监会正式发布实施《中国银保监会、中国证监会关于商业银行发行优先股补充一级资本的指导意见（修订）》，修订后的指导意见明确，股东人数累计超过200人的非上市银行，在满足发行条件和审慎监管要求的前提下，将无须在"新三板"挂牌即可直接发行优先股。新的指导意见有效疏通了非上市银行优先股发行渠道，对于中小银行充实一级资本具有积极的促进作用，有利于保障中小银行信贷投放，进一步提高服务实体经济能力。

2019年1月17日中国银行获得银保监会批准发行首单永续债，5月9日首家股份行民生银行获准发行，8月1日首家城商行威海市商业银行获准发行，12月20日首家农商行深圳农村商业银行获批发行，这种新的资本工具有利于我国商业银行进一步充实资本，优化资本结构，扩大信贷投放空间，提升风险抵御能力。据不完全统计，2019年共有15家银行发行永续债，包括5家国有银行、7家股份制银行以及3家城商行。深圳农商行于2020年4月8日完成首单发行，进入2020年以来，中小银行的获准发行提速，仅第一季度就有东莞银行、华融湘江银行、湖州银行、江苏银行、桂林银行、广西北部湾银行、邮储银行、重庆三峡银行8家城商行完成发行永续债（今日农商行，2020）。

2. 从资产负债表可以看出，村镇银行主要以传统金融业务为主，负债主要来源于客户存款，资产主要用于当地企业和个人的贷款，由于分支机构少且缺乏系列优势，表外业务较少，涉及客户的中间服务也是以委托大型银行为主，其他交易性金融业务则几乎没有涉及。以在新三板挂牌的昆山鹿城村镇银行股份有限公司为例，根据其官网公开信息，昆山鹿城村镇银行主营业务是吸收公众存款，发放短期、中期和长期贷款。2016年、2017年和2018年三年主要资产负债数据见表3-4。

表3-4　　2016—2018年昆山鹿城村镇银行资产负债总额

项目＼年份	2016	2017	2018
资产总额（亿元）	56.45	58.2	61.12
负债总额（亿元）	51.97	52.67	55.18
资产负债率（％）	92.08	90.51	90.29

注：资料来源于昆山鹿城村镇银行股份有限公司官网。

3. 农村小额贷款公司成立之初就限定其只能以自身自有资本开展贷款活动，不能吸收客户存款，《江苏省小额贷款公司上市备案工作指引》（苏金融办发〔2014〕8号），第一条"备案条件"第七款"负债"规定："融资类业务加总余额不得超过小贷公司资本净额的100％，或有负债类业务加总余额不得超过小贷公司资本净额的300％。"实际上允许小贷公司向商业银行开展融资业务。也就是说，小额贷款公司在自有资本的基础上，可以向其他商业银行借款用来发放贷款。以江苏省农村小贷公司为例，多年来，江苏省内的农村小额贷款公司与国家开发银行、中国民生银行等商业银行合作，合作的方式多种多样，如小额贷款公司遴选优质小微企业，批量打包由国家开发银行或某家商业银行提供贷款，或者商业银行直接借款小额贷款公司扩大资产业务等。

4. 微型金融企业的经营成本较高。虽然微型金融机构肩负着消除贫困和为低收入者服务的特殊使命，其运作和管理仍然符合一般组织机构的管理原则，也遵循成本—收益基本原理，即当收入大于成本时，机构实现盈利。对于微型金融机构而言，其收入来源主要是贷款的利息收入和提供金融服务收取的手续费等。而成本主要有三类：一是所发放贷款的资金成本；二是贷款提取的坏账准备；三是交易和管理成本。由于微型金融机构服务于低收入群体，交易所涉及的金额一般较小，在传统金融服务手段中，处理1000万元和1000元贷款所需的成本几乎是相同的，因此相对于普通的商业银行而言，微型金融机构的交易和管理成本占其发放贷款数额的比例会高出很多。微型金融机构如果想实现盈利，主要有三个途径：提高贷款利率、提高还款率和降低交易、管理成本。

二、微型金融企业资产负债规模现状分析

经过几十年的发展，我国微型金融组织迅速发展壮大，机构数量在法人机构中占据主位，在2018年的4588家银行业金融机构中，城市商业银行、农村商业银行、农村合作银行、农村信用合作社、村镇银行、民营银行、农村资金互助社和贷款公司合计4094家，机构数量占比高达89.23%。如果加上全国小额贷款公司，机构数量则更大。2019年10月25日中国人民银行发布《2019年三季度小额贷款公司统计数据报告》显示，截至2019年9月末，全国共有小额贷款公司7680家（中国人民银行，2019）。微型金融企业注册地以城市社区、城乡结合部、县域和乡镇为主体，覆盖面广，是支持小微企业和服务"三农"的主力军，是党和国家实现世纪扶贫帮困伟大目标的先锋队，根据银保监会网站公开数据，2019年全国城市商业银行总资产372750亿元、总负债344974亿元，资产和负债占银行业金融机构总额的比例分别为12.85%和12.99%；农村商业银行总资产372157亿元、总负债342505亿元，资产和负债占银行业金融机构总额的比例分别为12.83%和12.90%；根据中国人民银行发布的《2019年三季度金融机构贷款投向统计报告》，2019年第三季度末，全国普惠小微贷款余额11.27万亿元，同样根据中国人民银行发布的《2019年三季度小额贷款公司统计数据报告》，全国小额贷款公司9月末贷款余额9288亿元，占全国普惠小微贷款余额的8.24%，为全国普惠小微贷款工作作出了积极贡献。

第二节 微型金融企业的负债业务

一、同业和其他金融机构存放款项

商业银行的存放业务包括同业存放和存放同业两个方面，是一种业务的两种形式。存放业务是指金融机构之间为加强同业合作，存出方将资金存放在存放方，期限、利率由双方协商，以提高资金收益率的业务。

同业存放，也称同业存款，是同业及其金融机构因支付清算和业务合作等的需要而存放于商业银行的款项。通常分为国内同业存放和国外同业存放两方面。国内同业存放是国内银行和其他金融机构为了方便结算，在需要结算地选择商业银行开立存款账户，接纳该笔存款的银行和金融机构称其为同业存款。国外同业存放是各国经营外汇业务的银行，为了便于国际业务的收付，在某种货币的结算地点选择商业银行开立该货币的存款账户。这些需要开立同业存款账户的金融机构通常是非银行性金融机构，如证券公司、财务公司等。

存放同业指商业银行存放在其他银行和非银行金融机构的存款。与同业存放的区别在于同业存放是银行提供的服务，而存放同业是银行开展的一项资金业务。

因为存放业务的双方均属金融机构，具备信誉优良，资金实力雄厚等特点，这类资金来源期限短，流动性强，安全可靠，可以满足商业银行短期资金需求，营运头寸调剂等需要，这是商业银行相互之间进行短期融通，科学开展流动性管理的重要业务。

同业存放因为期限短信誉高，理论上不存在风险，但实际上风险还是客观存在的。根据中国人民银行和中国银行保险监督管理委员会关于对包商银行实施接管的公告，中国银行保险监督管理委员会决定自2019年5月24日起对包商银行实行接管，接管期限一年。5000万元（含）以下的对公存款和同业负债，本息全额保障。据接管组相关方案，5000万元以上的对公存款和同业负债，由接管组和债权人平等协商，依法保障，协商兑付比例为 5000 万元以内的同业负债施行全额兑付；5000 万~1 亿元的同业负债仅兑付本金；1 亿~20 亿元的同业负债兑付 90% 本金；20 亿~50 亿元的同业负债兑付 80% 本金；超过 50 亿元的同业负债兑付 70% 本金，有上述兑付需求的客户应于 6 月 10 日前与接管组签约。因此在经济增长下降，商业银行经营压力加大，不良贷款率升高的背景下，商业银行的同业存款也需要具备风险意识。

二、向中央银行借款

微型金融机构的法人总部通常至中国人民银行当地分支机构开立存款账户和贷款账户。存款账户用于向中央银行缴纳存款准备金，贷款账户用于必要时向中央银行借款或再贴现。因此，向中央银行借款有两种形式：再贷款和再贴现。

再贷款是指中央银行向商业银行的贷款。根据《中国人民银行对金融机构贷款管理暂行办法》第八条规定，人民银行对金融机构贷款根据贷款方式的不同，可以划分为信用贷款和再贴现两种。信用贷款是指人民银行根据金融机构资金头寸情况，以其信用为保证发放的贷款。又根据《中国人民银行法》第二十二条和第二十七条规定，信用贷款是指中央银行向商业银行提供的贷款，不包括商业银行之外的其他金融机构。我国中央银行的再贷款有年度性贷款、季节性贷款和日拆性贷款三种。中央银行对再贷款的管理遵行"合理供给、确定期限、有借有还、周转使用"原则。再贴现是中央银行通过买进商业银行持有的已贴现但尚未到期的商业票据，向商业银行提供融资支持的行为。通常中央银行也把再贴现纳入货币供给数量的范畴之内，加之我国票据化程度不高，再贴现业务规模一直较小。

近年来，中央银行为了鼓励微型金融机构支持小微企业发展，加大了再贷款和再贴现业务的力度，2018 年是近年来信贷政策再贷款规模最大的一年，总计 4000 亿元专项额度。2018 年 6 月根据《关于加大再贷款再贴现支持力度引导金融机构增加小微企业信贷投放的通知》（银办发〔2018〕110 号）增加全国支小再贷款、支农再贷款和再贴现额度共 1500 亿元。2018 年 10 月 22 日，再增加再贷款和再贴现额度 1500 亿元，发挥其定向调控、精准滴灌功能，支持金融机构扩大对小微、民营企业的信贷投放。2018年底，再次加码1000亿元的额度，支持小微和民营企业贷款。

再贷款是一种带有较强计划性的数量型货币政策工具，具有被动性，是一项有效的间接调控手段，在调节基础货币总量，调整优化信贷结构，支持金融体制改革和维护国家信誉方面发挥了其他货币政策工具所不可替代的作用。但由于其规模控制的属性，目前已经逐步被中央银行的创新工具所取代。2013年1月，立足现有货币政策操作框架并借鉴国际经验，中国人民银行创设了"短期流动性调节工具"（Short-term Liquidity Operations，SLO），作为公开市场常规操作的必要补充，在银行体系流动性出现临时性波动时相机使用。创设"常备借贷便利"（Standing Lending Facility，SLF），以提高货币调控效果，有效防范银行体系流动性风险，增强对货币市场利率的调控效力。2015年11月20日，央行为加快建设适应市场需求的利率形成和调控机制，探索常备借贷便利利率发挥利率走廊上限的作用，下调分支行常备借贷便利（SLF）利率。

2014年9月，中国人民银行创设了"中期借贷便利"（Medium-term Lending Facility，MLF），以提供中期基础货币，对象为符合宏观审慎管理要求的商业银行、政策性银行，可通过招标方式开展。发放方式为质押方式，并需提供国债、央行票据、政策性金融债、高等级信用债等优质债券作为合格质押品。同时创设"抵押补充贷款"（Pledged Supplementary Lending，PSL），MLF作为一种新的储备政策工具，有两层含义，首先在"量"的层面，是基础货币投放的新渠道；其次在"价"的层面，通过商业银行抵押资产从中央银行获得融资的利率，引导中期利率。中期借贷便利体现了中央银行货币政策基本方针的调整，即有保有压，定向调控，调整结构，而且是预调、微调。既能满足中央银行稳定利率的要求同时又不直接向市场投放基础货币。与常备借贷便利（SLF）相比，中期流动性管理工具更能稳定市场的预期。2018年底中国人民银行为进一步加大对小微企业、绿色经济等领域的支持力度，并促进信用债市场健康发展，决定适当扩大中期借贷便利（MLF）担保品范围。把不低于AA级的小微企业、绿色和"三农"金融债券，AA+级、AA级公司信用类债券（优先接受涉及小微企业、绿色经济的债券），优质的小微企业贷款和绿色贷款纳入中期借贷便利担保品范围。

2018年12月19日，中国人民银行为加大对小微、民企的金融支持力度创设定向中期借贷便利（TMLF）。TMLF资金可使用三年，操作利率比MLF利率优惠15个基点，凡支持实体经济力度大、符合宏观审慎要求的大型商业银行、股份制商业银行和大型城市商业银行，均可向人民银行申请TMLF。

三、拆入资金

拆入资金是微型金融机构贷款尤其是短期贷款的重要来源之一。拆入资金是指在同业市场中，某一金融机构向其他金融机构借入的资金。拆入资金应按实际借入的金额入账。拆借数量、利率和期限根据市场资金供求状况，由拆借双方协商议定。一般情况下，同业拆借以大行拆借给中小银行为主。同业拆借属于线上交易，参与拆借的主体是金融机构，但是整体拆借的价格是分层的，分为银行同业之间的融资利率，以及银行和非银行之间的融资利率。

拆入资金时间短，如隔夜头寸的日拆交易等，属于短期借贷，分别计入"拆出资金"和"拆入资金"，主要是满足商业银行资金余缺调剂。但现实中往往拆入资金短拆长用，在拆借市场资金充裕时可以通过拆新还旧来实现，但如果在拆借市场资金紧张时这种套做模式就可能导致违约。

四、衍生金融负债

衍生金融工具又称衍生金融产品，衍生金融产品是基础产品或基础变量衍化和派生的金融工具，以杠杆和信用交易为特征，其价格随基础金融产品的价格（或变量）变动，是与基础金融产品相对应的概念。基础金融产品既包括现货金融产品，如债券、股票、银行定期存款单等，也包括金融基础变量，如利率、汇率、各类价格指数、通货膨胀率等。

同一衍生金融工具的价值体现为资产和负债两部分，资产负债表日（一般是每年的12月31日）公允价值是正的，就是衍生金融资产；资产负债表日公允价值是负的,就是衍生金融负债,即衍生金融工具的盈利与亏损在商业银行的资产负债表上或会计处理上表现为衍生金融资产或衍生金融负债。

五、卖出回购金融资产款

卖出回购金融资产款是用于核算商业银行按回购协议卖出票据、证券、贷款等金融资产所融入的资金。卖出具有回购协议的金融资产,即是商业银行在约定日期后还有义务把卖出去的金融资产再按约定的价格买回来,所以即使暂时卖出但还会再买回,未来会产生现金流出的交易事项,故仍然以商业银行的负债核算。

按卖出回购证券的类别,银行间回购又分为两种,一种是质押式回购,另一种是买断式回购。二者的区别主要在于担保方式不同:质押式回购是资金融入方用债券质押给资金融出方作为担保,借款到期后,解除质押;而买断式回购则是资金融入方将债券卖给资金融出方并完成过户,然后资金到期后,资金融入方再将债券买回来。银行间市场的主流仍是质押式回购,尤其是 7 天回购,一直是中国金融市场短期拆借利率最主要的风向标。在 2013 年钱荒之后,中央银行觉得非银行金融机构利率波动性很大,而且非银行金融机构不好控制。为了控制银行间市场拆借利率过于频繁波动,专门将存款类金融机构从中剥离出来,统计为 DR。从此,就有银行间质押式回购利率(R)和存款类机构质押式回购利率(DR)两个口径。R 利率的统计口径是全银行间市场的质押式回购利率,包括存款类金融机构与非存款类金融机构。DR 利率只能以利率债作为质押物。

六、吸收存款

吸收存款是我国商业银行主要负债来源,微型金融机构中不属于商业银行性质的非银行金融机构不能吸收存款,如农村小额贷款公司、P2P、消费金融公司等。目前商业银行组织存款从性质来看,有企事业单位存款和个人存款。企事业单位存款包括企业、事业单位、机关、部队和社会团体等组织的存款,另外还有特种存款、财政性存款等;个人存款包括信用卡存款和储蓄存款等。从期限来看，商业银行吸收的存款可分为活期存款和定期存款，活期存款利率较低，随存随取，单位的活期存款表现为基本账户中暂时未使用的资金。个人活期存款通常有活期存折和借记卡存款两种。定期存款期限可分为3个月、6个月、9个月、1年、2年、3年和5年不等，目前有些商业银行还办理通知存款、定活两便存款、大额可转让存单等多种形式的存款，这类存款兼顾了活期存款的流动性和定期存款的盈利性，使活期存款利率低和定期存款灵活性差的问题得到一定程度的满足，为客户提供便捷性和盈利性兼顾的存款品种，以提高商业银行客户黏性。

七、负债业务的新变化

由于近年来互联网金融的冲击和商业银行自身理财业务的影响，商业银行特别是微型金融机构的存款业务受到一定的影响，吸收存款在总负债的比重出现明显下降，在本书分析的微型金融机构中，城市商业银行吸收存款占总负债的比例最低，农村商业银行占比次之，占比最高的是村镇银行。从2018年第三季度部分上市银行公布的数据可以看出，城市商业银行吸收存款占负债的比重在60%左右，经济金融越发达的地区占比越低，如上海银行占比低于60%，相反则占比高一些，如甘肃银行达75%以上；农村商业银行吸收存款占负债的比例普遍高于城市商业银行，平均在75%左右，所选样本中无锡农村商业银行最高，达85%左右，厦门农村商业银行最低不到70%；村镇银行的负债则以吸收存款为主，占比较高接近90%，如昆山鹿城村镇银行2017年末吸收存款占总负债比重为89.3%。上述情况说明，随着经济金融形势的变化，特别是金融科技和互联网金融的发展，使微型金融机构吸收存款出现一些阻碍，主要表现在以下三个方面：一是受自身声誉影响，吸储利率高于同业，负债成本偏高。自中国人民银行允许存款利率上浮以来，国有大型商业银行凭借信誉高、网点多等优势基本维持基准利率不变，城市商业银行、农村商业银行和村镇银行都在不同程度执行了上浮，部分银行甚至实施顶格上浮，另外，金融竞争环境更加激烈，贷款利率上浮幅度压缩，微型商业银行存贷利差进一步被挤压，经营成本陡升。二是负债受地域限制大。特别是农村商业银行和村镇银行受监管约束不能跨区域开展业务，存款画地为牢，直接受当地经济条件的影响和制约，吸收存款成为近年来农村商业银行和村镇银行业务发展的头等大事。三是负债受互联网金融和理财等新型业务影响大。近年来互联网金融发展迅速，特别是互联网理财业务的发展，如余额宝、财付通等，使习惯于网购的大量"80后""90后"等年青一代在这些平台沉淀巨额资金，本来这些资金都是放在银行借记卡上，是银行活期存款的主要力量，但网络理财起点低，利率高，使得整个商业银行体系出现前所未有的存款流失，但受影响最大的依然是微型商业银行，他们自己没有能力创新理财产品，往往只能通过代售获取一定的手续费，所以以传统业务为主的微型商业银行首先受到冲击。

由于国际国内经济金融形势的变化，2018年我国金融领域以防风险、严监管为主基调，2018年4月一行两会一局发布《关于规范金融机构资产管理业务的指导意见》，其中明确提到"金融机构开展资产管理业务时不得承诺保本保收益。出现兑付困难时，金融机构不得以任何形式垫资兑付"，剑指银行理财保本产品。2018年9月28日，《商业银行理财业务监督管理办法》正式发布，对结构性存款作了明确界定。所谓结构性存款是指商业银行吸收的嵌入金融衍生产品的存款，通过与利率、汇率、指数等的波动挂钩或者与某实体的信用情况挂钩，使存款人在承担一定风险的基础上获得相应收益的产品。结构性存款应当纳入商业银行表内核算，按照存款管理，纳入存款准备金和存款保险保费的缴纳范围，相关资产应当按照国务院银行业监督管理机构的相关规定计提资本和拨备。衍生产品交易部分按照衍生产品业务管理，应当有真实的交易对手和交易行为。商业银行发行结构性存款应当具备相应的衍生产品交易业务资格。显然2018年底开始的结构性存款成为各商业银行负债业务增长的重要渠道，但微型商业银行往往难以获得发行结构性存款的资格，即使获得发行资格，但限于业务规模和经营地域也很难做大这项业务，新规对大型商业银行相对有利，微型金融机构面临负债业务竞争的压力将持续增大。

根据《商业银行理财业务监督管理办法》与《关于规范金融机构资产

管理业务的指导意见》关于公司治理和风险隔离的相关要求，规定商业银行应当通过具有独立法人地位的子公司开展理财业务；暂不具备条件的，商业银行总行应当设立理财业务专营部门，对理财业务实行集中统一经营管理。两份文件充分衔接，共同构成银行开展理财业务需要遵循的监管要求。主要内容包括：严格区分公募和私募理财产品，加强投资者适当性管理；规范产品运作，实行净值化管理；规范资金池运作，防范"影子银行"风险；去除通道，强化穿透管理；设定限额，控制集中度风险；加强流动性风险管控，控制杠杆水平；加强理财投资合作机构管理，强化信息披露，保护投资者合法权益；实行产品集中登记，加强理财产品合规性管理等。新规后商业银行理财业务的开展显然对实力较小的中小银行不利，因为小型商业银行独立成立理财子公司的希望较小，截至2018年年底，首批成立理财子公司的26家商业银行中有城市商业银行9家，农村商业银行2家（王明山，2018），都属于规模相对较大的上市银行，因此大多数规模较小的城市商业银行、农村商业银行和村镇银行单独成立的可能性较小。如何才能在新政策下寻求新业务的发展机遇已成为各家微型商业银行必须重视的问题，笔者认为，微型金融机构要充分发挥合作优势，可以跨区与大型商业银行合作，参与大中型商业银行理财子公司的业务项目，另外也可以省辖市为单位同类型商业银行通过合资设立理财子公司的方式来开展业务，一家发起，其他参股，独立经营，以弥补单家规模小的短板。

第三节 微型金融企业的资产业务

一、交易性金融资产

交易性金融资产是指商业银行通过买卖债权证券和权益证券等金融资产，以获取其价格波动所形成的收益。它是一种通过积极主动管理和交易金融资产来获取利润的业务，商业银行持有交易性金融资产的目的是投资（作为交易性金融资产核算）或套期保值（作为套期保值准则核算）。

商业银行的交易性金融资产有以下表现形式：一是近期内出售、回购或赎回的金融资产；二是进行集中管理的可辨认金融工具组合的一部分，有客观证据表明商业银行近期采用短期获利方式对该组合进行管理；三是金融衍生工具。但被商业银行指定为有效套期工具的衍生工具、属于财务担保合同的衍生工具、与在活跃市场中没有报价且其公允价值不能可靠计量的权益工具投资挂钩并须通过交付该权益工具结算的衍生工具除外。

其特点有三：一是商业银行持有的目的是短期性的，即在初次确认时即确定其持有目的是为了短期获利，此处的短期应该是不超过一年（包括一年）；二是该资产能够活跃市场，公允价值能够通过活跃市场获取；三是交易性金融资产持有期间不计提资产减值损失。

二、买入返售金融资产

买入返售金融资产是指商业银行按返售协议约定先买入再按固定价格返售证券等金融资产所融出的资金。

公司根据返售协议买入金融资产时，应按实际支付的款项作为初始确认金额。资产负债表日，按照计算确定的买入返售金融资产的利息收入，确认为应收利息，同时计入利息收入。返售日，应按实际收到的金额与买入返售金融资产和应收利息账面余额的差额计入利息收入。因取得证券等资产（除交易性金融资产）发生的交易费用，均应计入取得资产的初始确认金额。

买入返售金融资产的会计主体是买入方，买入对象是票据、证券、贷款等，买入方式是有协议的交易性金融资产、有回购返售协议；卖出交易对象是原卖出方。买入返售业务的实质就是商业银行把短期不用的闲置资金，通过交易市场拆借出去，但是这种拆借不同于同业拆借，是需要抵押品的，这个抵押品就是买入对象（票据、证券、贷款等）。商业银行相当于短期抵押贷款的贷出方，"买入"就是商业银行贷出资金，获得抵押权，"返售"就是商业银行作为买入方把抵押品的抵押权还给对方（抵押品提供方），对方支付给商业银行本金和利息。因此，买入返售资产增多，说明商业银行流动资金富余，通过交易市场将资金以抵押的形式贷了出去。特点是双方有协议、约定了返售价格。

三、可供出售金融资产

可供出售金融资产是指交易性金融资产和持有至到期投资以外的其他债权证券和权益证券。商业银行购入可供出售金融资产的目的是获取利息、股利或市价增值，属于投资类资产。可供出售金融资产根据持有期限的不同可分为短期投资和长期投资。如果持有期少于一年的，通常归为短期投资，如果持有期超过一年的则归为长期投资。可供出售金融资产和交易性金融资产在以下四个方面存在差异：

1. 持有意图不同。根据交易性金融资产和可供出售金融资产的定义，我们可以看出，交易性金融资产持有意图明确，持有时间短，是为了短期之内进行交易，赚取交易差价的；相比之下，可供出售金融资产的持有意图和持有期限就没有交易性金融资产那么明确。

2. 初始取得时交易费用的处理不同。交易性金融资产初始取得时发生的交易费用直接通过"投资收益"计入当期损益，而可供出售金融资产初始取得时发生的交易费用则是计入资产的初始确认成本。当然，根据可供出售金融资产的资产形式不同，计入的账户不同，若可供出售金融资产为股票的，交易费用可直接计入可供出售金融资产——成本；若可供出售金融资产为债券的，由于可供出售金融资产——成本科目按照面值计量，所以交易费用应计入可供出售金融资产——利息调整科目，均构成金融资产的初始确认金额。

3. 资产持有期间公允价值变动的处理不同。交易性金融资产和可供出售金融资产在持有的过程中均以公允价值来计量，所以在资产负债表日如果账面价值与公允价值不一致，则要反映公允价值的变动。交易性金融资产的公允价值变动要通过公允价值变动损益计入当期损益；而可供出售金融资产的公允价值变动幅度较小或暂时性变化时，通常认为该项金融资产的公允价值是在正常范围内的变动，应将其变动形成的利得或损失，除减值损失和外币性金融资产形成的汇兑差额外，还将其公允价值变动计入资本公积——其他资本公积。

4. 金融资产减值的处理不同。对于可供出售金融资产商业银行应当在资产负债表日对以公允价值计量且其变动计入当期损益的金融资产以外的金融资产的账面价值进行检查，有客观证据表明该金融资产发生减值的，应当计提减值准备。而交易性金融资产由于投机性强，通常不进行减值处理。

四、发放贷款及垫款

发放贷款是微型商业银行的主要资产业务。贷款是商业银行以约定利率和以偿还等为条件让渡货币资金使用权的一种信用活动形式。广义的贷款指贷款、贴现、透支等出贷资金的总称。银行通过贷款的方式将所集中的货币资金投放出去，可以满足社会扩大再生产对补充资金的需要，促进经济的发展，同时，银行也可以由此取得贷款利息收入，增加银行自身的积累。

贷款对象包括自然人、法人、其他经济组织或其代理人。自然人一般是指具有完全民事行为能力的中国公民及在中国大陆有居留权的境外、国外公民；法人包括企业法人和事业法人，根据《中华人民共和国民法总则》第五十七条的规定，法人是具有民事权利能力和民事行为能力，依法独立享有民事权利和承担民事义务的组织。

对于个人来说，贷款包括：个人经营类贷款，住房抵押贷款（按揭贷款），汽车贷款，助学贷款，其他消费贷款（包括装修贷款、旅游贷款、耐用消费品贷款、信用卡透支消费等），个人质押类贷款等。

对于企事业单位法人来说，贷款的分类较多：按期限划分为透支、短期贷款、中期贷款和中长期贷款。透支是没有固定期限的贷款，通常表现为信用卡消费贷款；短期贷款是贷款期限在1年（含）以内，常常用于流动资金周转需要；中期贷款的期限在1~5年，通常用于生产经营项目建设需要；中长期贷款期限在5年以上，主要用于固定资产投资。

按贷款用途划分为固定资产投资贷款（项目融资贷款、一般固定资产贷款）、流动资金贷款（铺底流动资金贷款、临时流动资金周转贷款、票据贴现）等。

按贷款是否有抵押品可划分为票据贴现、质押贷款、保证贷款、抵押贷款和信用贷款。

无论个人贷款还是法人贷款，利率都有三种形式，即固定利率贷款、浮动利率贷款和固定浮动混合利率贷款。

随着金融科技的发展，商业银行贷款渠道也发生很大变化，线下门店贷款、线上 App 在线贷款和手机移动贷款并存，贷款手续方便快捷。近年来，微型金融机构响应国家号召，积极支持小微企业和个体工商户开展生活经营活动，服务水平和服务效率得到极大提升。中国银保监会数据显示：截至 2018 年末，全国全口径小微贷款余额 33.49 万亿元，占各项贷款余额的 23.81%。其中，普惠型小微贷款（1000 万元以下）余额 9.36 万亿元，较年初增长 21.79%，较各项贷款增速高 9.2 个百分点；有贷款余额的户数 1723.23 万户，较年初增加 455.07 万户。其中城市商业银行和农村商业银行贡献率为 53%，增长速度在所有商业银行中也是最快，成为小微企业贷款名副其实的主力军（严强，2019）。

近年来，微型金融机构在支持小微企业发展和贷款审查方面进行不断探索，除了坚持传统贷款三性原则（安全性、流动性、效益性）、贷款 6C 原则（品德、才能、资本、担保品、经营环境、事业的连续性）和三查原则（贷前调查、贷中审查、贷后检查）外，更结合小微企业担保难、抵押难等现状，提出了一些新的审查贷款可靠性标准。如泰隆商业银行的"三品三表三流"和"四表五度"模式。"三品"，即人品、产品、押品；"三表"即水电气表、现金表、出入库或报关单；"三流"，即现金流、物资流、信息流；"四表"，即电表、水表、工资表、银行对账表；"五度"，即信誉度、风险度、忠诚度、贡献度和发展潜力度。

银行垫款是指银行在客户无力支付到期款项的情况下，被迫以自有资金代为支付的行为，往往是在经营管理陷入困境、财务状况恶化的情况下发生的，在银行中被列为不良资产，包括银行承兑汇票垫款、信用证垫款、银行保函垫款和外汇转贷款垫款等。

五、持有至到期投资

持有至到期投资是指商业银行打算并且能够持有到期的债权证券。如果这些证券在一年或商业银行超过一年的一个营业周期内到期,那么将其在流动资产中列报;如果到期时间超过一年或一年以上的一个营业周期,那么将其在长期资产中列报。所有持有至到期投资在购入时都要以成本入账,利息收入则要在赚得时入账。

商业银行从二级市场上购入的固定利率国债、浮动利率公司债券等,都属于持有至到期投资。持有至到期投资通常具有长期性质,但期限较短(一年以内)的债券投资,符合持有至到期投资条件的,也可以划分为持有至到期投资。下列非衍生金融资产不能划分为持有至到期投资:一是初始确认时即被指定为以公允价值计量且其变动计入当期损益的非衍生金融资产;二是初始确认时被指定为可供出售的非衍生金融资产;三是符合贷款和应收款项定义的非衍生金融资产。

持有至到期投资的特征:一是到期日固定、回收金额固定或可确定。到期日固定、回收金额固定或可确定是指相关合同明确了投资者在确定的时间内获得或应收取现金流量的金额和时间。如符合持有至到期投资条件的债券投资,其到期日固定、利息和本金金额固定或可确定。而购入的股权投资因其没有固定的到期日,不符合持有至到期投资的条件,不能划分为持有至到期投资。二是有明确意图持有至到期。有明确意图持有至到期投资是指投资者在取得投资时意图明确,准备将投资持有至到期,除非遇到一些企业所不能控制、预期不会重复发生且难以合理预计的独立事件,否则将持有至到期。三是有能力持有至到期。有能力持有至到期是指企业有足够的财务资源,并不受外部因素影响将投资持有至到期。

六、长期股权投资

长期股权投资是指商业银行通过投资取得被投资单位的股份。商业银行对其他单位的股权投资,通常视为长期持有,以及通过股权投资达到控制被投资单位,或对被投资单位施加重大影响,或为了与被投资单位建立密切关系,以分散经营风险。

长期股权投资的特点:一是长期持有,以获取经济利益。长期股权投资的最终目标是获得较大的经济利益,这种经济利益可以通过获取被投单位的利润或股利，也可以通过其他方式取得，如被投资单位重估价值提高等。二是风险大。因为长期股权投资除股票投资外不能随时出售，流动性差，因此投资风险较大。

就长期股权投资而言，我国目前的《商业银行法》是分业经营条件下制定的，只允许商业银行开展债券类投资，但为了鼓励商业银行参与到国家去产能和支持创新创业的大战略中来，试点了三种新模式：破产重组，银行债权转为股权、银行通过境外子公司或孙公司进行股权投资、投贷联动。前两种方式主要在大型商业银行和股份制商业银行进行试点，第三种方式北京银行进行了首例试点。2016年4月20日，银监会、科技部、人民银行联合发布《关于扶持银行业金融机构加大创新力度，开展科创企业投贷联动试点的指导意见》，北京银行2016年3月29日推出了"投贷通"产品，为中关村科技型小微企业提供"投资+贷款"双渠道融资支持服务，通过其下的"北银丰业专业资产管理计划"成功实现对广厦网络新三板市场定向增发股权认购业务，为企业提供760万元支持其IDC互联网数据中心建设。另外，2018年《商业银行理财业务监督管理办法》与《关于规范金融机构资产管理业务的指导意见》颁布后新成立理财子公司的商业银行，还可以通过理财子公司的理财项目资金在股票市场投资股票。

第四节 微型金融企业的表外业务

一、商业银行表外业务的含义与分类

商业银行的业务大致可以分为资产业务、负债业务和中间业务三大类，前文我们已经分析了微型金融机构的资产业务和负债业务，对于中间业务有些教材也称表外业务，有的分为表外业务和中间业务两部分，本节统称表外业务并按照巴塞尔委员会的分类进行阐述。

根据巴塞尔委员会的界定，商业银行表外业务是指商业银行从事的按通行会计准则不列入资产负债表内的、不影响其资产负债总额，但能影响银行当期损益并改变银行资产负债报酬率的经营活动。表外业务有狭义和

广义之分。狭义表外业务是指那些未列入资产负债表，但同表内资产业务和负债业务关系密切，并在一定条件下会转为表内资产业务和负债业务的经营活动，即或有资产和或有负债类业务。广义表外业务是指商业银行从事的所有不在资产负债表内反映的业务，即除了或有类资产负债业务外，还包括结算、代理等无风险的传统中间业务。根据上述定义，巴塞尔委员会从风险角度将其分为两大类：金融服务类表外业务和或有债权债务类表外业务。金融服务类表外业务是指那些只能为银行带来服务性收入而又不会影响银行表内业务质量的业务，包括与贷款有关的业务，信托和咨询业务，代理业务，支付业务等。或有债权债务类表外业务是指不在资产负债表内反映，但在一定条件下会转化为资产或负债业务的表外业务，包括贷款承诺、担保业务、金融衍生业务和投资银行业务等。

我国商业银行表外业务早期统称中间业务，关于中间业务2002年中国人民银行有明确界定，中国人民银行《关于落实〈商业银行中间业务暂行规定〉有关问题的通知》将国内商业银行中间业务分为九类，即支付结算类、银行卡、代理类、担保类、承诺类、交易类、基金托管、咨询顾问类和其他类。但该文件于2008年废止，2011年中国银行业监督管理委员会颁布了《商业银行表外业务风险管理指引》，这一指引目前正在修改当中，2016年11月23日中国银监会发布关于《商业银行表外业务风险管理指引（修订征求意见稿）》公告，不过至今还没有正式颁布。根据征求意见稿的相关规定，商业银行的表外业务是指商业银行从事的，按照现行的会计准则不计入资产负债表内，不形成现实资产负债，但能够引起当期损益变动的业务。意见稿根据表外业务特征和法律关系把商业银行表外业务分为担保承诺类、代理投融资服务类、中介服务类、其他类四大类。

担保承诺类业务包括担保类、承诺类等按照约定承担偿还责任的业务。担保类业务是指商业银行对第三方承担偿还责任的业务，包括但不限于银行承兑汇票、保函、信用证、信用风险仍在银行的销售与购买协议等。承诺类业务是指商业银行在未来某一日期按照事先约定的条件向客户提供约定的信用业务，包括但不限于贷款承诺等。这类表外业务与巴塞尔委员会的或有类业务相对应，风险来源于被担保者和承诺对象风险暴露，如果担保和承诺期限风险没有暴露则不产生风险。商业银行开展担保承诺类表外业务时，应当纳入统一授信管理，采取统一的授信政策、流程、限额和集中度，实行表内外统一管理。

代理投融资服务类业务指商业银行根据客户委托，为客户提供投融资服务但不承担代偿责任、不承诺投资回报的表外业务，包括但不限于委托贷款、委托投资、代客非保本理财、代客交易、代理发行和承销债券等。这类业务与商业银行以前销售的保本理财和非保本理财有相似之处，只是刚兑问题在2018年底理财业务新规后得到纠正。实际上是代客投资与代客理财，不承担风险、不享受投资回报，只收取一定比例的代理费用。

中介服务类业务指商业银行根据客户委托，提供中介服务、收取手续费的业务，包括但不限于代理收付、财务顾问、资产托管、各类保管业务等。

商业银行开展代理投融资服务类、中介服务类表外业务时，应当准确界定相关业务的法律关系、责任和承担的风险种类，有效管理操作风险、声誉风险等相关业务所包含的风险。应当实现表内业务与表外业务、自营业务与代客业务在资产、账务核算、人员等方面的隔离。不得以任何形式约定或者承诺承担信用风险；对违规承担信用风险的，应当根据监管机构相关要求制订整改方案，限期改正。

其他类表外业务是指上述业务种类之外的其他表外业务。

（一）担保承诺类业务

1. 担保类业务。担保类业务是指商业银行为客户债务清偿能力提供担保，承担客户违约风险的业务，包括银行承兑汇票、备用信用证、各类保函等。银行承兑汇票是由收款人或付款人（或承兑申请人）签发，并由承兑申请人向开户银行申请，经银行审查同意承兑的商业汇票。备用信用证是开证行应借款人要求，以放款人作为信用证的收益人而开具的一种特殊信用证，以保证在借款人破产或不能及时履行义务的情况下，由开证行向收益人及时支付本利。各类保函业务，包括投标保函、承包保函、还款担保函、借款保函等。

2. 承诺类业务。承诺类业务是指商业银行在未来某一日期按照事前约定的条件向客户提供约定信用的业务，包括贷款承诺、透支额度等可撤销承诺和备用信用额度、回购协议、票据发行便利等不可撤销承诺两种。可撤销承诺附有客户在取得贷款前必须履行的特定条款，在银行承诺期内，客户如没有履行条款，则银行可撤销该项承诺。可撤销承诺包括透支额度等。不可撤销承诺是银行不经客户允许不得随意取消的贷款承诺，具有法律约束力，包括备用信用额度、回购协议、票据发行便利等。

银行卡业务是由经授权的金融机构向社会发行的具有消费信用、转账结算、存取现金等全部或部分功能的信用支付工具。银行卡业务属于商业银行承诺在授信额度内的一种透支信用行为。银行卡种类繁多，依据清偿方式，银行卡业务可分为贷记卡业务、准贷记卡业务和借记卡业务。借记卡可进一步分为转账卡、专用卡和储值卡；依据结算的币种不同，银行卡可分为人民币卡业务和外币卡业务。

(二) 代理投融资服务类业务

1. 交易类业务。交易类业务是指商业银行为满足客户保值或自身风险管理的需要，利用各种金融工具进行的资金交易活动，包括期货、期权等各类金融衍生业务。

远期合约是指交易双方约定在未来某个特定时间以约定价格买卖约定数量的资产，包括利率远期合约和远期外汇合约。金融期货，是指以金融工具或金融指标为标的的期货合约。互换是指交易双方基于自己的比较利益，对各自的现金流量进行交换，一般分为利率互换和货币互换。期权是指期权的买方支付给卖方一笔权利金，获得一种权利，可于期权的存续期内或到期日当天，以执行价格与期权卖方进行约定数量的特定标的的交易。按交易标的分，期权可分为股票指数期权、外汇期权、利率期权、期货期权、债券期权等。

2. 理财类业务。根据《商业银行理财业务监督管理办法》规定，商业银行理财业务是指商业银行接受投资者委托，按照与投资者事先约定的投资策略、风险承担和收益分配方式，对受托的投资者财产进行投资和管理的金融服务。理财产品是指商业银行按照约定条件和实际投资收益情况向投资者支付收益、不保证本金支付和收益水平的非保本理财产品。商业银行应当根据募集方式的不同,将理财产品分为公募理财产品和私募理财产品。公募理财产品是指商业银行面向不特定社会公众公开发行的理财产品。公开发行的认定标准按照《中华人民共和国证券法》执行。私募理财产品是指商业银行面向合格投资者非公开发行的理财产品。合格投资者是指具备相应风险识别能力和风险承受能力,投资于单只理财产品不低于一定金额且符合规定条件的自然人、法人或者依法成立的其他组织。私募理财产品的投资范围由合同约定,可以投资于债权类资产和权益类资产等。权益类资产是指上市交易的股票、未上市企业股权及其受(收)益权。

(三) 中介服务类业务

1. 支付结算类业务。支付结算类业务是指由商业银行为客户办理因债权债务关系引起的与货币支付、资金划拨有关的收费业务,如支票结算、进口押汇、承兑汇票等。结算业务借助的主要结算工具包括银行汇票、商业汇票、银行本票和支票。结算方式主要包括同城结算方式和异地结算方式两种,其中异地结算主要有汇款结算(电汇、信汇和票汇)、托收和信用证三种方式。

2. 代理类业务。代理类业务是指商业银行接受客户委托、代为办理客户指定的经济事务、提供金融服务并收取一定费用的业务,包括代理政策性银行业务、代收代付款业务、代理证券业务、代理保险业务、代理银行卡收单业务等。

代理政策性银行业务指商业银行接受政策性银行委托,代为办理政策性银行因服务功能和网点设置等方面的限制而无法办理的业务,包括代理贷款项目管理等。代理中国人民银行业务指根据政策、法规应由中央银行承担,但由于机构设置、专业优势等方面的原因,由中央银行指定或委托商业银行承担的业务,主要包括财政性存款代理业务、国库代理业务、发行库代理业务、金银代理业务。代理商业银行业务指商业银行之间相互代理的业务,如为委托行办理支票托收等业务。代收代付业务是商业银行利用自身的结算便利,接受客户的委托代为办理指定款项的收付事宜的业务,如代理各项公用事业收费、代理行政事业性收费和财政性收费、代发工资、代扣住房按揭消费贷款还款等。代理证券业务是指银行接受委托办理的代理发行、兑付、买卖各类有价证券的业务，还包括接受委托代办债券还本付息、代发股票红利、代理证券资金清算等业务。此处有价证券主要包括国债、公司债券、金融债券、股票等。代理保险业务是指商业银行接受保险公司委托代其办理保险业务的业务。商业银行代理保险业务，可以受托代个人或法人投保各险种的保险事宜，也可以作为保险公司的代表，与保险公司签订代理协议，代保险公司承接有关的保险业务。代理保险业务一般包括代售保单业务和代付保险金业务。其他代理业务包括代理财政委托业务、代理其他银行银行卡收单业务等。

3. 基金托管业务。基金托管业务是指有托管资格的商业银行接受基金管理公司委托，安全保管所托管基金的全部资产，为所托管的基金办理基金资金清算款项的业务。

4. 咨询顾问类业务。咨询顾问类业务是商业银行依靠自身在信息和人才等方面的优势，收集和整理有关信息，结合银行和客户资金运动的特点，形成系统的方案提供给客户，以满足其经营管理需要的服务活动，主要包括财务顾问和现金管理业务等。

企业信息咨询业务包括项目评估、企业信用等级评估、验证企业注册资金、资信证明、企业管理咨询等。资产管理顾问业务指为机构投资者或个人投资者提供全面的资产管理服务，包括投资组合建议、投资分析、税务服务、信息提供、风险控制等。财务顾问业务包括大型建设项目财务顾问业务和企业并购顾问业务。大型建设项目财务顾问业务指商业银行为大型建设项目的融资结构、融资安排提出专业性方案。企业并购顾问业务指商业银行为企业的兼并和收购双方提供的财务顾问业务，银行不仅参与企业兼并与收购的过程，而且作为企业的持续发展顾问，参与公司结构调整、资本充实和重新核定、破产和困境公司的重组等策划和操作过程。现金管理业务指商业银行协助企业，科学合理地管理现金账户头寸及活期存款余额，以达到提高资金流动性和使用效益的目的。其他管理业务有保管箱业务等。

（四）其他类表外业务

其他类表外业务这里指上述三类未包括的表外业务。

二、微型金融机构表外业务的特点

1. 中介服务类业务是微型金融表外业务的主要形式。自 2002 年以来，随着我国中小银行联合支付系统的逐步上线（2002 年 10 月城市商业银行汇票处理系统，2006 年 5 月农信银资金清算系统），中小型商业银行支付结算类业务得到迅速发展，此外代理类业务也是一大特色。近年来，许多地方中小银行抓紧地方政府建立智慧政府的契机，大力投资市民卡业务，有些地方的市民卡业务几乎包括工资、交通、医疗等吃住用行医各方面的支付转账业务，真正成为当地群众的生产生活银行。当然，由于微型金融的业务大多在县域内，如基金托管等表外业务除少数在大城市的城市商业银行外其他小微银行很少开展。

2. 担保承诺类业务。近年来随着地方经济增长和票据业务的发展，担保类和承诺类业务在地方城市商业银行、农村商业银行甚至村镇银行都得到较快发展，特别是银行票据承兑业务成为许多小微银行业务增长的重要手段，对于部分外向型经济为主的地区，保函业务也是增长较快的业务。在承诺类业务中小微银行主要开展贷款承诺、回购、票据发行便利、信用卡透支等业务。

3. 代理投融资服务类业务面临挑战。目前代理投融资服务类业务中的交易类业务除少数城市商业银行涉及外，其他小微银行几乎没有涉及。近年来发展较快的是理财类业务，但 2018 年年底《商业银行理财业务监督管理办法》发布以后，小微银行将受到直接冲击。实行新规后取消刚兑，理财业务均属非保本理财，理财产品的发行需要一定的资质和条件，目前只有少数几家规模较大的上市城市商业银行和农村商业银行成立或者准备成立独立理财子公司，其他大量的城市商业银行、农村商业银行和村镇银行将面临这项业务直接萎缩带来的经济损失，在没有成立独立的理财子公司之前只能帮助大型商业银行代售理财产品以获取手续费。

第五节 微型金融企业业务发展的现状与创新

自党的十八届三中全会通过的《中共中央关于全面深化改革若干重大问题的决定》提出"发展普惠金融,鼓励金融创新,丰富金融市场层次和产品"以来,普惠金融成了高度热门的词汇,对于在我国如何发展普惠金融的文献和观点也越来越丰富多彩,但普惠金融特别是小微企业的融资难融资贵问题依然如故,理论热宣传热显而易见,问题的症结究竟出在何处?

一、微型金融业务发展的现状分析

(一)存款占总负债比例基本稳定,吸收存款占比略有下降,存款结构与大型商业银行相比更趋稳定,负债成本相对较高

根据已上市的12家城市商业银行(北京银行、南京银行、宁波银行、上海银行、杭州银行、贵阳银行、江苏银行、成都银行、郑州银行、长沙银行、青岛银行、西安银行)和7家农村商业银行(无锡银行、常熟银行、江阴银行、苏农银行、张家港行、紫金银行、青农银行)2018年年报数据,12家城市商业银行吸收存款平均占总负债的比例为61.7%,传统同业负债和应付债券占比较高,分别为14.4%和17.46%,吸收存款比重总体下降,农村商业银行吸收存款、传统同业负债和应付债券的比重分别为73.53%、7.22%和15.43%,吸收存款占比相对稳定,这与农村商业银行地处农村有直接关系(见表3-5)。

表3-5 2018年A股上市城市商业银行和农村商业银行负债结构　单位:%

负债项目	城市商业银行	农村商业银行
吸收存款	61.70	73.53
传统同业负债	14.40	7.22
应付债券	17.46	15.43
其他	6.44	3.82
合计	100	100

存款结构与大型商业银行相比，定期存款的占比相对较高，存款成本上升。2018年，紫金、九台、广州、张家港、常熟、江阴、重庆和无锡8家农村商业银行活期存款占存款总额的比例分别为45.04%、41.9%、41.16%、40.01%、39.48%、38.77%、37.95%、30.8%（任涛，2019），8家中活期存款占比最低的无锡农村商业银行的定期存款比例高达69.2%。

大型商业银行和股份制商业银行活期存款比例偏高，融资成本相对较低。2018年，招商银行、农业银行、建设银行、中信银行、华夏银行、工商银行、中国银行、浦发银行、交通银行、邮储银行、兴业银行、浙商银行、平安银行分别是65.34%、58.30%、53.34%、49.35%、48.34%、48.30%、47.80%、45.37%、42.56%、39.25%、37.99%、35.78%、32.89%（任涛，2019），其中招商银行最高，平安银行最低，13家中只有5家低于45%，总体明显高于9家农村商业银行的占比。

城市商业银行的活期存款占比与股份制商业银行相当，比农村商业银行高，城市商业银行的负债成本相对低于农村商业银行。在统计的22家上市城市商业银行（天津银行、成都银行、西安银行、徽商银行、长沙银行、贵阳银行、江西银行、青岛银行、北京银行、杭州银行、中原银行、宁波银行、九江银行、泸州银行、郑州银行、上海银行、甘肃银行、江苏银行、盛京银行、哈尔滨银行、南京银行和重庆银行）中，占比最高的是天津银行，占57%，占比最低的是重庆银行，占30.77%，超过55%的有3家（天津银行、成都银行和西安银行），在50%~55%的有7家，在45%~50%的有3家，低于45%的有9家（任涛，2019）。

从近三年的变化情况来看，农村商业银行的定期与活期存款结构变化不大，总体呈现活期低定期高的状况（见表3-6）。

表3-6　6家上市农商行2016—2018年存款的期限结构　　　　单位：%

上市农村商业银行	2016年		2017年		2018年	
	定期存款	活期存款	定期存款	活期存款	定期存款	活期存款
江阴银行	55.84	38.18	55.23	37.70	53.18	38.68
无锡银行	66.81	28.79	65.26	32.02	64.77	30.88
常熟银行	40.10	52.70	52.02	42.22	54.64	39.52

续表

上市农村商业银行	2016年		2017年		2018年	
	定期存款	活期存款	定期存款	活期存款	定期存款	活期存款
苏农银行	44.34	47.10	42.66	50.77	43.28	49.70
九台农商行	54.08	43.01	60.40	36.29	55.25	41.82
张家港行	69.37	21.13	69.50	20.43	49.69	34.09

注：资料来源于夏汉平. 六家上市农商行2016—2018财务年报比较分析 [N]. 财会信报，2019-06-17.

（二）资产方面表现为贷款在总资产中的占比降低，投资类（投资—标准、投资—非标和传统同业资产）占比幅度增大。存贷比出现分化，有的商业银行占比较高，超过原来监管部门75%控制线，有的则明显较低

根据招商银行总行同业客户部柴季风和刘磊的研究，2018年城市商业银行贷款和投资类资产分别占总资产的比重为42.42%和44.62%，投资类业务超过贷款业务2.2%；农村商业银行分别是49.29%和36.19%，贷款业务高于投资业务13.1%，但与农村商业银行自身相比，资产结构在近年来出现重大变化，微型金融企业在行业竞争中开拓新市场的积极性越来越高，见表3-7（柴季风，刘磊，2019）。

再从贷款占总资产的比重来分析，在20家上市城市商业银行中，只有西安银行的贷款占总资产比例超过50%，达到54.5，其他19家均低于50%，最低的徽商银行是36.34%，占比在40%~50%的有北京银行、甘肃银行、江苏银行、重庆银行、九江银行、天津银行、上海银行、哈尔滨银行8家，占比在35%~40%的有中原银行、江西银行、青岛银行、长沙银行、南京银行、宁波银行、盛京银行、杭州银行、成都银行、泸州银行和徽商银行11家。农村商业银行好于城市商业银行，常熟农商行、江阴农商行和张家港农商行贷款占总资产比例均超过50%，分别为55.4%、54.04%、51.28%，苏农商行（原吴江农商行）、无锡农商行、广州农商行、九台农商行、紫金农商行5家占比超过45%，分别为49.2%、48.8%、47.82%、45.88%、45.11%，只有重庆农商行低于40%，占比为38.29%（任涛，2019）。

表 3-7　2018 年 A 股上市城市商业银行和农村商业银行资产结构　单位：%

资产项目	城市商业银行	农村商业银行
贷款	42.42	49.29
投资—标准	25.79	25.21
投资—非标	17.00	8.01
传统同业资产	1.83	2.97
其他	12.97	14.52
合计	100	100

注：项目内含：投资—标准（债券、同业存单、公募基金等）、投资—非标（信托收益权、资管计划、股权、资产证券化资产等）、传统同业资产（存放、拆借、买入返售）；传统同业负债（含同业存放、拆入资金、卖出回购金融资产）。

资料来源：柴季风，刘磊（招商银行总行同业客户部）．A 股上市银行资产负债结构对标及变化趋势分析［EB/OL］．金融监管研究院，2019-07-04.

与小型商业银行近年来出现的贷款占总资产比例下降相反的是股份制银行和大型商业银行占比相对稳定，这些商业银行一方面在负债结构上活期存款比重高，另一方面资产业务并没有降低贷款比重，所以总体效益较好，经营更加稳健。2018 年贷款占总资产比例排在前 10 位的除第八名是常熟农村商业银行外，其他都是股份制银行和大型商业银行，依次是华夏银行最高，占 60.19%，中信银行、平安银行、招商银行、建设银行、浦发银行、工商银行、中国银行、光大银行，占比分别是 59.48%、58.39%、58.30%、57.55%、56.43%、55.67%、55.57%、55.57%，农业银行占比为 52.81%，浙商银行占比为 52.54%，民生银行占比为 50.99%，交通银行占比为 50.93%，只有邮储银行和兴业银行低于 50%，分别为 44.94% 和 43.72%（任涛，2019），明显较小型商业银行占比要高。

（三）负债业务成本越来越高，资产业务的定价越来越低，存贷利差趋势缩小

随着我国城乡金融市场的逐年开放以及金融基础设施的逐步完善，特别是自 2015 年 10 月 24 日存款利率放开以来，我国城乡金融市场存贷款利率波动趋势表现为存款利率逐步上升，贷款利率逐步下降，存贷利差逐步缩小。2012 年上半年 16 家上市银行、整体存贷利差达 4.35%，自 2012 年中开始进入降息周期，存贷利差持续收窄，2014—2018 年间 12 家中 5 家

上市城市商业银行净息差分别为 2.65%、2.5%、2.08%、1.8% 和 1.82%，5 家上市农村商业银行净息差分别为 3.03%、2.81%、2.6%、2.54% 和 2.58%，都呈逐步下降趋势，2018 年略有回升（柴季风，刘磊，2019）。但自 2018 年年底以来，随着银保监会对大型银行支持小微企业贷款比例不得低于 30% 要求的逐步落实，县域以下农村市场小微企业贷款利率迅速下调，据中国人民银行信息，微型企业贷款利率已连续 5 个月下降，累计下降 0.39 个百分点（央行，2019）。据银保监会普惠金融部主任李均锋说，目前五家国有大型银行 2019 年第一季度发放的普惠型小微企业贷款利率是 4.76%，最低的是 4.45%，较基准利率略有上浮，比 2018 年末再降 0.13 个百分点（果藤金融，2019）。银保监会的数据显示，2019 年第一季度全国新发放的普惠型小微企业贷款利率平均为 6.87%，比 2018 年全年该项利率低 0.52 个百分点（吴雨，张千千，2019）。

根据任涛在"46 家上市银行各项指标排名大全"一文中的分析，2018 年国有大型银行、股份制商业银行、城市商业银行与农村商业银行的存贷利差分别为 2.94%、3.19%、3.37% 和 3.50%，零售存贷利差分别为 3.10%、3.42%、2.70% 和 2.66%，较 2017 年全部有明显上升，不过部分城商行的零售存贷利差较低。在利差低于 2% 的 21 家银行中，7 家股份制银行，分别是浦发银行 1.87%、中信银行 1.85%、华夏银行 1.80%、浙商银行 1.76%、民生银行 1.64%、兴业银行 1.54%、光大银行 1.50%；2 家大型商业银行，即中国银行 1.79%、交通银行 1.56%；1 家农村商业银行，无锡农商行 1.93%；其余 11 家为城市商业银行，分别是南京银行 1.85%、上海银行 1.81%、重庆银行 1.79%、郑州银行 1.77%、北京银行 1.70%、哈尔滨银行 1.67%、青岛银行 1.67%、杭州银行 1.66%、江苏银行 1.37%、盛京银行 1.33%、天津银行 1.23%，倒数三名全是城市商业银行。与此对应的，2018 年国有大型银行、股份制商业银行、城市商业银行与农村商业银行的加权 ROE 分别为 12.84%、13.04%、12.73% 和 10.74%，成本收入比分别为 33.43%、29.48%、28.15% 和 34.87%（任涛，2019）。特别是农村商业银行经营成本较高，银保监会对成本收入比的监管标准为不高于 35%，2016—2018 年全国商业银行平均成本收入比分别为 31.11%、31.58%、30.84%，6 家上市农村商业银行的指标见表 3-8，可见非上市农村商业银行的成本费用更高。

小微信贷市场价格竞争十分激烈，以小微业务为主的微型金融机构在大型商业银行低利率猛烈炮火下，很可能丢失传统业务市场，危及生存。而在负债方，微型金融机构组织存款的压力越来越大，成本越来越高，自从互联网理财业务发展以来，商业银行特别是城市商业银行、农村商业银行和村镇银行等小型银行组织存款的压力异常巨大，不得不顺应市场变化开展理财业务变相吸收存款，2018 年年底以来理财业务受限后，又在结构性存款、智能存款和提高存款收益率等方面动脑筋，目的只有一个就是提高存款、稳住存款份额，但这些创新都不同程度提高了资金成本，理财和智能存款利率 2019 年虽有一定下降，但仍基本维持在平均 4% 左右，加之贷款利率进一步收窄，微型金融机构的经营压力会越来越大，必须引起高度重视。

表 3-8　　2016—2018 年 6 家上市农村商业银行成本收入比　　单位：%

农村商业银行	业务及管理费/营业收入		
	2016 年	2017 年	2018 年
江阴农商行	35.96	38.29	32.03
无锡农商行	32.45	30.03	29.18
常熟农商行	37.40	37.14	36.53
苏州农商行	34.03	32.63	34.18
九台农商行	41.61	50.77	54.72
张家港农商行	37.25	36.33	35.43

注：资料来源于夏汉平. 六家上市农商行 2016—2018 财务年报比较分析 [N]. 财会信报，2019-06-17.

2019 年 8 月，中国人民银行决定贷款基准利率"换锚"，无风险利率从货币市场的同业拆借利率 Shibor 向中期贷款便利 MLF 转变，18 家指定银行根据中央银行公布 MLF 价格，先行报出贷款基础利率 LPR（LPR = MLF + 点形成），最终加权形成中央银行发布的 LPR，其他商业银行最后贷款定价 = LPR（1 + 上下浮动倍数），即 LPR 由 MLF 加点形成，构成基准利率。2019 年 8 月 20 日贷款市场报价利率（LPR）：1 年期 LPR 为 4.25%，

5年期以上LPR为4.85%。2019年10月20日贷款市场报价利率LPR第2次报价：1年期LPR为4.20%，5年期以上LPR为4.85%。2020年2月17日央行MLF操作中标利率下调10个基点，1年期MLF操作利率下降为3.15%，2020年2月20日公布了最新的LPR数据，1年期为4.05%，比上期下降了0.1个百分点；5年期以上为4.75%，相比上期的4.8%降低了0.05个百分点。中国人民银行决定自2020年3月1日起房贷利率换锚。金融机构应与存量浮动利率贷款客户就定价基准转换条款进行协商，将原合同约定的利率定价方式转换为以LPR为定价基准加点形成（加点可为负值），加点数值在合同剩余期限内固定不变，也可转换为固定利率。

2020年1月以来，全球因新冠肺炎病毒疫情的影响，企业停工、交通停运、人们居家隔离，市场经济损失巨大。中国国家统计局公布资料显示，2020年2月，受疫情影响，中国制造业采购经理指数（PMI）为35.7%，比上月下降14.3个百分点，非制造业商务活动指数为29.6%，比上月下降24.5个百分点。进入3月中旬以来，全球金融市场出现空前动荡，股价、油价暴跌，全球10多个国家股票市场出现熔断，美股出现20天内4次触发第一阶段熔断（下跌超过7%）的少有恐慌（美股熔断到目前为止仅有五次，第一次是著名的1987年股市黑色星期一），各国中央银行纷纷大幅度降息，美联储3月3日紧急降息50个基点后，救市操作频繁，3月12日纽约联储开展规模5000亿美元的3个月期回购操作及购买行动，包含各期限债券。3月15日美联储再次紧急降息100个基点，将利率直接降至零水准，并推出7000亿美元的大规模量化宽松计划（QE），以保护经济免受病毒影响，同时，美联储还将银行的紧急贷款贴现率下调了125个基点，至0.25%，并将贷款期限延长至90天。这些举措在美联储的历史上都是极其罕见的。但这种超猛政策刺激了市场，市场担忧经济出现严重衰退，美国三大股指3月16日开盘出现3月第三次熔断，3月18日又出现第四次熔断，收盘时道琼斯指数下跌到20000点以下，收盘19898.92点，与2020年创下的最高点29568.57点的间隔时间仅24个交易日，在这段时间里，美股接连创下单日最大跌幅、熔断次数最多、跌幅最深等多项纪录。金融市场的这种惨状预示着全球经济金融危机即将到来。

我国央行虽然没有直接跟风降低存贷利率，但自2019年8月以来已经多次下调MLF的点数，直逼贷款利率LPR下降，这种降息方式实际上进一步压缩商业银行利润空间，以压缩商业银行存贷利差的方式，直接减少商业银行贷款利息收入，以实现实体经济少支付多增收。这对微型金融企业来说，未来几年利率下降预期和利差缩小趋势是其降低成本增加收益的一次巨大的挑战。

（四）微型金融机构表外业务发展受到自身规模、经营区域、金融技术等多重限制，业务收入占比同行业最低，劣势显著

微型金融机构的表外业务在营收贡献中总体占比较低，大部分城市商业银行、农村商业银行和所有村镇银行表外业务收入贡献率在10%左右，城市商业银行高于农村商业银行，农村商业银行高于村镇银行，但均比大型商业银行和股份制银行要明显低，如10家上市城市商业银行中间业务收入占比从2012年的12.9%到2018年第二季度的13.7%（包商智慧，2018-10-28），以2017年28家上市银行的非利息业务收入占比为例，其中17家银行超过20%，最高达到40%以上，大多数为国有大型银行和股份制银行，排在最后3位的分别是1家城市商业银行和2家农村商业银行，其中最高8.31%，最低5.82%（丁丹，2018），表外业务是微型金融机构的劣势。在传统存贷业务受到存贷利差缩小困扰的背景下，表外业务的劣势就在其生存压力和缺乏突围的手段上得到充分显示。

2018年，国有大型银行、股份制商业银行、城市商业银行与农村商业银行的中间业务收入占比则分别为15.66%、25.61%、10.38%和5.44%。在42家上市商业银行中，中间业务收入占比低于10%的15家银行中，有1家大型银行、5家农村商业银行、9家城市商业银行，大型商业银行是邮储银行，占比为5.53%，5家农村商业银行从高到低是重庆农商行7.92%、广州农商行7.49%、九台农商行7.46%、苏州农商行2.29%、江阴农商行2.03%，9家城市商业银行从高到低依次是贵阳银行9.64%、中原银行7.63%、杭州银行6.94%、江西银行3.76%、盛京银行3.95%、九江银行3.55%、成都银行2.66%、甘肃银行1.87%、泸州银行0.1%（任涛，2019），倒数8名全部集中在城市商业银行和农村商业银行，其中

劣势特别明显。

（五）小微信贷业务风险与收益不匹配，微型金融业务的政策性热度与商业性冷度差距越来越大

我们知道，微型金融服务的对象具有弱势性和不确定性。这个群体的组织往往规模小、技术含量低、处于产业和产品发展的低端，企业管理不规范，信息不透明，未来发展具有显著的不确定性。这个群体的个人往往依附于个体工商业或农业发展，收入低且稳定性差。这就给当前商业金融企业开展微型金融服务带来直接的困难，存在微型金融的政策性与商业银行经营的商业性、微型金融服务对象的低资质与商业银行防范风险要求的高门槛、微型金融服务对象的低收益与商业银行服务的高成本等矛盾，尽管各类商业银行都作了相当程度的努力，理论界与政策层面都有要求商业银行承担相应社会责任的声音，但效果还是不尽如人意，微型金融发展的问题依然是"三高一低"：高成本、高风险、高认同，低贷放，微型金融服务的对象依然是"两难"：融资难、融资贵，因此真正实现微型金融业务的大发展必须处理好以下两个发展悖论：

1. 微型金融通过高收益覆盖小微金融业务的高风险，事实上制约小微企业和普惠对象的真实需求，违背政府推动支持小微企业和民营企业发展的宗旨。目前我国中小微企业得到的贷款利率是相对较高的，给小贷公司的利率上限是基准利率的四倍，农村商业银行和村镇银行给小微企业贷款利率都在基准利率基础上作一定幅度上浮，小微企业或弱势群体都不处在暴利行业和高收益领域，相对高的借贷利率肯定比高利贷好许多，但微薄利润受多重因素影响，经济形势稍有下滑就难以维持扩大再生产，长期渡难关的经营现状很难促成微型金融服务主体产生自我发展的能力，所以靠商业金融来发展微型金融的单一思维肯定是行不通的，必须有一体化的小微企业发展思路，兼顾金融、财政、税收等配套政策的微型金融发展机制才可能使微型金融发展道路越走越宽广。

2. 商业银行通过承担社会责任发展小微金融违背商业银行自身经营原则，损害股东利益。商业银行只有通过高收益才能抵冲微型金融的高成本，风险越高必须收益越大。很显然，如果没有制度设计，光从政策层面

和社会责任角度来要求现代商业银行承担普惠金融的工作，在政策上显然是重走原来政策性业务与经营性业务混淆的老路，不符合深化改革的初衷，必须有双赢的制度设计和政策安排。

二、微型金融业务发展的模式创新与推进策略

根据党中央、国务院对商业银行业务发展的要求，银行经营要回归本源，回归本源就是把支持实体经济发展放在头等重要的位置，微型金融机构的首要任务就是支持小微企业和民营经济的发展，微型经济和民营经济本来就是微型金融机构的优势经营领域，在国家强力政策鼓励发展民营经济和小微经济的大好局势面前，微型金融机构必须不断创新，确保自己在小微经济和民营经济市场深耕多年的经营优势，为自己赢得生存和发展的机遇。

（一）充分利用资本市场筹集资本，借助国家发展普惠金融的大好机遇努力增强自身经营实力

2016年1月15日，国务院印发《推进普惠金融发展规划（2016—2020年）》，作为我国首个发展普惠金融的国家级战略规划，明确了我国推进普惠金融发展的指导思想、基本原则和发展目标，从普惠金融服务机构、产品创新、基础设施、法律法规和教育宣传等方面提出了系列政策措施和保障手段，对推进普惠金融实施、加强领导协调、试点示范工程等方面作出了系统安排。近年来，资本市场进一步打开了对微型金融机构的融资窗口，城市商业银行、农村商业银行和村镇银行不断探索通过资本市场发行股本做强做大，截至2019年底，已经有江阴、无锡、常熟、吴江、张家港、紫金、青岛、重庆8家农商行在国内A股上市，重庆、九台和广州3家农商行在香港上市，共有25家城市商业银行在A股和H股上市，其中郑州银行、青岛银行分别在A股、H股同时上市。2007年南京银行、宁波银行、北京银行三家银行成功率先在上海证券交易所A股挂牌上市，之后江苏银行、郑州银行、杭州银行、上海银行、长沙银行、成都银行、贵阳银行、西安银行、苏州银行和青岛银行等先后在A股挂牌，重庆银行、天津银行、徽商银行、盛京银行、中原银行、锦州银行、哈尔滨银行、郑

州银行、青岛银行、甘肃银行、江西银行、九江银行 12 家城市商业银行在香港证券交易所 H 股挂牌上市。资本实力雄厚了,微型金融机构抗风险能力提高,同时也能积极响应党中央号召冲锋在支小支民的第一线。2020 年以来,中央层面对壮大中小银行的资本实力高度重视,5 月 4 日,刘鹤副总理主持召开了国务院金融稳定发展委员会第二十八次会议,明确指出在中小银行充实资本的同时,解决好中小银行在业务定位、公司治理、信贷成本等方面的突出问题,推动治理结构与业务发展良性循环。

(二) 创新小微经营模式和经营手段

近年来,许多微型金融机构在小微信贷领域进行了不懈努力和探索,既为微型商业银行转型发展积累了丰富的经营经验,又为小微企业和民营经济发展注入了不竭动力。

1. 引入德国 IPC(德国国际项目咨询公司 German International Project Consultants)微贷技术。IPC 是一家专门为以小微企业贷款业务为主的银行提供一体化咨询服务的公司。经过多年的发展,该公司在小微贷款技术上形成了一套特色鲜明、行之有效的办法,即 IPC 微贷技术,并且在对外技术输出中取得了良好的效果。德国 IPC 和中国的合作从 2005 年开始,通过国家开发银行小微企业贷款项目进入中国。2005 年世界银行准备在 15 年内提供 1 亿美元的低息贷款支持国家开发银行小微贷款项目。该项目由国家开发银行和世界银行在全球范围内就微小贷款项目进行招标,德国 IPC 公司中标,国家开发银行最先选择包头商业银行和台州商业银行试点小微信贷项目,是国内第一次由正规金融机构实施的基于商业可持续原则的小微信贷业务,德国 IPC 公司专家采用"学徒制"培训方式向这两家城市商业银行传授信贷技术。截至 2017 年,国内除了国家开发银行,还有台州银行、九江银行、兰州银行、莱商银行、荆州市商业银行、曲靖市商业银行、德阳银行、大庆市商业银行、贵阳银行、湖北银行荆州分行、晋商银行、中安信业、宁夏银行、黄河银行、桂林银行、洛阳银行、马鞍山农村商业银行、广州农村商业银行(省联社,2017)等 30 多家中小银行机构运用该微贷技术对小微企业和民营经济开展服务。

但 IPC 微贷技术也有缺点:一是在以客户经理为中心的超级信贷员模

式下,面临业务效率低和成本高企的双重压力;二是以扫街获客为主的模式优势渐弱,获客难度大;三是调查流程相对烦琐,客户体验差;四是标准的等额本息还款方式市场竞争力减弱,难以满足客户需求;五是受制于获客模式和调查审批流程,在没有更好的管理模式的前提下,规模难以做大(卢伟,2018)。因此,此项微技术的运用既有成功的案例,更有失败的典型。

试点银行之一的台州银行的成功在于其引进欧洲 IPC 公司先进小额信贷技术的同时,进行了一系列本地化改造,推出了"小本贷款"产品和"土洋结合"的风控流程,小本贷款即为"做小本生意的人"提供的信贷产品。土洋结合的风控流程包括:一是重视信贷人员的实地调查。下户调查、眼见为实、自编报表、交叉检验。二是明确实地调查的标准,即三看三不看:不看报表看原始、不看抵押看技能、不看公司治理看家庭治理(中国金融家,2016)。根据 2019 年第一季度台州银行报告,该行经营状况稳健,各项存款余额 1168.1 亿元,各项贷款余额 922.89 亿元,实现营业收入 16.02 亿元,实现净利润 6.96 亿元,资本充足率 14.34%,不良贷款率 0.68%(台州银行 2019 年第一季度季报)。

2. 降低成本的经营模式创新。微型金融业务因为其服务对象是小微企业,业务量少,成本高成为其显著特点,只有降低了经营成本才有可能实现盈利,也才能调动其为更多小微对象服务的积极性,在这方面,许多商业银行作了有益探索:一是信贷工厂模式。"信贷工厂"是指银行像工厂标准化制造产品一样对信贷进行批量处理。具体而言,就是银行对中小企业贷款的设计、申报、审批、发放、风控等业务按照"流水线"作业方式进行批量操作。在信贷工厂模式下,信贷审批发放首先要做到标准化;其次是贷款过程中,客户经理、审批人员和贷后监督人员专业化分工;最后,为了监控风险采用产业链调查方法,从不同角度对借贷企业进行交叉印证。这一模式起源于海外,国内建设银行、中国银行、杭州银行等银行起步相对较早,目前多数银行针对小微企业的贷款业务都是采用这一模式。二是打包批发模式,又称信贷资产转让模式。该模式实际上是银行做批发,小贷公司做零售,对银行来说是一种分离贷前调查的信贷业务,国家开发银行和中国民生银行都开展过此类业务,即小贷公司通过贷前调查汇集一批小微企业,打包转售给大银行获得授信,这种业务既减少了大银行人手不足,无力顾及小微企业业务的问题,又可以解决小贷公司因资本金限制无法扩大规模的问题。三是线上远程贷款模式(供应链获客或者大数据获客+大数据风险评级+网络信用贷款)。通过互联网金融方式实现线上远程贷款是近年来许多银行的一种业务创新,我国互联网金融最初比较活跃的是第三方支付和理财业务,如支付宝、余额宝、财付通等,开始免收手续费,理财收益还比较高,是真正的普惠金融形式。线上信贷业务的开展主要是P2P模式和网络银行发展的结果,目前除了网络银行、民营银行以线上开展业务为主外,传统商业银行也广泛重视互联网金融业务,在金融科技上投入猛增,有的已成立了独立的科技金融子公司专门从事网上金融业务,商业银行"传统业务+互联网"具备了平台优势,充分运用业务数据在降低业务成本、提高业务效率、改善风险控制等方面实现重大突破,使原来经营小微企业面临的困难全部得到化解,业务经营出现质的飞跃。以民营银行为例,利用其网络优势和商户数据优势,小微信贷业务呈几何级增长。截至2018年末,中信百信银行累计服务58万户小微企业,微众银行累计服务34万户小微企业,网商银行累计放款2万亿元,服务小微企业及个体经营者1227万户,累计超过1500万户,其中2018年新增1万亿元;截至2017年年末,我国小微企业法人约有2800万户,个体工商户约6200万户。网商银行一家银行就服务了中国约超过10%的小微客户(银行业服务小微实践调查,2019)。

3. 降低风险的经营模式创新。小微企业的脆弱性和不确定性增大了微型商业银行业务的风险。扩大业务的前提是降低风险或者控制风险。近年来在政府和商业银行的共同努力下,风控模式有了许多创新形式,主要有三种:一是抵押品创新模式。小微企业的特点往往是资产少、无报表,所以对小微企业贷款,现金流、经营状况、经营者人品成为新的看点,如一些银行开展应收账单抵押,一些银行看"新三表"(电表、水表和税表),一些银行看"三子"(孩子、谷子、房子),这些作为判断其经营状况的依据,江苏许多农村商业银行还创新承包地抵押、林权抵押、动产(浮动物品）抵押方式等为农村能人贷款，但大多数小微服务对象还是"三无对象"（无三表、无资产、无技术），因此前文介绍的台州银行的经验成为许多微型金融机构扩大小微信用的制胜法宝。二是联保互保模式。许多银行为了增加给小微企业或农户贷款支持，采用尤努斯互保、农民相互担保、小微企业相互担保等方式解决抵押品不足问题。2014年以来各地担保链断裂拖死了不少好企业的案例已经警示这种模式的不可持续性。三是政府担保模式。为了鼓励商业银行向中小企业提供贷款支持，绝大多数地方政府都成立了担保机构，为小微企业贷款提供担保，这对扩大小微企业的融资需求起到了积极推动作用，但由于规模小，作用范围还有限。2019年6月5日国务院总理李克强主持召开国务院常务会议，明确要求通过政府性融资担保降低企业融资费用。中央财政继续安排资金，实施小微企业融资担保降费奖补政策。国家融资担保基金年度支持小微企业2000亿元担保贷款、户数10万户以上。各地要尽早实现单户担保金额500万元以下小微企业担保费率不超过1%、500万元以上不超过1.5%的目标。

4. 采取加大金融科技投入和与科技公司合作发展并举的渠道优化策略。一是加大金融科技投入，建立自己独立的网络业务平台。近年来许多大型商业银行和股份制商业银行在金融科技投入上处于领先地位，多数已成立了独立的科技子公司，科技在扩大金融业务范围、降低经营成本、提高运行效率、防控信贷风险等方面发挥了巨大作用，如招商银行和平安银行在经济下行压力下经济效益出现逆势上涨就是明证。城市商业银行和农村商业银行也已经感到其紧迫性，也都加大了金融科技的投入，开发自身的线上业务平台，目前主要有三种类型：第一类极少数规模相对较大城市商业银行和农村商业银行准备成立自己独立的科技子公司。如2019年3月北京银行设立全资科技子公司北银金融科技有限责任公司，中原银行也在筹建中，估计成立独立子公司的城市商业银行会越来越多。第二类是有自己独立网上业务平台，虽然没有单独成立科技子公司，但科技投入相对较大。如多数城市商业银行以及江苏省苏南地区的农村商业银行都属于此类。目前已经上市的有常熟银行、无锡银行、张家港银行、苏农银行、江阴银行，还有江南农村商业银行和昆山农村商业银行等。第三类是在依托省信用联社平台的基础上，根据自身业务需要开发自己相对独立的运行平台，多数农村商业银行属于此类，如江苏大丰农村商业银行通过科技投入开发适用于本地的业务系统，最大限度集成地方企业、居民生产经营和生活形成的大数据，形成获客信息、业务效率和防控风险的优势等。但由于微型金融机构特别是村镇银行经营规模小，科技投入大，金融科技大规模投入将成为双刃剑，积极的破解策略当然还是合作。二是积极主动与大型金融科技公司开展合作，充分发挥大型金融科技公司数据优势和微型金融机构自身小微信贷技术娴熟两个优势。2018年4月13日，平安集团旗下的金融科技公司金融壹账通，在深圳举办"壹企银中小企业智能金融服务平台发布会"，推出了国内首个连接银行金融机构和中小企业的金融科技服务平台。自2017年底试运行到2018年4月，短时间内壹企银平台已经积累了超过30万中小企业客户，并为13家银行提供了客户匹配、风控管理及智能系统等全方位金融服务。其中风控引擎已覆盖了超过50亿元信贷规模。2018年11月50多家银行、消金公司与度小满金融在金融科技领域达成合作（财联社，2018），其中包括南京银行、济宁银行、温州银行等城市商业银行，累计放款2500亿元，服务了超700万小微企业主，为合作伙伴创造的利息收入累计超过50亿元，不良率低于业界平均值，如南京银行与度小满金融合作推出"AI鑫产品"，蚂蚁金服合作共同发布南京银行"鑫云+"互金开放平台；常熟农商行与腾讯理财通合作推出一款名为"周转"的借款产品；江苏银行与京东金融合作开展"京农贷"业务；重庆农村商业银行与蚂蚁金服合作引入其智能风控系统；贵阳银行与布比网络合作共同打造"爽融链"平台等。

（三）出台优惠政策，积极扶持微型金融机构健康发展

1. 政府通过财政税收政策支持微型金融机构开展普惠金融业务，作为业务支点和撬动政策的杠杆，获得四两拨千斤的功效。鉴于微型金融机构自身的经营性行为，全面推进普惠金融活动必须要靠政策激励，前几年已经推行的好政策应该继续总结改进和完善，同时还要进一步创新政策措施。首先，进一步完善小微金融业务担保工作。近年来，各地政府通过设立担保公司为小微企业贷款提供担保服务，由于监管不严出现了担保鱼龙

混杂的混乱局面,此外,当地财政财力有限担保额度偏小,也阻碍了担保作为小微企业扩大投资推进器的作用,各地政府应该不断创新担保模式,确保担保资金供应渠道。如浙江台州市通过建立小微企业信用保证基金模式(浙江台州小微金融研究院课题组,2015),用商业模式破解小微企业融资担保难题,既解决了政府财政资金不足问题,又解决了政府担保中出现的道德风险问题。其次,探索发展小微企业融资保险。通过贷款保险模式为开展小微企业金融业务提供保险,又是一项分摊微型金融业务风险的重要创新。2009 年以来,宁波市金融办在国内首创小额贷款保证保险(即金贝壳保险),到 2105 年累计 6000 家小微企业和农户获得贷款 104 亿元,政府用 3500 万元财政资金投入撬动了 100 多亿元的小微企业贷款支持,财政杠杆率达到近 300 倍(包慧,2015),这种有政府、银行和保险公司共同参与的项目实现微型金融服务的支点效应,这种模式值得推广。其实,中央政府于 2001 年 12 月 18 日成立的中国出口信用保险公司就是为出口创汇的企业提供服务的,其中享受服务的许多是小微企业,公司资本金约 300 亿元,资本来源为出口信用保险风险基金,由国家财政预算安排。多年来中国信保向市场推出了具有多重服务功能的"信保通"电子商务平台和中小微企业投保平台,使广大客户享受到更加快捷高效的网上服务。当前,为支持大众创业,万众创新,国家也应成立国家级支持小微企业的政策性保险公司,为国内已经产生和即将诞生的小微企业提供政策扶持。各级政府也可以复制宁波市政府金融办小额贷款保证保险模式,通过保险方式撬动普惠金融业务的开展。最后,财政可以通过减免微型金融企业小微金融业务的税负,为金融企业开展普惠金融服务提供真金白银支持。近年来,银保监会也对微型金融企业小微企业贷款降低了风险容忍度,目前已经从 2% 提高到 3%,但这实际上不是政策支持,因为真正的风险承担者还是商业银行本身,对微型金融企业真正的支持应该是财政为金融企业减轻负担,国家应该就微型金融企业开展普惠金融业务实施减税或免税政策,减免微型金融企业开展普惠金融服务过程的一切税负,对减免的税负建立专项账户实施管理,微型金融企业可以用此冲销因普惠金融服务而产生的风险损失,真正为微型金融企业开展普惠金融业务创造条件。

2. 中央银行要充分运用货币政策对微型金融企业支持，引导其在利差缩小的经营困境下能够正常运转。目前中国人民银行已多次采取积极的结构性政策工具对微型金融机构进行政策扶持，如从 2019 年 1 月到 6 月，县域微型金融机构的存款准备金率已经从 11% 降到 8%，直接增加市场货币供应量 4800 多亿元，同时也降低了县域微型金融机构的筹资成本。为支持实体经济发展，降低社会融资实际成本，中国人民银行决定于 2020 年 3 月 16 日实施普惠金融定向降准，对达到考核标准的银行定向降准 0.5~1 个百分点。除此之外，对符合条件的股份制商业银行再额外定向降准 1 个百分点，支持发放普惠金融领域贷款。以上定向降准共释放长期资金 5500 亿元。此外，2018 年 6 月 1 日中国人民银行决定，将不低于 AA 级的小微企业、绿色和"三农"金融债券，AA+级、AA 级公司信用类债券，优质的小微企业贷款和绿色贷款新纳入中期借贷便利（MLF）担保品范围。此次，人民银行放宽 MLF 担保品范围，可以在一定程度上提高机构投资者对信用债的需求，在一定程度上降低中小企业发行债券融资的成本，也有利于引导金融机构加大对绿色债券的投资意愿。同时，对于持有大量小微企业贷款的微型金融机构又增加了一个可靠的融资渠道。2019 年 6 月 14 日人民银行决定增加再贴现额度 2000 亿元、常备借贷便利额度 1000 亿元，加强对中小银行流动性支持，保持中小银行流动性充足。中小银行可使用合格债券、同业存单、票据等作为质押品，向人民银行申请流动性支持。

总之，当前我国产业结构调整需要国家建立鼓励大众创业万众创新的互动机制，政府部门作为顶层设计者必须建立促进各方的激励机制和政策，确保各方利益一致下总目标顺利实现。

第四章 微型金融的需求与供给

第一节 微型金融的需求分析

一、微型金融的需求主体分析

关于微型金融的需求主体，目前我国的分类标准存在一定的差异性，中国人民银行和中国银行保险监督管理委员会有一个统计小微贷款的口径。2017年9月30日，中国人民银行下发《关于对普惠金融实施定向降准的通知》，决定将对小微企业和"三农"领域实施的定向降准政策拓展和优化，对普惠金融领域贷款达到一定标准的金融机构统一实施定向降准政策。当时决定普惠金融领域贷款包括：单户授信小于500万元的小型企业贷款、单户授信小于500万元的微型企业贷款、个体工商户经营性贷款、小微企业主经营性贷款、农户生产经营贷款、创业担保（下岗失业人员）贷款、建档立卡贫困人口消费贷款和助学贷款。该通知自2018年起执行。2019年1月中国人民银行发布《调整普惠金融定向降准小微企业贷款考核标准》，宣布自2019年起，将普惠金融定向降准小型和微型企业贷款考核标准由"单户授信小于500万元"调整为"单户授信小于1000万元"。根据中央银行关于小微贷款统计口径，银保监会将普惠型小微贷款的统计口径确定为单户授信小于1000万元的小微企业、个体工商户等，普惠型小微贷款单户授信在1000万元以下的企业都属于小微企业的范畴。这是从金融需求的角度来判断规模多大的企业可以算作小微企业。根据银保监会公布的数据，截至2018年末金融企业服务小微企业数为1723.23万户（聂欧，黄思楠，2019）。此外，银保监会还有一个全口径小微贷款的统计数据，此口径放宽到非银行金融机构从事的信贷业务，如全国农村小额贷款公司等。

那么，我国究竟有多少小微企业呢？这还得按照国家相关部门的统计口径来确定。工信部根据《中华人民共和国中小企业促进法》和《国务院关于进一步促进中小企业发展的若干意见》（国发〔2009〕36号），制定《中小企业划型标准》（工信部联企业〔2011〕300号），规定第二条明确中小企业划分为中型、小型、微型三种类型，具体根据企业从业人员、营业收入、资产总额等指标，结合行业特点确定。规定第三条明确具体行业的划分和行业的具体范围，包括农、林、牧、渔业，工业（包括采矿业，制造业，电力、热力、燃气及水生产和供应业），建筑业，批发业，零售业，交通运输业（不含铁路运输业），仓储业，邮政业，住宿业，餐饮业，信息传输业（包括电信、互联网和相关服务），软件和信息技术服务业，房地产开发经营，物业管理，租赁和商务服务业，其他未列明行业（包括科学研究和技术服务业，水利、环境和公共设施管理业，居民服务、修理和其他服务业，社会工作，文化、体育和娱乐业等）。规定第四条明确了各行业中小企业的划分标准，见表4-1。

从表4-1中可以看出，国家工信部的划分标准是从资产总额、营业收入和从业人员3个指标来确定的，其中农、林、牧、渔业4个行业按营业收入1个指标统计；建筑业、房地产开发经营、租赁和商务服务业3个行业按资产总额和从业人员2个指标统计；工业、批发业、零售业、交通运输业、仓储业、邮政业、住宿业、餐饮业、信息传输业、软件和信息技术服务业、物业管理11个行业按营业收入和从业人员2个指标统计；其他未列明行业按从业人员1个指标统计。以工业企业为例，小型企业从业人员20～300人，营业收入300万～2000万元，微型企业从业人员小于20人，营业收入小于300万元。

根据上述标准，人民银行行长易纲2018年6月在陆家嘴论坛上披露了一组数据，截至2017年末，小微企业法人约2800万户，另外还有个体工商户约6200万户，中小微企业（含个体工商户）占全部市场主体的比重超过90%，贡献了全国80%以上的就业，70%以上的发明专利，60%以上的GDP和50%以上的税收（黄志龙，2018）。

表4-1　　　　　　　　　　　中小微企业划分标准

行业	指标名称	计量单位	中型	小型	微型
农林牧渔业	营业收入	万元	500≤Y<2000	500≤Y<500	Y<50
工业	从业人员	人	300≤X<1000	20≤X<300	X<20
	营业收入	万元	2000≤Y<40000	300≤Y<2000	Y<300
建筑业	营业收入	人	6000≤Y<80000	300≤Y<6000	Y<300
	资产总额	万元	5000≤Z<80000	300≤Z<5000	Z<300
批发业	从业人员	人	20≤X<200	5≤X<20	X<5
	营业收入	万元	5000≤Y<40000	1000≤Y<5000	Y<1000
零售业	从业人员	人	50≤X<300	10≤X<50	X<10
	营业收入	万元	500≤Y<20000	100≤Y<500	Y<100
交通运输业	从业人员	人	300≤X<1000	20≤X<300	X<20
	营业收入	万元	3000≤Y<30000	200≤Y<3000	Y<200
仓储业	从业人员	人	100≤X<200	20≤X<100	X<20
	营业收入	万元	1000≤Y<30000	100≤Y<1000	Y<100
邮政业	从业人员	人	300≤X<1000	20≤X<300	X<20
	营业收入	万元	2000≤Y<30000	100≤Y<2000	Y<100
住宿业	从业人员	人	100≤X<300	10≤X<100	X<10
	营业收入	万元	2000≤Y<10000	100≤Y<2000	Y<100
餐饮业	从业人员	人	100≤X<300	10≤X<100	X<10
	营业收入	万元	2000≤Y<10000	100≤Y<2000	Y<100
信息传输业	从业人员	人	100≤X<2000	10≤X<100	X<10
	营业收入	万元	1000≤Y<100000	100≤Y<1000	Y<100
软件和信息技术服务业	从业人员	人	100≤X<300	10≤X<100	X<10
	营业收入	万元	1000≤Y<10000	50≤Y<1000	Y<50
房地产开发经营	营业收入	万元	1000≤Y<200000	100≤Y<1000	Y<100
	资产总额	万元	5000≤Z<10000	2000≤Z<5000	Z<2000
物业管理	从业人员	人	300≤X<1000	100≤X<300	X<100
	营业收入	万元	1000≤Y<5000	500≤Y<1000	Y<500
租赁和商务服务业	从业人员	人	100≤X<300	10≤X<100	X<10
	资产总额	万元	8000≤Z<120000	100≤Z<8000	Z<100
其他未列明行业	从业人员	人	100≤X<300	10≤X<100	X<10

资料来源：根据《中小企业划型标准》（工信部联企业〔2011〕300号）整理。表4-1中指标名称从业人员用X表示、营业收入用Y表示、资产总额用Z表示。

二、中小微企业的资金需求分析

(一) 中小微企业资金需求量分析

关于小微企业的资金需求目前可以查到的资料显示有多种不同的数值,由于不同部门预测依据和时间不完全一致,导致数值有较大差异,但是结论是一致的,即小微企业严重缺乏金融支持,资金需求缺口较大。这种需求缺口不仅仅中国存在,全球范围内都是一样的,这就充分说明了小微企业的资金需求不仅仅是中国的问题,更是一个全球性问题。

世界银行旗下的中小企业金融论坛(SME Finance Forum)第四届年会2018年11月6日在西班牙马德里召开,大会预测全球中小微企业的融资缺口高达5.2万亿美元,折合人民币约36万亿元(韩松,2018)。根据世界银行2018年发布的《中小微企业融资缺口:对新兴市场微型、小型和中型企业融资不足与机遇的评估》报告,我国中小微企业潜在融资需求达4.4万亿美元,融资供给仅2.5万亿美元(16.5万亿元人民币),潜在融资缺口高达1.9万亿美元,缺口比重高达43.18%(黄志龙,2018)。

国家工商总局的统计数据显示,截至2013年底,全国小微企业总数为5606.16万户(含4436.29万户个体工商户),根据工商总局的调查,在小型微型企业内部结构中,微型企业占据绝对份额,小型企业占14.88%,微型企业占85.12%,小型与微型企业的比例约为1:5.72。国家工商总局依据2013年调研数据口径统计,测得平均每家企业资金缺口约为70.5万元。据此推算,全国小微企业的融资需求总额为39.52万亿元。而根据原银监会的数据,截至2013年底,全国用于小微企业的贷款余额为17.76万亿元,这意味着我国在2013年全国小微企业有近22万亿元的资金缺口未能通过有效融资渠道解决,资金缺口率为55.1%(网易财经,2015)。如果按照2013年国家工商总局调查的每户小微企业贷款需求数值不变,根据上文中国人民银行行长易纲提供的2017年末全国小微企业总数约为9000万户(包括小微企业和个体工商户),推算出全国小微企业贷款需求为63.5万亿元(按每户70.5万元计算,未考虑小微企业2013年以来可能的增加量),而中国银保监会公布的2018年末全国全口径小微企业贷款额为 33.49 万亿元，贷款满足率接近 50%，这一判断基本与《清华金融评论》2019 年 3 月刊严强的估算（据工商总局、银保监会数据统计，2017 年资金的需求与供给端缺口接近 30 万亿元，该口径下统计缺口相比 2015 年预期有较大扩张）一致，也就是说有近一半的小微企业贷款需求不能从商业银行得到，只能通过其他更高利率途径获取生产经营资金，显然增加了小微企业经营的成本，增大了小微企业经营的困境。

而根据中国人民银行发布的《2018 年第一季度银行家问卷调查报告》，我国小微企业当时贷款需求指数达 66.3%，同比上升 3.7 个百分点，创 2015 年第二季度以来新高。相比较而言，小微企业的贷款需求长期高于大中型企业的贷款需求（黄志龙，苏宁财富资讯 2018）。如果依据中国人民银行的需求指标预测小微企业的贷款量，显然上述测算的 50% 缺口率是保守估计。

根据西南财经大学 2014 年发布的《中国小微企业发展报告》，62.9% 的小微企业仅有民间借款，14.1% 的小微企业既有民间贷款又有银行贷款，仅有 23% 的小微企业有银行贷款（黄志龙，苏宁财富资讯 2018）。如果我们根据西南财经大学的这份报告依据进行估算，我国小微企业资金需求缺口更大。

广发银行 2015 年 1 月 6 日发布《中国小微企业白皮书》，报告内的"小微企业健康指数"显示，三分之一中国小微企业"综合健康指数"低于基准值，处于"亚健康状态"，经营发展较为困难。其中，医药、文体用品及器材、鞋包行业指数偏低，经营压力较重（网易财经，2015）。

(二) 中小微企业结构化资金需求分析

根据上文的分析，全国 2013 年小微企业的平均贷款需求约为 71 万元，而我国目前银保监会统计的全口径小微企业贷款是指单户授信小于等于 1000 万元的，显然差距较大，从符合商业银行贷款条件的角度来看，中型企业、小型企业和微型企业三类企业获得贷款数量呈显著下降趋势，企业的生存风险也是越来越大。根据相关统计调查，我国中小企业平均寿命仅 3.7 年，其中微型企业还不到 3 年，明显低于欧洲、日本的 12.5 年和美国的 8.2 年（第一财经日报，2014）。

从中小微企业资金需求的结构上来看，中小企业资金需求的满足程度明显高于微型企业，微型企业真正面临成长的烦恼。根据中国人民银行统计数据，小微企业从银行和民间融资渠道获得贷款的户数比例为3:2。世界银行旗下国际金融公司（IFC）测算，在当前国内对中小微企业提供的2.5万亿美元融资供给中，中小企业获得了其中的99%，而微型企业（包括自雇型、夫妻店等）仅获得1%。从需求缺口来看，微型企业已满足和未满足的融资需求比例分别为24%和76%（张沁，2019）。两个口径中世界银行的国际金融公司认为微型企业的资金需求满足度更低，经营压力更大。

（三）中小微企业的其他资金筹措渠道

中小微企业除了上述对商业银行的资金需求外，特别是一些科技类创新型中小微企业在资金需求上还可以与证券公司（投资银行）合作通过直接融资方式获得生产经营发展方面所需要的资金。如可以通过与证券公司合作谋求公司股票在国内新三板、中小板、创业板、科创板或主板上市，或到境外香港、海外证券市场挂牌上市，筹资发展资金；可以通过发行公司债券筹集资金；可以通过建立众筹平台募集资金；可以通过PE、VC等风险投资基金运用股权转让筹措发展资金，等等。

三、中小微企业的其他金融服务需求

中小微企业的其他金融服务需求有许多，包括保险服务需求，结算、代收代付等中间业务需求，与资金需求相配套的融资担保需求等。

目前，我国保险企业对小微企业和农户开展了一些保险服务，如小微企业贷款保险服务，农林牧渔等产业的自然灾害保险等。这些保险业务一般还属于试点阶段，且效果显著，特别是小微企业贷款保险，解决了小微企业抵押担保不充分的问题，应该全面推广。目前比较成功的案例包括2009年宁波市金融办在国内首创的小额贷款保证保险（金贝壳保险），这种保险基金的特点是地方政府出资，财政杠杆率达近300倍（包慧，2015）。蚂蚁金服2014年10月探索通过"招财宝平台+保险"的模式，到2015年已有20家财险公司加入推进器计划，并累计为1500亿元的小微

企业信用贷款提供担保服务（高国华，2015）。

许多小微企业和"三农"虽然有订单、有市场，但由于缺信用、缺信息、缺抵押，相对于大中型企业，贷款成本高、风险大，难以满足商业银行信贷业务的审核条件，难以通过市场途径获得融资，因此小微企业十分需要针对其融资需求提供必要的担保服务。尽管近年来中央政府和地方政府都积极组建融资担保公司为小微企业融资提供担保，但9000万家的小微企业和个体工商户以及60多万亿元的庞大资金需求，少量的担保显然是不能满足现实需求的，必须出台政策积极鼓励多方资金开展融资担保业务。

2017年8月21日，《融资担保公司监督管理条例》（国务院令第683号）规定融资担保公司的担保责任余额不得超过其净资产的10倍，对小微企业和农户融资担保业务在保余额占比50%以上且户数占比80%以上的融资担保公司，杠杆倍数上限可以提高至15倍。其中，小微企业指单户在保余额500万元人民币的小微企业客户，农户指单户在保余额200万元人民币以下且被担保人为农户的客户（黄彦，2019）。

2018年9月26日，国家融资担保基金有限责任公司揭牌成立。目前我国各地政策性融资担保机构发展不平衡，特别是在服务小微企业、"三农"方面的作用发挥得不够充分。国家融资担保基金的成立，将完善中央地方两级政策性融资担保体系，发挥财政资金四两拨千斤的作用，引导更多金融活水流向小微企业、"三农"等普惠领域。基金将以服务小微企业和"三农"为主业，逐步达到小微企业融资担保金额占比不低于80%，其中单户授信500万元及以下融资担保金额占比不低于50%的政策要求。根据国务院批复的方案，国家融资担保基金有限公司的业务以再担保为主，基金将以再担保业务为切入点，分批次与省级担保再担保机构开展合作，为符合条件的融资担保业务提供再担保。下一步，再选择优质省级担保再担保机构开展股权投资试点。基金对纳入合作范围的融资担保业务，原则上按原担保金额的20%分担风险责任，执行优惠再担保费率（税融通，2018）。

2018年10月25日，财政部、工业和信息化部发布通知决定实施小微企业融资担保业务降费奖补政策，引导地方支持扩大实体经济领域小微企业融资担保业务规模，降低小微企业融资担保成本，促进专注于服务小微企业的融资担保机构可持续发展。通知明确，中央财政在2018—2020年每年安排资金30亿元，采用奖补结合的方式，对扩大小微企业融资担保业务规模、降低小微企业融资担保费率等政策性引导较强的地方进行奖补。2018年，对全国37个省、自治区、直辖市、计划单列市及新疆生产建设兵团均安排奖补资金。2019年和2020年，两部门将选择以小微企业业务为主的政策性融资担保机构的相关数据作为分配依据（李丽辉，2018）。

2019年4月17日，李克强总理主持召开国务院常务会议要按照党中央、国务院部署，进一步加大工作力度，确保小微企业融资规模增加、成本下降，明确要通过政府性融资担保降低企业融资费用。中央财政继续安排资金，实施小微企业融资担保降费奖补政策。国家融资担保基金年度支持小微企业2000亿元担保贷款、户数10万户以上。各地要尽早实现单户担保金额500万元以下小微企业担保费率不超过1%、500万元以上不超过1.5%的目标（农开基金，2019）。

我们相信，在中央政府和地方政府的共同努力下，随着商业银行支持小微企业积极性的提高与保险担保体系的建立，小微企业的资金需求一定能够得到最大限度的满足，为我国经济结构调整贡献力量。

第二节 微型金融的供给分析

一、微型金融的供给主体

关于微型金融的供给主体，该部分内容实际上在本书第二章微型金融的组织机构中已经做了详细分析，按照市场定位标准把我国微型金融组织分成两类：主要从事微型金融业务的金融机构和只设立微型金融业务部门的金融机构，然后再按亚洲发展银行的划分标准把主要从事微型金融业务的金融机构分成：正规微型金融机构、准微型金融机构和非正规微型金融机构三类。目前只设立微型金融业务部门的金融机构主要包括工农中建交等大型商业银行和股份制商业银行，我国大型商业银行对小微企业的融资支持不容小觑，2019年2月，中国银保监会在《关于进一步加强金融服务民营企业有关工作的通知》中明确表示，国有大型商业银行要充分发挥"头雁"效应，2019年普惠型小微企业贷款力争总体实现余额同比增长30%以上，信贷综合融资成本控制在合理水平。中国邮政储蓄银行目前虽然被划为国有大型商业银行，但其属于主要从事微型金融业务的商业银行。因此，尽管国有大型商业银行和股份制商业银行不属于主要从事小微金融业务的商业银行，但它们支持小微企业的力度是相当巨大的。

主要从事微型金融业务的正规金融机构包括城市商业银行、农村商业银行、农村合作银行、农村信用社、村镇银行等，以及民营银行、消费金融公司、贷款公司、农村金融互助组织等新型金融机构；准微型金融机构包括农村小额贷款公司、网络互金平台等；非正规微型金融机构中未经监管机关批准的民间金融组织，大多处于灰色地带。

上述主要是从小微企业的资金需求角度来分析供给主体的，实际上为小微企业提供金融服务的组织还包括大量为小微企业提供保险服务的保险公司，提供股票上市和债券筹资服务的证券公司，提供融资担保服务的融资担保公司，提供第三方支付和客户流量和网贷等服务的互联网科技金融公司，如蚂蚁金服、腾讯、百度、京东等。

二、微型金融服务的供给政策分析

近年来，我国政府对小微企业和民营经济的政策支持力度可以用全过程、全方位来概括，中央政府与地方政府协同一致，财政税收政策与货币政策共同发力，政策优惠力度前所未有。国务院、中国人民银行和中国银保监会在金融政策方面真正形成行政手段和经济手段两手抓的局面。特别是进入2019年以来，以中央"一号文件"《中共中央、国务院关于坚持农业农村优先发展做好"三农"工作的若干意见》为引领，在金融支农、支小和支民上可谓政策频频出、暖风日日吹。

2019年1月《国务院办公厅关于有效发挥政府性融资担保基金作用切实支持小微企业和"三农"发展的指导意见》（国办发〔2019〕6号）（以下简称《意见》）发布，《意见》明确各级政府性融资担保、再担保机构要重点支持单户担保金额 500 万元及以下的小微企业和"三农"主体，主动剥离政府债券发行和政府融资平台融资担保业务，严格控制闲置资金运作规模和风险，不得向非融资担保机构进行股权投资，逐步压缩大中型企业担保业务规模，确保支小支农担保业务占比达到 80% 以上。

2019 年 2 月 14 日，中办、国办发布《关于加强金融服务民营企业的若干意见》（以下简称《意见》），即金融服务民营企业十八条，《意见》明确要毫不动摇地鼓励、支持、引导非公有制经济发展，平等对待各类所有制企业，有效缓解民营企业融资难融资贵问题。

国务院常务会议的落实力度更大。2019 年 2 月，国常会首先从提升商业银行自身实力和融资能力入手，增强商业银行支持实体经济的实力。一是对商业银行，提高永续债发行审批效率，降低优先股、可转债等准入门槛，允许符合条件的银行同时发行多种资本补充工具。二是引入基金、年金等长期投资者参与银行增资扩股，支持商业银行理财子公司投资银行资本补充债券，鼓励外资金融机构参与债券市场交易。会议要求资本金得到补充的商业银行要完善内部机制，提高对民营、小微企业贷款支持力度。

2019 年 4 月 17 日，国常会重点在小微企业融资规模增加、成本下降，促进就业扩大和新动能成长等方面强化政策配套。一是坚持不搞"大水漫灌"，实施好稳健的货币政策，灵活运用货币政策工具，扩大再贷款、再贴现等工具规模，抓紧建立对中小银行实行较低存款准备金率的政策框架，针对融资难融资贵主要集中在民营和小微企业的问题，将释放的增量资金用于民营和小微企业贷款。推广债券融资支持工具，确保 2019 年民营企业发债融资规模、金融机构发行小微企业专项金融债券规模均超过 2018 年水平。二是推动银行健全"敢贷、愿贷、能贷"的考核激励机制，支持单独制订普惠型小微企业信贷计划。工农中建交 5 家国有大型商业银行要带头，确保 2019 年小微企业贷款余额增长 30% 以上、小微企业信贷综合融资成本在 2018 年基础上再降低 1 个百分点。引导其他金融机构实质性降低小微企业融资成本。三是通过政策性融资担保降低企业融资费用。中央财政继续安排资金，实施小微企业融资担保降费奖补政策。国家融资担保基金年度支持小微企业 2000 亿元担保贷款、户数 10 万户以上。各地要尽早实现单户担保金额 500 万元以下小微企业担保费率不超过1%、500万元以上不超过1.5%的目标。四是引导银行提高信用贷款比重，降低对抵押担保的过度依赖。清理规范企业抵押登记、资产评估、过桥等附加费用，有关部门要对企业融资中的不合理和违规收费联合开展专项检查，减轻企业负担。

2019年6月5日，国务院常务会议聚焦金融支持创新创业，要求支持打造"双创"平台，推动大中小企业融通发展。完善股权、薪酬等激励机制，促进各类企业协同创新；引导金融机构降低小微企业融资实际利率和综合成本，将小微企业不良贷款容忍度从不高于各项贷款不良率2个百分点放宽到3个百分点。鼓励风投、创投加大对"双创"的支持力度。支持创业孵化机构、创投企业发债融资。

为贯彻党中央、国务院关于支持民营经济和小微企业的系列政策部署，中国人民银行和银保监会高度重视金融政策的落地和落实，充分运用多种政策打好组合拳，全面支持民营和小微企业的发展。

中国人民银行坚持稳中求进工作总基调，实施稳健的货币政策，坚持金融服务实体经济的根本要求，主动作为、创新操作、精准发力，前瞻性地采取了一系列逆周期调节措施，激励引导金融机构加大对实体经济尤其是对小微企业和民营企业的支持力度，着力缓解资本、流动性和利率等方面的约束。具体措施包括：一是通过定向降准、中期借贷便利（MLF）等操作，增加中长期流动性供应，保持流动性合理充裕，货币市场利率整体下行，并逐步传导至实体经济。2019年以来已经实施6次定向降准措施，包括2019年5月15日、10月15日、11月15日和2020年1月6日、3月16日、4月3日。二是运用和创新结构性货币政策工具，加大对小微、民营企业的支持。如扩大MLF等工具担保品范围，增加再贷款和再贴现额度；下调支小再贷款利率0.5个百分点；扩大支小再贷款对象和支持企业范围；创设定向中期借贷便利（TMLF）；2019年6月10日央行为部分中小银行发行同业存单提供信用增进服务；创设央行票据互换（CBS）工具等。三是多渠道补充农村商业银行等小型金融机构资本，为银行发行永续债提供流动性支持，不断增强金融服务能力，促进县域金融法人机构专注支农支小信贷主业。

中国银保监会以增加中小微企业的金融供给为目标，精准制定约束商业银行资产业务行为的具体政策，促进商业银行回归本源，聚焦解决小微企业融资难融资贵问题。2019年1月银保监会办公厅发布《关于推进农村商业银行坚守定位、强化治理、提升金融服务能力的意见》（银保监办发〔2019〕5号），明确要求农村商业银行回归县域法人机构本源，专注支农支小信贷主业，不断增强金融服务能力，支持农业农村优先发展，把支持小微企业和民营经济发展作为工作中心。

2019年3月，银保监会发布了《关于2019年进一步提升小微企业金融服务质效的通知》（银保监办发〔2019〕48号），提出商业银行信贷规模在小微企业融资总量中的比重和带动小微企业融资成本整体下降两个方面的具体指标要求，即"两增两控"目标。信贷投放方面，强调对普惠型小微企业贷款（单户授信总额1000万元及以下），全年要实现"贷款增速不低于各项贷款增速、贷款户数不低于上年同期"的"两增"目标。

国家财税部门对小微企业等小额贷款利息免征增值税。《关于支持小微企业融资有关税收政策的通知》（财税〔2017〕77号）规定，自2017年12月1日至2019年12月31日，对金融机构向农户、小型企业、微型企业及个体工商户发放小额贷款取得的利息收入，免征增值税。《关于金融机构小微企业贷款利息收入免征增值税政策的通知》（财税〔2018〕91号）共七条，自2018年9月1日至2020年12月31日，对金融机构向小型企业、微型企业和个体工商户发放小额贷款取得的利息收入，免征增值税。本通知所称金融机构，是指经人民银行、银保监会批准成立的已通过监管部门上一年度"两增两控"考核的机构（2018年通过考核的机构名单以2018年上半年实现"两增两控"目标为准），以及经人民银行、银保监会、证监会批准成立的开发银行及政策性银行、外资银行和非银行业金融机构。"两增两控"是指单户授信总额1000万元（含）以下小微企业贷款同比增速不低于各项贷款同比增速，有贷款余额的户数不低于上年同期水平，合理控制小微企业贷款资产质量水平和贷款综合成本（包括利率和贷款相关的银行服务收费）水平。金融机构完成"两增两控"情况，以银保监会及其派出机构考核结果为准。

2019年6月19日,国家税务总局发布《"大众创业、万众创新"税收优惠政策指引》(以下简称《指引》),《指引》既降低了小微企业纳税,又降低了为小微企业服务的金融机构的税费。《指引》明确小型微利企业所得税减半征税范围已由年应纳税所得额30万元以下逐步扩大到300万元以下,增值税起征点已从月销售额3万元提高到10万元;为进一步促进创业资金聚合,金融机构向小微企业、个体工商户贷款利息免征增值税的单户授信额度,已由10万元扩大到1000万元。金融机构与小型微型企业签订借款合同免征印花税。

2020年3月26日,《关于加强产业链协同复工复产金融服务的通知》(银保监办发〔2020〕28号)进一步加大金融服务实体经济力度,推动产业链协同复工复产;2020年4月7日国家税务总局办公厅和中国银行保险监督管理委员会办公厅联合发布《关于发挥"银税互动"作用,助力小微企业复工复产的通知》(税总办发〔2020〕10号),进一步发挥"银税互动"作用,助力小微企业复工复产。

三、微型金融的资金供给规模分析

随着中央与地方两级支持小微企业政策作用的显现,金融供给侧满足程度逐步提高,金融企业对小微企业的支持不仅数量增加,而且成本降低,给小微企业带来实实在在的实惠。

根据中国银保监会统计数据,截至2018年末,全国全口径小微贷款余额33.49万亿元,占各项贷款余额23.81%。其中,普惠型小微贷款(1000万元以下)余额9.36万亿元,较年初增长21.79%,较各项贷款增速高9.2个百分点;有贷款余额的户数1723.23万户,较年初增加455.07万户(聂欧,黄思楠,2019)。

截至2019年末,普惠型小微企业贷款余额11.6万亿元,同比增长25%,有贷款余额户数2100多万户,较年初增加380万户,新发放普惠型小微企业贷款平均利率较2018年平均水平下降0.64个百分点(张云,2020)。

对上述数据进行对比分析我们可以得出,在中央、地方政策的感召下,金融机构在支持小微企业上的努力是积极的,但从上一节需求分析中得出的我国小微企业的理论资金需求来看，缺口只是在缩小，并没有出现明显填补，商业银行特别是微型金融机构要充分发挥自身贴近市场的优势，俯身向下，研究小微企业在生产经营、销售等方面的痛点，提供精准解决方案，全面支持正在转型升级的小微企业脱胎换骨，重现生机。

2019 年 5 月中国"经济日报—中国邮政储蓄银行小微企业运行指数"为 46.1，较上月下降 0.1 个点，显示 5 月小微企业运行持续下降。各分项指标指数呈现"两升六降"态势，其中市场指数为 43.0，下降 0.3 个点；采购指数为 45.3，下降 0.1 个点；绩效指数为 45.5，下降 0.2 个点；扩张指数为 45.5，下降 0.2 个点；信心指数为 49.1，下降 0.1 个点；融资指数为 49.4，上升 0.2 个点；风险指数为 52.0，下降 0.1 个点；成本指数为 59.9，上升 0.2 个点（经济日报—中国邮政储蓄银行小微企业运行指数课题组，2019）。从公布的 8 个分项指数数据分析可知，小微企业目前经营运行下滑态势没有根本改变，但融资指数上升和风险指数下降也说明在各项政策的共同作用下有见底的迹象，当然财政货币政策都有一定的时滞效应，财政大幅减税降费政策 2019 年 3 月两会期间才宣布，货币政策本身的时滞理论上为 2 年，但大家都知道，目前我国经济主体特别是小微企业的经营困境不仅仅是资金短缺一个方面，贸易摩擦导致的内外市场需求下降，多数小微企业缺乏核心竞争力，产品技术含量低，结构转型背景下的新旧动能转换等才是问题的根本，所以，在当前经济背景下，对小微企业的发展必须综合施策，外部政策优惠、科技引领、结构转型、提效降本等齐心协力，内部提升质量意识、品牌意识和长远核心竞争能力，小微企业健康成长的春天指日可待。

四、微型金融的供给结构分析

（一）内源为主，外源为辅是目前我国小微企业资金供给的主要构成

我国小微企业的资金供给结构与大中型企业相比复杂一些，大中型企业的资金结构主要包括自有资金、股票、债券、银行贷款。与其相比，小微企业资金结构主要表现为自有资金、银行贷款和民间借贷。小微企业通

常以股票、债券形式筹集资金的能力弱,除非极少数优秀的高科技公司可以通过中小板、创业板和科创板上市融资;银行贷款受限制多,融资难说的正是这种窘境,国家和商业银行目前正努力为小微企业增加信贷供给。民间借款就是民间高利贷形式的融资和向亲朋好友的借款。尽管民间借贷中国人民银行对利率也有限制,一般不超过中央银行基准利率的4倍,但这些主要控制经过国家相关部门审批注册的新型借贷组织,如农村小额贷款公司、P2P网贷等,对于那些未经批准的民间地下钱庄则无法控制,这些民间借贷活动虽然利率高,但也为小微企业经营活动过程中急需短期流动资金提供了方便,在融资难的前提下,融资贵也不失为一种化解资金难的次选途径。对于小微企业向亲朋好友借款要取决于家庭背景,也是许多小微企业主创业资金的来源渠道,但往往缺乏可持续性。根据中国农业银行总行小微企业金融部曾宪岩、黄建勤、郭敏2016年对1800多家小微企业的调查,调查报告"千家小微企业调查:融资难题成因复杂需银政企合力破解"刊登在《中国银行业》杂志2016年第12期上,其主要观点有如下三个方面:

1. 小微企业主要资金供给途径是内源融资。我国小微企业资本结构中自有资金占比较高。调查结果显示,样本中80%以上的小微企业自有资金占比超过80%,其中51%的小微企业自有资金占比在85%以上,22%的企业占比在90%以上,仅有不到5%的小微企业自有资金占比在50%以下。根据国际金融公司(IFC)调查结果,我国小微企业内源融资的平均水平为91%。经营年限短于5年的小微企业内源融资比例在90%以上,经营期达到10年的小微企业内源融资的比例为83%。美国、英国、德国、加拿大、法国、日本等国小微企业内源融资的占比分别为83%、68%、66%、58%、55%、49%。调查资料显示,在小微企业创立和发展过程中内源融资是主渠道,外源融资处于次要地位。

2. 小微企业外源融资主要途径是银行贷款。我国小微企业外源融资渠道中,银行、民间借贷、小贷公司是最大的资金供给方,而其他融资方式,如担保、金融租赁等规模则较小。根据国家统计局调查数据,将银行贷款作为主要外部资金来源的中小企业占比达到70%以上,且随着企业人数、营业收入的增加，这一比例逐步增长。其中，50 人以下的企业中，将银行贷款作为主要外源融资渠道的占比为 56%；51~200 人的企业中，占比为 67%；201~500 人的企业中，占比为 68%；500 人以上的企业，占比为 72%。营业收入 100 万元以内的企业中，将银行贷款作为主要外源融资渠道的占比为 58%；101 万~500 万元的企业中，占比为 58%；501 万~1000 万元的企业中，占比为 68%；1000 万元以上的企业，占比达到 77%。本次问卷调查结果也显示，超过 90% 的调研样本将银行贷款作为主要外部资金来源，且超过三成的被调查企业贷款来源于多家银行，贷款机构涉及五大行、城市商业银行和农信社等。

3. 小微企业外源融资渠道中银行贷款成本最低。调查显示，小微企业通过银行贷款融资的成本最低，年化利率大多低于 10%，分布在 5.22%~6.09%，但由于第三方费用的存在，容易造成银行"融资贵"的刻板认知，其贷款利息和第三方费用两者合计一般仍低于 10%。小微企业通过民间借贷融资的年化利率大多在 15%~30%，最低为 10%，最高超过 100%，融资成本最高。其中，传统合会形式（合会意为"轮转储蓄与信贷协会"），是一种成员之间的民间借贷和资金互助，同时涉及了储蓄服务和信贷服务，目前普遍存在的是家户间的标会的融资成本约为 10%；地下钱庄年化利率大多在 36%~60%，最高超过 100%；新兴互联网 P2P 借贷形式的融资成本在 25% 以上。小微企业通过正规小贷公司融资成本在 20%以上，高于银行但低于民间借贷。

2019 年 6 月 26 日，国家审计署官网发布《国务院关于 2018 年度中央预算执行和其他财政收支的审计工作报告》。在民间融资方面，报告中提到，渠道相对多元，但小额贷款公司利率一般为 10%~20%，民间和网络借贷利率多高于 30%（未央研究，2019）。

（二）微型金融机构成为小微企业银行贷款的主力军

根据中国银保监会统计数据，截至 2018 年年末商业银行小微贷款余额合计约 25.22 万亿元。其中，城商行、农商行占比明显增加，国有大行贡献率下降（银行业服务小微实践调查，2019）。2018 年国有大型商业银行小微贷款余额为 71022 亿元，占比为 28.17%；股份制商业银行为 45652 亿元，占比为 18.1%；而城市商业银行和农村商业银行合计为 132241 亿元，占比为 52.43%，城市商业银行和农村商业银行对小微企业的资金供给贡献率超过 50%。根据银保监会公布的数据推算，2018 年全国全口径小微贷款余额 33.49 万亿元，与商业银行小微贷款余额 25.22 万亿元的差额 8.27 万亿元就应该主要是农村信用社以及新型农村金融机构，如村镇银行、农村小额贷款公司等的贡献。如果我们再换一种估算方式，把银保监会统计的全口径小微贷款余额扣除国有大型商业银行 71022 亿元、股份制商业银行 45652 亿元和外资银行的 2562 亿元后得到 215664 亿元就是微型金融机构提供给小微企业的贷款数量，这样 2018 年微型金融机构在全国全口径小微企业贷款中的占比为 64.4%，已成为小微企业信贷供给的真正主力军。

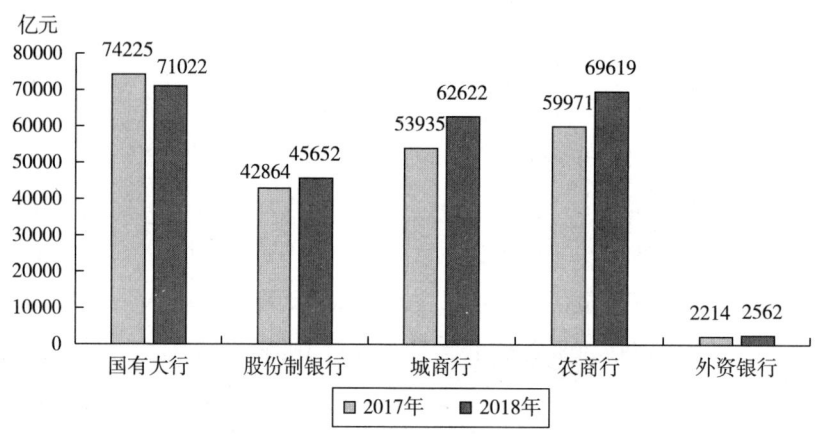

图 4-1　2017 年和 2018 年商业银行小微贷款余额对比

（资料来源：聂欧，黄思楠. 银行业服务小微实践调查：谁是"最小微"的银行？[J]. 财经国家周刊，2019（10））

第三节　微型金融供求制约因素与优化策略

一、微型金融供求制约因素分析

（一）微型金融业务定价的市场化趋势与成本约束

在中国银保监会关于大型商业银行和股份制商业银行 2019 年总体实现

普惠型小微企业贷款余额较年初增长30%以上指标的激励下，2019年大型商业银行和股份制商业银行都大力增加小微企业贷款的发放，2019年第一季度末，五家大型银行普惠型小微企业贷款余额1.99万亿元，占全国普惠型小微企业贷款的比重为19.94%。普惠型小微企业贷款余额比年初增长16.85%，较各项贷款的增速高12.4个百分点，贷款余额户数290.13万户，比年初增加45.22万户。这种努力直接导致小微贷款业务定价下降，根据银保监会的数据，2019年第一季度新发放的普惠型小微企业贷款利率为6.87%，比2018年全年该项利率低0.52个百分点（吴雨，张千千，2019）。

2019年4月25日，央行、银保监会代表出席国务院政策例行吹风会表示：因为小微企业贷款相对成本高、风险大，需要由贷款利率定价来弥补成本。我们也做过测算，小微企业贷款按照"保本微利"、商业可持续的盈亏平衡点来测算，如果风险控制得好，不良率控制在3%以下，这个利率盈亏平衡点应该是在5%~5.7%，而国有大型银行2019年第一季度发放的普惠型小微企业贷款利率是4.76%，这五家大银行中最低的监测结果是4.45%（央行，银保监会，2019）。国有大型商业银行2019年为了快速增加小微企业贷款，完成银保监会的考核指标，可以说是跑步放贷，不计后果，利率已经直接定在盈亏平衡点之下，这种结果必然破坏了县域以下小微信贷市场的价格平衡，微型金融机构在这种竞争环境中要么放弃业务增长，要么降低定价，甚至做亏本买卖。大型商业银行由于小微贷款业务在整个业务收入中的占比极低，即使出现风险也不会影响其经营的稳定性，但微型金融机构却不同，它们以小微企业业务为主体，一旦收入不能覆盖成本将直接影响其经营稳定性，往大里说会产生局部金融风险，这不是危言耸听。以下我们就来分析一下微型金融机构的经营成本。

新浪财经专栏作家嵇少峰认为，目前小微企业纯抵押贷款成本都很少低于年化利率6%~8%，保理类、信用类贷款平均成本很少低于10%~15%，再算上以贷引存、先贷后转银票、叠加理财产品等银保监会反复禁止但实际仍广泛存在的隐性成本，小微信贷成本年化利率平均8%~10%都算少的。根据专注于小微信贷多年的泰隆银行、台州银行、常熟农商行的历史数据计算,小微信贷平均年化利率在12%~15%,以6~8年为一个信贷周期,去掉极端年度不良损失后,多年加总的ROE与一般的大型银行相差甚少,且面临培育期长、成长性差、异地设点不易复制等巨大缺陷,更何况这些银行多数处于小微企业生态较好、客户众多的地区,多数银行很难仿效(嵇少峰,2019)。另外,由于近年来经济增速下滑,微型金融机构不良贷款率开始出现明显上升。根据2019年6月24日央行、银保监会首次发布的《中国小微企业金融服务报告(2018)》,截至2019年5月末,全国金融机构单户授信1000万元以下小微企业贷款不良率是5.9%,比大型企业高4.5个百分点,比中型企业高3.3个百分点(王晔君,2019)。再以农村商业银行为例,中国银行保险监督管理委员会发布的2018年第二季度银行业主要监管指标数据显示,农商行的不良贷款率上升幅度明显,由第一季度末的3.26%上升到第二季度末的4.29%(王仲琦,冉学东,宋清辉,2018),2019年第一季度为4.05%(银保监会发布,2019),全国平均超过了权威部门估算的小微贷款盈亏平衡不良贷款率3%以下的约束条件,其实,许多县域微型金融机构的不良贷款近年来上升速度较快,经济情况比较差的地区县域商业银行小微贷款的真实不良率实际上多数都不低于10%,少数商业银行甚至更高。截至2018年底,河南浚县农商行等42家商业银行贷款不良率超过5%警戒线,其中超过20%的有12家,个别商业银行贷款不良率超过40%。另外,河北省、河南省、山东省部分金融机构存在掩盖不良资产的问题,2016—2018年河北银行、河南中牟农商银行、山东滕州农商银行等23家金融机构通过以贷收贷、不洁净转让不良资产、违反五级分类规定等方式掩盖不良资产,涉及金额72.02亿元(第一白银网,2019)。近期出现包商银行被接管事件也说明,我国少数经济落后地区的微型金融机构存在不良资产率攀升,出现经营不可持续困境等问题。

所以,盲目追求小微信贷压缩利差,让利小微企业的做法可能引起微型金融机构成本约束急速上升,从而影响微型金融机构的正常可持续经营。这也不难理解2019年4月25日银保监会代表在出席国务院政策例行吹风会时在谈到小微信贷成本控制时表示:我们还是鼓励商业银行按照

"保本微利"、商业可持续的原则来定价,能够使这项业务实现商业可持续发展。非常低的定价还可能带来监管套利,导致"二道贩子"倒卖资金、内外勾结的行为,我们也注意到这个现象。因为商业银行和国有银行的贷款利率比较低,民间借贷利率、银行之外的放贷机构的贷款利率一般在18%以上,这个差额是非常大的。如果不实事求是地定价,也会带来其他方面的问题。

此外,对小微企业的金融供给也需要符合市场经济规律,与当前经济状况相吻合,不能仅仅从金融供给侧单方面考虑,还必须从小微企业的需求侧同时考虑其真实需求。在目前国内外需求不足,经济持续下行的外部环境下,小微企业生存情况不容乐观,许多并不是经营资金不足问题,而是生产产品的市场需求不足,此时如果过分给小微企业加金融标杆,只会增加负担,小微企业拿到钱以后也不会投入生产经营活动,或许会把这些资金投入股票市场或者挪作他用挣快钱,这样会增加信贷资金的风险,这时支持小微企业更好的办法是降费减税,降低其生产经营成本,采取有效政策拓宽小微企业产品的消费市场。从2019年上半年的资金面情况来看也说明了这个问题,据2019年6月24日世纪经济报道:今年隔夜资金(DR001)5月8日触及1.1%的水平,6月21日资金利率再次低至1.1%,而6月24日资金利率已经跌破1%,为0.994%,而在DR001的成长过程中只有三次到1.1%附近,分别是2005年、2009年、2015年。DR001是银行间存款类机构隔夜质押式加权利率,主要代表银行间市场资金拆借的松紧程度。低于1%的价格显示银行间流动性十分宽松。在中央和地方全面要求商业银行全力支持小微企业的情况下,商业银行资金面的宽松一方面说明中央银行宏观调控有效,另一方面正好说明现在许多贷款对象没有资金需求,银行的钱花不出去,只能留在货币市场转圈。

(二)微型金融机构经营的范围限制与规模经济效益

目前我国县域金融机构的经营范围受到银保监会关于地域的限制,往往不能跨地区经营。2019年1月14日银保监会发布《关于推进农村商业银行坚守定位、强化治理、提升金融服务能力的意见》(以下简称《意见》),该《意见》第一款明确农村商业银行必须专注服务本地、服务县域、服务社区。农村商业银行应准确把握自身在银行体系中的差异化定位,确立与所在地域经济总量和产业特点相适应的发展方向、战略定位和经营重点,严格审慎开展综合化和跨区域经营,原则上机构不出县(区)、业务不跨县(区)。应专注服务本地,下沉服务重心,当年新增可贷资金应主要用于当地。

2019年1月29日,中国人民银行、银保监会、证监会、财政部、农业农村部五部门联合发布《关于金融服务乡村振兴的指导意见》,第六款强化农村中小金融机构发挥支农主力军作用。农村信用社、农村商业银行、农村合作银行要坚持服务县域、支农支小的市场定位,保持县域农村金融机构法人地位和数量总体稳定。积极探索农村信用社省联社改革路径,理顺农村信用社管理体制,明确并强化农村信用社的独立法人地位,完善公司治理机制,保障股东权利,提高县域农村金融机构经营的独立性和规范化水平,淡化农村信用社省联社在人事、财务、业务等方面的行政管理职能,突出专业化服务功能。村镇银行要强化支农支小战略定力,向乡镇延伸服务触角。县域法人金融机构资金投放使用应以涉农业务为主,不得片面追求高收益。要把防控涉农贷款风险放在更加重要的位置,提高风险管控能力。积极发挥小额贷款公司等其他机构服务乡村振兴的有益补充作用,探索新型农村合作金融发展的有效途径,稳妥开展农民合作社内部信用合作试点。

县域微型金融机构经营范围受到监管限制,虽然会对其实现规模经营效益有影响,但这与当时设立微型金融机构的初衷是吻合的,国家允许在县域设立农村商业银行、合作银行和村镇银行,本来就是为了支持"三农"发展,支持县域小微企业发展的,所以,微型金融机构应该充分运用其业务下沉优势,与大型商业银行开展差异化经营,立足"三农",深耕本土,做支小支民的主力军。

二、微型金融供求优化策略选择

(一)微型金融服务的风险性和业务的政策性强化监管政策创新

新浪财经专栏作家嵇少峰认为,解决县域金融供给问题的关键在于首先对县域金融机构进行职能定位，究竟是以商业化为主还是以政策性为主？谁负责商业化服务、谁负责政策性帮扶？这些都必须非常清晰，那些既要农村商业银行等微型金融机构商业化、市场化运作，又要其在指定区域救助当地经济的心态一定不能有，因为这完全是对立的两种诉求。在几乎完全垄断的农村金融市场，农村商业银行、农村合作银行、农村信用社及村镇银行当然首先用高息来保证自己的商业利益，不可能以低息主动服务于已无法议价的农村经济主体。这个问题其实在县域以上的城市区域、庞大的小微企业客群中同样存在（嵇少峰，2019）。因此，对于微型金融机构的治理国家监管部门应该考虑进行制度创新和政策创新，统筹协调微型金融机构在组织负债、资产安排等方面的政策性问题，如监管部门对微型金融机构提出的普惠金融问题、精准扶贫帮困问题、明确小微企业贷款比例等政策性要求，同时应该给予微型金融机构相应的政策优惠，以化解其执行政策性业务而造成的经济损失，如中国人民银行可以定向增加低利再贷款，以确保微型金融机构获取资金的低利性；国家财政可以建立风险补偿基金，对微型金融机构因发放政策性贷款而造成的经济损失予以弥补；国家税务部门可以对微型金融机构营业税、增值税和所得税进行必要减免等，以尊重微型金融机构经营的商业化原则。

（二）集结小微企业全方位数据，建立小微金融综合平台，为小微企业投融资活动提供支持

小微企业对于金融企业来说属于长尾客户，目前大型商业银行特别是互联网金融公司都是通过金融科技的力量独立完成对小微企业的数据收集和挖掘运用，为自身的信贷业务提供风险控制参考，总体社会成本高，对于绝大多数小微金融来说，仍然无法解决小微企业业务成本高的问题，因此可以由中央银行、其他政府机构或者第三方独立机构专门从事小微金融综合平台业务，通过集结小微企业全方位数据，建立小微金融综合平台，为小微企业投融资活动提供支持。小微金融综合平台为小微企业建立大数据档案和信用评分，可以为小微企业提供信用增信的保险公司、征信公司和担保公司，为小微企业提供资产管理的物联网公司和为小微企业提供贷款的各类金融企业（包括商业银行、信托公司、P2P平台和小贷公司等）

等各类企业提供快速准确的小微企业综合资讯，可构建起小微金融增信和融资服务的立体信用约束机制，从而架起小微企业资金融通的供需立交桥（见图4-2）。

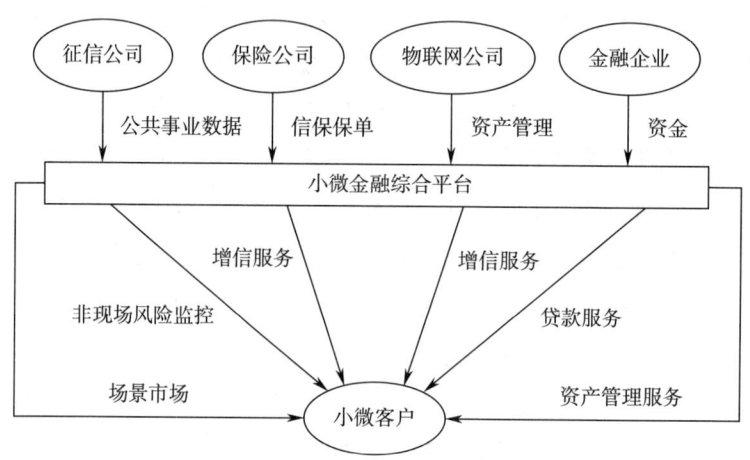

图4-2 可为小微企业增信的小微金融综合平台

（资料来源：根据苏宁金融研究院的论文修改，孙扬，杜娟. 疫情对线上金融的深远影响［Z］. 苏宁金融研究院金融科技研究，2020-04-11）

（三）微型金融业务市场化定价倒逼其强化供给机制创新

1. 运用金融科技抓住长尾客户。微型金融机构的小微信贷市场是一个长尾市场，客户多，每笔业务金额小，不能提供担保抵押，相关财务资料不健全，信息不透明，商业银行开展小微信贷业务就是做业务成本高、收益小、风险大的买卖，必须要在理论和技术上突破，才能像互联网商业那样从长尾客户中找到盈利机会。张家港农村商业银行副行长黄勇斌曾经对小微贷市场有过精辟分析，他认为，1万元以下，基本上是微信、支付宝等互联网金融贷款的市场；1万~10万元是P2P的现金贷市场；10万~30万元是商业银行基于IPC的信用贷款市场（见表4-2）。银行如果用传统的方式发放小微贷款，最大的问题是人力成本高，大约一笔贷款综合成本要2000元。所需贷款资料多，银行由于监管要求必须资料齐全。流程长，一笔贷款要历经申请、调查、授信、审批、签字、放贷、贷后等多个环节。造成的直接后果是客户体验差、速度慢、利率高等问题。因此，10万元以下甚至更多的客户不愿意到银行借款,转为向亲戚朋友借或者利用P2P网贷等。而0~10万元的需求,是客户最大的长尾市场。如果银行没有运用科技金融开发满足客户需求,则失去这个最大的蓝海市场(乐天,2019)。

表4-2　　　　　　　　小微企业贷款客户和供应分析

贷款额度（元）	客户数量占比（%）	主要供应	银行提升方向
0~10万	70	信用卡透支、微粒贷、支付宝、P2P、亲戚朋友借款等	用大数据信贷直接线上申请、线上放款
10万~30万	20	银行、微粒贷、支付宝、P2P、向亲戚朋友借款等	条件成熟直接线上申请、线上放款;如果条件不成熟运用大数据、人工智能尽可能减少人工操作
30万~200万	8~9	银行	运用大数据、人工智能尽可能减少人工操作
200万~1000万	1~2	银行	运用大数据、人工智能尽可能减少人工操作

资料来源:乐天. 从0~1区域银行大数据信贷崛起[Z]. 互联网金融,2019-06-14.

从上市商业银行公布的年报数据可以看出,小微贷款增速越快的商业银行往往近年来都比较专注于金融科技的投入,注重零售业务的发展。截至2018年末,按照单户授信总额1000万元以下的小微认证标准计算,小微贷款余额同比增速最快的是平安银行,其小微贷款余额较2017年末增长61%,在已公布数据的12家商业银行中排名第一;建设银行、贵阳银行、中信银行、交通银行、北京银行、西安银行同比增速均超过20%,分别为50.81%、42.8%、39.21%、29.63、27.5%、21.74%;工商银行、邮政储蓄银行、光大银行、中国银行及招商银行,同比增速在10%~20%(银行业服务小微实践调查,2019)。

2. 建立小微企业金融服务生态体系,构建平台化、一站式全方位金融服务。在金融科技赋能之下,针对小微企业的金融服务业已经形成一个完整生态链。在生态链中,与客户关系最密切的合作方可享有较高的利润空间。麦肯锡分析指出,商业银行在未来竞争中主要有两个策略:参与一个生态，或自己搭建一个生态。为了搞清楚小微企业生产经营全过程所需要的金融服务，麦肯锡对 500 多位企业主进行调研，研究结果显示，小微企业主从产品立项、公司化运营到快速增长和规模化扩张，每一阶段都有各种各样的需求痛点。初创企业比较注重货币转换、会计服务、现金流管理和促销支持等金融服务；在公司化运营阶段，企业主会高度关注怎样管理账务、如何遴选和付款给供应商等核心问题。微型金融机构要在服务小微企业的生态中找到属于自己的位置，并做好跟踪服务。

一个典型的例子是美国互联网银行 GoBank，它通过与打车平台优步（Uber）合作，为平台上的司机提供存款、转账、购物返现等银行服务。作为零工经济的典型代表，Uber 司机通常会有多个副业，因此会产生较多金融服务需求。通过这样的合作，GoBank 触达了数以百万计的新用户，Uber 也能从中获得一部分收入。

在另一种合作模式下，银行可以成为小微企业金融服务的主要集成商。典型的例子是位于波兰的 Idea Bank，它从 2015 年开始通过云平台为中小企业和初创企业提供端到端的金融和商业服务支持。具体产品包括货币转换、会计服务、现金流管理和促销支持等。通过这种平台模式，小微企业不必再单独为个别需求寻找服务商，可在 Idea Bank 上一站式完成。这就节省了大量时间和人力成本。

从商业模式上看，与 Uber 合作的 GoBank 并非不可替代，业务合作方式也较为单一。而波兰 Idea Bank 的平台化策略，对小微企业客户的黏性更高，也能从中获取更为丰厚的回报（张沁，2019）。

目前我国许多县域农村商业银行也正在尝试波兰的 Idea Bank 云平台服务模式，如与当地政府合作发放市民卡，市民卡可以与医院、交通、商场、学校等各类企事业单位联网，使市民卡真正成为便民卡。但这种连接还有局限性，应该向波兰 Idea Bank 学习，通过建立云平台把区域内所有企业集聚在平台内，综合为它们提供存款、贷款、汇款、代理、代缴、财务管理、现金管理、外汇买卖、金融咨询顾问、债券股票融资等全方位金融服务，真正实现小微企业生产经营活动中的各种金融服务需求一站式满足。

第五章　微型金融企业的经营目标与定位

第一节　微型金融企业经营的内外部环境分析

一、内部环境分析

（一）优势与机遇

1. 公司治理层级少，经营决策更贴近市场。微型金融机构多属于小型法人机构，最高决策层与经营管理层高度重叠，相较于大型商业银行，管理层级少，更加扁平化，因此，微型金融机构对金融市场信息反应更敏捷，经营决策更贴近市场，对基层客户的需求更了解，业务品种更具针对性，公司运行效率也更高。

2. 本土化发展，客户关系融洽，客户黏性强。微型金融具有天然的草根性，本土化有利于深耕细作培育客户市场。如果说党的十八大以来国家大力支持"三农"和小微经济发展是天时的话，那么微型金融的这种草根性就是地利和人和。城市商业银行以城市社区街道企业为主体客户，农村商业银行长期深耕"三农"，乡乡有机构、村村有站点，积累了庞大的"三农"和小微企业客户群体，建立了深厚的感情联系，与当地企业、工商户、农户关系融洽，对客户熟悉、熟知，县域金融机构成为当地中小企业和"三农"的活账本、经营活动的真参谋，许多企业和农村专业户从一开始的资金周转都是由农村商业银行或者城市商业银行提供的，做大做强以后往往吃水不忘掘井人，基本账户始终开在当地银行，许多农村商业银行和城市商业银行已真正成为本地百姓自己的银行。这些优势不是近年来向城市退缩的国有大型商业银行或者分支机构非常少的股份制商业银行可以比拟的，微型金融机构应该充分挖掘和发挥好这种优势，抢占小微经济和"三农"服务的主战场，使草根性和本土化成为微型金融发展壮大的最亮底色。

（二）困难与挑战

1. 员工素质不高，经营观念相对落后。农村商业银行和城市商业银行分别由原农村信用社和原城市信用社改制而来，老员工数量多、年龄大、专业素养低、观念陈旧。改制后随着经营绩效的持续提升，特别是近年来大学毕业生数量的增加，也吸引了大批本科和硕士毕业生选择到城市商业银行和农村商业银行工作，特别是经济发达地区和已经上市的城市商业银行和农村商业银行，近年来员工素质结构已经得到较大提升。村镇银行虽然成立晚，但由于地处农村，自身规模小，总体上员工招聘在整个银行体系中不占优势，许多年轻有为的大学生不愿意到农村基层一线的小微金融机构工作，缺乏高学历、高素质的专业型人才将成为一种常态。近年来，我国经济已经结束了长期高速增长的态势，经济结构调整和经济增速放缓使许多传统行业和企业出现了前所未有的经营困难，与此同时，银行的不良贷款也持续攀升，小微金融企业的管理队伍将面临日益严峻的外部压力与考验。

2. 经营规模相对较小，金融基础设施相对薄弱，金融创新不足，产品种类少。与大型商业银行和股份制商业银行相比，微型金融机构的金融服务产品少，零售业务和中间业务品种匮乏，缺乏有创新力及竞争力的"品牌化"产品，大多数农村商业银行和村镇银行依赖传统业务如存贷款、结算和代理业务等，无法满足部分中高端客户对财富管理的需求。特别是2018年对银行理财业务进行限制以来，许多大型商业银行和股份制商业银行都已经成立了自己独立的理财子公司，小微银行的劣势将更加凸显。

3. 业务经营受地域限制，缺乏范围经济，与区域经济行业结构高度相关，抗风险能力弱。农村商业银行和村镇银行在县域内经营具有本土化经营优势，这同时也是劣势，是一枚硬币的两面。一方面，经营地域受限制使银行经营缺乏范围经济，不利于做大；另一方面，也在一定程度上增加了商业银行自身的经营风险。因为在某一特定区域开展经营活动，就会与该地区的产业结构、产品结构高度关联，我们知道，经济结构受产业和产品周期的影响大，高度类同的产业结构容易出现一荣俱荣、一损俱损的境况，不利于提高商业银行抗风险的能力。

4. 金融科技相对落后，运行成本高。在如今金融科技赋能商业银行大力发展小微金融业务的大背景下，微型金融机构面临两难局面。一方面，金融科技能够赋能小微业务，助力微型金融机构做强自身优势业务；另一方面，金融科技投入大，需要专门人才开发和维护，运营成本直接受规模经济的影响，规模越大成本越低，规模越小成本越高。目前许多城市商业银行和农村商业银行采取与专业金融科技公司合作获取数据以支撑业务的方式开展业务，大量的农村商业银行都设法在省级联社业务运营系统的基础上开发适应自身业务的模块作为统一系统缺乏针对性的补充，金融科技将成为未来小微金融机构发展自身特色业务的重要机遇和挑战。

二、外部环境分析

（一）优势与机遇

服务主体受到国家高度重视，政策性机遇凸显。微型金融服务的主体集中于城乡社区的民营经济，表现为"三农"经济、民营经济与小微经济，地域主要表现在县域及其以下的广大农村地区和城市区以下的街道社区。这些经济主体正是党的十八大特别是十九大以来党中央、国务院特别关心和支持的经济群体。近年来，我国各大媒体中"三农"、民营经济、小微企业、普惠金融等都是热门高频词汇，中央和地方都有针对性出台了一系列支持民营经济和小微企业的产业、财税和金融优惠政策。2018年中央农村工作会议和全国"两会"进一步全面系统地阐述了实现乡村振兴的"七条道路"，2019年中央"一号文件"《中共中央、国务院关于坚持农业农村优先发展做好"三农"工作的若干意见》继续强化"三农"工作的重要性和紧迫性。银保监会于2019年1月4日发布《关于推进农村商业银行坚守定位、强化治理、提升金融服务能力的意见》（以下简称《意见》），明确农村商业银行是我国县域地区重要的法人银行机构，截至 2018 年 9 月末，全国有农村商业银行 1436 家，资产负债规模均超过 23 万亿元，涉农贷款和小微企业贷款在各项贷款的占比长期保持在 60% 和 50% 左右，涉农贷款和小微企业贷款户均余额分别为 30 万元和 131 万元。农村商业银行以在银行业 10% 的资产占比规模，贡献了涉农贷款和小微企业贷款分别为 22% 和 21% 的规模，成为支持"三农"和小微企业名副其实的金融主力军，在助力县域经济发展方面也发挥着不可替代的作用。但是在改革发展过程中，少部分农村商业银行出现了经营定位"离农脱小"的盲目扩张倾向。《意见》要求农村商业银行应准确把握自身在银行体系中的差异化定位，确立与所在地域经济总量和产业特点相适应的发展方向、战略定位和经营重点，完善适合小法人和支农支小定位的公司治理机制，专注服务本地、服务县域、服务社区，专注服务"三农"和小微企业，不断加大金融服务创新，切实做好融资成本管理，巩固好支农支小主力军的优势地位。

各省积极响应中央支农支小的政策要求，以江苏为例，2018 年 5 月江苏省委、省政府发布《关于贯彻落实乡村振兴战略的实施意见》，文件从提升农业发展质量，繁荣发展农业农村经济；推进乡村绿色发展，打造美丽宜居环境；繁荣农村文化，营造乡村文明新风尚；夯实农村基层基础，加强和创新乡村治理；提高农村民生保障水平，创造美好乡村生活；推动城乡融合发展，培育乡村振兴新动能；创新体制机制，强化乡村振兴制度性供给七个方面提出了明确的建设目标，强调要加快形成财政优先保障、金融重点倾斜、社会积极参与的乡村振兴多元投入格局，明确将在未来 5 年内设立总规模达 100 亿元的省级农业类投资基金。这些综合推进、协调发展的政策措施必将给"三农"和小微经济带来空前机遇，同时也为县域微型金融机构创造加快发展的难得时机。

（二）困难与挑战

1. 宏观经济疲软，金融风险陡增。我国经济在 2008 年美国次贷危机以后实施了总量刺激，GDP 增长速度在 2010 年达到 10.6%，但经济结构处于严重失衡状况，此后六年经济增长一路下滑，到 2016 年 GDP 增长速度为 6.7%，当然这与国家主动采取去产能、去杠杆、挤泡沫的宏观政策有直接的关系，2017 年出现首次反弹，经济增长比上年快 0.2%，GDP 增速达到 6.9%，但由于国际形势变化特别是中美贸易摩擦的叠加效应，2018 年 4 个季度的经济增长速度分别为 6.8%、6.7%、6.5%、6.4%；2019 年 4 个季度分别是 6.4%、6.3%、6.2%、6.0%，全年平均增长 6.1%（根据国家统计局网站公开数据整理）。2020 年以来，全国又遭遇新型冠状病毒的大流行，1—2 月大量企业停产，全国人民居家隔离，服务业也遭受重创，特别是小微企业出现了严重的经营困难。金融属于经济景气行业，经济差则金融差，金融风险就大，微型金融机构特别是农村商业银行的不良贷款率明显上升就是一个明证。根据银保监会统计信息，2017 年以来，城市商业银行和农村商业银行不良贷款率呈上升趋势，城市商业银行 2017 年、2018 年和 2019 年第一季度分别为 1.5%、1.53% 和 1.88%，农村商业银行分别为 2.55%、3.26% 和 4.05%，2019 年 4 个季度继续保持高位增长，城市商业银行分别为 1.88%、2.3%、2.48% 和 2.32%，保持上升态势；农村商业银行分别是 4.05%、3.95%、4% 和 3.9%（根据中国银保监会网站公开数据整理），虽然呈弱下降态势，但农村商业银行已经连续多年超过 2%，尽管 2019 年监管部门把县域金融机构的风险容忍度提高到 3%，但不良贷款率却持续攀升，这是当前经济状况在金融领域的直接反映。

2. 金融科技改变了竞争逻辑，人员多网点多的传统业务经营优势已变成劣势。随着互联网、物联网、大数据和移动终端技术在金融领域的快速应用，金融服务线上化、场景化、移动化、智能化的趋势日渐形成，对县域微型金融机构相对传统的服务方式形成直接冲击。金融科技助力的新金融获取信息快、准、成本低，金融服务及时快捷，不设分支机构，网上办理所有业务，移动中就解决了一切业务手续，而且触角宽，风险极低，因此，其议价能力强，形成场景、模式、价格等全方位的竞争。目前，这方面优势明显的大型商业银行、股份制银行都已经设立普惠金融部，业务触角快速向县域新型农业经营主体、优质中小企业渗透。民营银行更是通过网络把金融、零售与生产相连接，形成供应链金融，直接与传统微型金融机构争抢客户，如微众银行与腾讯联合，网商银行、蚂蚁金服与阿里巴巴联合，苏宁金融与苏宁易购联合，京东金融与京东联合，百度度小满与百度联合等，从近年来经营实绩看，效益显著，风险极低，这些指标都是传统经营小微企业业务的微型金融机构所无法想象的。截至2018年末，建设银行累计服务小微企业总数225万户，中信百信银行累计服务58万户小微企业，微众银行累计服务34万户小微企业，而蚂蚁金服旗下网商银行则成为最大的黑马，其服务小微企业及个体经营者1227万户，累计已超过1500万户，累计放款2万亿元，其中，2018年新增1万亿元。而且网商银行显示了惊人的增长率，观察近三年数据可发现，从2016年末的277万户，到2017年末的571万户，再到2018年末的1227万户，网商银行服务小微企业的数量每年都在保持100%的高速增长，其一家银行就服务了中国约超过10%的小微客户（聂欧，黄思楠，2019）。从银保监会网站公布的民营银行的不良贷款可以看出，其风险极低。2017年、2018年和2019年第一季度分别为0.64%、0.57%和0.68%（根据中国银保监会网站公开数据整理）。

3. 监管政策要求金融回归本源，同业套利受约束，面临去杠杆转正轨的考虑。2013年以来，随着我国经济景气程度下降和金融监管的放松，商业银行脱实向虚势头迅猛，承兑汇票业务、同业资金业务迅速增长，许多小型金融机构都成立了金融市场部，纷纷到上海、深圳设立金融市场中心，同业投资的利润成为许多小微银行的利润支柱，甚至在利润总额中的占比超过50%，在本土做小微等这些微型金融的初心早已被同业套利抛弃。一方面，小微企业融资难融资贵是中央到地方念念不忘的话题；另一方面，又是商业银行资金体外循环、脱实向虚热火朝天。党中央及时提出金融回归本源的政策要求，2017年以后监管部门围绕金融初心开始制订一系列金融去杠杆的政策措施，人民银行将同业存单纳入宏观审慎评估（MPA）同业负债考核，并联合四部委发布《关于规范金融机构资产管理业务的指导意见》，推动金融去杠杆，引导资金脱虚向实。银保监会出台《商业银行委托贷款管理办法》《商业银行大额风险暴露管理办法》等监管政策，组织开展银行业市场乱象专项整治，发布《关于推进农村商业银行坚守定位、强化治理、提升金融服务能力的意见》，明确要求农村商业银行严格审慎开展综合化和跨区域经营，原则上机构不出县（区）、业务不跨县（区）。应专注服务本地，下沉服务重心。财政部发布《关于进一步规范地方政府举债融资行为的通知》《关于规范金融企业对地方政府和国有企业投融资行为有关问题的通知》等政策文件，严控地方政府债务和平台融资。多方监管合围，封堵了银行业前几年赖以大幅增长的房地产、政府平台和金融市场业务，预示着整个银行业即将告别高增长和挣快钱的阶段，预示着微型金融机构找准定位，深耕县域，做小做散的时代已经来临。

第二节 微型金融企业的目标与定位

一、微型金融的发展战略与目标

战略是一种从全局考虑谋划实现全局目标的规划。战略是一种长远的规划，是远大的目标。企业战略是企业管理者对企业长远发展的谋略，是对企业具有整体性、长期性、基本性问题的计谋。具体包括发展战略、竞争战略、营销战略、品牌战略、融资战略、技术开发战略、人才开发战略、资源开发战略等。各类企业战略有相同也有不同，相同的是基本属性，不同的是谋划问题的层次与角度。总之，只要涉及企业整体性、长期性、基本性问题，就属于企业战略的范畴。

每一个企业在制订战略时，除了考虑客户、产品、公司资源、竞争环境、未来趋势外，最关键的是要基于公司的使命和愿景。阿里巴巴提出战略的三个层次和MVO战略模型。战略的三个层次：第一个层次是公司决策层面的，涉及公司面向未来，面向客户价值，面向实际愿景的战略，描述的是公司做什么，不做什么，在什么时间做到什么程度；第二个层次是高中级管理层面，这个层次思考业务战略，是指在市场竞争中如何找到自己的优势，公司的产品和服务是什么，如何通过差异化提高竞争力；第三个层次是基层管理层面,这个层面最接近市场,思考职能战略,它是公司各个职能板块如何定位自己,以及如何实施关键策略来达成业务目标。阿里巴巴学术委员会主席曾鸣认为制订公司战略永远要基于"三个要",即要想清楚问题;要有愿景,以什么样的业务方式实现客户价值;要明白所在行业未来的"产业终局"。阿里巴巴公司从 MVO(使命、愿景、组织)来描述战略。与使命、愿景和组织相对应,公司战略包括战略定位、战略布局、战略目标三个部分。战略定位对应的是 MVO 模型中的使命。核心客户是谁,客户价值是什么,这是战略最核心的内容。阿里巴巴的使命是让天下没有难做的生意,其核心客户是中小企业。战略布局对应的是 MVO 模型中的愿景。公司通过什么方式来实现客户价值?核心布局和抓手是什么?包括哪几个板块?时间节奏怎么样?阿里巴巴通过电商、金融、物流三大战略布局为中小企业创造价值,在时间节奏上是先落地电商,再布局金融,之后是搭建物流平台。战略目标包括量化指标和衡量标准,对应的是 MVO 模型中的组织,主要是看组织能力能否承载确定的战略目标,组织随战略而改变(陈赋明,吴蓓,2019)。根据阿里巴巴的战略选择,微型金融的发展战略可以描述为:

(一)战略定位

2017 年 7 月 14 日至 15 日全国第五次金融工作会议在北京召开,习近平总书记在会上提出了做好金融工作要把握好回归本源、优化结构、强化监管和市场导向四条重要原则。强调金融是实体经济的血脉,为实体经济服务是金融的天职,是金融的宗旨,也是防范金融风险的根本举措。金融企业业务发展首先要回归本源,服从服务于经济社会发展。金融要把为实体经济服务作为出发点和落脚点,全面提升服务效率和水平,把更多金融资源配置到经济社会发展的重点领域和薄弱环节,更好满足人民群众和实体经济多样化的金融需求。要建设普惠金融体系,加强对小微企业、"三农"和偏远地区的金融服务,推进金融精准扶贫,鼓励发展绿色金融。要促进金融机构降低经营成本,清理规范中间业务环节,避免变相抬高实体经济融资成本。根据党中央、国务院对金融企业的要求,微型金融的使命就是支持实体经济发展,满足实体经济的金融需求就是金融的天职和宗旨。微型金融的服务对象就是小微企业、个体工商户和"三农",客户的价值就是要满足其业务发展过程中的全部金融服务需求。

(二) 战略布局

根据微型金融的战略定位,其战略布局是一域一区,即县域及其以下的广大农村地区和城市社区。通过理财、融资和表外服务等方式为客户提供调剂业务活动的资金余缺和转账结算、业务咨询等金融服务。

(三) 战略目标

战略目标由业务发展目标、结构调整目标、财务收入目标、风险管理目标和监管目标等组成。根据银保监会对商业银行公司治理的有关规定,目前我国商业银行以三年为一个治理周期,通常每一届董事会在任期内都会制定一个三年发展规划,明确商业银行的发展战略,因此,战略目标基本以三年为一个单元,明确三年的发展目标。

1. 业务发展目标。主要确定商业银行负债、资产和中间业务的增长目标,这些目标的确定在考虑商业银行近年来自身业务增长幅度的前提下,要依据当地国民经济发展目标与服务对象的发展状况综合确定。负债内主要包括各项存款余额、各项存款占比、各项存款增速、卡均存款余额;资产内主要包括各项贷款余额、各项贷款占比、各项贷款增速、小微企业贷款余额、涉农贷款余额、涉农及小微企业贷款占比、涉农及小微企业贷款增速、普惠型农户贷款和普惠型小微企业贷款增速、个人贷款占比、个人贷款户数、企业贷款户数、抵质押贷款占比、买断式转贴现占比、单户贷款余额超过3000万元(含贴现)以上占各项贷款比重、大额贷款占比、新增可贷资金用于当地比例、农户授信覆盖面、小微企业授信覆盖面、农户与小微企业用信覆盖面、农户建档评级覆盖面、小微企业建档评级覆盖面;经营业绩内主要包括各项收入、利息收入、中间业务收入、资金业务收入、银行卡收入、电子交易替代率、净利润;监管考核内主要包括资本充足率、拨备覆盖率、不良贷款率、涉农贷款不良率容忍度、小微企业贷款不良率容忍度、支农支小业务绩效考核倾斜度。目标的预测方法通常有定性预测方法、时间序列平滑预测方法、回归分析预测方法、非线性预测模型、趋势外推预测方法等。

对于县域金融机构的发展，近年来国家相关监管部门提出了明确的区域化发展目标要求，如《加强农村商业银行"三农"金融服务机制建设监管指引》（银监办发〔2014〕287号）第十三条规定农村商业银行应制订全行"三农"业务发展战略，明确"三农"业务发展战略目标，建立服务"三农"的差异化业务模式，保持和扩大比较优势，确保本行"三农"业务实现商业可持续；第十四条规定农村商业银行应根据自身实际，明确打造面向"三农"、服务社区的现代金融企业战略目标；第十五条规定农村商业银行应按照战略目标总要求，细分"三农"市场，针对性制订"三农"业务的客户、产品、渠道、营销等策略。

2. 结构调整目标。在互联网金融和金融科技发展的大背景下，商业银行的业务竞争越来越激烈，转型发展已成为业务发展的主要抓手，主要包括：一是要优化负债结构。负债结构的优化强调流动性与稳定性匹配、低成本等，努力增加存款比重和低成本负债比重。二是要优化资产结构。根据战略定位要确保贷款在资产结构中的合理比重，牢记回归本源，支持实体经济的使命，确保涉农贷款、小微企业贷款不低于银保监会规定的指标比例，优化资产结构要强调效益性、安全性和流动性三原则的真正落实，要提高零售业务比重，努力降低不良资产比重，确保资产优质、高效。三是注重资产负债比例协调匹配。要按照银保监会确定的有关资产负债比例管理的指标要求，严格控制监管指标。四是大力发展表外业务和传统中间业务，积极开拓线上业务，努力在手机银行、电子银行、移动金融、银行卡业务等智慧银行业务上突破，充分发挥金融科技在传统金融业务领域的能动性。

3. 财务收入目标。要努力增收节支，优化盈利能力结构。主要明确收入来源、收入结构以及各项收入的增长比例，特别要明确创新业务的发展与收入占比变化，体现商业银行发展转型与创新；明确支出总额、支出的增减速度以及支出的构成，明确增收节支的具体目标；明确利润增长目标，包括利润总额和利润增长速度等。

4. 风险管理目标。要明确商业银行不良贷款率的控制比例，拨备覆盖率，明确不发生案件、重大违规事件、重大责任性安全生产事故、重大风险事件、重大群体性信访事件,以及相关防控措施。

5.监管目标。商业银行首先应该在规划期内确定要达到的监管等级行目标,在等级行目标的前提下按照银保监会关于城市商业银行、农村商业银行、村镇银行以及新型金融机构的具体监管要求,完善各项监管指标,如各项贷款占总负债的比例,新增可贷资金用于当地控制比例,涉农及小微企业贷款占比控制比例,大额贷款占比控制比例,普惠型农户贷款和普惠型小微企业贷款增速高于各项贷款增速控制要求,涉农及小微企业贷款增速高于各项贷款增速控制要求,不良贷款率控制比例,资本充足率控制比例,拨备覆盖率监管比例等。

商业银行各项监管指标都要根据监管等级设定相应的指标值为参照标准来确定商业银行各项监管指标(业务发展目标、结构调整目标、财务收入目标和风险管理目标)的目标值,依据目标值,制订完成目标的具体实施步骤和措施,确保达标,力争创优。

二、微型金融的发展定位:紧贴县域新农村和社区主战场

(一)区域定位

根据党中央、国务院对我国金融机构回归本源的定位要求,微型金融机构的区域服务定位是:服务地方、服务中小微企业、服务市民的地方性银行。服务地方主要是指服务城市商业银行所在三四线城镇,农村商业银行、村镇银行等所在的县域乡镇和"三农";服务中小微企业主要是指三四线城镇社区的中小微企业和县域及其乡镇的中小微企业;服务市民主要是指服务微型金融机构所在地方的广大城乡居民。

根据上述定位城市商业银行以服务城市社区中小微企业和居民为主。截至2019年底,我国城市商业银行134家、民营银行18家、消费金融公司23家(今日农商行,2020),其中经营规模较大的有20多家(包括已在上海、深圳和香港上市的城市商业银行),除这些规模较大的城市商业银行跨区经营已成事实外,其他100多家城市商业银行主要集中在省辖市范围内,业务主要集中在三四线城市社区及城镇,要坚持既有地方性银行定位,坚持服务区域内中小微企业、城乡个体工商户和居民。

农村中小金融机构以服务"三农"、服务城镇中小微企业和居民为主。根据原中国银监会 2015 年第 6 次主席会议修订通过的《中国银监会农村中小金融机构行政许可事项实施办法》，农村中小金融机构包括农村商业银行、农村合作银行、农村信用社、村镇银行、贷款公司、农村资金互助社等。这些机构目前主要是县域内金融法人机构，2019 年 1 月 14 日银保监会发布《关于推进农村商业银行坚守定位、强化治理、提升金融服务能力的意见》，第一条第一款明确农村商业银行要专注服务本地、服务县域、服务社区。农村商业银行应准确把握自身在银行体系中的差异化定位，确立与所在地域经济总量和产业特点相适应的发展方向、战略定位和经营重点，严格审慎开展综合化和跨区域经营，原则上机构不出县（区）、业务不跨县（区）。应专注服务本地，下沉服务重心，当年新增可贷资金应主要用于当地。

笔者认为，监管部门对农村商业银行的这一区域定位应该适时调整，纵向可以通过指标来限制，可以限制其到县域以上的区域开设分支机构，限制小微金融企业单笔贷款业务的规模等，但横向发展应该松绑，应该允许农村金融企业到其他县域发展业务。2020 年 5 月 4 日国务院金融稳定发展委员会召开第二十八次会议，听取支持经济复苏、加快中小银行改革发展、打击资本市场造假行为等工作进展情况汇报。会议认为，中小银行对服务实体经济和中小微企业具有重要意义。有关部门已经制订中小银行深化改革和补充资本的工作方案，要抓紧落实。必须把改革和发展有机结合起来，立足服务基层和中小微企业，在充实资本的同时，解决好中小银行在业务定位、公司治理、信贷成本等方面的突出问题，推动治理结构与业务发展良性循环。2020 年 5 月 10 日，中国人民银行发布《2020 年第一季度中国货币政策执行报告》。报告中特别指出：高风险中小金融机构处置取得阶段性成果。积极化解一些城市商业银行、农村商业银行、农村信用社多年隐藏的风险，最大限度地保护债权人合法权益。推动省级人民政府"一省一策"制订中小金融机构风险处置规划。可以看出，中央高层对中小银行的业务定位和可持续发展高度关注，我们坚信对小型银行的业务区域限制会得到市场化改进。

(二) 市场定位

2019年1月14日银保监会发布《关于推进农村商业银行坚守定位、强化治理、提升金融服务能力的意见》，第一条坚持正确改革发展方向，坚守服务"三农"和小微企业市场定位，其中第二款要求：坚守支农支小金融服务主业。农村商业银行应提高金融服务精准匹配能力，重点满足"三农"和小微企业个性化、差异化、定制化需求。将业务重心回归信贷主业，确保信贷资产在总资产中保持适当比例，投向"三农"和小微企业的贷款在贷款总量中占主要份额。严格控制大额贷款投向和投放比例，合理降低贷款集中度和户均贷款余额。

原中国银行业监督管理委员会《中国银监会关于进一步促进村镇银行健康发展的指导意见》（银监发〔2014〕46号）第四条督促村镇银行专注支农支小市场定位，村镇银行应牢固树立"立足县域、服务社区、支农支小"的市场定位，制订支农支小发展战略，创新探索支农支小商业模式。支持开业半年以上、主要监管指标符合要求的村镇银行向下延伸分支机构，不断拓展服务网络，着力打造专业化、精细化服务支农支小的社区性银行。村镇银行应将资金主要用于发放"三农"和小微企业贷款。支持村镇银行发行专项用于"三农"和小微企业的金融债券，不断拓宽信贷资金来源，加大对"三农"和小微企业的资金扶持力度。村镇银行应建立支农支小的正向激励和反向约束机制，鼓励在绩效考核中适当提高农户和小额贷款业务的考核权重，在风险可控的前提下，合理确定支农支小业务的风险容忍度，增强支农支小内在动力。

根据微型金融机构服务地方、服务中小微企业、服务市民的地方性银行地域定位，其市场定位可以概括为本土化、社区化、小微化和市民化。

1. 立足本土化经营。本土化就是地利。对于城市商业银行来说，省辖市区是主战场，对于农村商业银行和村镇银行来说，县域及其以下的乡镇是主战场，夯实本土市场，是微型金融机构的传统地区优势，未来要旗帜鲜明地立足本土化经营这个基本市场定位，紧紧围绕当地政府经济发展总体布局、城乡建设总体规划和产业发展规划，对应开展产品服务配套创新、体制机制配套优化，以服务本地实体经济、服务民生大众，以当地居民市民自己的银行为品牌定位,使银行真正成为当地经济社会事业发展的金融供给者和居民市民真心认可和依赖的自己的银行和身边的银行。

2. 立足社区化经营。社区化就是人和,服务市民居民的一线在社区。要充分发挥微型金融机构深耕本土的优势,把人熟、地熟、情况熟的"三熟"优势和银行网点多、信息通、沟通便的服务优势有效结合起来,按照城乡建设规划和城镇化发展的新变化,优化物理网点布局,做到居民到哪儿网点到哪儿,通过"下沉式"布局加速银行服务接人气、接地气。要注意渠道建设信息化水平,大力发展自助银行、电子银行、手机银行和移动金融渠道,提高渠道的整体利用及客户体验效率,以现代科技手段为支撑,以贴身顾问式亲情化服务提升客户体验,让银行金融服务融入居民的日常生活、融入小微企业的日常经营,让农民、市民有好的服务体验,成为触手可及的银行、方便生活的银行、全天候理财的银行。

3. 立足服务小微。金融供给侧是由多层次供给构成的,在第四章我们分析了经济需求主体的结构,微型金融机构一定要以占经济主体绝对地位的中小微企业作为自己的服务对象,专注做好中小微企业、个体工商户和农村专业经营户等,要始终坚守自身经营的地域定位和市场定位,始终坚持以当地市场为导向,回归本源和主业,将更多资源向实体经济倾斜,努力使银行成为专注于"三农"和中小微企业的零售银行。

4. 立足服务市民。立足本土化、社区化和服务小微从根本上都是要立足服务市民和居民,因为无论是企业还是机关团体事业单位,最终的服务对象都要落实到人身上,每一个企业法人都是由对应的自然人在管理运营,所以,微型金融机构要以为人服务为宗旨,突出以人为本的发展理念,围绕"当地人"开展信息收集、诚信建档,掌握当地人的生产生活习惯,尽最大可能为他们建立一卡通服务体系,构建当地人全人生(人的一生可划分为三阶段人生,即接受教育阶段、就业工作阶段和退休养老阶段)金融产品体系,为他们存款理财、投资融资、资产增值、资金汇划、保险医疗、养老筹划等提供方便、快捷、低成本、高质效的服务。

(三)特色定位

微型金融机构要在竞争激烈的金融市场站稳脚跟,必须在坚守市场定位的前提下,变市场定位为经营优势,把自身作为金融企业的规模小的短板做成经营上的特色,在特色发展中寻找商机,在特色发展中固化优势,在特色发展中赢得生机。从上述多方面分析中,我们总结出微型金融机构可以在其市场化定位中聚焦出做小、做散、做精、做快、做新的"五做"特色。

1. 做小。目前服务小微的理念已融入微型金融机构的血脉之中,微型金融机构必须把"做小"作为其业务发展的特色深耕细作、做实做大。第一,从金融监管的要求来看,微型金融机构受资本规模小、单户贷款比例等监管指标约束,往往客观上无法满足大中客户一次性资金需求巨大的特征,同时从风险分散角度来看,业务过度集中导致风险过度集中,也不利于微型金融机构的可持续发展,所以,监管部门设立约束指标,限制小微金融的大额暴露,实际上也为微型金融机构指明了坚持"做小"的业务发展方向。

第二,从市场分层理论来看,金融供给侧本来就有大中小的层次,金融需求侧同样也有大中小的层次,往往是大中型金融供给企业往下渗透容易,而小型金融供给企业往上扩张却受到资源限制,从这个角度讲,微型金融机构如果不以"做小"为特色,一旦本土市场丢失,将面临生存危机,所以,以"做小"为特色定位,才能保持微型金融机构持续发展的生命力。

第三,从第四章金融需求侧结构分析来看,我国金融需求的99%以上的主体都是中小微企业、个体工商户以及农村专业大户、家庭农场、农民合作社、农业龙头企业等新型经营主体,且资金需求量大,资金需求的满足程度低,存在着巨大的市场发展空间,是金融供给侧发展的一片蓝海市场,具有巨大的发展潜力,微型金融机构如果面对身边的市场不主动抢占,让这种"小微市场不想占,大中市场占不到"的尴尬心态持续较长时间的话,就必然产生挤出效应,直接影响自身经营效益甚至危及生存。

第四,从互联网银行和民营银行的实践来看,运用金融科技,通过供应链金融,抓住长尾客户,不但降低了成本,大量的客户既覆盖了风险,又增加了盈利,具有巨大的商机。截至2018年末,中信百信银行累计服务

58万户小微企业,微众银行累计服务34万户小微企业,网商银行服务小微企业及个体经营者1227万户;新网银行的笔均贷款金额约10万元。华瑞银行的产融类小微贷款户均放款约为50万元,单笔最小额8404元。微众银行小微企业贷款户均授信金额为32.19万元,笔均提款为19.47万元。而网商银行2018年户均贷款余额仅为2.6万元,笔均贷款更低至1.1万元。网商银行小微企业覆盖面迅速扩大,得益于其金融科技与下沉战略,网商银行通过技术实现"310"(3分钟申请、1秒钟放款、0人工介入)全流程线上信用贷款模式具备互联网的规模扩张效应,而其依托于蚂蚁金服的大数据风控体系,可将不良率控制在1%左右,具备商业可持续性(银行业服务小微实践调查,2019)。根据银保监会关于民营银行的不良贷款率数据,2018年末平均水平没有超过1%,可见其已经彻底摆脱了做小微风险高的困境,相反已经渐入做小微收益高风险小的佳境。

因此,微型金融机构要聚焦社区县域乡镇,深耕"三农"、小微,聚焦新产业、新业态,抓住新型经营主体的金融需求特点,加大对城镇服务类、经营类、生产类、科技类小微企业提供资金支持,加大对农村专业大户、家庭农场、农民合作社、农业龙头企业等新型经营主体的支持。把做小微变成一种常态,形成一种习惯。

2. 做散。做散就是强调微型金融机构在其业务发展过程中要在分散和扩面两个维度下功夫。分散经营当然首先也是基于银行监管部门的监管要求。因为微型金融机构规模小,业务集中度高,经营风险非常大。我们梳理了一下,监管部门对商业银行集中度的监管指标一共有十多项,包括资本充足率、杠杆率、并购贷款集中度比例、行业贷款集中度、单一集团客户授信集中度、单一客户贷款集中度、单一客户关联度、集团客户关联度、全部关联度、户均贷款余额、最大单家同业融出比例、非同业单一客户贷款余额比例、同业单一客户风险暴露比例、同业集团客户风险暴露比例等。事实上,商业银行的业务经营许多都会受到资本充足率的限制,因此,微型金融机构业务经营必须把降低集中度作为经营理念,不要总是想着找大客户,做大生意。

其次,分散包括银行在业务选择上做到客户分散、地区分散、产业分散、企业分散、产品分散,从而实现业务风险分散、资金运用分散等,实际上这些思路和做法都是有联系的,客户多,才能东边不亮西边亮,这也正好符合投资格言:"不把所有鸡蛋放在一个篮子里面。"另外,客户多,也才能做到聚沙成塔,积少成多。如互联网金融做长尾客户就是典型的成功案例,虽然长尾客户收入不高,盈利不多,每一个客户对银行利润的贡献率极低,但汇总的结果却是惊人的,同时,其中某一客户出现风险对整体影响也极其小,这就是做散的典型优势。

扩面就是商业银行在业务发展过程中要强调覆盖面和普惠性,重视其宽度。特别要广泛考虑个体工商户、农村专业大户、家庭农场、农民合作社等小型经济组织和个人,银行业务的覆盖面和普惠性可以通过移动金融来实现,如移动支付、手机银行等,还需要通过投资地方便民服务来提升金融服务的覆盖面,如与地方政府合作投资市民卡业务,一个地方的市民卡往往与交通出行、医疗、教育等各种缴费相连接,这些便民业务使银行更像市民银行,让商业银行与当地市民的生活联系更紧密,为银行存款来源连通千家万户,为银行的资金运用集聚万千客源。

3. 做精。做精就是要求微型金融机构在自己的服务范围内精耕细作,精益求精,通过提升商业银行的美誉度来吸引新客户,通过提升商业银行的体验度来增加老客户黏性和忠诚度。笔者认为,微型金融机构的做精特色可以从四个方面来考虑,即企业文化精诚、客户获取和风险识别精准、业务产品精选、经营服务精细。

企业文化精诚就是要求商业银行有一个精益诚实的企业文化,银行的愿景是真诚为客户着想,不唯利是图,银行员工具有精气神和工匠精神,爱岗敬业,努力践行银行的价值观念。

客户获取和风险识别精准就是要求商业银行具备精准获取客户和风险识别的能力,实际上精准获取客户和精准风险识别是相辅相成的,是一枚硬币的两面。如果银行获得的客户是日后高风险的客户,就不能称之为精准获得客户,所以筛选客户的目的不仅仅是为了做一笔业务,更重要的是做的业务要没有风险。商业银行是经营风险的企业,虽然商业银行为了风险准备了三道防线,但最初的防线还是预防,把风险控制在没有发生前。

业务产品精选就是商业银行设计业务产品要从服务对象的需求出发，强调与客户需求的吻合性、适应客户发展的全过程需求、符合客户成长的全周期需求。而不是银行有什么就给客户什么，要从卖方市场理念全面向买方市场理念转变。

经营服务精细。银行经营服务的精细体现在温度和效率上。温度取决于态度，银行员工真能站在客户角度思考问题、处理事务，把职业当作事业来做，真正做到热情而周到，真正体现客户至上。

效率取决于诚度。我们日常工作中经常会遇到这样一些事例，如虚假热情，故作笑脸，或者好心办坏事。前一种是阳奉阴违，因五斗米而折腰，不是心甘情愿；后一种是能力恐慌，服务能力缺乏，光热情没本领。这两种情况都不是精细的体现，都不会体现办事的效率，因为办事的效率必须用成功率来衡量，只有真心地为客户办成事，客户才会真诚信赖你，才能在服务中为银行争得客户黏性。此外服务的效率还要强调服务的主动性，主动性是发自内心的一种能动力量，这种能动力量往往是办成事办好事的内在精气神。

4. 做快。进入21世纪以来，随着信息化、大数据和人工智能的发展，社会各方面的变化真可谓日新月异，人们的生活节奏都明显加快。腾讯公司控股董事会主席兼首席执行官马化腾在2018年12月3日第四届世界互联网大会上指出：数字经济是创新最快的经济活动，全球互联网公司都站在了风口上，获得高速发展。全球市值最大的公司里，7家科技公司，5家互联网公司。他认为，新时代，新产品的迭代速度以天为单位，大公司也是如此（马化腾，2017）。美国学者罗伯特·列文在《不同国家与地区生活节奏的比较》中得出了人们步行速度也因经济增长而加快的结论，调查数据显示：人们步行速度最快的前10个国家依次是：爱尔兰、荷兰、瑞士、英国、德国、美国、日本、法国、肯尼亚、意大利。假如在中国做一次步行速度测试，那么，城市的步行速度一定快于农村的步行速度，沿海地区的步行速度一定快于西部地区的步行速度。甚至在相隔不到100千米的广州与深圳，人们也会明显地感到深圳人走路的速度比广州人快半拍（张林，2019）。所以，速度就是一切，微型金融机构开展业务活动必须坚持快速应变的特色定位，特别是目前互联网金融企业如网商银行已经在实施"310"业务模式，就更不能固守传统思维和习惯。

此外，微型金融机构要立足"做快"，特色定位也是由服务对象的经营特点所决定的，因为微型金融服务的对象多数是小微企业和个体工商户，这些企业在生产经营过程中常常要把握稍纵即逝的商机，资金的需求往往体现零时性和及时性的特征，这时的资金需求根本不可能立即提供抵押或者寻求担保，如果商业银行固守传统的审贷流程，那么这些小微企业和个体工商户根本不可能及时获得所需的经营资金，事实也证明，大量小微企业和个体工商户应对这些临时小额资金需求根本就不去商业银行寻贷，而是直接以高利率从民间借贷渠道获得资金。

时间就是金钱，效率就是生命。微型金融机构坚持"做快"特色定位就是要提高办事效率，通过建立扁平化管理机制实现决策快；通过金融科技助力实现流程快；通过本土化下沉获得的人熟、地熟、情况熟"三熟"优势和银行网点多、信息通、沟通便的服务优势实现服务快。

实现决策快就要在扁平化管理上下功夫，好在微型金融机构主要是县域法人机构，不像国有大型商业银行或者股份制商业银行那样有4~5个管理层级，县域法人机构从决策到执行的环节较少，一般是2~3个环节，即使不考虑信息化的作用，办事效率也会比较高，目前我国许多农村商业银行已经能够做到小额贷款立即取款了。

业务办理方便快捷除了决策快以外，更多还是取决于业务的流程，目前我国各类银行业务管理都实行流程管理，微型金融机构也不例外，流程管理本来是降低风险的一项重要措施，执行好有利于决策科学化，但是现实中也确实存在被流程束缚的问题，流程有时成为推诿责任的一张挡箭牌，所以优化流程管理成为商业银行提高办事效率的重要一环。从目前我国先进商业银行流程管理的经验来看，主要还是通过科技的力量来提升的，在各流程数据充足客观的前提下，通过软件分析判断，提升分析能力，有利于科学决策，快速决策，从而提高办事效率，这一点微型金融机构必须要有充分的认识，不断加大金融科技的投入，强化"互联网+"金融科技思维，进一步加快大数据、互联网平台建设，推进流程银行、线上银行建设，不断提高自动化水平，彻底解决目前银行流程耗时的痛点。

5. 做新。创新永远是一个企业持续发展的动力，微型金融机构要在恶劣的竞争环境中赢得生机，必须坚持创新驱动，实施转型升级战略，走可持续发展之路。微型金融机构坚持"做新"的特色定位主要从经营思维新、运营模式新、营销服务方式新、业务产品新、经营能力新"五个新"来实现。

经营思维新是战略定位的延伸，微型金融机构在战略定位的前提下，要思考如何才能确保战略定位的实现，这就需要商业银行在经营管理中不断创新思维方式，比如用常规的方式做小微企业业务，因为成本高、风险大往往就只能通过高利率、高收费来覆盖高成本和高风险。但是，互联网金融换一种运作模式，他们通过互联网收集客户（个体工商户、小微企业和个人）消费和业务活动的数据，运用软件对客户直接进行网上信用评级，对于系统认定的信用优质客户直接进行信用授信，无担保、无抵押、零等待。再如，阿里金融、腾讯金融、京东金融和苏宁金融等互联网金融公司，他们还通过自身强大的互联网销售渠道对上下游商户和企业开展供应链金融服务，直接拓展互联网销售业务的场景。传统金融中也大量存在这样的案例，如随着移动金融的发展，各大银行网点的离柜率越来越高，如何提高网点效率就成了各家商业银行近年来考虑的一项重要工作，有些银行根据总体布局直接拆了一些业务量小的网点，有些商业银行直接引进苹果手机的场景销售理念，把咖啡、蛋糕等生活品的销售引入网点，提升客户在银行网点消费便利度，等等。可谓思路决定出路。

运营模式新就是商业银行要围绕零售金融、公司金融、金融市场、机构金融等板块实施综合化、差异化经营策略。商业银行内部管理要拆掉部门之间的墙，前台、中台、后台之间、管理部门和业务部门之间、产品线之间要做到客户信息数据联通，客户需求互通，按照市场需求、客户需求全面开展零售服务，全方位满足区域内客户的全部需求，提高商业银行零售客户占比和零售业务市场份额。

营销方式新就是按照大零售战略转型总体布局，引入美国富国银行业务产品交叉销售的营销理念和考核机制，构建产品、客户、服务三位一体的全员营销和全渠道营销体系,根据服务区域、物理网点、网络App渠道,综合安排网点营销和线上营销资源,建立网下网上一体化服务体系,引流客户至合适渠道并逐步固化其渠道使用习惯,真正给客户提供有质感、有温度、有效率的金融服务体验。要创新营销宣传工作思路,特别是在广大农村市场,商业银行不仅要自己做得好,作出特别能满足客户需求的产品和服务,更重要的是要让客户知道你有什么。要在村镇建立银行宣传员制度,通过宣传员的手脑口,帮助银行及时掌握村镇居民金融服务需求,及时向村镇居民宣传银行的金融服务供给,作为商业银行网上网下连接空隙的有机补充。

业务产品新就是要求商业银行不断创新业务服务产品。市场营销学中所讲的新产品强调消费者的观点认为,凡是消费者认为是新的、能从中获得新的满足的、可以接受的产品即属于新产品。从定义中我们可以看出,新产品强调客户满足程度,也就是说要能满足客户的需求,我们在前面的章节对微型金融机构服务对象的需求特征做了较为系统的分析,商业银行要根据服务对象的需求特征和市场变化研发适应性产品。目前各类微型金融机构已经非常重视产品创新,如江苏省农村信用社联合社与江苏省农业融资担保有限责任公司合作开发,在全省范围内推出"惠农快贷"创新产品,江苏紫金农村商业银行是南京地区承办行。"惠农快贷"以与农业生产直接相关的一、二、三产业融合发展项目以及家庭休闲农业、观光农业等农村新业态为服务范围。主要贷款对象为家庭农场、种养大户、农民合作社、农业社会化服务组织以及小微农业企业等适度规模经营主体。额度最高200万元,贷款期限最长3年。该产品以其手续简便、利率优惠、无须抵押等突出优势,实实在在解决农民融资难融资贵的瓶颈,是一款服务"三农"、服务乡村振兴建设的好产品。江苏江南农村商业银行推出"快抵贷"产品用于支持小微企业和自然人客户用于日常经营活动的房地产抵押贷款,该产品最高可贷1000万元,贷款手续简便,标准流程,审批效率高,利率为4.785%。江苏溧水农村商业银行不断进行业务产品创新,借力网格化营销,通过为个体工商户收单服务,拓宽吸收存款渠道,扩展对小微企业的服务范围。根据该行2019年第二季度行长报告数据,到6月末新增收单商户 2885 户，累计交易笔数 16.81 万笔，累计交易金额 4222.9 万元，对于现金流正常的商户，一旦业务资金临时需求，商业银行直接对商户授信 30 万元以内的信用贷款，这是一项典型的以结算业务服务为抓手的负债业务和资产业务的延伸创新业务。此外，该行根据溧水区小微企业和农户的不同需求，创新不同信贷产品，针对农户推出惠农快贷；针对居民区个体工商户，打通线上商户群，推出阳光 e 贷、家 e 贷、溧水 e 贷和流水 e 贷；针对创业和科技型小微企业推出宁创贷和溧科贷等。

想得好不如做得好，做得好关键在于具有经营管理能力的人才。经营能力新就是强调微型金融机构要不断吸引优秀人才，将其充实到管理和经营工作的一线，不断优化现有人才结构，逐步建设一支懂政策、懂市场、懂"三农"、懂小微、懂风险、懂技术、懂管理的优秀人才队伍，通过建立员工业务进修培训机制，一帮一，一对红，充分发挥管理中的"鲶鱼效应"，努力改变员工面临的能力恐慌现状，为每一个业务条线和管理条线建立经营能力强能顺应市场变化的优秀团队。要建立业务考核激励机制，实现优劳优酬，改变做好做坏一样的局面，变压力为动力，充分激发员工队伍活力，使微型金融机构真正成为活跃在普惠金融一线的一支金融供给主力军。

第三节　新时代微型金融企业经营管理转型发展的趋势

一、新时代的发展战略与经营定位决定了微型金融机构未来经营管理的重点

2017 年，习近平总书记在党的十九大报告中作出了"中国特色社会主义进入新时代"的重大科学判断，具有划时代的意义，明确了从 2020 年到 21 世纪中叶分两步走全面建设社会主义现代化国家的新目标。这一目标描绘了建成富强民主文明和谐美丽的社会主义现代化强国的宏伟蓝图，对新时代中国特色社会主义发展作出战略安排，彰显了中国共产党的战略谋划和使命担当。明确在 2020 年全面建成小康社会、实现第一个百年奋斗目

标的基础上，再奋斗 15 年，到 2035 年基本实现社会主义现代化。从 2035 年到 21 世纪中叶，在基本实现现代化的基础上，再奋斗 15 年，把我国建成富强、民主、文明、和谐、美丽的社会主义现代化强国。报告指出从十九大召开的 2017 年到 2020 年，是全面建成小康社会决胜期。要按照全面建成小康社会各项要求，落实十九大报告作出的各项战略安排，突出抓重点、补短板、强弱项，特别是要坚决打好防范化解重大风险、精准脱贫、污染防治的攻坚战，使全面建成小康社会得到人民认可、经得起历史检验。

重温十九大报告的精辟论述，我们清醒认识到 2020 年全面建成小康社会的重要决战都与金融、农村有直接关系，防风险在金融，精准脱贫在农村，而精准脱贫又离不开普惠金融的支持。十九大规划的这些战略任务与微型金融机构所明确的市场定位高度一致，这些任务将给予微型金融机构天然的发展良机，也是小微金融机构义不容辞的责任和担当。自 1982 年以来，党中央已经连续 20 多年以中央"一号文件"的形式关注"三农"建设问题，改革开放以来特别是党的十八大以来，我国广大农村出现了翻天覆地的变化，农村村容村貌焕然一新，但是许多地方距离全面建成小康社会的目标还有差距，党中央一直高度关注，而且政策细致入微。2019 年 7 月 24 日中央全面深化改革委员会第九次会议审议通过了《关于深化农村公共基础设施管护体制改革的指导意见》等文件，会议强调农村公共基础设施是促进农村经济社会持续健康发展的重要支撑，是乡村全面振兴的重要物质基础。要以推进城乡公共基础设施一体化管护为方向，坚持政府主导、市场运作，鼓励社会各类主体参与农村公共基础设施管护，按产权归属落实管护责任，科学制定管护标准和规范，合理选择管护模式。这里当然需要金融机构提供相应的配套服务。

因此，微型金融机构要吃透党的十九大报告提出的新时代新农村建设和精准扶贫的任务和要求，在深化现代农村综合规划、农村基础设施建设和农村现代化、大农业（农林牧副渔等）协调发展、现代农业产业化建设、县域及乡镇小微企业发展等方面主动给予金融支持，在微型金融机构自身经营业务和管理方式手段上进一步提升其与时代发展的适应性。

二、新时代微型金融经营管理的转型发展之路

（一）充分体现小法人的特色，构建扁平化公司治理架构

根据中国银行保险监督管理委员会官网公布的数据，截至2019年底，我国有银行业金融机构4607家，其中国有大型商业银行6家、全国性股份制商业银行12家，剩余的绝大部分是中小型金融机构，在我国不论大中小银行金融机构，其经营管理组织都是总分行制的，行业内早就形象概括银行分支机构设置呈现"面对面、手拉手、肩并肩、背靠背"的局面，业务经营竞争的激烈程度可想而知，因此，小微型金融机构在业务经营管理上必须摒弃大型商业银行和股份制商业银行的思路，实行差异化经营战略，坚持小法人的经营特色，深耕本土，深扎底层，深挖小微，要充分利用本土化人头熟的优势，培养客户忠诚意识，增强客户黏性。此外要充分发挥小型机构的特征，构建扁平化管理流程，缩短审批环节，提高业务办理效率，把服务好当地小微企业和当地市民作为经营管理工作的宗旨，为客户所想，真正做到客户第一。

（二）回归本源支持实体经济发展，始终把"三农"和小微企业作为业务发展的初心

小微金融机构要坚持回归本源支持实体经济发展的经营理念，持续强化小微金融服务。要围绕小微企业融资中普遍存在的"缺信息、缺信用、缺抵押"等根本症结，创新融资担保方式，扩展融资担保路径，探索创新金融产品，合理制订服务价格，积极主动减费让利，争取把"小客户"做成"大市场"。利用好互联网大数据等线上技术，提升客户挖掘、信息采集与分析水平，降低获客、征信、风控等成本。利用好国家支持小微企业的相关优惠政策，加强与地方政府、税务、司法机关等各方的信息共享，创新信贷风险控制技术。对于小微企业、个体工商户和农户生产经营组织业务经营中"短平快"的资金需求，科学大胆地采用信用放款的方式，如小微企业和个体工商户经营周转贷款、农户小额信用贷款、农户联保贷款、农村承包土地经营权和农民住房财产权抵押贷款等，便于其及时取得资金，急客户所急，想客户所想，紧抓商机和农时。要利用好与客户联系

紧密的线下基础，下沉机构、下沉服务，把网点设在小微企业和个体工商户集中的市场、城乡结合部、乡镇等地，扩大与小微企业、个体工商户和农户的接触面，提高客户存取款、贷款和汇款等基础金融服务的可获得性，有效满足城乡居民普惠金融需求，打造服务"三农"和小微企业的金融"便利店"。

（三）以优质服务提升竞争优势，努力提高客户的黏性

银行业未来的竞争一定是质量的竞争、服务的竞争，而不是价格的竞争，要转变思维，潜心为客户提供全面解决方案，让自己变得有价值。近年来由于金融机构相互之间的激烈竞争，客观上增加了客户的选择性，随着市场化程度的提高，金融机构的价格优势基本已经不存在，客户选择某家银行的业务，从根本上还是取决于银行对客户的服务。因此，小微金融机构要发挥本土优势，还必须做好客户的全天候服务（包括业务发生之前、业务发生之中和业务发生之后）。

小微金融机构的本土服务要从提高服务的精度、深度和温度三个角度来做好对客户的服务工作。首先是提高服务的精度。提高服务精度就是要精准及时把握客户的需求。小微银行要充分运用自身的技术优势，精准读取与当地政府、税务、工商、水电、小微企业、个体工商户、农户联网数据，及时跟踪客户需求，精准判断客户风险，及时满足客户需要，打造经营质效高、市场口碑好、服务体验佳的专业精品银行。其次要拓展服务的深度。服务深度的拓展实际上是银行客户经营专业素养作用发挥的结果。我们说传统的银行服务应该包括事前、事中和事后，但更重要的还有顾问和咨询服务。通常银行客户经营往往业务素质较高，知识面宽，判断宏观形势发展能力强，接触微观企业面广量大，对未来发展有一定的判断决策能力，在客户遇到发展瓶颈时，银行客户经理可以提供相对专业的咨询服务，为客户把握企业和业务发展方向提供参谋顾问作用。还可以从用户角度对企业产品的质量提出建议，可以从管理者角度对企业生产管理流程提出改进建议，可以对企业产品的销售及网络构建提出看法，可以对客户不同时期的融资策略提出合理化建议，如采取发债、债务融资工具、资产证券化等，做客户真正的贴心人。最后是要提升服务的温度。服务的本意是

提供贴身帮助,关键是态度,银行的客户服务要真正实现有能力的热心肠,所以必须扎扎实实跑市场,要真正沉到一线、到现场,只有到企业、到田头,才能与客户拉近距离;只有到网点、到柜台、到厅堂,才能了解到市场具体真实的第一手资料和情况,从而及时发现问题,逐个解决问题。同时,也只有持续跟踪客户,也才能更好全面地了解客户,提升服务温度的同时增加客户黏性。

(四) 注重风险防控,确保业务经营的可持续发展

银行提高服务质量和业务效率,绝不能理解为以牺牲自身的业务质量为代价,绝不能放松风险管理的力度,风险管理始终是商业银行经营管理的生命线。当然如果事前工作做得不细致,客户的风险度把握不及时准确,快速的信用放款肯定会造成新的不良贷款。这就需要小微金融根据本土企业和市民的乡风、村风和民风特点,改变风险控制技术、创新风险管理方法,做更加细致的工作,做更加主动的工作,充分发挥互联网和技术的力量,运用前置营销方法,超前掌握客户的风险状况和现实需求,实现客户需求快速满足与风险控制的统一。

(五) 科技赋能金融业务,推动银行数字化转型

面对上述挑战与困惑,要解决客户需求快速满足和风险控制的矛盾,科技赋能和数字化转型是商业银行业务发展的必然路径选择。因为风险控制技术的改变即使不考虑人海战术的成本问题,也是一个人掌握信息并通过理性判断所不能做到的,因此,小微金融企业必须借助科技赋能金融业务,推动银行数字化快速转型。数字化转型是指构建收集客户信息、分析客户信息、洞察客户需要、敏捷创新产品、高效运营支持的系统,通过数据驱动实现从新客获取到存客经营提升的内生增长能力。数字化转型使商业银行能够通过数字化的技术手段提供最佳的客户体验,破解客户与银行的信息不通畅和不对称,解决传统模式形成的需求瓶颈,最大限度满足客户个性化需求,激发新需求和创造新的商业模式。

第六章　金融科技推动微型金融企业经营管理变革与创新

第一节　金融科技的产生与发展

一、金融科技的产生

金融科技，英文缩写 FinTech，最早来源于 20 世纪 90 年代花旗银行发起的一个发展项目"金融服务技术联盟"，然而，直到近几年才引起学术界、产业界以及政府部门的广泛关注。针对金融科技这一概念，学术界尚未形成统一定义，现有文献多基于以下三种视角理解。

金融科技是金融与科技相融合后所形成的业务模式，具体包括移动支付、互联网保险、供应链金融、网络借贷、股权众筹、智能投顾、大数据征信等。例如，维基百科定义金融科技为一群企业运用科技手段使得金融服务变得更有效率，因而形成的一种经济产业。沃顿商学院定义金融科技为用技术改进金融体系效率的经济行业。巴塞尔银行监管委员会将金融科技划分为支付结算、存贷款与资本筹集、投资管理和市场设施四类业务模式。Lee 和 Shin（2018）则将金融科技划分为支付结算、资本市场、财富管理、借贷融资和保险五类商业模式。

金融科技是对金融业产生重大影响的科学技术。例如，牛津词典将金融科技定义为用来支持银行业和其他金融服务的电脑程序或其他科技。巴曙松和白海峰（2016）认为金融科技是将科学技术应用于金融行业，服务于普罗大众,降低行业成本,提高行业效率的技术手段。Ma 和 Liu (2017) 指出金融科技是广泛影响投资、贷款、融资、金融服务以及货币运行的一系列科学技术。庄雷 (2019) 指出金融科技是以前沿科技手段来提升金融效率的技术工具,主要包括人工智能、区块链、云计算和大数据四项技术,其中区块链技术是数字信用创新的核心技术,云计算和大数据是数字信用的基础技术,人工智能则是数字信用处理与分析手段。

金融科技包含的创新范围较广,既可以是金融前端产品,也可以是后台技术。例如,金融稳定委员会 (2016) 将金融科技定义为技术带来的金融创新,它能创造新的业务模式、应用、流程或产品,从而对金融市场、金融机构或金融服务的提供方式造成重大影响。

综合来看,基于第三种视角的金融科技定义更具包容性,认同度最高。金融科技本质仍是金融,是科技驱动的金融创新,以大数据、云计算、人工智能、区块链为技术支撑,创新金融产品及服务模式,改善客户体验,降低交易成本,提高服务效率,推动传统金融业务转型升级。金融科技参与者不仅包括提供金融服务的科技公司,也包括利用科技转型的传统金融机构。

二、金融科技的发展阶段

金融科技的发展以金融创新理论、金融自由化理论、信息不对称理论、长尾理论等经济金融理论为基础,从 IT 技术应用于金融领域的过程来看,中国金融科技发展大致经历三个阶段:金融电子化阶段、互联网金融阶段、金融科技阶段。

1. 金融电子化阶段,时间跨度在 1990 年至 2012 年。在该阶段,金融机构内设 IT 部门,推进信息化改造,通过借助传统 IT 软硬件实现办公及业务的电子化、自动化,提高机构运作效率。这一阶段的代表有 POS 机、ATM 等。

2. 互联网金融阶段,时间跨度在 2013 年至 2015 年。在该阶段,互联网作为技术基础与金融融合加深,金融机构借助互联网搭建在线业务平台,实现信息共享与业务融合,其实质是传统金融渠道的变革。这一阶段的代表有 P2P 网贷、互联网保险等。

3. 金融科技阶段，自2016年发展至今。在该阶段，大数据、云计算、人工智能及区块链等新兴技术日益成熟，金融机构借助新兴技术拓展信息来源、强化风险定价、转变信用中介、精准提供服务，进而降低交易成本，提高运营效率，重塑金融业态。这一阶段的代表有智能投顾、大数据征信等。综合上述分析，将中国金融科技发展历程绘制成表6-1。

表6-1　　　　　　　中国金融科技发展历程及阶段特征

发展阶段	金融电子化：1.0阶段	互联网金融：2.0阶段	金融科技：3.0阶段
时间跨度	1990—2012年	2013—2015年	2016年至今
应用模式	POS机、ATM、银行核心交易系统、清算系统等	众筹、P2P网贷、第三方支付、互联网保险等	智能投顾、大数据征信、数字货币、供应链金融等
技术基础	电子技术	移动互联网	大数据、云计算、人工智能、区块链

三、金融科技发展的现状特征分析

近年来，随着大数据、云计算、人工智能及区块链等新兴技术的快速发展，金融科技在各国都得到高度重视，在投资总额、增长速度等方面取得惊人的成果，可概括为以下几方面基本特征：

1. 亚洲成为全球最大金融科技投资市场，中国金融科技投资领跑全球。图6-1显示，2018年亚洲地区金融科技投资额达到299亿美元，占当年全球金融科技投资额的54%，远超北美的32%，可见，亚洲地区逐渐取代北美，成为金融科技投资新热土。结合亚洲地区投资情况，中国在2018年获得的金融科技投资额达255亿美元，与2017年相比增长超过8倍，占当年全球金融科技投资额的46%，与2017年全球金融科技投资额267亿美元基本持平，对亚洲地区贡献度达到85%，基于庞大的市场规模、包容的创新环境，中国成功抓住了金融科技发展先机，一跃成为全球金融科技领先力量；而在印度，大规模的移动支付和资金转账推动了移动支付的迅猛发展。广阔的发展前景推动亚洲地区金融科技快速发展，并深受更多投资者青睐。

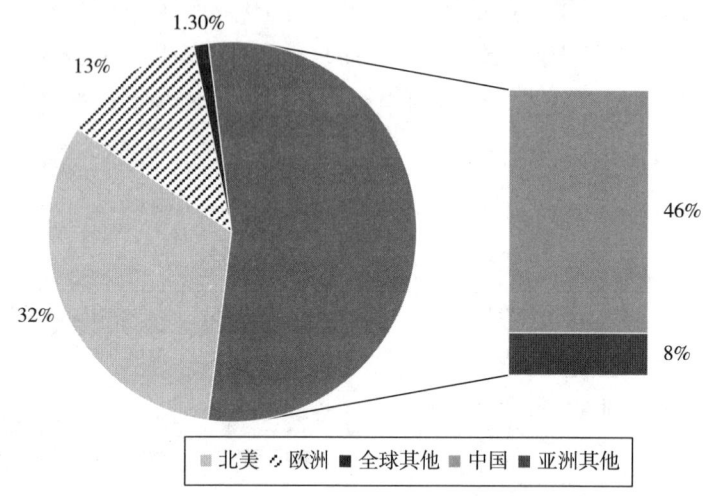

图 6-1　2018 年全球金融科技投资额分布占比统计

（资料来源：埃森哲咨询）

2. 区块链成为 2018 年全球最热门投资领域，综合金融融资笔均金额最高。图 6-2、图 6-3 从融资笔数和融资金额角度看 2018 年全球金融科技投融资领域分布情况，其中，区块链以 451 笔共 333.5 亿元融资成为最热门投资领域，但下半年受监管整治影响，融资笔数转而下滑。综合金融

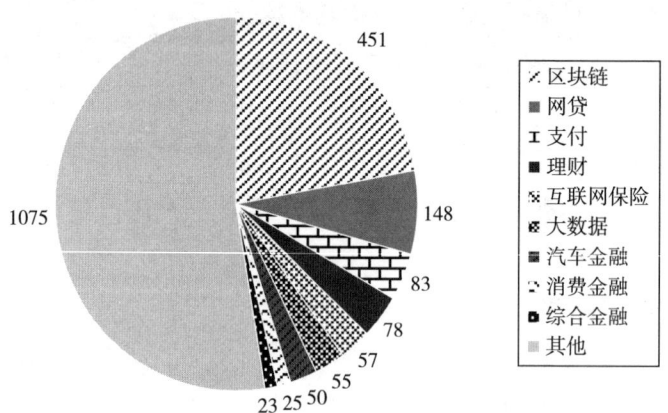

图 6-2　2018 年全球金融科技投融资领域分布（按融资笔数，单位：笔）

（资料来源：零壹财经）

融资笔数 23 笔，融资金额 2172.3 亿元，笔均金额最高，融资数额上在各领域中居首。除此之外，网贷、支付、汽车金融也成为重要投资领域，获投金额均超过 200 亿元，分别为 356.5 亿元、298.1 亿元、289.7 亿元。在其他领域中，互联网银行获投笔数仅为 12 笔，相对较少，但获投金额高达 126.2 亿元，单笔平均较高。

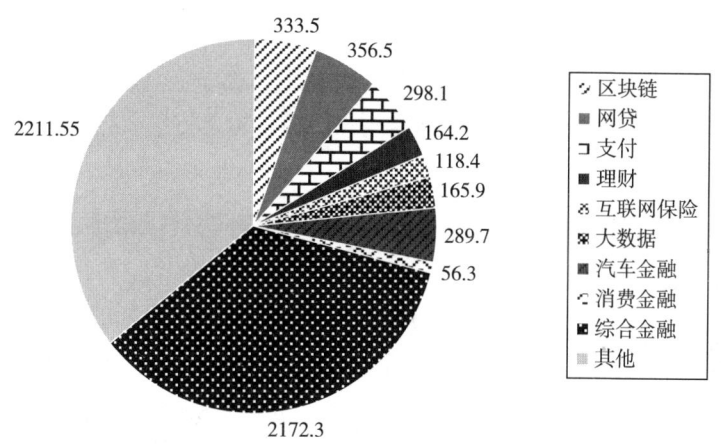

图 6-3　2018 年全球金融科技投融资领域分布（按融资金额，单位：亿元）

（资料来源：零壹财经）

3. 金融科技发展水平与地区经济发展水平呈一定相关性，地区经济发展水平越高，金融科技发展往往越好。图 6-4 从中国各省市金融科技企业数量分布情况来看，金融科技企业数量占据前三的省市分别是北京、上海和广东，分别达 839 家、724 家、686 家。浙江省和江苏省金融科技企业数量也都超过 100 家，分别达 273 家和 151 家。四川、福建、山东、重庆、天津、湖北、陕西、湖南金融科技企业数量均超过 30 家，而大部分西部地区省份金融科技企业数量不足 30 家，有的甚至不到 10 家。同各省市 GDP 对比可知，金融科技企业数量排名靠前的地区，其 GDP 排名也基本在全国前列。

4. 中国金融科技营收增长强劲，市场潜力无限。结合图 6-5，自 2013 年以来，中国金融科技飞速发展，营收规模由 2013 年的 695.1 亿元增长到 2018 年的 9698.8 亿元，涨幅高达 1295.31%，同比增速 48.3%。2014 年和 2015 年金融科技营收规模实现翻番，两年均达三位数增长率。

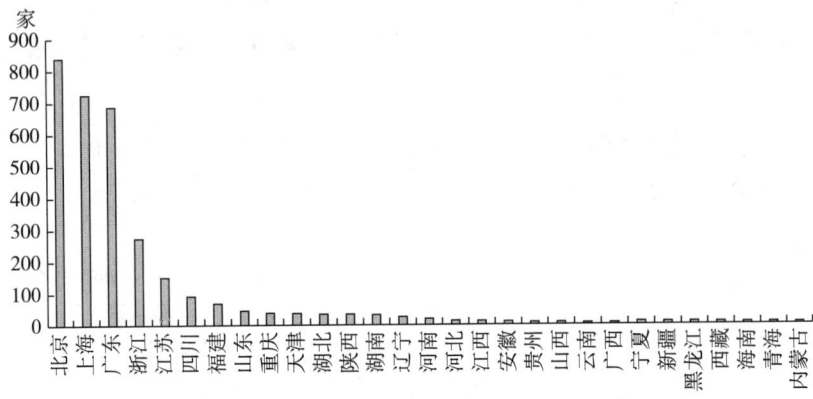

图6-4 中国各省市金融科技企业数量分布情况统计

（资料来源：零壹财经）

自 2016 年开始，金融科技营收增长幅度下降至两位数，围绕 50% 上下波动，考虑到当前金融科技应用更偏向实际金融业务后端，而非金融产业链中利润最丰厚的一环，故而短期内金融科技营收规模难以出现爆发式增长，更倾向稳定增长态势，而以稳定增速预测，2020 年中国金融科技营收规模将逼近两万亿元大关，达 19704.9 亿元，发展前景广阔。

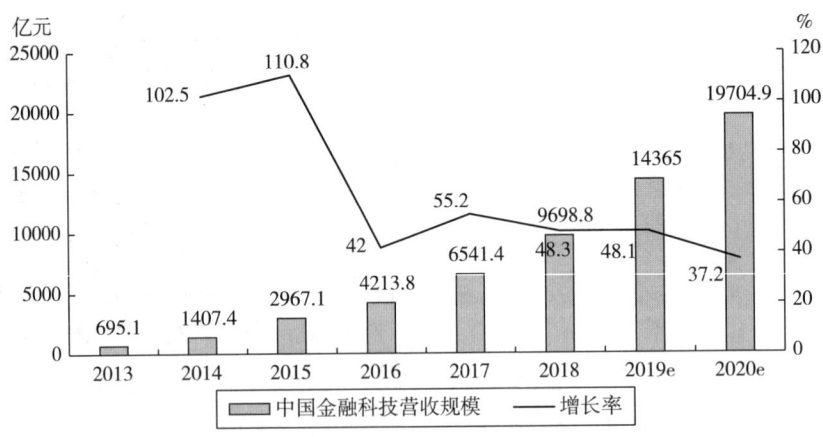

图6-5 中国金融科技营业收入规模及增长率

（资料来源：前瞻产业研究院）

第二节　金融科技冲击商业银行

金融科技对商业银行而言是一把双刃剑，既可以对商业银行传统业务和经营模式造成冲击，也可为商业银行传统业务和经营模式转型提供赋能，准确把握其中影响机制，合理布局金融科技，是商业银行未来转型制胜的关键，特别是微型金融企业更是如此，如果运用得好则可以快速转型发展，反之则可能拉高成本降低收益（见图6-6）。

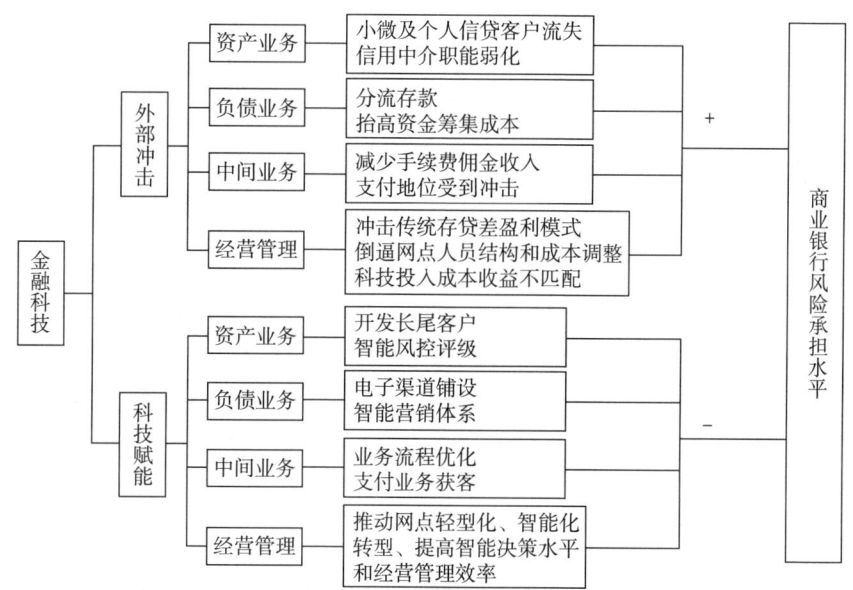

图6-6　金融科技对商业银行风险承担影响机制

一、金融科技对商业银行资产端的冲击

（一）金融科技加速金融脱媒，助力普惠金融，冲击传统商业银行信贷业务

传统商业银行充当资金供需双方间信用中介，实现资金融通功能，其存在基础在于信息不对称，信息不对称提高商业银行信息收集与甄别难度，使贷款流程烦琐复杂，进而影响资金供给时效，信贷期间成本与风险

又以利率形式转嫁资金需求方，抬高融资成本。此外，传统商业银行业务发展遵循"二八定律"，即80%利润由20%主要客户创造，驱使银行业务设计更针对重要客户，忽略经济活动中长尾客户，以致金融产品服务种类单一，客户需求尤其是长尾客户需求难以全方位满足。

金融科技以其开放共享特性为资金供需双方提供信息搜索平台，增强信息透明度，强化信息中介功能，有效缓解信息不对称程度，进而能在提高风险防控能力的同时简化审核流程，使资金供给更加安全及时，同时低成本运营模式降低信贷门槛，让利于资金需求方，缓解融资贵问题，迫使商业银行金融中介功能边缘化。此外，金融科技更关注长尾客户，通过将服务对象锁定为小微企业、个体工商户及个人，拓展金融服务边界，助力普惠金融发展，使融资难问题得以缓解。

（二）伴随金融与科技融合加深，消费金融和小微金融业务得以快速拓展

消费金融方面，以前海微众银行为例，作为国内首家纯互联网银行，创建伊始便树立"手抓科技，发展普惠"战略目标，竭力打造"持有银行的互联网平台"定位。通过借力科技，微众银行大力发展消费信贷业务，有效缓解传统商业银行消费信贷服务痛点。其在2015年5月推出的首款消费信贷类产品——微粒贷，一经试用，便大获成功，不到两年时间，累计放贷1987亿元，放贷笔数多达2500万笔，笔均放款约8000元，而不良贷款率仅为0.3%，业绩着实亮眼。作为一款针对个人用户的消费信贷类产品，微粒贷具备传统消费信贷产品无可比拟的优势（见表6-2），深受借贷者喜爱。结合微众银行经营模式分析，微粒贷的成功并非偶然，作为背靠腾讯集团的新型银行，微众银行生来便具备客户、数据、科技等多重优势，微信、QQ作为腾讯集团主打的两款社交类产品，2018年月活跃用户数分别达到11亿户和7亿户，成为微众银行获客的重要渠道，微粒贷采用预授信模式，以"白名单"邀请制形式向符合授信标准的用户定向开放，成功转化潜在客户，同时，以客户日常通信、社交、娱乐、支付等多维数据为基础，运用数据分析技术深挖客户需求，精准提供个性服务，再配合创新开发的六大风控模型，实现反欺诈、风险评分和贷后监控的全线上操

作，在降低成本同时防止坏账风险，以此建立传统银行难以复制的比较优势，进而抢占传统商业银行消费信贷资源，提高其风险承担水平。

表 6-2　　　　传统银行消费信贷产品与微粒贷比较

信贷产品	传统银行信贷	微粒贷
营业时间	工作日 8 小时、非工作日不营业	全天候
申请地点	线下实体网点	线上全流程
担保方式	抵押、质押、保证等	无担保
审批期限	>15 日	<1 分钟
还款操作	缺乏灵活性	随借随还
风险控制	客户材料追查	大数据风控

小微金融方面，蚂蚁金服作为国内领先金融科技公司，2014 年成立以来，便致力于通过科技创新能力，搭建一个开放、共享的信用体系和金融服务平台，为小微企业提供安全、便捷的普惠金融服务。旗下品牌网商银行，更是中国第一家核心系统基于云计算架构的商业银行，自 2015 年 6 月成立以来，累计为千万小微企业提供信贷服务，切实解决他们的融资需求。2019 年蚂蚁金服全年累计服务小微客户 1656 万户，同比增长 80%；累计发放贷款 1.7 万亿元，同比增长 72%。其中，在浙江服务小微客户 154 万户，实现同比增长 60%，累计发放贷款超过 2200 亿元，同比增长 51%。并且在实现扩大覆盖面的同时，企业贷款综合成本同比下降 0.8 个百分点（中保网，2020），充分响应了国家普惠金融号召。不同于传统商业银行信贷担保方式，网商银行不要求客户提供任何抵押、担保，全凭自身信用申请贷款，有效缓解小微企业因担保缺失而无法获贷的融资困境。此外，小微企业主可全程线上操作，"310" 贷款模式（3 分钟在线申请，1 秒钟贷款，0 人工干预）精准服务小微和个体经营户，极具时效性。在借款额度和还款时间上，网商银行也更加灵活，最低一元起贷，最高依据智能信评系统，且 24 个月内可随时还款，减少不必要的闲余资金占用成本。网商银行依据小微企业信用水平提供差异化信贷方案，将信用和财富直接挂钩，有效缓解小微企业融资难现象，对传统商业银行信贷方式造成强烈冲击，驱使传统银行信贷决策更加激进，风险水平逐渐提高。

结合各类商业银行小微企业信贷增速来看（见图 6-7），2016 年至

2017年，商业银行小微企业信贷增速总体有所上升，其中股份制银行上升幅度最大，相较2016年提高近7个百分点，农商行则逆向下降，波动幅度也近7个百分点，国有银行和城商行则保持平稳增长态势，在此期间，P2P行业则保持强劲增长态势，两年平均增速达到70%，远超银行水平，对银行小微信贷业务造成强力分流。2017年后，商业银行小微信贷业务普遍出现萎缩，其中国有银行所受冲击最为剧烈，首度出现负增长。P2P网贷则受行业出清影响，2018年规模出现首降，但行业集中度逆向上升，优质企业更加突出，对商业银行潜在冲击有扩大趋势。P2P行业凭借审核简易、借款灵活、成本低廉、信息透明特性，吸引大量小微企业客户，蚕食银行信贷利润，商业银行面对冲击，可能采取降低放贷标准、追求高风险投资项目等不恰当措施，提高自身风险承担。

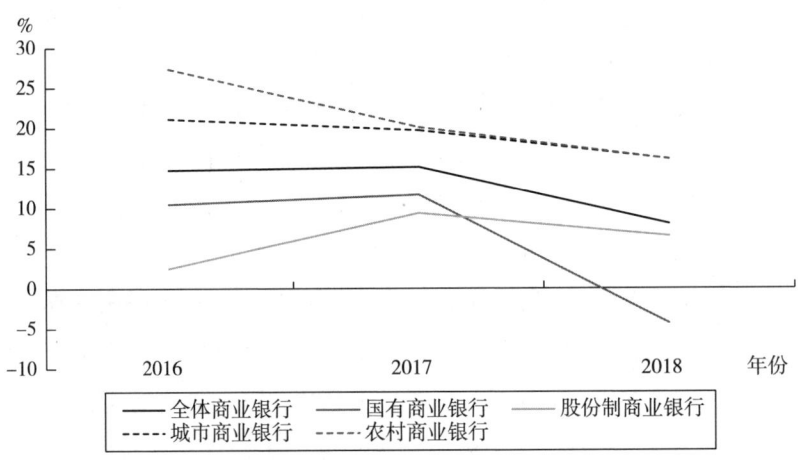

图 6-7　商业银行小微企业信贷增速

（资料来源：中国银保监会）

二、金融科技对商业银行负债端的冲击

（一）金融科技分流银行存款，迫使商业银行存款理财化，抬高资金筹集成本，冲击银行负债业务

传统商业银行对外提供存款业务与理财业务，存款业务限于利率管

制，收益长期处于低位，2015年存款利率市场化改革后，存款收益有所提升，但银行筹资成本也随之抬高，盈利能力出现下降。理财业务方面，商业银行理财业务门槛高，理财新规颁布前，单笔理财金额不少于5万元，多数人限于高门槛望而却步，投资需求无法满足，同时渠道单一、期限固定等种种弊端使理财产品销售购买并不畅通，赎回机制缺乏灵活性。

金融科技创新财富管理，一改投资观念，吸金无数。一方面，金融科技创新理财产品，既丰富产品种类，又在期限、金额、收益上灵活设置，为闲散资金客户丰富投资选择。另一方面，不同于传统商业银行网点柜台和客户经理销售模式，金融科技创造互联网金融门户，实行网上售卖，同时提供搜索比价功能，客户既能自主选择，又可由后台数据画像智能推荐，拓展渠道同时提升客户体验。金融科技创造新型金融业态抢占理财市场，争抢银行客户资源，分流银行存款，尤其是个人活期存款，同时进一步推动利率市场化抬高银行筹资成本，蚕食银行利润，影响银行流动性水平，提高银行风险承担。

金融科技分流银行存款以余额宝最具代表性。结合图6-8，自2013年6月余额宝推出以来，成长迅速，依托一分起投、收益日结、红利再投、"T+0"存取、无手续费、线上线下消费等多重优势，刮起年轻人理财风潮，大量聚集社会闲散资金，一跃成为国内规模最大的单只货币基金。2013—2017年，余额宝规模逐年增长，并于2017年达到1.58万亿元，同2016年末规模相比，几乎翻番，而作为"零售之王"的招商银行，个人活期存款规模虽逐年增长，但增长相对平稳，仅2013—2016年其个人活期存款规模高于余额宝规模，2017年余额宝后来居上，实现反超，两者相差近6000亿元，一年间，招行个人活期存款规模仅增长207亿元，远不及余额宝该年的增长规模。2018年，余额宝规模首度下滑，相比2017年下降4500亿元，降幅达到28%，而招行零售客户活期存款规模保持上升，两者差距缩小，似有赶超之势，深究原因，一方面是招行零售转型继续推进，成效显现；另一方面是余额宝为限制资金规模，采取限购措施，同时接入新货币基金分流原余额宝资金，丰富投资选择。值得注意的是，2018年余额宝规模虽出现大幅下滑,但客户却出现大幅增长,2018年底,余额宝客户达到5.88亿户,相比2017年增加1.14亿户,增幅达到24%,对银行客户资源造成强力分流。金融科技在理财业的创新,对银行客户及存款都有分流趋势,商业银行面对冲击,可能提高存款利率,降低理财标准,从而面临更高风险。

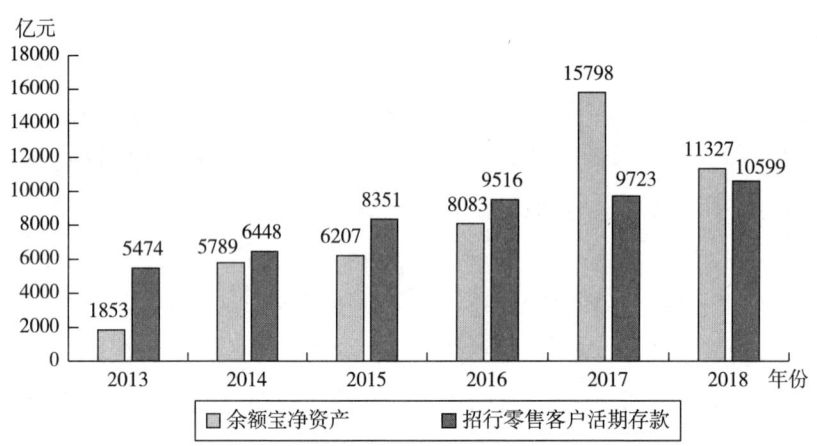

图 6-8　2013—2018 年余额宝和招行零售客户活期存款规模

（资料来源：银行年报）

（二）互联网金融快速发展造成商业银行负债结构的巨大变化

自2013年互联网金融兴起以来,金融业态持续创新,给银行负债结构带来重大调整。结合国有商业银行和股份制商业银行客户存款占总负债比重变动数据（见图6-9、图6-10）,不难发现,2013年至2017年,多数国有银行和股份制银行存款占总负债的比重不断下降,存款贡献率与其重要性水平相互背离,银行吸储能力受到明显冲击。从波动幅度来看,2013年至2017年,国有银行中唯有交通银行在2014年和2016年存款占比降幅较大,分别达到5.52个和6.92个百分点,其余四大国有银行五年间降幅相对平稳,个别年份甚至出现占比回升。而股份制银行相较于国有银行波动更为剧烈,尤其在2015年和2016年,多数股份制银行存款占比出现大幅下降,受影响程度超过国有银行。2018年,样本银行中除华夏银行存款占比继续下降外,其余13家银行均有所上升,其中工商银行、交通银行和光大银行表现更为亮眼。分析认为,金融科技分流银行存款,降低存款在负债中占比,减少银行经营资金,对业务发展形成限制,而随着金融科技"鲇鱼效应"加深,银行加速科技布局,提高业务中科技利用率,依托科技赋能推动业务发展,进而出现存款占比回升。

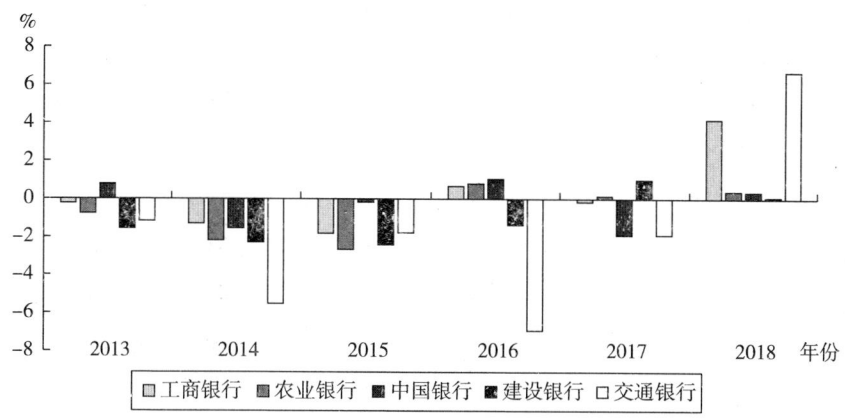

图 6-9　国有商业银行客户存款占总负债比重变动统计

(资料来源:银行年报)

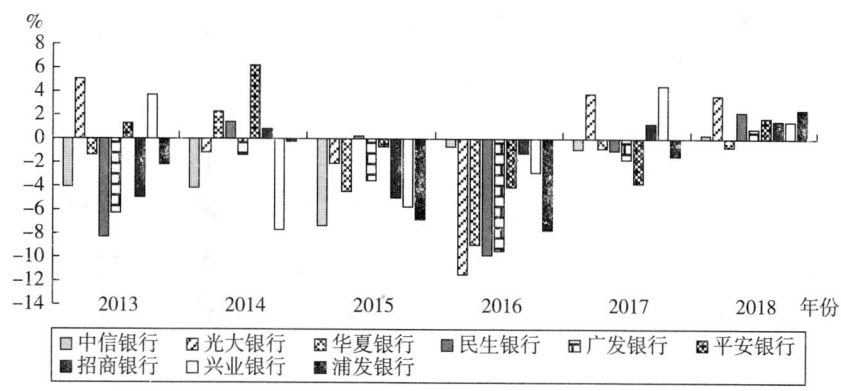

图 6-10　股份制商业银行客户存款占总负债比重变动统计

(资料来源:银行年报)

三、金融科技对商业银行中间业务的冲击

（一）金融科技深挖场景，优化体验，冲击商业银行支付结算业务

利率市场化颠覆传统商业银行存贷差盈利模式，中间业务成为银行后期发力重点，支付业务作为中间业务重要组成部分，对商业银行拓展利润来源具有重要战略意义。然而传统商业银行提供支付服务存在程序烦琐、担保缺失、场景单一等多项痛点。操作方面，传统商业银行对支付安全要求较高，往往依赖多重验证，既影响支付时效，也降低支付体验。担保方面，商业银行提供的支付服务只进行简单的资金转移，针对买卖双方交易行为不提供信用担保，易造成信用缺失问题。场景布局方面，传统商业银行基于成本效益原则，往往将服务对象锁定为中高端客户，而忽略小微及个人客户的服务需求，导致产品和服务设计偏向一方，进而场景融合不足，带来较差体验。

金融科技紧抓商业银行支付服务痛点，依托科技优势变革支付模式，创造全新支付体验。通过集成多家银行支付端口，实现"一点接入，多点对接"，解决反复验证问题，提高支付时效，同时指纹支付、刷脸支付等基于生物特征的支付方式既增加支付安全性，也提升支付体验。此外，金融科技为买卖双方提供信用担保，以第三方支付为例，买卖双方交易达成一致前，资金始终停留在第三方支付平台，只有交易双方履约完毕，资金才完成最终转移，同时区块链透明特性，使交易记录永久可查，一旦出现分歧，可追溯解决。另外，基于金融科技的支付模式更注重场景下沉，不断拓展支付场景，从日常购物到生活缴费，处处布局，加之低费率甚至零费率支付费用，更加迎合年青一代支付习惯，成为日常支付首选。基于金融科技的支付创新对商业银行支付结算业务在客户资源和业务收入上造成分流和挤出效应，同时沉淀资金抬升银行筹资成本，加重银行风险承担。

自2013年以来，随着移动互联网及智能设备的普及，第三方支付尤其是第三方移动支付取得长足发展，年均增速达到208%，2018年交易规模突破190万亿元，代表企业如支付宝、财付通，二者合计市场份额超过90%，形成高市场集中度。依托低费率、多场景、优体验、综合化等多项

优势,第三方移动支付引导新支付习惯。

(二)互联网金融公司以提供支付功能为基础,积极拓展理财、租赁、融资等相关业务,冲击传统商业银行现有中间业务

自2013年以来,商业银行面临的市场竞争加剧,中间业务发展道阻且长,增速逐年放缓。结合样本银行增速数据,2013年第三方支付兴起初期,支付市场尚由银行主导,传统商业银行中间业务收入(手续费及佣金收入)增速仍可维持两位数水平,多数股份行和城商行甚至达到50%以上增速,银行业金融机构总体保持高速增长态势,然而随着第三方支付市场规模逐步扩大,传统银行中间业务市场份额日益流失,收入增幅大幅收窄,多数银行业务增速下滑到个位数水平,部分银行甚至出现负增长,同时股份行和城商行收入增速比国有银行下滑更快,可见所受冲击更为剧烈(见图6-11)。传统商业银行中间业务收入增速放缓同时,支付结算类业务收入占中间业务收入比重也呈下降趋势,可见支付结算类业务是影响商业银行中间业务收入增长的重要因素。伴随传统银行运用金融科技在支付结算业务上的变革创新,尤其在零售条线的创新布局,支付结算类业务收入开始出现回升,在中间业务收入中占比稳步提高,其中国有银行转型成效更加突出。金融科技以第三方支付分流商业银行客户,挤占支付结算业

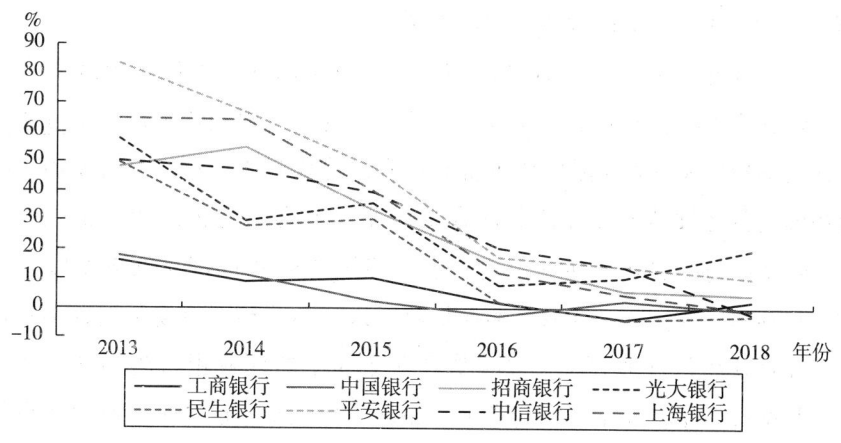

图6-11 商业银行中间业务收入增速统计

(资料来源:银行年报)

务,进而冲击银行中间业务,降低银行盈利能力,弱化支付中介职能,商业银行面对冲击,可能采取降低业务收费等相关措施,从而承担更高风险(见图6-12)。

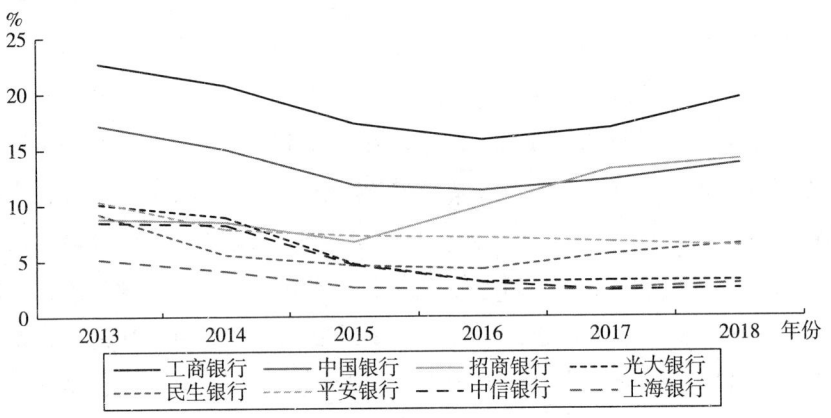

图 6-12 商业银行支付结算业务收入占中间业务收入比重

(资料来源:银行年报)

四、金融科技对商业银行经营管理的影响与冲击

(一) 影响商业银行传统盈利模式

1. 利率市场化,压缩存贷利差,传统以贷款为主的经营模式受到挑战。随着我国经济发展步入新常态,利率市场化进程加快推进,金融业对外开放不断扩大,直接融资比重日益提升,传统商业银行以存贷差为主的盈利模式备受挑战。以往简单的存贷汇业务不再满足客户的金融服务需求,转型已迫在眉睫。利率市场化前,传统商业银行依靠低成本吸收存款,高利率发放贷款,攫取高额存贷差收入。随着利率市场化进程不断推进,存贷款利差日渐收窄,以存贷款业务为主的商业银行盈利能力将下降。利率市场化将加剧银行间竞争,加速信贷脱媒,使金融产品服务更趋市场化,而这对于业务单一的商业银行来说,无疑将产生重大影响。此外,存贷款利率放开后,商业银行倾向于上调存款利率吸收更多存款,下调贷款利率配置更多资产,导致资金成本抬高,风险隐患加重。有关数据

显示，发达国家国际性银行非利息收入占比超过50%，与我国商业银行非利息收入占比处于低位形成鲜明对比，因此，中间业务是未来银行业发展的必然趋势。

2. 随着国家推行证券市场注册制，金融脱媒将成为必然，商业银行传统服务于大客户的理念和行为已经过时，而金融科技公司又先行一步，与商业银行抢夺长尾客户，腹背受敌将是未来商业银行客户市场的最大考验。长久以来，小微企业限于生命周期短、经营风险高、信息不透明、财务不规范、资产规模小等因素，历来不受商业银行信贷青睐，融资难融资贵成为世界性难题困扰各国政府。商业银行将多数的信贷资源集中于大中型企业，而针对小微企业的信贷产品单一、同质化现象严重，随着国内金融市场自由化程度不断提高，直接融资渠道日益扩充，大中型企业更偏向股票、债券等直接融资方式，便于提高筹资效率，降低筹资成本，导致商业银行信贷资产业务流失，替代效应明显。直接融资的活跃进一步推动了多层次资本市场的发展，人们主动理财的积极性提高，不再局限于存入银行获取收益，加大银行吸储难度。这些因素都倒逼商业银行转变盈利模式。

（二）金融科技提高商业银行的离柜率，倒逼商业银行裁撤网点，增加裁员压力和人力资源配置成本

互联网金融企业一网统天下，内部组织结构简单，实施扁平化管理，既节约成本，又提升管理效率，没有传统商业银行层级多，行政审批效率低等经营管理体制问题，这些都成为拓展客户的竞争优势。传统商业银行为了顺应这种竞争，近年来也加大了科技投入，推动了网上线上业务的迅速发展，与此同时，也逐步培养了客户线上办理业务的习惯。据《证券日报》2019年3月6日的报道：随着金融科技的不断渗透，银行柜面交易替代率不断上升，全国性商业银行的柜面交易替代率普遍在90%以上，其中广发银行的柜面交易替代率达到99.22%，在国有大行中，建设银行的柜面交易替代率达到99.19%。江苏银行、青岛银行、杭州银行等离柜替代率也达到了全国性商业银行的水平，均在95%以上。农商行方面，北京农商银行、厦门农商银行、江南农村商业银行、深圳农村商业银行、漳州农

商银行、杭州联合银行的柜面交易替代率也均达到90%左右。且这种趋势越来越猛，呈直线上升态势，2013—2018年全国商业银行平均离柜率分别是63.23%、67.88%、77.76%、84.31%、87.58%、90.09%，90%以上柜面交易替代率导致银行网点的流量支持开始了"断崖式"下降，是直接造成银行网点营销困局的致命因素（乐天，2019）。

此外，传统物理网点经营管理和维护成本高也是商业银行在新时代下必须面对的一个现实问题。以网点的人均效能为例，假定一个柜员的人均年人事费用为10万元，一年工作52周，每周工作5天，一天8小时，每小时60分钟，则每分钟的人力成本为0.8元；假设网点日到店客户50户，当日临柜人员2.3个，即每位柜员平均每日接待21.74位客户，平均22.08分钟接待一位客户（按8小时工作时间计算），即在柜面接待每位客户的平均人力成本为17.70元（22.08分钟乘以每分钟0.8元）；若按照2.5%的净息差测算，即每位客户的账户年日均存款需在708元以上，在柜面接待的这位客户方能收支平衡。而实际情况是，满足上述条件（大于708元）的客户基本不足15%。即在柜面办理的客户中，85%的业务，基本上为收不抵支。而自助设备的成本远低于人力资源（按5年折旧，自助发卡机及自助终端年费用不足2万元），在电子渠道业务替代率逐步提高的情况下，运用自助设备替代柜面业务，是降本增效最直接且有效的手段（吴振武，2016）。物理网点要逐步裁撤，人员要逐步转型，这是目前很多商业银行面临的一个现实问题。

（三）金融科技的高投入短期增加商业银行的经营成本，给商业银行成本管理带来压力

运用金融科技推动经营模式转型创新，是商业银行未来发展的必然趋势，而对小型商业银行而言，其中存在科技投入成本问题。结合部分城商行成本收入比数据（见图6-13），不难发现，2017—2018年，样本商业银行成本收入比明显上升，相较于2015年和2016年，2017年和2018年的成本收入比明显处于高位，可以看出，近几年，随着金融科技对商业银行传统经营模式和业务模式冲击的不断加剧，以及大型商业银行依托金融科技转型创新的示范效应不断显现，小型商业银行也开始加快金融科技布

局，纷纷加大科技投入。据银保监会统计，2018年银行对科技总投入同比增长13%，信息科技人员同比增长近10%。一些股份制银行科技人员同比增长超过20%，科技人员占比超过4%；一些互联网民营银行科技人员占比超过35%（李玉雯，2020）。2019年招行信息科技投入93.61亿元，占营业收入的3.72%；累计申报金融科技创新项目2260个（2018年为931个），累计立项1611个，其中957个项目投产上线（2018年为304个），覆盖零售、批发、风险、科技及组织文化转型各个领域。建行科技类人员数量为10178人，占集团人数的2.75%；金融科技投入为176.33亿元，占营业收入的2.50%；全年共完成产品创新1648项，产品移植2435项。工行金融科技投入163.74亿元，金融科技人员数量3.48万人，占全行员工的7.8%，引入5G、人工智能、区块链、物联网等54项最前沿科技，其中有20余项技术在业内率先应用（张哲宇，何飞，文巧甜，2020）。而不同于大型商业银行，小型商业银行在资产规模、资金实力、人力资源等方面都更为受限，过多的科技投入会给其带来沉重的成本负担，以致成本收入无法同比上涨，令转型压力更加痛苦。科技投入作为一项成本工程，具体落实前必须充分考量预期收益和预期成本问题，生搬硬套大型商业银行的转型经验，未必适合小型商业银行的未来发展，以致在科技转型成效显现

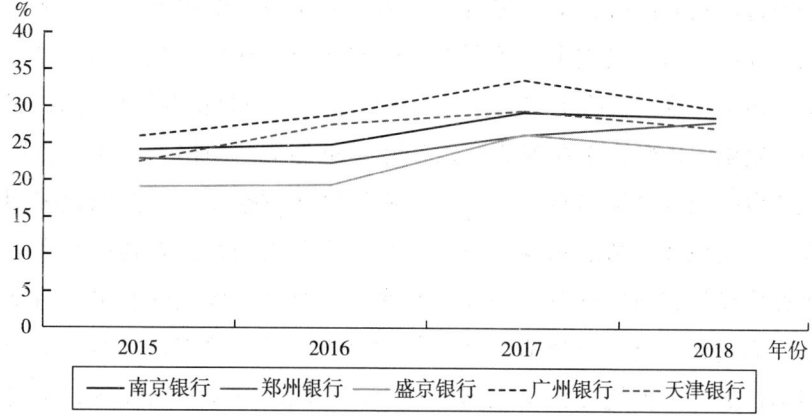

图 6—13　小型商业银行 2015—2018 年成本收入比统计

（资料来源：银行年报）

前,大量的科技成本支出会增加商业银行的经营风险,故而如何在推动转型同时控制成本大幅上涨,尤为值得思考。

第三节 金融科技赋能商业银行

麦肯锡多年来对亚洲银行客户开展了跟踪调查,结果显示数字化不仅被广泛应用,更推动了销售。在亚洲发达市场,58%~75%的客户在线购买了银行产品。金融科技在对商业银行业务发展造成冲击的同时,如果商业银行迎面拥抱金融科技,将直接带来全身被赋能的奇妙效果。其实,我国商业银行移动客户数量和线上业务规模的指数级增长已充分说明了商业银行触网如同触电般的效果。

一、金融科技赋能商业银行的资产端

(一)金融科技提高获客能力,完善信评机制,实现智能风险防控

传统商业银行服务对象集中于大型优质客户,忽略对长尾客户的开发,移动互联时代,长尾客户拥有无限的开发潜力,只有抓住长尾客户,才能抓住客户红利。依托金融科技,传统商业银行全面拓展获客渠道,电子银行、网上银行、手机银行,一系列创新型金融服务平台,帮助银行大幅降低人均开发成本,挖掘海量长尾客户,开发长尾市场。科技加持下,传统商业银行除了掌握客户身份信息、信用数据等结构化数据外,消费、娱乐、爱好、交友等非结构化数据也都汇集到银行体系,使银行掌握的数据维度更加丰富,银行借力科技打通数据孤岛,挖掘数据间相互联系,实现客户精准画像,进而探知客户深层偏好,做到产品和服务的个性化设计和精准推荐,提高营销水平。此外,传统商业银行风险防控表现为贷款三查,即贷前调查、贷中审查、贷后检查,以客户提交的材料为依据,全程耗费大量人力、物力,且风险不易及时发现,金融科技强化银行风险防控能力,赋能银行实时监测信贷客户行为数据,一旦发现异常,系统就自动报警,提醒银行及时应对,防止损失发生,真正做到风险动态监测与防控。金融科技提高传统商业银行获客能力,助力

开发长尾客户新蓝海，完善信用评估体系，快速及时掌握客户风险，降低银行风险承担水平（见表6-3）。

表6-3　　　　　　　传统风控与大数据风控比较

比较	传统风控	大数据风控
风控原理	抵质押担保为主，数据为辅	数据为主、风险缓释手段为辅
数据源	以银行信用数据为主，来源单一，采集频率低	在传统征信基础上，叠加互联网金融机构数据、第三方数据、用户互联网数据、用户提交数据及行为数据等
数据格式	结构化数据	结构化数据＋大量非结构化数据
评价思路	用历史数据预测未来	在历史数据基础上，考虑实时化、动态化因素
服务人群	以有贷户为主，叠加少量优质信贷白户，准入门槛高	不限于有贷户，接近于人人可贷，门槛低

注：表格来源于苏宁金融研究院。

（二）金融科技助力商业银行信贷业务由批发向零售转型，提升信贷质量

招商银行和平安银行作为业内零售转型代表，一度被用于案例研究。结合两行的转型历程，2004年，招商银行首次提出零售转型，将零售业务作为全行战略重点，平安银行虽未将零售转型提升到战略高度，却一直将其作为重要发展方向，如表6-4所示，2013年之前，两行零售贷款占比稳步提升，其中2009—2010年还伴随零售贷款不良率下降，个中原因包括2008年国际金融危机带来的谨慎情绪。2013年，招商银行提出"一体两翼"发展战略，强调零售金融定位，进而零售贷款占比加大；平安银行则首次进行战略规划，提出要在渠道、产品、服务上进行变革，并于2014年成立零售大事业部，开始零售业务的专业化运营，故而2014年零售贷款占比出现较大幅度上升，但此后两年创新乏力，占比保持稳定。2016年，招商银行提出创新驱动的"轻型银行"战略目标，并于2017年明确"金融科技银行"定位，平安银行则确立"科技引领，零售突破，对公做精"的发展战略，自此两行迈入科技赋能下的转型轨道，推动零售业务高速发展，并取得显著成果。近年来，招商银行和平安银行零售贷款占比大幅提

升,平安银行更是呈现陡坡式上升,在 2017 年和 2018 年分别达到 49.8%和 57.8%,首度超过公司贷款占比,同时零售金融业务对当年净利润贡献度达到 67.6%和 69.0%;招商银行零售贷款占比则均超过 50%,零售业务收入占比从 2018 年的 52.71%上升到 2019 年的 56.71%,2019 年招行客户基础不断扩大,有力带动了业务规模的有效扩大。零售金融方面,客户总数、借记卡客户数等多项指标比"亿"齐飞;批发金融方面,机构客户数实现了三年翻番。由此可见,零售业务成为两家银行重要利润来源。零售信贷业务在绝对规模和相对占比上均呈现增长的同时,对应不良贷款率却保持下降,可见资产质量出现改善。商业银行运用金融科技推进零售转型,优化资产结构,构筑利润新增长点,有效缓解宏观环境和行业竞争带来的剧烈冲击,降低自身风险。

表 6-4　　2015—2018 年商业银行零售贷款占比及不良率统计

年份	工商银行		农业银行		建设银行	
	占比(%)	不良率(%)	占比(%)	不良率(%)	占比(%)	不良率(%)
2015	29.7	1.23	30.62	1.17	33.06	0.52
2016	32.1	1.22	34.37	1.14	36.90	0.50
2017	34.7	0.90	37.30	0.86	40.25	0.42
2018	36.6	0.71	39.1	0.65	42.37	0.41
年份	招商银行		平安银行		渤海银行	
	占比(%)	不良率(%)	占比(%)	不良率(%)	占比(%)	不良率(%)
2015	43.43	1.07	36.27	1.91	16.22	0.80
2016	47.23	1.00	36.65	1.57	22.52	0.58
2017	50.08	0.89	49.8	1.18	25.55	0.37
2018	51.09	0.79	57.8	1.07	29.58	0.38

注:数据来源于银行年报。

二、金融科技赋能商业银行的负债端

(一)金融科技提速线上金融,助力商业银行存款理财业务开展

随着金融科技的发展和手机银行的普及,近年来商业银行的离柜率越来越高,商业银行利用手机 App 开发越来越多的线上存款产品和理财产

品，线上金融业务呈飞速发展态势，如果说互联网金融培养了第一代"80后""90后"线上金融消费者，那么2020年新冠肺炎疫情的居家隔离正好培养了几乎所有中老年金融消费者线上金融的使用习惯，尽管期初是被动线上迁移，但线上业务的便利性会影响这部分消费者在疫情结束后也会持续依赖线上金融业务，而这部分群体大多属于资金积累性消费者，他们的加入定会对商业银行线上金融业务特别是存款和理财业务产生积极的影响。

（二）商业银行运用科技力量加速零售转型，提升零售存款占比

近年来，受市场环境影响，银行存款尤其是零售存款分流严重，增速普遍下滑，如何抢占零售，成为困扰银行的一大难题。以招商银行和平安银行为例，2009—2016年，受外部高收益理财产品等因素影响，两家银行零售存款增速总体下滑，仅2011年和2014年出现短暂上涨，其中2011年上涨主要受定期存款加息影响，但影响不可持续，分别于2013年和2012年反转下滑，2014年增速逆向上涨主要得益于两家银行在2013年制订的零售战略调整，但受制于外部强烈冲击，后续两年增速重回下滑趋势，平安银行更是在2016年达成-4.03%的零售存款增速。2016年，两家银行分别制订科技驱动的零售转型战略，并取得显著成效，其中，平安银行立竿见影，在确立科技推进转型的第二年，零售存款即由负增长转至26.76%的高速正增长，更是在2018年进一步提高到35.4%，招商银行见效则相对较慢，在2018年才出现零售存款总体增速的大幅上涨，但在零售定期存款上，却由2016年的-11.24%增速提高到2018年的37.35%增速，强有力弥补了存款流失，由此可见，金融科技强化了银行资金筹集能力，降低了存款流失带来的相关风险，如表6-5所示。

表6-5　　　　2018年商业银行零售存款增速变动统计　　　　单位：%

	工行	农行	中行	建行	招行	中信	光大
2017年	2.90	4.89	4.86	2.58	4.20	-4.40	6.81
2018年	10.12	5.90	10.14	9.36	16.77	33.57	34.00
变动幅度	7.22	1.01	5.28	6.78	12.57	37.97	27.19

续表

	平安	渤海	民生	北京	上海	江苏	宁波
2017年	26.76	0.11	-8.95	8.89	0.24	8.6	5.56
2018年	35.4	35.7	16.93	15.87	12.2	15.06	16.07
变动幅度	8.64	35.59	25.88	6.98	11.96	6.46	10.51

注：数据来源于银行年报。

三、金融科技赋能商业银行的中间业务

中间业务作为商业银行金融服务能力和产品创新能力的集中体现，在商业银行的可持续发展中占据重要地位。近年来，伴随金融科技的兴起和发展，商业银行中间业务在面临巨大冲击的同时也开始明确转型方向，积极推动银行卡业务、代理业务、支付结算业务等中间业务的转型升级。银行卡业务方面，传统商业银行银行卡发放需要客户持相关资料到物理网点亲自办理，由银行员工指导客户填写各项纸质材料，程序烦琐，占用客户大量时间，如今金融科技推动银行卡业务往更加便捷化方向发展，客户既可以选择在银行网点提供的智能设备上自助办理，卡均办理时间仅需5分钟，也可通过手机银行、网上银行等类似线上渠道在线申请，线下预约取卡，极大缩短客户办卡时间，降低银行发卡成本，同时也帮助商业银行丰富卡类产品体系。汇兑业务方面，传统商业银行提供汇兑服务时会收取相应手续费，且经营业务期间可以无偿占用客户资金，获得短期收益，如今受外部冲击影响，银行汇兑业务取消境内、跨行手续费，使收入受到影响，但零费率这种优惠方式，可以提高银行获客能力，增强客户黏性，推动相关业务开展。资管业务方面，商业银行借力科技加快智能投研平台建设，实现对财务数据、舆情数据等各类研究数据的智能化整合，提高投资策略质量，降低投资管理成本，同时使智能投顾业务实现更加精细化操作，帮助投资者实现个性化的资产配置和财富管理，从而打造盈利增长点。2019年招行依靠科技集聚的庞大客源优势带动中间业务创收，两大App月活跃用户达到1.02亿户，同期带动招商银行App理财投资销售金额7.87万亿元，占全行理财投资销售金额的71.52%；理财投资客户数

762.09万户，占全行理财投资客户数的89.96%（张哲宇，何飞，文巧甜，2020）。

支付结算业务作为商业银行最为基础的中间业务，受金融科技冲击和赋能影响更为明显。传统商业银行提供支付服务以银行卡为主，支付方式单一，支付场景有限，支付流程烦琐，致使客户体验感较低。随着移动互联网发展和智能手机普及，人们支付习惯发生改变，移动支付逐渐取代现金支付，社会步入"无现金时代"。在移动化趋势下，商业银行借力金融科技东风开展手机银行、微信银行等电子渠道类业务，为客户提供支付服务。支付方式上，商业银行推出近场支付、二维码支付、指纹支付、刷脸支付、虹膜支付等多种支付方式，其中指纹支付、刷脸支付、虹膜支付等基于生物识别技术的新型支付方式更是在增强客户体验感的同时保证了支付的安全性；支付场景上，商业银行积极拓展，力求线上线下全场景覆盖，囊括吃穿住行娱各个方面；支付流程上，商业银行去繁就简，改进验证方式，提高支付便捷性，同时确保支付时效性；功能上，手机银行、微信银行等电子渠道除提供支付服务外，还兼具账户管理、投资理财、无卡取现等多种金融创新，极大丰富银行金融产品和服务，便利人们生活。建设银行于2016年推出的"龙支付"，整合多种支付方式，覆盖线上线下全场景，无论是否为建行客户，只要申请注册龙支付并绑定任意银行卡，即可实现日常小额支付和大额支付，同时大数据反欺诈确保客户隐私和资金安全，给客户带去便捷性同时强化客户体验。商业银行运用金融科技推动支付业务转型，挖掘潜在客户，进而带动其他业务开展，有效提高经营能力。

支付结算与清算业务作为商业银行中间业务的重要组成部分，是其实现收入多元化、分散业务风险的重要方式。自2013年以来，伴随第三方支付在产品、场景等方面的日益丰富以及工商银行对外让利政策的实施，工商银行支付结算与清算业务收入规模在2016年前均处于下降趋势，增长率由2013年的11%降低到2016年的－6.7%，其中2015年更是降到－8%，由此可见，银行利润被严重蚕食。伴随金融科技冲击加剧，商业银行逐步意识到布局金融科技的重要性，纷纷加大科技投入，推动自身转型。2016

年，中国工商银行开始探索与互联网金融结合，积极推动产品和服务创新，借助工银 e 缴费等相关平台扩大客户规模，夯实客户基础，实现业务量和客户量的双增长，虽然 2016 年支付结算与清算业务收入在规模上依旧出现下降，但下降幅度开始出现好转，与 2015 年相比更显缓和。2017 年工商银行进一步探索与互联网金融结合的新方式，以用户为中心积极推动产品和服务创新，加快服务的智能化发展，推出对公客户"智能开户"服务，借助相关平台继续扩大客户规模、提升客户质量、夯实客户基础。2018 年工商银行推动基础结算业务创新转型，初步构建"网点 + 远程""智能 + 人工"客户服务维护机制，有效提升客户体验。通过近三年在服务模式、获客模式等方面运用金融科技，中国工商银行有力地推动了支付结算与清算业务的发展，实现业务收入正增长，2018 年收入增长率更是达到 18.5%，在同行中处于高位，有力地提高了盈利水平，降低了利润流失的风险（见图 6 - 14）。

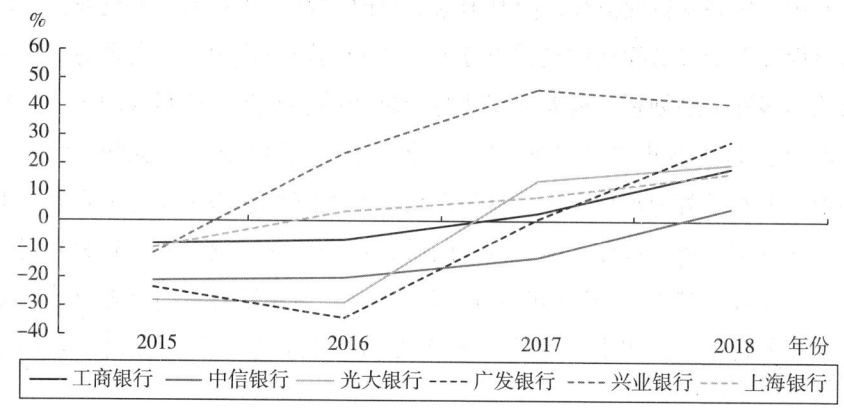

图 6 - 14 商业银行支付结算业务收入增速统计

（资料来源：银行年报）

当前商业银行中间业务主要集中在支付结算与清算业务、银行卡业务以及代理业务，涉及担保、咨询以及托管的业务相对较少，占比较低。对比国际大型商业银行中间业务结构，国内商业银行应该提高中间业务专业化程度，积极拓展投资类、交易类、咨询类以及托管类中间业务，比如商业银行可以运用大数据技术加速推动资产证券化，借助数据挖掘与分析技术，提高现金流分析能力，确保资产证券化产品成功发行和兑付，帮助盘活存量资产、提高流动性水平，增加中间业务收入来源。

四、依靠金融科技推动物理网点向轻型化、智能化转变，提高商业银行科学管理水平

（一）运用金融科技力量，优化商业银行物理网点服务功能，提升内部员工工作效能

传统商业银行业务拓展往往依赖庞大的人员规模和网点规模，通过不断增设网点、吸收人员，以建立规模优势抢占市场。上文已经分析，银行网点除了能够方便少数传统客户办理业务之外，对银行来说，面对互联网金融线上业务的竞争，网点经营的不足越来越多。从客户角度来看，网点手工办理业务速度慢、客户排队时间长、客户体验差；从银行角度来看，网点经营的租赁成本、人工成本、安保成本直线上升，且手工操作工作效率极低。面临这些困境，传统银行借力科技推动转型，加快对人员和业务结构以及布局方面的调整。人员结构上，传统银行开始削减柜员人数，提升营销人员占比，从而提高整体专业素养。业务结构上，传统银行加快智能设备、电子渠道和非现金柜台的布设，由以往重现金业务向无现金化转变，网点经营开始向轻资产、轻人员、轻成本转型，稳步提升经营灵活性，提高投入产出比。随着银行基础业务加速向自助设备和线上渠道迁移，网点营销职得以放大，由专业营销人员与客户深入交流，向客户推荐更加优质和个性化的产品与服务，提高网点交叉销售的能力和复杂业务的处理成效。同时，利用大数据和云计算，传统银行充分发挥线上线下多维数据价值，分析客户风险价值偏好，丰富银行业务品种，有效开展精准营销，缓解同质化竞争，实现差异化发展。

（二）通过科技开发，使得商业银行内部控制、风险管理和内部审计系统化、模块化，提高商业银行智能化决策水平，提高经营决策效率

随着大数据、云计算、智能化、区块链等金融科技手段的运用，商业银行业务系统的智能化程度越来越高，智能获客、跟踪监督、风险决策的

科学性越来越强。一方面，商业银行可以依据中央银行征信系统对客户信用进行识别；另一方面，商业银行要充分利用金融科技力量，建立客户和业务经营数据库，通过区块链技术自建征信体系，注重日常客户信用信息收集并自动存储在区块链网络上，采用加密算法实现信息共享，直接完成客户征信，提高审批效率。区块链技术不可篡改特性，可提高客户信用建设意识，有效降低违约概率。同时区块链技术不依赖中心服务器，可以节省开发和维护成本，有效降低运营风险和操作分析。与大数据和云计算技术的结合使用，使客户信用信息更加精确、及时和透明，有效缓解信息不对称产生的风险，推动信贷业务拓展。依托金融科技搭建征信系统，帮助商业银行向小微信贷和个人信贷领域渗透，挖掘新盈利增长点。

第四节　金融科技运用对商业银行经营管理影响的实证分析

为验证金融科技对商业银行风险承担的影响方向和影响程度，本章将在前文理论分析基础上运用 stata14.0 进行实证研究，基于国内 36 家商业银行 10 年平衡面板数据，选取风险加权资产比率、资本充足率作为被解释变量，金融科技指数作为核心解释变量，运用广义矩估计进行实证回归。

一、研究假设

随着金融科技的日益崛起，商业银行对金融科技的重视程度逐步加深，纷纷开始布局，通过与金融科技公司合作或内部成立金融科技部门的方式提高金融科技在银行内部的转化运用，伴随大数据、云计算、人工智能、区块链等新兴科技而出现的客户画像、反欺诈技术以及风险监控系统等在商业银行的应用，极大缓解了商业银行在日常经营中面临的各项痛点，为银行经营创造了效益，一定程度上降低了银行的风险承担水平。总体而言，从金融科技动态发展的视角分析，金融科技对商业银行风险承担水平影响表现为先增加后降低，即金融科技在发展初期提升商业银行风险承担水平，但随着银行布局转型，转而降低商业银行风险承担水平。由此

提出第一个假设:

假设一:金融科技对我国商业银行风险承担水平影响呈先升后降倒 U 形趋势。郭品和沈悦(2015)指出大型商业银行的服务对象一般集中于大型国有企业,而中小商业银行的客户多为中小微企业,所以互联网金融对中小商业银行的冲击会更加直接。高智贤和李成等(2015)指出,大型商业银行虚置的所有权、过长的委托代理链条、隐性的政府担保以及"大而不倒"的心理预期会一定程度弱化预算约束,造成其对市场竞争不敏感。Mulherin 和 Boone(2000)指出大型商业银行规模体系庞大、管理层级相对繁多、人员结构复杂,在面对危机以及传递信息时容易出现滞后。基于此,笔者认为金融科技对商业银行风险承担的影响在商业银行中存在异质性。由此提出第二个假设:

假设二:金融科技对我国商业银行风险承担水平的影响在商业银行中存在异质性,对大型国有商业银行的影响较为迟缓,对中小型商业银行的影响相对敏感。

二、变量选取与衡量

(一)银行风险承担衡量指标选取

有关商业银行风险承担的衡量,已有研究主要采用三种方法:

1. 基于公司治理理论,从银行破产视角出发,采用 Z 值、资产收益率方差等(Laeven 和 Levine,2008)。其中,Z 值被用于测度商业银行破产风险,计算公式为 $Z = (ROA + CAR) / 6(ROA)$,式中,ROA 为资产收益率,CAR 为资本充足率,$6(ROA)$ 即对资产收益率取标准差。通常而言,Z 值反映商业银行破产可能性,与银行破产风险呈负相关,Z 值越大,银行破产可能性越小。由于国内商业银行存在政府隐性担保,破产可能性接近于零,故用于衡量商业银行风险承担并不合适。

2. 基于资产定价理论,从市场投资者角度出发,选择贝塔系数、预期违约率、股票收益率方差等(Pathan,2009)。其中,贝塔系数和股票收益率方差建立在完善的股票交易数据基础上,而我国商业银行尚未完全上市,故而并不存在完整可得的数据。预期违约率虽能够有效测度商业银行信用风险,但较为依赖健全的信用体系,由于国内信用体系建设不够完善,违约数据在获取上存在一定难度。

3. 基于巴塞尔协议,从监管者视角出发,选取资本资产比率、资本充足率等(Francis 和 Osborne,2012)。其中,资本资产比率衡量商业银行抵御风险的能力,资本资产比率越高,商业银行抵御风险能力越强。

鉴于前两种方法在可行性上有待考虑,本文只得基于监管者视角选取资本资产比率作为衡量商业银行风险承担的基础变量,同时为确保实证结果的稳健性,选取资本充足率作为辅助考察变量,上述两项变量与商业银行风险承担均呈反向变动关系,即变量数值越大,商业银行风险承担越小。

(二)金融科技发展衡量指标选取

科学构建金融科技指数是实证分析得出有效结果的关键,鉴于零壹智库和北大数字金融研究中心发布的金融科技指数、互联网金融指数时间跨度较短,未涵盖本文实证所选定的数据区间,本节采用郭品和沈悦(2015)的文本挖掘法构建金融科技指数,步骤如下:

1. 结合金融功能和技术基础,建立金融科技初始词库。现代金融功能论将金融功能划分为支付结算、资源配置、风险管理、信息渠道四方面(Merton,1995)。吴晓求(2014)也指出互联网与传统金融的支付结算、资源配置、风险管理、提供价格信息四项功能存在更高的耦合性,能够起到极大的优化作用。技术基础主要包括大数据、云计算、人工智能、区块链和生物识别五项。由此确定金融科技初始词库,如表 6-6 所示。

表 6-6　　　　　　　　金融科技初始词库

维度	关键词				
支付结算	第三方支付	网上支付	在线支付	移动支付	网络支付
资源配置	网络融资	网络投资	网贷	网上融资	网上投资
风险管理	互联网理财	互联网保险	在线理财	网络理财	网上理财
信息渠道	网银	网上银行	电子银行	手机银行	网络银行
技术基础	大数据	云计算	人工智能	区块链	生物识别

2. 借助《中国重要报纸全文数据库（CCND）》，计算关键词的年度词频。新闻发布数据与两个因素——网民关注程度和企业投入程度存在显著的正相关关系（Askitas 和 Zimmermann，2009），两者可从需求和供给角度侧面反映金融科技发展趋势。在数据库搜索栏中选定全文搜索，依次输入初始词库中的25个关键词，记录2009—2018年各个关键词在每一年份的新闻发布次数以及该年份的新闻发布总数，计算得出关键词的年度词频。

3. 运用因子分析法，构建金融科技指数。基于初始词库中的全部关键词，进行综合因子分析，计算金融科技指数。（1）为判断数据是否符合因子分析，需要对变量进行 KMO 检验和 Bartlett 球度检验，如表6-7所示，KMO 检验值等于0.7018，处于0.7~0.8（还好）区间，Bartlett 球度检验的卡方值也在1%水平上显著，表明选取的关键词适合进行因子分析。（2）基于主成分分析法，按照特征值大于1的原则提取公因子，特征值越大意味着公因子的解释能力越强，结果显示提取公因子个数为2，累计方差贡献率达95.24%，方差贡献率同样表明公因子的解释能力，说明提取的公因子能够反映关键词所包含的信息。（3）对载荷矩阵进行最大方差正交旋转，计算因子得分，以因子得分为权重将公因子表示为标准化原始变量的线性组合。（4）设定旋转后的公因子方差贡献率与其累计方差贡献率比值为权重，加权求和，计算因子综合得分。（5）为保证后续实证需要，通过 Min - max 标准化方法将数据标准化至0~1，得到金融科技指数。

表6-7　　　　　　　　　金融科技指数因子分析

指数	KMO 值	Bartlett 球度检验	公因子个数	累计方差贡献率
金融科技指数	0.7018	50.59 *** （0.0000）	2	95.24%

注：（1）括号内为 Bartlett 球度检验 P 值；（2）*、**、*** 分别代表10%、5%、1%的显著性水平。

借由文本挖掘法和因子分子法构建的金融科技指数走势如图6-15所示。其中，2009年金融科技指数为零，说明当年金融科技整体发展水平较低，尚处于破壳成长阶段；2014年金融科技指数为1，说明金融科技整体发展位于10年间最高水平，此时恰好处于互联网金融井喷式发展阶段。10年间金融科技指数走势基本与国内金融科技整体发展水平相吻合。

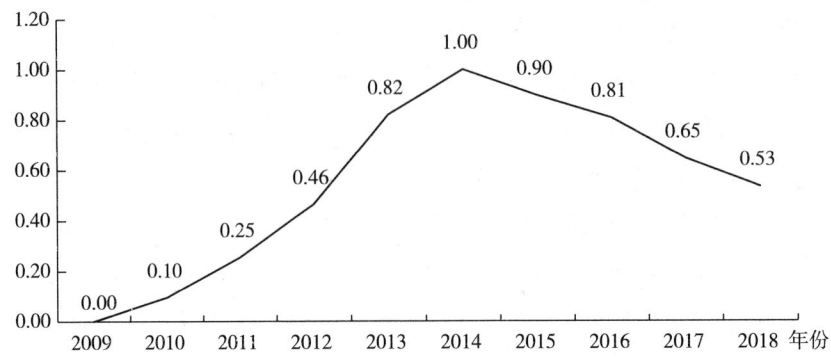

图 6-15 金融科技指数走势

（三）控制变量选取

基于国内外研究成果，本节从银行层面（微观层面）和宏观层面选取影响商业银行风险承担的相关控制变量。

1. 微观经济层面：（1）资产收益率（ROA）。资产收益率可用于衡量商业银行的盈利能力。按照"高风险高收益"的原则，盈利能力较高的商业银行往往承担较高风险，而盈利相对较低的商业银行经营更加保守，惧怕承担风险；但也有一种可能是，盈利能力较低的商业银行为了提高盈利水平，有动机追求高风险项目，进而承担更高风险（徐明东和陈学彬，2012）。（2）成本收入比（CIR）。成本收入比常用于测度商业银行经营效率，反映商业银行投入产出关系。一方面，商业银行经营效率越高，越易于安分守己，降低冒险动机；另一方面，经营效率越高的商业银行，对外界越加乐观，主动开展冒险业务，加重风险承担（江曙霞和陈玉婵，2012）。（3）流动性比率（LR）。流动性比率刻画商业银行的流动性水平，流动性水平越高，商业银行风险应对能力越强。但过高的流动性意味着较低的盈利能力，容易加重商业银行的风险承担。（4）资产规模增速（AS-GR）。学术界关于商业银行资产规模与风险承担关系未形成统一定论，部分学者认为规模庞大的商业银行容易滋生"大而不能倒"的道德风险，从而更易采取激进的投资策略（Aghion、Bolton 和 Fries，1999）；另有学者认为商业银行规模越大，开展多元化业务的能力也就越强，越能够分散风险

（江曙霞和陈玉婵，2012）。

2. 宏观经济层面：（1）GDP 增长率。GDP 增长率被用于刻画宏观经济水平，当经济发展良好时，商业银行信贷投放意愿增强，容易产生不良贷款，从而加重风险承担（Gambacorta，2009）；但良好的经济环境也容易降低信贷违约率，使贷款质量得到提升（刘晓霏，2016）。（2）M_2 增速（M_2）。M_2 增速被用于刻画货币政策松紧，宽松的货币政策易于降低社会融资成本，增加社会融资需求，进而刺激商业银行信贷开展，提升其风险承担水平（张雪兰和何德旭，2012）。上述变量定义如表 6-8 所示。

表 6-8　　　　　　　　　　变量定义

变量类型	变量名称	变量符号
被解释变量	资本资产比率	EA
	资本充足率	CAR
	信贷占比	LOAN
	客户存款占比	DEPO
	中间业务收入占比	IB
核心解释变量	金融科技指数	FIN
	资产收益率	ROA
	成本收入比	CIR
控制变量	流动性水平	LR
	资产规模增速	ASGR
	GDP 增速	GDP
	M_2 增速	M_2

三、样本选择与数据来源

基于数据可得性，本节以国内 36 家商业银行面板数据为研究样本，数据区间选定为 2009—2018 年，按照银保监会 2018 年第四季度数据估算，36 家银行的资产规模占我国银行总资产规模比例超过 70%，总体能代表国内商业银行的整体情况。相关数据来源于 Wind 数据库、EPS 数据库及各银行年报。样本银行分布见表 6-9。

表 6-9　　　　　　　　　　样本银行分布

国有商业银行	股份制商业银行	城市商业银行
中国工商银行、中国农业银行、中国银行、中国建设银行、交通银行	招商银行、平安银行、中国光大银行、浦发银行、华夏银行、浙商银行、渤海银行、中信银行、民生银行、广发银行、兴业银行	北京银行、江苏银行、上海银行、南京银行、宁波银行、杭州银行、广州银行、吉林银行、大连银行、郑州银行、河北银行、绍兴银行、青岛银行、潍坊银行、北部湾银行、柳州银行、重庆银行、贵阳银行、徽商银行、鞍山银行

四、描述性统计及检验

变量描述性统计如表 6-10 所示。其中，资本资产比率（EA）最小值为 3.33%，最大值为 11.87%，标准差为 1.2718，表明商业银行在风险抵御能力上存在较大差异。信贷占比（LOAN）、存款占比（DEPO）和中间业务收入占比（IB）三项指标标准差分别达到 8.6183、11.7811 和 9.1897，表明商业银行在信贷拓展、存款吸收和中间业务开拓上差异明显，其中股份制商业银行中间业务发展优于其他两类商业银行。金融科技指数（FIN）最小值出现在 2009 年，该年金融科技发展水平最低，最大值出现在 2014 年，该年金融科技发展水平最高。资产收益率（ROA）最小值为 0.02%，最大值为 1.76%，标准差为 0.2852，表明商业银行在盈利能力上差异较小。成本收入比（CIR）最小值为 3.07%，最大值为 56.68%，均出现在渤海银行，表明渤海银行经营效率大幅改善，标准差为 6.2257，商业银行间经营效率差异明显。流动性比率（LR）标准差为 11.5235，表明商业银行在流动性水平上存在较大差异，其中鞍山银行在 2018 年达到最高水平 104.45%，较高流动性水平压缩盈利能力。资产规模增速（ASGR）标准差为所有指标中最大，达到 17.4068，可见商业银行成长能力差异明显，部分商业银行资产流失严重，出现负增长。GDP 增速（GDP）最小值为 6.6%，最大值为 10.3%，出现在 2010 年，该年宏观经济水平发展较高。M_2 增速（M_2）标准差为 5.6969，各年份货币政策实施有所差异，其中 2009 年 M_2 实现最高增速 28.5%，该年为应对 2008 年国际金融危机，实施了宽松的货币政策以调节经济。

表 6-10　　　　　　　　　　变量描述性统计

变量符号	均值	标准差	最小值	最大值	观测数
EA	6.4321	1.2718	3.33	11.87	360
CAR	12.4001	1.6390	5.58	21.84	360
LOAN	46.1810	8.6183	20.88	66.03	350
DEPO	72.4187	11.7811	5.59	98.23	350
IB	15.2330	9.1897	1.81	64.38	350
FIN	0.5520	0.3283	0	1	360
ROA	0.9925	0.2852	0.02	1.76	360
CIR	32.9731	6.2257	3.07	56.68	360
LR	48.0637	11.5235	27.6	104.45	360
ASGR	21.3331	17.4068	-24.75	125.57	360
GDP	7.8200	1.1616	6.6	10.3	360
M_2	14.2270	5.6969	8.1	28.5	360

面板数据估计要求数据平稳（谷安平和史代敏，2010）。本节围绕银行层面相关变量进行单位根检验，检验结果如表 6-11 所示，在 LLC、IPS 及 ADF 检验方法下，各变量均通过显著性检验，数据平稳，避免实证中出现伪回归现象。

表 6-11　　　　　　　　　　平稳性检验

变量符号	LLC 检验 统计量（P 值）	IPS 检验 统计量（P 值）	ADF 检验 统计量（P 值）	检验结果
EA	-11.6574 (0.0000)	-4.1177 (0.0000)	129.0352 (0.0000)	平稳
CAR	-9.0028 (0.0000)	-3.0829 (0.0010)	124.0403 (0.0001)	平稳
LOAN	-9.3743 (0.0000)	-2.8595 (0.0021)	135.7647 (0.0000)	平稳
DEPO	-20.4759 (0.0000)	-6.0443 (0.0000)	142.7382 (0.0000)	平稳
IB	-5.6209 (0.0000)	-55.1123 (0.0000)	125.2868 (0.0000)	平稳

续表

变量符号	LLC 检验 统计量（P 值）	IPS 检验 统计量（P 值）	ADF 检验 统计量（P 值）	检验结果
ROA	-12.9850 (0.0000)	-16.8541 (0.0000)	269.6813 (0.0000)	平稳
CIR	-13.9162 (0.0000)	-3.2834 (0.0005)	166.7713 (0.0000)	平稳
LR	-12.4661 (0.0000)	-4.5167 (0.0000)	115.4334 (0.0009)	平稳
ASGR	-17.4946 (0.0000)	-9.3562 (0.0000)	175.0299 (0.0000)	平稳

五、研究设计

假设一考察金融科技对商业银行风险承担的动态影响。由于商业银行风险影响存在持续性（Delis 和 Kouretas，2011），故模型中纳入商业银行风险承担一期滞后项作为解释变量，构建动态面板模型。针对假设一，设计如下回归方程：

$$EA_{i,t} = \alpha_0 + \alpha_1 EA_{i,t-1} + \alpha_2 FIN_t + \alpha_3 FIN2_t + \alpha_4 ROA_{i,t} + \alpha_5 CIR_{i,t}$$
$$+ \alpha_6 LR_{i,t} + \alpha_7 ASGR_{i,t} + \alpha_8 GDP_t + \alpha_9 M2_t + \mu_i + \varepsilon_{i,t} \quad (6-1)$$

$$CAR_{i,t} = \alpha_0 + \alpha_1 CAR_{i,t-1} + \alpha_2 FIN_t + \alpha_3 FIN2_t + \alpha_4 ROA_{i,t} + \alpha_5 CIR_{i,t}$$
$$+ \alpha_6 LR_{i,t} + \alpha_7 ASGR_{i,t} + \alpha_8 GDP_t + \alpha_9 M2_t + \mu_i - \varepsilon_{i,t} \quad (6-2)$$

式（6-1）、式（6-2）中，分别采用资本资产比率（EA）、资本充足率（CAR）衡量商业银行风险承担水平，其中 i 代表观测样本，t 代表观测年份，μ_i 为个体固定效应，$\varepsilon_{i,t}$ 为随机扰动项。$\alpha_1 EA_{i,t-1}$、$\alpha_1 CAR_{i,t-1}$ 分别为滞后一期的资本资产比率（EA）和资本充足率（CAR）。FIN 为金融科技发展指数，$FIN2$ 为金融科技发展指数的二次项，ROA、CIR、LR、$ASGR$、GDP 和 M_2 分别为资产收益率、成本收入比、流动性比率、资产规模增速、GDP 增长率和 M_2 增速指标。

由于上文分析指出金融科技对商业银行资产、负债和中间业务均存在影响，为测度金融科技对商业银行不同业务的影响程度，设计如下回归方程：

$$LOAN_{i,t} = \alpha_0 + \alpha_1 LOAN_{i,t-1} + \alpha_2 FIN_t + \alpha_3 ROA_{i,t} + \alpha_4 CIR_{i,t} + \alpha_5 LR_{i,t}$$
$$+ \alpha_6 ASGR_{i,t} + \alpha_7 GDP_t + \alpha_8 M_{2t} + \mu_i - \varepsilon_{i,t} \quad (6-3)$$

$$DEPO_{i,t} = \alpha_0 + \alpha_1 DEPO_{i,t-1} + \alpha_2 FIN_t + \alpha_3 ROA_{i,t} + \alpha_4 CIR_{i,t} + \alpha_5 LR_{i,t}$$
$$+ \alpha_6 ASGR_{i,t} + \alpha_7 GDP_t + \alpha_8 M_{2t} + \mu_i - \varepsilon_{i,t} \quad (6-4)$$

$$IB_{i,t} = \alpha_0 + \alpha_1 IB_{i,t-1} + \alpha_2 FIN_t + \alpha_3 ROA_{i,t} + \alpha_4 CIR_{i,t} + \alpha_5 LR_{i,t}$$
$$+ \alpha_6 ASGR_{i,t} + \alpha_7 GDP_t + \alpha_8 M_{2t} + \mu_i - \varepsilon_{i,t} \quad (6-5)$$

以上三式中，$LOAN$、$DEPO$ 和 IB 分别为商业银行信贷占比、存款占比和中间收入占比，作为衡量商业银行资产、负债和中间业务发展的代理指标，其他指标定义同上。

假设二考察金融科技对商业银行风险承担的异质性影响，本文不打算引入银行类型的虚拟变量，而是参考ZHU（2012）的样本分类方法，将全样本划分为三类，其中第一类剔除国有商业银行，第二类剔除股份制商业银行，第三类剔除城市商业银行，本文之所以不单独将三类银行各自设定一个样本，主要是考虑到国有商业银行观测个数小于观测期间，一旦单独设定样本，由短面板数据将变为长面板数据，估计方法将发生变更，无法对估计结果进行比较。针对金融科技对商业银行风险承担异质性影响的考察，依旧采用式（6-1）、式（6-2）所列回归方程。

六、实证结果分析

短面板模型包括混合效应模型（POOL）、随机效应模型（RE）、固定效应模型（FE）和动态面板模型（GMM），由于本节实证中纳入被解释变量一期滞后项作为解释变量，采用的是动态面板数据，所以采用POOL、RE和FE三类静态面板模型估计方法会因内生性问题产生偏差，影响实证结果，故本文采用动态面板模型（GMM）展开实证研究。

表6-12是式（6-1）、式（6-2）的回归结果，验证金融科技对商业银行风险承担的动态影响。其中模型（1）、模型（2）对应式（6-1），此时以资本资产比率（EA）为被解释变量，模型（3）、模型（4）对应式

(6-2), 此时以资本充足率（CAR）为被解释变量。所有模型均通过 AR (2) 和 Sargan 检验, 表明扰动项差分不存在二阶序列相关、所有工具变量均有效, 可以针对结果进行分析。考虑到系统 GMM 估计结果比差分 GMM 估计结果更加稳健, 故本节将针对模型 (2) 展开分析。

表 6-12　金融科技对商业银行风险承担影响的实证结果

变量	差分 GMM (1) $RISK_{EA}$	系统 GMM (2) $RISK_{EA}$	差分 GMM (3) $RISK_{CAR}$	系统 GMM (4) $RISK_{CAR}$
L1.RWCR	0.4532 *** (0.0509)	0.6159 *** (0.0173)		
L1.CRAR			0.1216 ** (0.0596)	0.2123 *** (0.0199)
FIN	-4.3940 *** (0.8244)	-3.0096 *** (0.6943)	-9.8758 *** (2.3034)	-11.0417 *** (1.4890)
FIN2	3.0957 *** (0.5559)	2.2078 *** (0.4985)	5.3108 *** (1.5849)	6.1047 *** (1.0045)
ROA	0.2944 ** (0.1448)	0.0619 (0.0710)	1.3794 *** (0.2958)	1.3962 *** (0.1976)
CIR	0.0009 (0.0038)	0.0042 *** (0.0016)	-0.0081 (0.0213)	-0.0004 (0.0126)
LR	0.0075 *** (0.0023)	0.0079 *** (0.0014)	-0.0053 (0.0059)	0.0100 ** (0.0043)
ASGR	-0.0251 *** (0.0030)	-0.0290 *** (0.0011)	-0.0063 ** (0.0025)	-0.0097 *** (0.0015)
GDP	-0.2137 *** (0.0740)	-0.0497 (0.0509)	-1.0704 *** (0.1886)	-1.1750 *** (0.1219)
M_2	-0.0440 *** (0.0123)	-0.0442 *** (0.0073)	0.0060 (0.0207)	0.0049 (0.0177)
AR (2)	0.9910	0.9184	0.9058	0.7755
Sargan 检验	0.1997	0.6347	0.2344	0.4450
OBS	360	360	360	360

注：(1) 括号内为回归标准误差；(2) *、**、*** 分别代表 10%、5%、1% 的显著性水平；(3) 省略常数项回归结果；(4) OBS 代表观测数。

(1)资本资产比率(EA)一期滞后项在1%水平下显著为正,表明商业银行风险承担确实存在连续性,往期风险承担水平会对当期风险承担产生影响,这与Delis和Kouretas(2011)的研究相吻合。(2)金融科技发展指数一次项(FIN)系数在1%水平下显著为负,二次项(FIN2)系数在1%水平下显著为正,表明金融科技与商业银行资本资产比率(EA)之间呈现U形关系,即金融科技发展初期加重商业银行风险承担,后期转而降低商业银行风险承担,这与假设一相符。金融科技会对商业银行的基础业务和经营管理带来冲击和赋能影响,从而作用于商业银行的风险承担,但研究发现,金融科技发展初期对商业银行的影响以冲击为主,使银行风险承担水平提高,后期以赋能为主,使银行风险承担水平降低。(3)资产收益率(ROA)对资本资产比率(EA)影响并不显著,作用方向为正,猜测认为盈利水平越高的商业银行越易于满足现状,谨慎追求高风险投资项目。(4)成本收入比(CIR)在1%水平下显著为正,对商业银行资本资产比率(EA)起推动作用,成本收入比越高的商业银行,经营效率越低,在项目开展上越趋于谨慎。(5)流动性比率(LR)在1%水平下显著为正,表明较高的流动性水平会提高商业银行的风险应对能力,降低商业银行风险承担水平。(6)资产规模增速(ASGR)在1%的水平下显著为负,与商业银行资本资产比率(EA)负相关,资产规模越大的商业银行,越容易滋生"大而不能倒"的道德风险,从而更易采取激进的投资策略,这与(Aghion、Bolton和Fries,1999)的研究相符。(7)GDP增长率(GDP)与商业银行资本资产比率(EA)负相关,但并不显著。GDP增长率越高,宏观经济环境越好,商业银行信贷投放意愿就越强,越容易产生不良贷款,从而加重风险承担,这验证了Gambacorta(2009)的研究。(8)M_2增速(M_2)在1%水平下显著为负,作为刻画货币政策松紧程度的指标,M_2指标数值越大,货币政策越宽松,宽松的货币政策易于降低社会融资成本,增加社会融资需求,进而刺激商业银行信贷开展,提升风险承担水平,这与张雪兰和何德旭(2012)的研究相吻合。

为确保回归结果稳健性,本节以资本充足率(CAR)为被解释变量再次进行回归,回归结果见模型(3)、模型(4),各指标在符号、显著性水平上与模型(1)、模型(2)基本吻合,尤其是核心解释变量金融科技发展指数的一次项(FIN)系数和二次项(FIN2)系数在1%水平下分别显著为负和正,再次验证了假设一所提出的猜想。

表6-13是式(6-3)、式(6-4)和式(6-5)的回归结果,刻画金融科技对商业银行资产业务、负债业务和中间业务的影响。由于鞍山银行相关指标缺失,故本节以剩余35家商业银行为样本展开实证研究。所有模型均通过AR(2)和Sargan检验,表明扰动项差分不存在二阶序列相关、所有工具变量均有效,可以针对结果进行分析。结合模型(1)来看,金融科技发展指数(FIN)在1%水平下显著为负,与商业银行信贷占比反向变动,对商业银行资产业务以冲击为主。金融科技以长尾客户为中心,在信贷领域与商业银行展开竞争,主要通过抢占客户资源、影响信贷定价冲击商业银行信贷业务,降低商业银行信贷资产占比。结合模型(2)来看,金融科技发展指数(FIN)在1%水平下显著为负,与商业银行存款占比反向变动,对商业银行负债业务以冲击为主。金融科技推动全民理财,引流银行客户存款转移,造成商业银行银行存款占比的下降,商业银行面对存款流失最直接的方式就是上调存款利率,抬高资金筹集成本。结合模型(3)来看,金融科技发展指数(FIN)在1%水平下显著为正,与商业银行中间业务收入占比同向变动,对商业银行中间业务以赋能为主。金融科技加快商业银行中间业务转型,实现渠道、场景变革,提高商业银行获客能力,推动业务多元化转型,使商业银行盈利能力大幅提高。

表6-13　　　金融科技对商业银行业务端影响的实证结果

变量	(1) $RISK_{LOAN}$	(2) $RISK_{DEPO}$	(3) $RISK_{IB}$
L1	0.7757 *** (0.0240)	0.4551 *** (0.0179)	1.0131 *** (0.0179)
FIN	-3.3448 *** (0.3179)	-3.5404 *** (0.6451)	4.2867 *** (0.2005)
ROA	-0.8534 *** (0.2934)	6.9880 *** (1.0673)	-1.0062 * (0.5812)

续表

变量	(1) RISK$_{LOAN}$	(2) RISK$_{DEPO}$	(3) RISK$_{IB}$
CIR	0.0164 (0.0267)	0.0766*** (0.0198)	0.1066*** (0.0126)
LR	0.0345*** (0.0052)	0.0137 (0.0183)	-0.0408*** (0.0093)
ASGR	-0.2419*** (0.0082)	-0.3093*** (0.0090)	0.0217*** (0.0037)
GDP	-0.0369 (0.1418)	0.3351 (0.2385)	0.0699 (0.0633)
M_2	0.0473 (0.0481)	0.7675*** (0.0751)	0.1324*** (0.0256)
AR (2)	0.8654	0.7911	0.5993
Sargan 检验	0.1387	0.3779	0.3961
OBS	350	350	350

注：(1) 括号内为回归标准误差；(2) *、**、*** 分别代表10%、5%、1%的显著性水平；(3) 省略常数项回归结果；(4) OBS 代表观测数；(5) L1 为被解释变量一阶滞后项。

表6-14 是采用式（6-1）、式（6-2）对样本一（股份行+城商行）、样本二（国有行+城商行）和样本三（国有行+股份行）实证回归的结果，验证金融科技对商业银行风险承担的异质性影响。所有模型均通过 AR（2）和 Sargan 检验，表明扰动项差分不存在二阶序列相关、所有工具变量均有效，可以针对结果进行分析。

表6-14 金融科技对商业银行风险承担影响异质性的实证结果

变量	(1) RISK$_{EA}$	(2) RISK$_{EA}$	(3) RISK$_{EA}$	(4) RISK$_{CAR}$	(5) RISK$_{CAR}$	(6) RISK$_{CAR}$
L1.EA	0.6365*** (0.0237)	0.7280*** (0.0182)	0.4829*** (0.0800)			
L1.CAR				0.1370*** (0.0384)	0.1441*** (0.0459)	-0.1175 (0.2757)
FIN	-2.1634** (1.0875)	-1.4572 (1.2201)	-3.6244 (2.6023)	-6.5100*** (1.3251)	-6.0858** (2.5265)	-12.6401* (6.5635)

续表

变量	(1) $RISK_{EA}$	(2) $RISK_{EA}$	(3) $RISK_{EA}$	(4) $RISK_{CAR}$	(5) $RISK_{CAR}$	(6) $RISK_{CAR}$
FIN2	1.6636** (0.7540)	1.2200 (0.8261)	2.4804 (1.7403)	3.0542*** (0.9611)	2.8174* (1.6867)	7.4188 (4.6753)
ROA	0.0432 (0.1421)	0.2038 (0.1292)	0.2790 (0.3033)	1.1193*** (0.2093)	1.0016*** (0.3510)	1.0881 (1.0525)
CIR	-0.0006 (0.0017)	-0.0087 (0.0084)	-0.0197 (0.0180)	-0.0051 (0.0208)	0.0167 (0.0170)	-0.0446 (0.0425)
LR	0.0081*** (0.0018)	0.0101*** (0.0026)	0.0197 (0.0130)	-0.0075* (0.0039)	-0.0067 (0.0069)	0.0027 (0.0433)
ASGR	-0.0292*** (0.0016)	-0.0354*** (0.0011)	-0.0348*** (0.0094)	-0.0061*** (0.0013)	-0.0021 (0.0024)	0.0019 (0.0064)
GDP	0.1033 (0.0756)	0.0528 (0.0909)	-0.1521 (0.2821)	-0.7105*** (0.1046)	-0.8887*** (0.2024)	-1.0886** (0.4767)
M_2	-0.0680*** (0.0138)	-0.0220 (0.0175)	-0.0125 (0.0201)	0.0106 (0.0193)	0.0255 (0.0231)	-0.1256*** (0.0378)
AR (2)	0.9947	0.7760	0.1048	0.7172	0.8444	0.5314
Sargan 检验	0.4239	0.7661	1.0000	0.5010	0.9999	1.0000
OBS	310	250	160	310	250	160

注：(1) 括号内为回归标准误差；(2) *、**、*** 分别代表 10%、5%、1% 的显著性水平；(3) 省略常数项回归结果；(4) OBS 代表观测数。

模型（1）和模型（4）对应样本一的回归结果，模型（1）中金融科技发展指数一次项（FIN）系数和二次项（FIN2）系数在5%水平上显著，模型（2）中金融科技发展指数一次项（FIN）系数和二次项（FIN2）系数在1%水平上显著，且作用方向均与全样本相同，表明股份行和城商行在应对金融科技冲击和赋能时，反应更为敏感。模型（2）和模型（5）对应样本二的回归结果，模型（2）中金融科技发展指数一次项（FIN）系数和二次项（FIN2）系数均不显著，模型（5）中金融科技发展指数一次项（FIN）系数在5%水平上显著，二次项（FIN2）系数在10%水平上显著，整体显著性水平弱于样本一，表明国有商业银行应对金融科技冲击时反应比股份制商业银行更为迟缓。模型（3）和模型（6）对应样本三的回归结果，模型（3）中金融科技发展指数一次项（FIN）系数和二次项（FIN2）系数均不显著，模型（5）中金融科技发展指数一次项（FIN）系数在10%水平上显著，二次项（FIN2）系数不显著，三个样本中，样本三的金融科技发展指数显著性水平最差，结合样本二来看，股份制商业银行应对金融科技冲击时反应比城市商业银行更为迟缓。至此，金融科技对商业银行风险承担确实存在异质性影响，不同类型商业银行应对金融科技冲击时反应程度有所不同，其中城市商业银行反应最为敏感，股份制商业银行次之，国有商业银行反应最为迟缓。

七、研究结论与政策建议

金融科技作为当前热点话题，对商业银行经营管理产生重要影响，本节从实证角度就金融科技对我国商业银行的影响进行了实证研究，研究基于国内 36 家商业银行 10 年面板数据，构建金融科技发展指数，选取资本资产比率、资本充足率为被解释变量，进行动态面板估计，检验金融科技对我国商业银行风险承担的整体影响和异质性影响。

为了考察金融科技对我国商业银行风险承担的整体影响，本节首先以全样本（36 家样本银行）数据展开实证。结果显示：金融科技与商业银行资本资产比率和资本充足率均呈 U 形关系，即金融科技发展初期以冲击为主，影响商业银行资产负债业务、中间业务和经营管理模式，造成商业银行信贷资产流失、筹资成本抬高、业务收入下滑和经营成本增加，商业银行被动抬高风险。随着影响加深，金融科技技术效应外溢，为商业银行带去示范效应，通过加持科技，商业银行优化渠道、场景和风控，实现客户回流，业务迈向线上、多元化，实现盈利能力的提高。

为研究金融科技对商业银行风险承担的异质性影响，本节将全样本银行划分为三个子样本，分别剔除国有商业银行、股份制商业银行和城市商业银行，依次展开实证。结果表明：商业银行应对金融科技冲击时确实存在不同反应，其中城商行反应最为敏感，股份行次之，国有银行反应最为迟缓。国有商业银行由于基础牢固、组织体系复杂和严密监管，在面对金融科技时反应不如中小型商业银行。

差异实证的结果告诉我们,微型金融企业的金融科技发展道路不能复制大中型商业银行高投入的做法,必须根据自身规模大小采用自主开发、外包系统、向科技公司购买数据服务等多种方式来实施经营管理方式的转型。目前,我国微型金融企业中规模较小的农村商业银行、城市商业银行和村镇银行中,农村商业银行已经有较好的发展模型,下节将介绍三种适应不同规模的农村商业银行和信用社的科技发展案例供参考选择。目前比较弱的村镇银行和规模较小的城市商业银行,没有像为农村商业银行和信用社服务的省联社系统,这就需要当地政府和管理部门加强研究和协调,也需要小微金融企业自身量力而行、迎难而进,尽快选择适应自身发展需要的金融科技系统,而不是固守传统模式,错失转型发展良机。总之,微型金融企业必须坚定不移地开展数字和科技转型,必须稳步推进员工队伍结构更新,在经营手段创新、懂专业精技术的复合型人才培养和引进上取得突破。

第五节　微型金融企业科技运用的实践与探索

一、互联网民营银行的率先实践

根据银保监会公开资料,截至2019年末,全国已经有深圳微众、杭州网商、天津金城、上海华瑞、温州民商、长沙三湘、重庆富民、成都新网、北京中关村、长春亿联、武汉众邦、福州华通、威海蓝海、南京苏宁、梅州客商、合肥新安、沈阳振兴和江西裕民18家互联网民营银行开业,2014年7月25日国家正式批准深圳前海微众银行筹建申请,2015年1月4日,李克强总理在深圳前海微众银行敲下电脑回车键,卡车司机徐军就拿到了3.5万元贷款。这是微众银行作为国内首家开业的互联网民营银行完成的第一笔放贷业务。

互联网民营银行的成立走的不是传统银行的经营老路,经营中几乎无营业网点,无营业柜台,业务无须财产担保,而是通过人脸识别技术和大数据信用评级发放信用贷款。所以,互联网民营银行一开始就在金融科技上大量投入，充分利用大数据、人工智能、区块链等技术，使银行业务流程包括获客、信用评估、业务操作与审核、风险控制、贷后跟踪等全部数字化、线上化。运用互联网大数据风控、云计算、人工智能等技术，解决小微企业和长尾人群风险识别难、客单价值低的难题，打造高效的数据信贷文化，提升客户体验、降低业务成本等成为互联网银行的基本经营共识。以风险控制为例，网络银行除了通过各种途径获取大量开放数据外，如人民银行的征信数据、电信、税务、工商、医院、公交、水电气等生活数据，更主要是运用自身业务生态系统中的交易数据，如微众银行可以获得母公司腾讯的微信社交和各种交易数据、网商银行可以获得阿里巴巴的网商交易数据、京东金融可以获得京东商城的交易信息、苏宁金融可以获得苏宁易购的网商交易数据、百度金融可以获得百度的海量搜索数据等，并通过深度数据挖掘，开发具有自己独特风格的风控模型（见表6－15）。

表6－15　　　　网络金融公司的风险控制原理与机制

公司	风控体系	工作机制
蚂蚁金服	CTU智能风控大脑	CTU的核心就是判断是不是账户主人在操作、交易请求是不是可信。判断依据是支付宝、余额宝、招财宝、芝麻信用、网商银行等业务数据
微众银行	多重风控模型	通过社交大数据与央行征信等传统银行信用数据结合，从社交圈、行为特征、交易网、基本社会特征、人行征信5个维度对客户综合评级，运用大量的指标构建多重模型，以快速识别客户的信用风险
百度金融	主动预警捕捉高危行为	百度金融主要是打通人+手机+设备+IP等关联维度，基于全网行为进行监测，捕捉高危行为特征，在贷前准入方面就开始排查风险，对借款人贷后行为进行跟踪和监测，只要触发预警规划，也会激发提醒
京东金融	由多种大数据机器学习模型构成的弱分类组织预测模型	京东消费金融业务风控以京东商城庞大的交易数据为基础，同时覆盖了物流、用户等京东生态体系内的所有有效数据，开发出风险控制模型体系、量化运营模型体系、用户洞察模型体系、大数据征信模型体系

续表

公司	风控体系	工作机制
网易金融	北斗七大风控模型	网易北斗在贷前做了获客引流模型、反欺诈模型以及风控授信模型，先构建了筛选机制，在贷中又作了信贷管理模型，确定放贷的金额以及调查还贷能力等。在贷后还有风险预警模型、云催收模型和用户增值模型等

注：资料来源于北京亚联融汇数据科技有限公司金融大数据观察：大数据风控与传统风控的比较. 亚联融汇, 2018-03-09.

相比于微众银行、网商银行等有网商类型母公司数据支持的互联网银行，四川新网银行却没有这些优势，其走的是另一条开放银行之路。新网银行是全国第三家互联网银行，2016年由新希望集团、小米、红旗连锁等股东发起设立，总部位于四川成都。新网银行通过开放连接的方式，尝试做金融服务领域的万能连接器（见图6-16）。

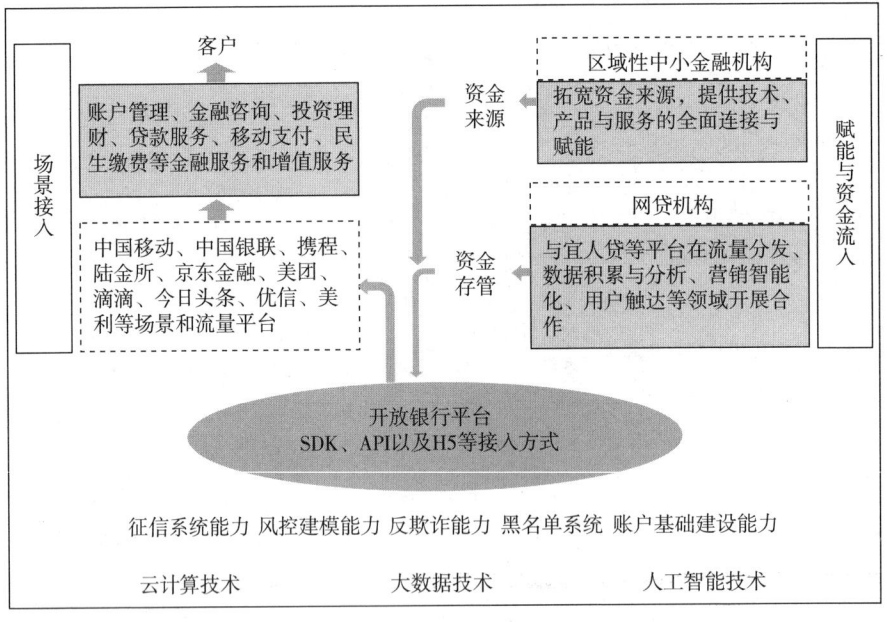

注：资料来源于道客巴巴（DOC88.COM）2018年12月22日：麦肯锡中国银行业CEO季刊：全球数字化银行的战略实践与启示。

图6-16　新网银行开放银行平台示意图

当然，开放银行的探索还将面临管理上和网络安全上存在的风险，如数据泄露风险、黑客攻击风险、跨行合作的责任风险、网络欺诈风险、开放数据边界风险等。此外，客户方面也存在不确定性，如客户需求的惯性较大，开放银行如何赢得客户，数据开放如何确保客户数据的安全性等问题，需要高度关注与防范。新网银行自 2016 年开业以来，一直以"技术立行"，选准业务突破口，加大了小微信贷投放力度，定制了"创客贷""商户贷""好事贷"等一系列经营类贷款产品，为小微企业主、个体工商户、城市创客、农村"绿领"等提供快捷高效的在线信贷服务。2018 年银行扭亏为盈，2019 年末，四川新网银行总资产为 442.36 亿元，总负债 399.40 亿元，实现营业收入 26.67 亿元，同比增长 99.77%，净利润 11.24 亿元，同比增长 205.4%，普惠小微企业贷款余额较年初增速达 94.28%，高于行内各项贷款增速 64.63 个百分点，小微企业在贷户数 14657 户，较年初增加 11175 户。资本充足率 15.11%，拨备覆盖率 513.83%，不良率 0.61%，显示较好的风险抵御能力。截至 2020 年 3 月 20 日，新网银行累计发放贷款超过 3800 亿元，信贷累计服务人数超过 3100 万人，累计放款笔数超过 1.1 亿笔（崔吕萍，2020）。

二、农村信用社和农村商业银行系统的金融科技运用

目前我国农村信用社系统的金融科技运营模式主要有三种类型，大多数农村信用社和农村商业银行因为自身规模小，很难满足金融科技业务投入大的需求，业务运营系统都是通过省级联社的金融科技中心统一开发运营的。这是第一种模式。这种模式的痛点是众多小法人的独特需求难以满足，本节案例介绍江苏省联社利用金融云（行业云+私有云）模式，把全省系统的统一性与各自业务发展的特殊性有机结合起来。第二种模式就是直辖市和省内早期成立农村商业银行独立开发的金融科技系统，这种模式适合有一定规模的微型金融企业，本节案例介绍江南农村商业银行的独立系统。第三种模式是在省级联社系统基础上自主开发的，本节案例介绍大丰农村商业银行采用主动延展省联社私有云功能，采用"共性需求的省联社平台"和"特色需求的法人机构"两级平台应用架构，实现了科技投入

少、特色需求满足多的双赢效果。

（一）省联社金融科技中心运营模式——以江苏省联社农商行系统为例

2003年江苏农商银行系统大数据集中以来，江苏省联社通过建渠道、搭平台、拓场景，全力推进电子银行产品创新，不断丰富产品功能，打造了"线上+线下""金融+生活"的电子银行服务体系，推动全行业电子银行业务健康快速发展。

1. 全面打造"智"系列产品服务体系和"金融+生活"多元化的业务场景。省联社电子银行业务坚持"统一规划、分级推进、高质发展、彰显特色"的发展思路，紧扣移动金融、消费金融、网络金融三大核心业务，以借贷记银行卡账户体系为基础，大力推进"222"工程（"两行"：移动银行、智慧银行，"两网"：网络金融、网络支付，"两通"：村村通、支付全码通）建设：一是以社保卡、市民卡为基础，不断深化社保、医保、公共交通、公共事业等行业合作，将行业应用拓展融合至社保卡、市民卡，实现一卡多用，为客户提供便捷的"金融+生活"服务；二是以贷记卡为载体，挖掘业务应用场景，发力消费金融，推出汽车分期、家装分期、教育分期、车位分期等产品，以贷记卡为依托，合作发行ETC记账卡，满足车主出行、停车等缴费场景需求；三是打造以手机银行为核心的移动银行服务体系，移动银行产品包括手机银行、E路有我（生活服务）、微信银行、小程序、掌上商城等；手机银行提供一站式综合服务，主要包括金融、生活缴费、智慧校园、社会保险、医疗挂号、手机充值、车生活、商旅出行（飞机票、火车票、汽车票、酒店等服务）、电影票、爱奇艺视频会员、加油卡充值、网上商城等"金融+生活"一站式综合服务；四是打造智慧银行服务，在原自助银行服务的基础上，增加智能柜员机布放，实现柜面主要业务的基本覆盖，推进网点服务模式转型；五是打造网上银行、互联网金融平台、网上商城等网络金融平台；六是打造涵盖线上网关支付、线上快捷支付、第三方快捷支付等多元化网络支付平台，为客户提供方便快捷的线上支付服务；七是打通金融服务最后一公里，实现村村通业务全省行政村全覆盖；八是打造支付全码通，实现本行、银联、支付宝、微信等二维码多码合一的全码通；九是将人脸识别、语音识别、指纹识别、OCR 识别等技术应用到电子银行产品，打造"智"系列产品，提升产品客户体验；十是以手机银行为依托，打造智慧校园、智慧健康、智慧出行等"智"系列业务场景。各产品、各渠道、各系统、各业务场景相辅相成，共同构建了"线上＋线下"立体化的服务体系和"金融＋生活"全方位的服务场景。

2. 以大数据思维搭建电子银行营销平台，帮助农商行通过电子银行系统实现精准获客，智能知客，更有效拓展新客户，留住老客户。为帮助农商行实现拓展新客户、提升活跃度等发展目标，江苏省联社聚焦农商行营销成本核算控制难、营销费用人工核对结算及活动成果统计评估效率低等痛点问题，以大数据思维搭建电子银行营销平台，为农商行提供高效的营销分析手段，多元化的营销方式，建立银行、客户、商户三方共赢模式，将营销工具内嵌在手机银行等产品中，吸引客户开立并使用电子银行产品，实现场景化营销、功能化营销，帮助农商行精准获客。2019 年电子银行营销平台全面推广使用，提供卡券、活动、会员体系等营销体系服务，开创电子银行营销新局面。

3. 开发内部控制、风险管理和内部审计模块，构建智能化农商行系统全面风险管理体系。为保障全省农商行电子银行业务健康高速发展，持续加强农商行业务风险管理体系建设，一是建立贷记卡交易欺诈侦测、贷记卡风险数据分析、客户风险预警、商户风险预警、电子银行事中风险监测、电子银行风险管理等涵盖电子银行业务事前、事中、事后全流程的风险防控体系。二是充分融合内外部数据，依托大数据分析与处理技术，加强反欺诈管理，提升风险防控能力。三是开发审计系统，实现对各主要业务系统数据集中采集存储，提供高效的查询查证，通过连续、全面、系统分析，对业务经营进行评估，构建智能化的、全方位的风险管理体系。

4. 通过系统金融云功能为各法人单位留出因地制宜开发特色程序的空间，把全省系统的统一性与各自业务发展的特殊性有机结合起来，提高了系统运行的经济效率。在"数字中国"蓝图指引下，江苏省联社开启了数字化转型征程，于 2016 年 9 月启动云平台论证及建设工作，2017 年底完成私有云、行业云建设工作，同时，互联网金融平台正式在私有云上运营。2018年3月开始大规模上云迁移工作，截至2019年底，累计完成54家共用省联社系统的农商行近1800套应用系统的迁移上云，云平台灵活的架构体系和自助运营服务有效解决了辖内农商行IT系统长期以来所面临的发展不均衡、特色业务繁多难以统一管理等问题，让法人农商行从繁重的系统维护事务中解放出来，能够致力于个性化服务研发。通过云平台进行资源的集中管理与共享，已产生了显著的集约效应。云平台系统大大节约了农商行的系统运营成本和人力资源成本，提高了系统运营的经济效率，也将为全省农商行带来更大的经济效益。

（二）江南农村商业银行金融科技系统助力业务快速高效发展

江南农村商业银行（江南农商行）成立于2009年12月，是全国首家地市级股份制农村商业银行，根据中国银行业协会2019年发布中国银行业100强榜单显示，江南农村商业银行荣获53名（城市行研究，2020），根据普益标准银行理财能力排名报告（2019年度），江南农村商业银行在全国271家农村商业银行中排名第二（普益君，2020）。江南农商行近年来的快速发展，与其高度重视金融科技的投入与开发有直接关系。2012年江南农商行信息系统独立运行，按照信息化、数据化、科技化、智能化的方向，秉承为客户创造价值的理念，积极开展金融科技领域的探索，积极寻求新的商业模式和新的利润增长点，努力打造可持续发展的金融业态。从2016年起江南农商行形成了"科技引领，科技输出，科技反哺"金融发展战略，组织上组建自主研发团队和创新中心，汇集行内外业务数据，建设数据库、金融云，开发业务经营、内部控制、风险管理、内部审计等系统模块，运用大数据构建分析模型，搭建智能化发展框架，形成具有江南农商行特色的金融科技发展思路和方向。

1. 秉承"科技搭台、业务唱戏"的原则，把农商行产品、服务、管理全流程搬上"云平台"。近年来，江南农商行围绕科技发展战略，打造全流程、全天候产品、服务、管理"云平台"，自主开发业务产品、投资交易、大数据采集与运用、风险管理、管理服务五大类共20多个运用平台，为银行业务开发与管理打下了坚实的技术基础。

（1）业务产品云平台。江南农商行通过构建金融云平台，全力推动金融科技持续深入全行业务和管理应用全领域，紧紧围绕提升服务质量、提高服务覆盖率，增强服务实体经济与风险防范能力，用新技术、新产品驱动业务发展、加强风险管理、降低成本、改进流程、提升效率。产品平台包括信贷智能处理平台、互联网金融贷款平台、全网收单平台、黄金银行平台、聚合支付平台、农商行小微贷平台、集团客户财资管理平台等。

信贷智能处理平台着力于信贷转型，以客户为中心，通过完善信贷管理架构、明确职责边界，强化信贷全流程的有效管控，打造"线上化、集中化、智能化"的信贷管理新模式。平台特色体现在五个方面：一是实现客户资料移动化进件、征信授权、多渠道客户意向池进件等业务线上化；二是在用户授权登录、企业及个人客户管理、合同打印、合同影像上传、客户证件（身份证、营业执照）和财报的后台录入等操作及管理上集中化；三是借助 OCR 技术对客户相关证件进行智能识别，通过大数据的应用，实现面向企业及个人客户的 360 度全景信息视图等智能化应用；四是用信业务流程采用业务引导模式、简化操作步骤、提升业务办理效率、优化使用体验；五是建立贷款参数配置中心，支持贷款产品、用信业务等参数的灵活配置，智能评估客户信用，以辅助管理部门作出快速决策。

互联网金融贷款平台是客户通过第三方渠道向江南农商行申请线上贷款的平台，客群主要面向三四线城市，是江南农商行互联网贷款业务的主要发起渠道，目前产品覆盖汽车抵押贷款、房屋抵押贷款、个人消费类贷款。

江南农商行全网收单平台（收银通）是一款线上、线下一体化收单平台，产品包含金融 POS、移动 POS、智能 POS、微信、支付宝、银联多码合一的线上二维码收单系统，为江南农商行商户、同业银行提供商户进件、支付、清算等一体化服务。同时依托江南农商行的收单系统，为公交、商超、停车场等提供优质行业解决方案，在辖区内建立智慧医保、智慧商超、智慧停车、智慧教育等服务体系。

聚合支付平台是指一种融合了多种支付平台的新型支付中介，它不仅有收银系统提供给商家的收款功能，同时也可以给商家提供财务管理、支付金融等功能。江南农商行聚合支付包括统一外联体系、资金交换体系、聚合收单体系三大体系。

Bank金平台是指为客户提供的基于贵金属产品投资、消费等一揽子贵金属服务的金融服务平台，是江南农商行贵金属业务渠道之一，为客户提供实物贵金属产品消费、送货上门、积存金、黄金ETF、黄金结构性理财产品投资等个人黄金投资业务，平台包含App、小程序、同业PC端等电子渠道。

农商行小微贷平台是为丹阳农商行小微贷服务专门打造的平台，是通过整合江南农商行数据服务平台及省联社核心、ECIF、征信等相关系统，在省联社云平台搭建的全流程零售信贷平台。系统面向丹阳农商行各级信贷经营、信贷审批、风险管理等部门，实现了小微信贷业务全流程一体化的贷前、贷中、贷后管理在线业务电子化处理，实现了对客户的评级授信、额度管理、合同管理、出账放款、押品管理等全行信贷业务全生命周期管理，规范化、简便化、流程化个人信贷流程，并实现在流程各阶段严格的风险管控。

智能投顾系统主要用于实现对智能投资组合的管理，例如，资产配置模型设置、产品诊断、筛选、组合选择、优化，报表统计以及行情管理等功能。目前智能投顾系统是江南农商行基金销售的渠道之一，并具有起点金额低，资产种类全，流动性好的优势。

集团客户财资管理平台是江南农商行针对集团客户现金管理的整体解决方案。平台从企业实际需求出发，结合商业银行的资金管理模式，为集团企业提供诸如现金集中管理、风险控制、流程管控等一系列综合服务。该平台进一步强化了集团企业交易结算、账户管理、集团内部结算、资金预算管理、资金数据报表定制等业务模块，并创新性增加了企业信贷管理、跨境金融、票据管理、理财管理等特色功能，有效帮助企业强化风险控制能力，全面提升集团资金管理水平，有效助力企业资金管理向专业化、集团化方向发展。

（2）投资交易云平台。投资交易业务发展是商业银行转型发展的重要内容，随着商业银行向轻型化发展，投资业务在总资产中的份额必然提升。江南农商行注重投资交易平台的建设，探索商业银行转型发展之路。目前，该平台包括金融同业资产交易平台等。金融同业资产交易平台于2016年12月上线，业务板块涵盖了资金、基金、票据等品种，截至2020年2月末已有469家机构入驻平台，包含银行、保险、券商、基金等各类金融机构，成员机构通过平台实现业务询价达成意向报价。

（3）大数据采集、挖掘与运用平台。银行业务经营管理的智能化是基于大数据基础来实现的，没有海量大数据支撑，所有云平台的工作就不可能实现。因此，建立基于服务对象的大数据平台建设是金融科技的基础性工作。这里包括大数据采集、融合、建模、挖掘分析等一系列工作。自2017年以来，农商行共建立外部数据管理平台、数据标准管理平台和实时数据采集挖掘分析平台等多个基于大数据的管理和运用平台。

外部数据管理平台：从2017年起农商行基于自身业务需要，多渠道持续引进外部数据，目前共引入外部数据源26家、提供查询接口150余个，覆盖工商、公安、税务等15个主题，囊括了企业工商基本信息、设备信息核查、专业反欺诈核查、芝麻信用分、汇法网数据、税务信息等社交场景数据和电信、教育类等外部信息。2019年全年提供数据查询200余万次。

数据标准管理平台于2019年5月9日正式投产上线，是数据标准落地、企业级数据采集交换、建模、数据融合等环节的数据金桥。平台内容包括银行数据标准框架，全行2024项企业级数据标准的制定、八大业务系统与数据标准的差异化分析、数据标准执行流程的落地以及全行数据标准文化的宣传等。平台全面覆盖监管数据标准1205项，国家标准62项，行内标准758项，同时数据标准管理平台将数据标准的日常管理流程与研发平台生产流程和数据投产流程打通，形成对数据标准全生命周期的建标、对标、落标、核标的全线上平台化管理，实现对重点业务、重点系统、重点环节等数据标准对标与落标全覆盖。

实时数据采集平台是基于智能分析、金融风控、精准营销、实时分析、个性化服务等高时效场景需求专门构建的一款低延时、高性能、配置化的分布式实时大数据处理平台。基于实时数据采集平台，为手机银行提供实时资产、实时负债等多层实时指标计算和输出；完成反欺诈实时数据采集、计算、输出工作；完成实时贷款、实时存储等指标计算工作。2019年8月正式上线实时数据采集基础平台，后与手机银行"我的财富"等应用对接，在手机银行中，将实时计算的指标数据通过ESB方式向手机银行客户展示实时资产负债情况，同时结合江南农商行更多实时数据的场景，在实时头寸、网点管理、交易反欺诈等方面进行探索。

实时数据采集挖掘分析平台是建立在数据集中基础之上的，数据大集中于2020年2月开始试运行，项目建设期间完成了行内标准化数据从传统数据库向大数据平台的迁移工作，同时与大数据平台的外部数据进行深度整合，形成了指标工厂与标签仓库。本次大集中实施中，共将648张报表、1000多个指标、68个监管模型进行了全量迁移，打造了高效、高标准的大数据智融、大数据智芯、大数据可视化三大平台，与江南农商行已经建立形成的大数据API服务群一起，全面支撑全行数据服务工作。

（4）风险管理云平台。银行是经营风险的企业，对于经营风险的防范始终是商业银行工作的重点，金融关于风险的管理有防范、转移、分散、化解、处置等多种技术，但把风险控制在未发生之前永远是商业银行最富有成效的技术，这就要靠金融科技的智能化手段来科学预警商业银行业务经营中的风险。江南农商行近年来建立起资本管理系统、风险及不良信贷资产管理系统、反欺诈门户中心和财务数据智能分析系统等风险管理平台。

资本管理项目建设内容涵盖风险加权资产、资本充足率、杠杆率、经济资本的计量工作，以及资本规划、全面预算编制、限额跟踪监测等应用功能，并围绕关键功能模块设置数据集市、系统管理、参数管理、组合管理、报表管理等基础配置功能，实现江南农商行资本管理的自动化、流程化。

风险及不良信贷资产管理系统是覆盖总行、分支行的统一应用系统，建立以资产管理处置为核心的自动化数据平台，对信贷、小微、信用卡系统中不良资产台账进行集中统一管理。

反欺诈门户中心于2018年4月上线，实现业务反欺诈集中统一管理，形成贯穿贷前、贷中、贷后的标准化反欺诈科学决策流程，建立集精准欺诈识别、差异化报送、响应反馈于一体的反欺诈体系，建立完善的信贷、交易反欺诈规则库。2019年继续优化反欺诈输出云平台产品，产品采用

"规则+模型"双驱动的风险管理方案,结合专家模型和机器学习提取欺诈特征,全面提高欺诈识别准确率,提供完整的事前、事中、事后全流程生命周期管理。功能模块主要分为对接中心、决策中心、事件中心、风险大盘、监控中心和系统中心,将交易数据通过接口的方式发送给反欺诈云平台,反欺诈云平台对交易风险进行评估,并将评估结果返回给业务系统;业务人员也可通过页面查看交易风险评估结果。

财务数据智能分析系统是以会计核算和会计报表资料及其他相关资料为依据,采用一系列专门的分析技术和方法,对企业等经济组织过去和现在有关筹资活动、投资活动、经营活动、分配活动的企业增长能力、盈利能力、营运能力、偿债能力状况等进行分析与评价的经济管理系统。自2019年11月上线以来,累计分析各类企业财报达3300期次,实现自动抓取上市企业财务报表数据,自动生成财务报表分析报告,减轻手工录入工作量,提高数据准确性;实现多维度实时的财务报表分析功能,提高了财务报表的解读能力,帮助业务人员快速掌握企业的运营情况;实现财务报表异常情况预警功能,及时提示业务人员报表的错误及粉饰嫌疑,增强了风险的可控性,有效提升了江南农商行授信业务的质量。

(5) 管理服务云平台。任何企业的效益都取决于开源和节流两个方面,这都离不开管理,智能化管理服务平台能提升客户的忠诚度,能主动发现优质客户,能提高办事效率,能节约办事成本,江南农商行的管理服务云平台致力于服务好客户和员工,构建了多媒体大客服平台、"智慧江南"移动办公平台、网点智能化管理平台和网络学习平台等。

多媒体大客服平台是将行内各外围渠道统一接入、统一路由、统一管理的多媒体统一客服平台。通过整合通信及多媒体技术,实现手机、VTM、便民通、微信、PAD、电话等渠道和客户服务中心的连接,实现外围渠道多样化、接入渠道唯一化、坐席操作统一化。平台还包含客服业务数据统计报表、客服KPI考核、工单系统、外呼系统、质检系统、坐席管理、知识库等配套系统,为江南农商行的网点转型提供了有力的支撑。

"智慧江南"移动办公平台是江南农商行整合行内现有系统架构的移动办公门户平台、实现了工作台、实时通信、新闻动态和通讯录等功能,实现"系统找人"的办公理念,从而加快信息共享,提高沟通效率,提升办公质量。

网点智能化管理平台是实现网点管理线上化的服务平台,提供网点设备异常监控,客服签入休闲监控,各渠道排队情况,各渠道远程客户接通量监控,现金管理计划上报线上化处理,从上线以来大大增加了网点管理效率。同时,网点智能化管理系统还加入实时绩效模块,能够根据客户经理完成的业务计算该业务能为其产生的收益,随时随地实时跟踪指标积分增长及收益情况,调动各营销序列的工作积极性,提高江南农商行业务市场竞争力和占有率。

江南网络学习平台于2016年12月初成功上线,包括在线学习、选课中心、知识库、通知公告、问答、中心网页等模块。系统上线之后,以"问道江南""寻道江南""学道江南"三大主题为中心组织各类培训活动,并对培训学员整个培训过程进行管理。平台上线以来,江南学院共举办260期"问道江南"活动,有25个省637家机构的8231位农村金融机构学员参加,其中各行高管1302位,占问道人数近20%;"学道江南"除为江南农商行量身打造涉及12大条线3000多名员工的全员轮训外,利用全国领先的培训技术,将选修班、必修班和公开班等近50类班级完美结合,2019年已开办26期;"寻道江南"以培训加考察的形式,系统了解中小银行转型过程中实际挑战与运作经验,提升自身竞争实力。目前江南网络学习平台已经成为江南农商行提升员工素质和全国中小银行互相学习交流的平台,成为全国中小银行业的人才培训中心、思想碰撞中心和能力提升中心。

2. 实现科技赋能、业务提质的效果,使农商行业务更加平台化、管理更加智能化、服务更加人性化

2019年江南农商行成立上海创新中心和自主研发团队,主要工作是推进江南农商行自主研发和合作开发的金融科技项目的创新孵化。经过一年左右的实践,先后孵化和推出了多项金融科技创新项目,为江南农商行金融科技自主创新研发积累了宝贵经验,同时也为业务发展开辟了新的思路,推动江南农商行朝着"业务平台化、管理智能化和服务人性化"的方向发展。

（1）业务更加平台化。近年来，江南农商行致力于开发各种业务经营和产品平台以服务于日常业务管理活动，产生了实实在在的经营效益。为了促进全行员工便捷使用，充分发挥各种网络平台的效用，2019年6月，上线江南仪表盘，直观展示江南农商行各项业务经营指标，在线展示八大模块，提供包括数据仓库、外部数据、公共信息、自主分析集市、报表中心、领导驾驶舱等各模块数据报表96张，提升了农商行领导决策、业务监控、风险控制的水平（见表6-16）。

表6-16　　　　　　　　　　　江南仪表盘

主题	展示内容
资产负债大屏	展示全行资产负债情况，每日出数。包括资产情况、负债情况、表外业务整体情况；资产规模中各子项近几年走势、主要负债规模中各子项走势、主要表外业务中各子项走势；资产负债、贷款存款、表外业务近几年整体走势；日资产结构、日负债结构、日表外业务结构
支付结算大屏	实时展示全行主要支付系统数据，全行支付汇总量、全行支付查复率、全行支票退票率
授信审批大屏	展示全行各授信区间客户情况（户数、金额、占比）；各管理行敞口授信额度、使用额度、使用率、占授信额度比例情况；重点行业余额占比、重点行业占授信比例变化
网点动态大屏	实时展示江南农商行厅堂服务现状，简明直观反映和展示江南农商行各网点的用户等待时长、用户等待人数、业务量、处理效率等相关指标
风险大屏	实时掌握全行风险现状、展示全行总体风险抵御能力以及各专业风险指标水平。其中，包括总体风险抵御能力（资本充足率、资本利用率、杠杆率）、流动性风险（流动性比例、流动性覆盖率、净稳定资金比例）、信用风险（五级不良、拨备覆盖率）、集中风险（单一客户贷款集中度、核心负债依存度、客户风险暴露集中度）和市场风险（利率风险敏感度、累计外汇敞口头寸）五大维度
全行业务大屏	展示全行存贷款数据，存贷款完成率、重点业务数据，重点渠道数据、财务指标、不良贷款情况、人力资源情况等
零售业务大屏	存贷款数据、大额交易、零售产品情况、客户数、互金业务交易量等
公司业务大屏	对公存贷款数据，对公大额展示、投行和交易银行数据、科技型贷款数据、客户及风险、人力资源情况等

注：表格由江南农村商业银行提供。

(2) 管理更加智能化。管理智能化的核心在于方便快捷，江南农商行紧跟时代潮流，业务管理朝线上化、微信化、自动化方向发展。在客户服务方面，农商行想客户所想，几乎全渠道、全流程开展线上服务，充分利用手机银行、网上银行 App、微信小程序和服务机器人（RPA 机器人业务）等手段，提高存款、贷款还款、缴费充值、投资理财等日常业务办理效率，节约了成本，实现 24 小时全天候为客户服务，提高了江南农商行业务运行效率；为保证智能服务系统的可靠性和稳定性，2019 年 11 月开发了机房巡检系统，该系统能确保计算机网络系统安全有效运行，有效防范金融科技风险；在帮助业务人员开拓市场方面，2019 年 9 月开发设计江南地图平台，该平台通过私有化云图、集中提供基于地图的数据管理、检索、分析、展现服务，使江南农商行在客户营销、产品运营及风险管控等领域运用地图技术实现了创新；在业务风险管控上，通过建立统一智能风控决策平台，由系统按统一标准在客户准入、验证、反欺诈、信用评估、评分评级、额度授信、费用定价 7 个风控决策节点和 50 余个决策维度考量评价客户的好坏，减少部分客户经理、审批人按自己的意愿调整客户额度问题，提高了审批过程的精度和效率（见表 6 - 17）。

(3) 服务更加人性化。商业银行发展要充分体现客户和员工"双支柱"理念，既要重视客户，也要关爱员工，服务的人性化既有利于留住老客户、吸引新客户，也有利于激发老员工的感恩情怀，与此同时，口碑效应也有利于吸引优秀人才加盟。近年来，江南农商行围绕方便客户建立了智能语音平台、一站式电子存证服务平台、远程银行在线坐席服务、客户来访登记系统等，方便客户在线办理业务，同时，为使客户能实时了解新型冠状病毒疫情情况，并通过实时疫情信息增强企业及个人防范意识，江南农商行积极引进腾讯云旗下医学科普平台——腾讯健康内容，通过手机银行、微信银行与腾讯云平台提供的疫情动态 H5 页面链接方式，使江南农商行用户可直接通过手机银行及微信银行进行疫情信息查询，为客户提供暖心服务。在关爱员工方面，2020 年 1 月上线了基于小程序版的智慧食堂——江南智餐，项目旨在将企业高频场景——食堂场景作为企业生态圈构建的切入点，提供企业餐补、结算、支付等传统食堂问题的解决方案。2020 年 2 月初发布每日健康登记系统，通过员工智慧平台关爱员工身心健康。

表6-17　　江南农村商业银行人力与机器操作业务比较表

场景	人力		工时		操作风险		效果
	使用前	使用后	使用前	使用后	使用前	使用后	
日常数据报送	需安排专职数据统计分析人员1名	只需兼职人员查看	需耗时8小时	平均耗时2分钟	容易出现操作差错，人工核验工作量大且返工的工作量翻番	实现零差错	效率提升约200倍
重点企业信息查询	需安排专职数据统计人员1名	只需兼职人员查看	每月平均耗时95小时	平均耗时33小时，后期优化至20小时	容易出现操作差错	实现零差错	效率提升约3倍
个人征信审核辅助	现有3名专职人员负责审核	可节约1名专职人员	单条处理时间约2分钟	单条处理时间可控制在1分钟内	会发生审核错误的情况	实现零差错	效率提升约1倍
凭证配号辅助	各库区有1名专职人员处理凭证配号	可节约一半的人力	单条处理时间约1.2分钟	单条处理时间可控制在15秒	会出现操作错误的情况	实现零差错	效率提升约5倍
信托预约申请统计	零售业务营销部安排1名专职人员处理	只需兼职人员查看	平均一天需处理30封邮件	RPA整合邮件后，人工一天只需处理2封邮件	信托产品发布后会存在集中申请的情况，容易出现遗漏或统计顺序错误	实现零差错	效率提升12倍

注：表格由江南农村商业银行提供。

（三）大丰农村商业银行科技系统的运用实践

1. 信息系统建设的基本情况。2012年以来大丰农商行高度重视科技系统建设对银行业务发展的再造作用，结合自身实际制订了金融科技创新发展三年规划，重点在业务管理流程再造、互联网金融业务开拓、大数据在技术领域强化运用等方面展开建设。目前已建成以流程银行为主的对内平台,以互联网金融为主的对外平台,以大数据为主的数据平台,以及由风险监测系统、绩效考核系统等组成的专业管理平台,系统运行为银行精细化管理提供了强有力的科技支撑。

(1) 流程银行平台。大丰农商行 2012 年启动流程银行项目建设,以 IT 基础平台为载体,以满足客户需要为目的,对银行的经营理念和业务流程进行根本性再设计,简化业务流程,提高工作效率,控制金融风险,持续优化与再造各项业务和管理流程,打破单一、独立的系统信息"孤岛",将其整合成综合型管理平台,实现管理流程化、办公自动化、审批无纸化。现已上线了财务管理、行政办公、信贷辅助、物资管理、资金营运、客户关系管理、运营保障、自动化营销、电子银行、项目管理、客服管理、贷后管理、全面风险管理、人力资源、档案管理、股权管理、科技管理、案防管理、纪检检查、互联网管理等 25 个子系统,合计 557 个流程、1621 个菜单功能,覆盖了全行所有部门的业务及管理,真正实现行内业务流程化、流程信息化、办公无纸化,成为行内核心系统。

(2) 互联网金融平台。银行 2014 年启动互联网金融平台的开发工作,构建互联网+金融+大数据的全新互联网金融生态系统,形成统一技术架构与管理规范,平台主要包含在线金融商城、O2O 本地商圈平台、社会化营销平台等,平台具备网上营销、移动营销能力,可为农商行优质客户提供扫码收单、聚合支付、积分兑换等增值服务。现已开发了丰觅生活、丰觅推客、随手办、扫码收单、金丰 E 贷、E 路盈等多种服务,可线上办理支付结算、贷款、存款等业务,互联网金融平台未来将造就又一个大丰农商行。

(3) 大数据平台。大丰农商行 2016 年启动大数据平台建设,通过集成省联社下发基础数据,作为平台底层数据支撑,通过外部渠道进一步扩展数据维度,全面接入客户征信、资产、涉法、纳税、风险、信用历史等各类外部数据源 10 多种。涵盖个人征信、企业征信、汇法、地税、大智慧企业信息、行政审批中心、地方不动产以及前海、同盾、百融、CFCA 等。为保障数据安全有效运行,平台底层采用分布式架构,对于关键类数据及时备份,针对客户敏感数据进行脱敏,以及采取严格的数据访问使用策略,保障数据应用安全可靠。大数据平台已实现六大功能:一是基础大数据平台建设,实现数据统一入口和数据统一出口,包括省联社系统和外部数据系统;二是内外部数据的统一入口,通过 BI 报表平台和移动端驾驶舱进行统一展示;三是统一报表系统为银行经营与管理提供数字化、可视化界面;四是基于网贷风控模型系统开发了丰速贷、金丰 e 贷、贷记卡额度测算系统;五是综合管控平台具有数据任务调度、数据监控、接口管理、日志管理、权限管理、数据脱敏等功能模块;六是实现内部、外部统一数据接口管理。

(4) 风险监测系统。2016 年 4 月正式上线运行风险监测系统,该系统由预警模型和分析模型两部分构成。预警模型根据预设警示参数,在每天数据报批后,生成预警信息数据,并与流程银行对接,将警示信息发送给风险管理人员,由风险管理人员分析讨论后转交各条线、各部门负责人确认,及时做好准备工作、消除风险隐患;分析模型根据业务部门、风险管理部门对当前业务或工作的需要,设定一个或多个风险参数,查询客户、员工、部门、银行等各类数据,及时定位问题状况,分析问题严重程度,为下一步业务开展提供参考数据。现有模型 484 个,其中预警模型 179 个,分析模型 305 个,业务范围覆盖运营管理、风险管理、国际业务、资金业务、信贷业务、电子银行、互联网业务、普惠金融业务和合规业务等。

(5) 绩效考核系统。2013 年初正式上线运行绩效考核系统,该系统将战略目标层层分解到部门和个人,把机构绩效与行员绩效有机结合起来,建立起一套完整的绩效考核体系,通过考核、激励和改进,促进银行战略的实现。系统可实现考核方案制订、业绩分配管理、资金市场部考核、资产保全部考核、中后台考核、事业部考核、中长期激励考核、查询统计分析等功能,使银行员工可及时、直观查看绩效工资,调动员工工作积极性。

2. 信息系统建设的特点

(1) 采用"共性需求的省联社平台"和"特色需求的法人机构"两级平台应用架构。大丰农商行的信息系统是在省联社系统平台基础上开发的,是基于共性需求和特色需求的有机融合。省联社核心平台由省联社统一建设，法人机构平台系统由省联社统一部署和大丰农商行自建相结合，两级平台的关联，既可以通过数据实时、准实时或批量进行交换，又可以通过数据接口，实现信息共享。大丰农商行主要负责基于特色中间业务系统和本地自主创新项目的业务开发，以及对运行在本地的业务及管理类系统的运行维护。大丰农商行充分利用江苏省联社开放给本地的中间业务系统接口以及下传给大丰农商行的历史业务数据，持续加大本地特色业务以及数据分析系统的开发建设力度，对于本地系统资源无法实现的业务需求，及时提报创新流程至江苏省联社统一开发实现。

（2）与省联社系统接口无缝对接，拓宽接口的本地特色功能。为使大丰农商行在系统办理业务中更好地体现本地化特色，必须做好与省联社系统的融合，大丰农商行严格执行省联社发布的接口管理办法，积极向省联社申请了支付结算、网贷以及数据决策支撑等一系列接口，在此基础上进一步拓展行内互联网金融平台、智能决策平台等自建系统的功能，为辖内客户提供更加便捷、优惠的金融服务。大丰农商行共向省联社申请了六类安全接口：一是数据决策接口，包括省信息中心、地税以及汇法网等数据接口；二是人行征信接口，包括企业征信查询接口和二代征信接口；三是网贷全流程接口，包括核心信贷客户建档、授信新增、合同建立、二类户开户、核心放款及还款等；四是支付结算类接口，包括网内借贷类接口、超级网银、大小额支付接口和融合支付平台商户进件接口；五是安全认证接口，包括人行CBAC五要素认证接口和手机号实名认证接口；六是业务系统类接口，包括资金系统接口、智慧存款接口和企业微信接口。

这些接口的成功对接，进一步拓宽了大丰农商行产品、服务及风险管理等业务功能。大丰农商行可通过互联网金融平台拓宽支付结算渠道，为线上全流程网贷产品"丰速贷""金e通""金丰e贷"、线上线下融合的网贷产品"房抵贷"和线上智慧存款产品"e路盈"的研发上线提供重要支撑；可实现省联社资金业务系统与大丰农商行自建资金业务系统间的数据共享；可为企业微信本地化部署提供帮助。这样既提高了农商行客户使用创新产品的体验度，又很好地利用接入数据实现了安全认证、资格准入和智能决策，有效防范了信用风险及操作风险。目前大丰农商行正向省联社申请流程银行信贷管理系统端口与省联社 V7 系统端口相连接，实现大丰农商行流程银行中相关数据可通过该链接端口向 V7 核心系统进行数据实时读取。

（3）通过与省联社产品研发部的合作开发，使大丰农商行自建系统更加本土化。随着大丰农商行业务的不断发展，对信息系统创新需求及支撑要求不断增强，县域中间业务需求类型不断增加、业务渠道不断拓宽，为有效实现客户面的拓展及客户黏性的提高，对县域中间业务系统功能开发周期及质量提出了更高的要求。为进一步提升大丰农商行科技项目开发效率，2013 年大丰农商行积极与省联社产品研发部合作开发工作新模式，大丰农商行主动安排 1 名科技开发人员在省联社产品研发部跟班学习，经过一段时间学习后，结合大丰本地实际开发具有县域中间业务特色功能的业务系统，在省联社产品研发部的指导下，现已成功完成多个中间业务项目的开发，在合作开发模式下，项目上线效率和质量显著提升。合作开发以来，先后完成大丰燃气代扣代缴系统、大丰水费代扣代缴系统、大丰银社平台（一期、二期）、大丰商品房资金监管系统、大丰行内互联网清算平台以及大丰农民工资金监管系统的开发及测试，并且与省联社产品研发部协同开发及测试大丰非税电子化系统、盐都亭湖商品房资金监管系统、大丰招投标保证金系统、大丰国土资源系统以及大丰乡镇国库集中支付等中间业务系统。系统上线后运行稳定，为广大客户在各类代缴费及业务办理方面带来便捷。

3. 系统融合效果显著

（1）优化业务办理流程，全面提高为客户服务效率。大丰农商行以"将流程银行打造为全行综合经营管理平台"为目标，外连行内自建系统、省联社业务系统 9 个，支持各项工作的申报审核、系统间的任务推送。启用至今，共完成各项工作任务 124 万个、涉及审批工作项 699 万个，满足了日常管理自动化、效率化、定制化需要。

大丰农商行在流程银行各个环节嵌入制度标准、规范审批流程、配置限额偏好，各项经营管理在标准录入、额度控制、关联承继、授权审批等环节均强制控制、符合办法，从根本上确保经营规范合法、管理风险可控。大丰农商行同步实施流程银行移动办公模式，网上支持客户营销、业务申办、审批会办、资料查询等功能，将行员从办公室中解放出来，为客户提供现场快速服务，支撑跨时间、跨空间审核审批，极大提升工作效率及服务响应时效。面对小微金融发展，流程银行作为后台管理系统，继续发挥其优势，提供标准、快速的审核办理，实现实时、详细的信息查询，为业务稳定、迅速发展保驾护航。

（2）创新积分使用场景搭建，助力智慧金融服务转型。与大丰麋鹿保护区、知青纪念馆、西郊梅花湾等星级旅游景区进行合作，开展二维码收单、门票在线销售等智慧旅游业务；与大丰城中菜场、幸福菜场、刘庄农贸市场、恒生菜场、荣海菜场、五金巷菜场等进行合作，开展扫码支付等智慧菜场业务；通过与商圈停车场、出租车公司、汽车客运站、医院等公共场所合作开展二维码收单业务等智慧出行服务；与物业公司、学校、加油站、药店合作将物业费收缴、学费缴纳、汽车加油等日常应用与二维码收单结合，进一步提高了二维码商户的活跃度与客户黏性。近年来，大丰农商行通过二维码收单基本实现大丰区域商户全覆盖，与此同时在传统二维码收单业务基础上叠加了积分支付、社交营销等创新功能，将大丰农商行客户导流给商户，帮助商户解决营销痛点，形成了客户、商户、银行共赢的金融生态圈，既拓宽了获客渠道，又增加了客户黏度。截至2019年12月底，互联网金融平台入驻商户5.61万户，注册会员68.29万人，平台交易笔数5879万笔，交易金额256.18亿元，平台资金沉淀4.86亿元，新增商户贷款授信8150户、15.11亿元，累计用信3355户、4.1亿元，贷款余额3.91亿元。

（3）打造新型零售融资模式，提升线上信贷服务水平。为推动互联网个人信贷业务开展，打造"数据评信、银行授信、客户诚信"的新型零售融资模式，借力大数据，提升线上信贷服务水平，大丰农商行通过整合行内外数据，研发了大数据智能决策平台，于2019年3月推出线上贷款主产品"金丰e贷"，使客户在线申请、获批、签约、借还款。线上贷款产品通过分析客户的人行征信、外部资信、行内外大数据等，依据设定的风险评价模型规则，通过在线分析客群，区分各类优质客群的准入、评分规则,匹配相应的额度、利率定价模型,从而实现线上精准营销。

(4) 构建大数据模型驾驶舱,支撑精准营销风控决策。一是大数据贷前风控管理应用,基于大数据贷前风控管理模型,包括50多种贷前准入模型,30多种贷款额度测算模型,已应用于丰速贷、金丰E贷、贷记卡审批。二是大数据贷后风控管理应用,目前通过自动化的集成客户征信数据、外部数据、行内数据实现了贷后的自动化预警,目前共计模型31种,实现预警13000多笔。三是大数据营销模型,基于大数据营销模型,结合行内网格化平台系统建设,为营销部制定目标和管理措施提供支撑,以及使客户经理实现客户管理数字化。四是数据辅助运营决策,通过大数据平台统计运营数据,以报表、驾驶舱、信息推送等方式实现数据可视化。共计开发报表300多张,驾驶舱30多种,自动化消息推送20多类,每日及时为全行各条线、岗位提供业务明细、管理统计等数据信息,指出同比差距、客户流失、逾期不良等不足或风险,便于各条线时刻了解业务进展、把控管理方向。五是为应用系统提供数据支撑,基于大数据平台分析数据已应用于积分系统、网格化营销、风控模型系统、绩效考核、互联网系统、案防系统等。面对小微金融发展,大数据平台作为基础数据系统,运用海量数据进行快速处理分析,发现数据中存在的客户规律,为金融服务提供精准营销、决策支持。

(5) 强化风险监测系统应用,全面提升风险管控能力。大丰农商行风险管理部注重推进风险监测系统应用,将系统产生的预警下发至对应部室、支行的负责人,由其指派专人进行处置并在流程中反馈。针对风险较大的预警,在结合多项非现场检查措施后,书写风险提示函下发交办督办,并做好后期的跟踪工作。风险监测系统还实现与行内其他业务系统和管理系统的无缝对接,系统支持以多种方式进行业务数据源的自动化数据采集,从资金流向、客户行为特征等方面进行贷后监测,在后台进行风险监测分析并在前台界面展示风险预警提示,帮助风险管理人员能及时发现各类业务的风险线索并进行风险事件的协同处置,促进完善农商行的风险监测与案件防控机制,提升内控及风险管控水平。

(6) 推进全行绩效体制改革,提高考核科学性准确性。大丰农商行充分运用信息系统的优势,推进全行绩效科学考核,以业绩价值为核心,以增盈减亏贡献为重点,实行统一考评和分类差别考评相结合的考评方式,运用薪酬设计,构建公司、员工和客户共成长的长效激励机制,把员工薪酬与工作绩效、与银行业务风险挂钩,充分调动员工的积极性,有效控制银行业务风险,从而形成金融科技系统的快速运行机制,与银行人力资源高效配置产生共振倍增效应。

第七章 微型金融企业的内部控制与风险管理

现代商业银行管理风险的方法包括风险控制、风险转移、风险分担、风险化解处置等,商业银行的内部控制是防范风险的首要防线,把风险控制在未发生之前始终是风险控制的最高标准。

第一节 内部控制与风险管理的关系

金融企业的内部控制活动是一项系统工程,贯穿事前、事中和事后金融业务的全过程和全方位,同时内部控制活动也是一项全员性活动。通常商业银行根据工作和职能需要设立法律事务部、合规部、风险管理部、内部审计部等职能部门,分别从事内部控制全过程的相应工作,通过协调合作确保商业银行经营管理活动的安全高效运转。

一、商业银行内部控制各环节的职责界定

1. 法律事务。我们知道,商业银行在日常经营活动中会遇到许多风险,从业务经营来看,按照巴塞尔协议就有八大风险,即信用风险、市场风险、流动性风险、操作风险、法律风险、国别风险、声誉风险与战略风险。这还不是风险的全部,在日常管理中还会遇到其他风险,如合同行为的风险、资本运作的风险、知识产权的风险、人力资源的风险、环境保护的风险、税务筹划的风险以及公共关系的风险和诉讼仲裁的风险等。防范这些风险发生以实现企业安全运营的目标,这就需要企业防患于未然,对

风险实施预防性管理。

我们知道，风险的产生通常是由人和事产生纠纷而引起的，现代社会是法治社会，矛盾和纠纷必须从法律层面解决，这就需要建立企业法律风险管理服务部门，以处理企业的日常法律事务，企业通过健全的法律风险管理体系，化解日常工作中风险所形成的法律问题。

2. 合规。国际标准化组织（ISO）在 2014 年 12 月 15 日发布的国际标准 ISO 19600《合规管理体系——指南》中关于"规"的定义是：组织宜以适合其规模、复杂性、结构和运营的方式制定"合规义务"文件。合规义务应包括合规要求和合规承诺。合规要求包括监管机构制定发布具有强制性的法律法规、监管条例规定等，合规承诺包括组织与社区、公共权力机构、客户签订的协议、组织要求、政策、程序、自愿原则、规程、环境的承诺等。

合规是指商业银行的经营活动与法律、规则和准则相一致。从巴塞尔银行监管委员会关于合规风险的界定来看，银行的合规特指遵守法律、法规、监管规则或标准。合规有狭义和广义之分。狭义的合规是指企业遵守反对商业贿赂方面的规定。广义的合规有三层含义，一是企业在生产经营过程中需要遵守的法律法规，这些法律法规是指企业公司总部所在国和企业经营所在国的法律规定及监管规定，具有强制性。二是企业经营需要遵守的内部规章制度，包括企业章程和各项业务规章制度，属于对企业客户、股东、监管方、企业内部员工等相关方的自愿性承诺。三是企业员工需要遵守的职业操守和道德规范等，这些不是强制性的，但在社会活动中普遍为大众所认同，具有道德约束力。合规风险是企业组织集体和代表企业组织的个人是否遵守合规的"规"的不确定性。

合规是企业内部控制工作的基础，工作核心是确保企业各项生产经营活动遵循内外部的法律、制度、条例、规范、指引等。通过日常合规检查既要发现问题，又要督促业务经营部门解决问题，好的合规的工作可以起到最基本的抑制操作风险的作用。

3. 内部控制。内部控制制度是单位内部建立的使各项业务活动互相联系、互相制约的措施、方法和规程。该制度包括的基本要素是：（1）明确合理的职责分工制度。(2) 严格的审批检查制度。(3) 健全的会计制度和企业管理制度。(4) 严密的保管保卫制度。(5) 有效的内部审计制度。(6) 胜任的工作人员。由于内部控制制度的严密程度直接决定着被审单位提供的会计数据和其他经济资料的可靠性,现代审计总是把被审单位现行的内部控制制度当作审查的起点和重点,通过对内部控制制度的调查、核实和评价确定审计工作的范围、深度和侧重点。《商业银行内部控制指引》定义商业银行的内部控制是商业银行董事会、监事会、高级管理层和全体员工参与的,通过制定和实施系统化的制度、流程和方法,实现控制目标的动态过程和机制。内部控制侧重于制度和方法的约束。

4. 风险控制。风控是企业全面风险控制的简称。2004年9月,COSO(美国反虚假财务报告委员会下属的发起人委员会) 正式颁布了《企业风险管理整合框架》（COSO – ERM），定义企业风险管理"是一个过程,受企业董事会、管理当局和其他员工的影响,包括内部控制及其在战略和整个公司的应用,旨在为实现经营的效率和效果、财务报告的可靠性以及现行法规的遵循提供合理保证"。这个定义基本与内部控制一致。实际中,风险控制应该更多聚焦企业内部可能会形成的各种风险并加以控制、转移、分担和化解处置。

5. 内部审计。内部审计是一种独立、客观的保证和咨询活动。其目的在于为组织增加价值和提高组织的运作效率。它通过系统化和规范化的方法,评价和改进风险管理、控制和治理程序的效果,帮助组织实现其目标。内部审计是对内部控制、风险管理与治理进行评价,确保组织正常运营,保证不偏离公司目标。内部控制是合规的最高等级,工作核心既包含要求业务合规,也包括考察业务合规的状态和程度,即是否完善、是否有配套指引、执行过程是否有效等。内部控制与合规工作相比,合规注重结果,内部控制重视过程,并在此基础上发展较完善的工具和方法（COSO框架）。好的内部控制是抑制操作层面风险的最佳手段,但对于战略风险等宏观决策层面的风险往往力不从心,如内部控制无法衡量资本市场波动会给公司带来多大风险。

6. 公司治理。公司治理从广义角度理解,是研究企业权力安排的一门科学。从狭义角度理解,是居于企业所有权层次,研究如何授权给职业经理人并针对职业经理人履行职务行为行使监管职能的科学。公司治理侧重于组织和决策的约束。

二、内部控制、风险控制、内部审计的关系

(一) 联系

1. 从内部控制、风险管理和内部审计所处的环节上看

内部控制是风险管理和内部审计的基础和根本,处在企业整个控制系统的前端,从概念上分析,内部控制也有监督评价的内容。就控制方式而言,内部控制是基础,是事前控制,因为制度与流程是为管理而生,为防止企业管理出现问题和纰漏而制订。所以,它属事前预防和控制的范畴。

风险管理处在企业整个控制系统的中端,它能为内部审计作业提供逻辑和方向,为内部审计确定问题(即评估后的风险),确定审计方向(目标)提供精准定位。从控制方式来看,风险管理属于风险分析,是用制度和规章来预防风险、发现风险、分析风险和约束风险的工作。风险管理基本属于事中控制的范畴,当然风险评价也包括对风险产生事前和事后原因的分析。风险管理是公司高级管理层的重要职责,必须站在公司稳健可持续发展的高度全面审视来自各方面的风险。

内部审计是通过确认和咨询的方式,对企业运营、内部控制、风险管理和公司治理进行评估与评价,以保证企业各项业务按照既定目标和标准顺利完成。从控制方式角度来看,内部审计是对企业经营过程中产生问题的检查和评估。内部审计工作通常是在内部控制和风险管理已经实现之后,根据风险提示或结果,对内部控制相对应节点(关键控制点)进行确认,检验风险是否存在,是否产生损失,是否可化解或转移,按照这个过程,内审就是事后的确认与评估,属事后控制范畴。

从控制方式来看,内控就是事前控制,风控是事中控制,内审则是事后控制。从因果或关联上看,内部控制是因,是根;风险管理是过程;内部审计是果(杨世鉴,2016),如图7-1所示。

图 7-1 控制方式

[图片来源：中宝（2017）]

2. 从内部控制、风险管理和内部审计的战略目标导向来看

风险控制与内部控制本质上都是通过评估、防范、控制企业风险，从而促进企业经营目标的实现。如果把商业银行的经营管理看成一个立体图的话，那么内部控制是点，风险控制是线，内部审计是用线把点串联起来组成面。

三者战略目标导向具有高度一致性，内部控制、风险控制和内部审计都是公司基于治理、监管等目标任务下的产品，是公司治理架构的重要组成部分，是确保公司战略目标实现的自身免疫系统，因此，三者在工作内容上有一定重叠，机构设置上遵循组织内在制衡原则，合规、风控和内审三个部门在业务活动中既相对独立，又相互配合，既体现公司运营中对人、事、物、利益的制衡和约束，又体现制衡之外共同协作实现战略目标，确保公司健康发展，是公司内部有效监督与管理的黄金三角（见图 7-2）。

（二）区别

内部控制与风险控制存在密切联系的同时，两者之间具有显著的不同：

1. 三者审视风险的维度和关注重点不同（中宝，2017）。风险控制主要围绕企业战略经营目标，自上而下地辨识、评估、分析风险，并提出风险预警防范和应急管理的策略和措施；关注的重点是内部环境、目标设定、事项识别、风险评估、风险应对、控制活动、信息与沟通、风险监控。内部控制主要从流程合规、反舞弊角度出发，自下而上地诊断招标采

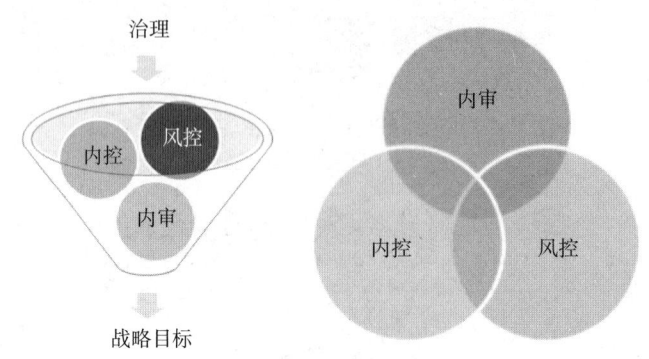

图 7-2　内部控制与风险控制区别

[图片来源：中宝（2017）]

购、销售、资金等具体运营流程中的内部控制缺陷，并进行整改；关注的重点是控制环境、风险评估、控制活动、信息与沟通、监督。内部审计是事后运用法律、规章和制度对银行经营管理过程进行检验和回放，发现和揭露问题，全面审视银行内控与风控等内部治理环节存在的病灶，从而使银行内部控制全过程形成回路；关注的重点是评估内控、评估风险、确认、咨询、增值。

风控在银行的角色好比中医讲的"上医"，主要职责是"治未病"，即还没有发生的病，防患于未然。内控在银行的角色好比中医讲的"中医"，主要职责是"治欲病"，是可能马上会出现的病。内部审计在银行的角色好比中医讲的"治已病"，是为已得的病开出处方。

2. 三者审视风险所依据的标准不同（中宝，2017）。内部控制主要依据 COSO 内部控制整合框架、加拿大 COCO 内控标准、SOX 法案、卡德伯利报告、哈姆佩尔报告、特恩布尔报告、商业银行内部控制指引和评价等；风险管理主要依据 COSO - ERM 风险管理框架、ISO 31000 风险管理标准、巴塞尔协议Ⅲ、商业银行信用风险、市场风险、流动性风险、操作风险、声誉风险等管理办法等；内部审计主要依据 COBIT 控制框架、中国内部审计准则、内部审计实务标准、商业银行内部审计指引等。

3. 三者审视风险的方式不同。内部控制主要采用合规检查等形式，使用穿行测试、控制测试等工具，诊断重点业务、重要流程的内部控制设计及运行缺陷。风险控制主要采用风险地图、流程数据分析、调查问卷、控制分析、专家评分等工具。随着金融科技的普及，以数据分析为核心的量化风险分析、风险评估指标体系等越来越受到重视。内部审计通过年度例行审计、专项审计等现场审计和报表审计（非现场审计）诊断银行业务运营中的问题。值得注意的是许多商业银行通过金融科技手段，建立了银行内部独立的内部控制系统、风险管理系统、内部审计系统，运用大数据进行实时监督、流程跟踪和事后诊断，使银行内部治理的效率得到空前提升。

第二节 我国微型金融组织的内部控制现状分析

一、我国微型金融组织的内部控制现状

我国微型金融组织的内部控制机制建设相对于国有大型商业银行和股份制商业银行来说比较落后，主要是自身规模较小与技术水平较低，当然，近年来，由于国家重视各方面支持小微金融的发展，一些城市商业银行和农村商业银行纷纷上市，经营规模和管理水平显著提升，有些银行在同行业中还处于领先水平，如宁波银行和江苏常熟农村商业银行等，但大多数小微银行在内部控制建设上还存在不少问题。

（一）内部控制环境正在普遍优化

1. 内部治理机制和经营管理机构建设基本到位。我国商业银行内部控制制度的建设由来已久，2002年9月18日中国人民银行发布我国第一版《商业银行内部控制指引》，2004年银监会成立后，根据商业银行发展的需要，于2006年12月8日中国银行业监督管理委员会第54次主席会议通过并发布新的《商业银行内部控制指引》，2014年9月银监会印发了修订后的《商业银行内部控制指引》。根据监管部门的内部控制指引要求和商业银行风险管理的需要，目前我国商业银行基本已经按照内部控制指引的要求，建立了"三会一层"（董事会、监事会、股东大会和高级管理层）的公司治理架构，已经构建起前台、中台和后台协同防控、相互支撑的内部

控制组织体系。无论是城市商业银行,还是农村商业银行,甚至村镇银行,在董事会和监事会层面基本都建立了战略发展委员会、关联交易委员会、风险管理委员会和审计委员会,农村商业银行还建立了"三农"金融服务委员会,许多小微银行的董事会直接领导审计部门,对银行经营中出现的风险及时进行监督与控制;在中台管理层面,基本都设立了风险管理部门、合规部门,对银行经营中出现的不合规现象和风险暴露及时进行检查和管理;在小微银行经营的前台业务部门,基本都设立贷审机构,落实流程责任,把贷前调查、贷中检查和贷后检查落到实处,确保风险控制全员参与、全程监督、全面防控。

2. 内部控制制度建设基本完善。在中国人民银行和银行监管当局的严格监管下,微型金融机构基本都按照银保监会的指引要求建立健全各项内部控制和风险管理制度,并且能够根据监管要求逐年修订完善,基本做到了银行经营管理中依法依规行事,靠关系拍脑袋的决策越来越少,科学决策越来越成为微型金融组织业务管理的主流。

3. 运用现代科技手段,构建银行业务经营管理操作系统和内控内防风险防范监督系统。近年来,微型金融机构根据互联网金融发展的趋势,在金融科技领域加大投资力度,基本构建起线上业务全流程服务体系,做到业务实时办理,信息实时记载,后台全程监控,风险及时提醒,有些小微银行还运用自身科技力量开发适合自身的内部控制系统、内部审计系统、内部风险预警系统等,实时监控业务经营管理出现的问题与风险,基本实现了风险早暴露、早预防、早处置,业务预警机制发挥出越来越重要的作用。

4. 内部控制文化氛围基本形成。多数小微银行以内部控制制度建设为契机,以流程银行建设为抓手,进一步明晰业务经营管理中的责权利,做到人人头上有指标,个个肩上有责任,基本实现业务内容落实、工作责任压实。近年来,微型金融组织根据监管部门的要求,在建立内部控制组织和规章制度的同时,积极探索流程银行建设,全面梳理经营管理业务流程,明确事前、事中和事后业务的具体内容和要求,把业务经营和管理工作的具体内容落实到银行具体工作的流程中,有些关键岗位还设立了A、

B角,进一步明确岗位监督,基本实现了业务内容岗位落实和工作责任清晰界定,基本扭转了银行边缘工作无人问、出了风险追不了责的相互推诿局面,全员风险意识进一步提高,控制风险的能力进一步提升,防范措施进一步强化,因主观过失导致风险发生的事件得到显著控制。

(二) 内部控制评价体系正在发挥鞭策监督作用

商业银行内部控制评价是对商业银行内部控制体系建设、实施和运行结果开展的调查、测试、分析和评估等系统性活动。近年来,微型金融机构按照监管当局的要求,进一步明确银行内部控制组织的职责与分工,监事会每个季度会提交一份内部控制评价报告,提出商业银行在日常经营管理活动中存在的问题,并要求限期整改,部分商业银行将内部控制中发现的问题和整改情况列入了年度考核内容,督促内部各部门经营管理中要防微杜渐。

商业银行内部审计部门、内控管理职能部门和业务部门分别承担内部控制监督检查的相关职责,在此基础上,一些商业银行建立信息通报机制,确保银行内部各监督部门之间的密切协调配合,构建覆盖银行内部治理各层级、各种金融服务产品、各项业务流程的监督检查体系。与此同时,一些商业银行的纪委还与监事会配合构建内部控制问责机制,对于经营活动中暴露的风险与问题,根据尽责调查结果落实责任到人,实施追责问责。

(三) 内部控制活动的内容和范围基本实现全覆盖

近年来,随着微型金融组织在内部控制组织、制度和信息系统建设等方面的逐步完善,银行内部控制活动综合运用各种业务监测系统技术手段开展实时监控,内部控制活动也逐年实现对各项经营管理活动的全方位覆盖、全流程控制和全过程预警,确保银行稳健开展业务经营与管理。内部控制具体包括信贷业务、资金业务、运营管理业务、电子银行业务、财务管理、计算机信息系统、数据质量、声誉风险、反洗钱业务、岗位轮换、应急管理、金融消费者管理等方面,特别重点关注大额贷款流动、关联交易、大额资金交易等业务,防止风险集中暴露。

二、我国微型金融组织内部控制工作存在的问题与原因

商业银行内部控制是银行为实现经营目标，通过制定和实施一系列制度、程序和方法，对风险进行事前防范、事中控制、事后监督和纠正的动态过程和机制。一个强有力的内部控制将有利于银行实现三大目标——业绩目标、信誉目标、合规目标，即有效的内部控制将帮助银行实现长期健康发展。就微型金融组织的内部控制工作来看，虽然近年来取得了卓越的成绩，但由于主客观原因，还存在不少问题。

1. 现代化公司治理结构未真正形成，管理者的资本激励作用没有真正发挥，行为短期化问题没有得到根本解决。目前我国微型金融企业尽管都已经建立了"三会一层"公司治理架构，但法人治理的责权利还不够明晰，股权激励不到位，管理者与公司经营情况的好坏主要跟奖金挂钩，与股权分红联系不密切，法人代表不是企业真正的所有者，不能真正意义上代表企业，经济学中的委托代理问题没有得到真正解决。

2. 缺乏适应市场形势变化适时调整完善内部治理架构的能力。随着互联网金融业务的发展，线上办理业务将逐步取代线下办理业务成为主流，特别是2020年新冠肺炎疫情对银行业务网上办理提出了挑战，客户办理业务不到现场，不见面，完全靠网上银行，微型金融组织尽管近几年在金融科技上有较大投入，而金融科技系统开发是个高投入的项目，小银行规模小，经费投入力度有限，业务系统的开发成本太高，特别是刚开始与业务收入不匹配，这就对小微银行在内部治理架构上、组织体系如何顺应时代发展提出了挑战。一方面，因为业务系统不够先进，许多业务还必须在线下办理，传统的银行网点还具有存在的价值；另一方面，互联网金融线上业务发展与小微银行争抢经营阵地，传统物理网点多、人员多，经营成本就高，业务服务的覆盖面还不一定广，每个网点一天也办不了几笔业务，这又成了银行相互竞争的劣势，显然，现实经营环境的变化已经向小微银行提出了内部经营机构和经营管理人员的配备方面的思考。

3. 内部控制制度落实不力，执行力不强，存在"上重下轻""发现容易整改难""屡查屡犯"等现象，内控文化的建设任重道远。对于大多数微型

金融机构来说，在中国人民银行和银保监会的监管下，近年来，各项内部控制制度基本做到了文件齐全，但确实也存在落实不力、束之高阁的现象，文件成了摆设，业务操作还是老一套，有的是领导层、管理层重视但经营层、业务层忽视，追求业务数量，轻视业务质量；有的是内部控制中发现了问题，但由于问题涉及银行内部经营管理中许多环节，牵一发而动全身，整改需要动用大量人财物时往往取决于管理层的决心，很容易形成发现问题易整改问题难；有的是银行内容追责问责机制不健全，一些问题往往一时不会形成巨大风险，查出来后也容易被轻视，加之不追责不问责，如果不与考核挂钩，很难得到及时整改，这种现象在许多小微银行经常出现。但习惯成自然，小洞不补，久而久之就形成大洞，就会导致直接损失。近年来，一些银行出现的由于业务操作不当等引起的风险损失就是明证，如票据风险中汇票审查不严而导致的诈骗风险，客户办理业务中解释不清形成的声誉风险等。

4. 内部控制渠道以线下为主，内控方式以人工为主，加之内部控制人员不足，专业化程度不高，内部控制的及时性和有效性有待提高。目前一些大型商业银行和已经在证券市场挂牌上市的中小银行内部控制机构设置比较健全，通常由风险管理、法律事务、内控合规、授信审批、资产保全、安全保卫、纪检监察和内部审计等部门组成，但大多数中小微银行内部控制组织设置不健全，内部控制手段传统，内部控制人员不足，专业化程度不高等情况比较普遍，在这种情况下，很难保证银行业务活动内部控制的及时、精准和有效。特别是一些小微金融机构受技术落后和人手不足双重约束，业务活动基本采用传统人工完成，组织客户靠"扫街""地毯式"摸查，事前控制靠人工记录、个人主观判断；办理业务靠柜台现场服务，提供不了线上服务，事中监督靠人工核对；后续服务靠电话咨询、人工回访，靠业务人员上门收集第一手资料，靠客户主动报送传统的"三表"（资产负债表、利润表和现金流量表）资料，信息反馈不及时，加之小微金融机构服务对象往往是小微企业、个体工商户和农户，根本提供不了传统"三表"材料，很难形成业务闭合回路，多数情况下只能由客户经理主观判断，与业务人员的责任心、素质以及办事效率有直接关系，这就难免出现失察误断和业务失控发生。

5. 内部控制制度不严谨,前台、中台、后台内部沟通不够,信息不对称,在公司治理层面没有真正建立起内部控制、风险管理和内部审计监督有效"金三角"治理结构。

三、加强我国微型金融组织内部控制工作的几点思考

1. 有针对性优化内部控制组织体系。微型金融机构与大中型金融机构不同之处主要表现为规模小,缺乏规模效应,办事成本分摊比较高,内部组织机构设计不可能做到如大中金融机构那样样样俱全,这就需要小微金融机构明确金融经营风险的本质特征,精减行政机构和人员,把主要力量配备到业务经营管理和风险防范控制的第一线,有些可以把内部控制和风险管理的职能进行归并,集中部门和人员进行管理和监督,有些可以采用控股单位外派等方式实施集约化管理,如射阳农村商业银行对其控股的河南信阳四家村镇银行集中派驻内部审计机构就是一个很好的范例。

2. 多种途径解决内部经营管理的信息系统问题,把业务经营、内部控制和风险防范的网络化和电子化工作提高到重要地位,充分利用科技手段解决内部控制和风险管理中的信息不对称问题。小微金融组织本来人手就紧,往往在所有金融组织中又处于信息系统最落后的阶层,因为自身规模小,盈利能力有限,金融科技投入不足,多数工作还是靠传统的人工完成,业务经营与管理的网络化建设相对落后,如何解决,实际上需要小微金融企业的管理层必须有超前思维,维持现状只能等着被同行淘汰,必须迎难而上,如运用控股银行的系统优势,搭建自身经营管理系统,目前我国大多数村镇银行都是由经营管理稳健的商业银行控股的,基本上都采用了这种模式。有的农村商业银行、城市商业银行还与网络公司合作,直接购买客户网络数据资源,如许多商业银行与蚂蚁金服、网商银行、腾讯、京东、百度、平安壹账通等互联网公司合作,获取客户业务数据,为开展业务和风险防控提供支撑。当然,最好还是自己开发适合自身业务经营与管理需要的内部控制系统、风险管理系统等,为了控制投入规模,微型金融企业可以高薪引进计算机和数据库专业人才,通过与金融业务人才的磨合,自主培养能够开发小型管理系统和产品流程的人才。总之,小微金融

企业必须全力解决自身经营管理过程中的信息化电子化问题。这不是可有可无的问题，也不是等等再说的问题，必须立办立决，2020年1月以来全球范围内暴发的新冠肺炎疫情，中国人民几乎足不出户居家40多天，日常工作和生活都通过互联网，已经给不能线上办理业务的银行、服务企业和广大商业企业上了一堂生动的未来发展课程。

江苏省农村商业银行在这方面做得非常出色，许多农村商业银行充分利用计算机网络建立了自己银行的内部控制系统，如扬中农村商业银行近年上线了合规管理系统，管理系统建立了员工行为管理、制度流程、合规管理、案防管理、员工合规档案、系统管理、领导驾驶舱七大主要模块，实现合规风险管理的全流程管控，为合规案防管理工作的开展提供了有力支撑；增强合规管理的主动性和前瞻性，有效推动合规管理由形式合规向实质合规转变；实现案防管理与日常履职相结合，最终切实发挥合规管理对业务稳健发展的支撑和保障作用，全面防控合规风险，遏制违法违规行为，加快实现合规管理"全业务、全岗位、全流程"覆盖的目标。

3. 加大内部经营管理的激励约束机制建设，把内部控制和风险管理工作真正落到实处。首先要加大小微金融企业自身的内部控制评价工作力度。我们知道，在银保监会的制度约束下，近年来一些微型金融企业刚刚开始内部控制评价工作，有些做得还很不规范，有些还是根据银保监会的文件内容"依样画葫芦"，有评价报告，但质量不高，表现为：一是由于人手紧和技术条件限制，往往内部控制评价的内容只是将业务管理部门的相关报告中的自查问题转述一遍而已，显然缺乏"旁观者清"的效果；二是内部评价工作部门虽然在《商业银行内部控制指引》第三十六条有明确规定，即商业银行内部控制评价应当由董事会指定的部门组织实施。但目前多数微型金融企业内部评价工作都由监事会来完成，监事会并没有追责、问责职能，一些商业银行也没有建立业务经营管理的问责追责制度，这往往容易造成内部控制评价工作最后只是走个形式，成为应付检查的一个程序性工作。所以，必须加大微型金融企业内部经营管理的激励约束机制建设，完善内部经营管理的追责问责制度，使微型商业银行内部控制和风险管理工作真正落到实处。

第三节　我国微型金融组织风险管理现状分析

我国微型金融企业经过20多年来的发展，特别是城市商业银行和农村商业银行，已经成为自主经营、自负盈亏、自担风险、自我约束，业务经营管理和风险控制能力较强的金融企业，根据银保监会网站公布的2019年我国商业银行资产负债规模及占比资料，2019年末全国城市商业银行总资产372750亿元，占全国银行业金融机构总资产的12.85%，总负债344974亿元，占全国银行业金融机构总负债的12.99%；全国农村商业银行总资产372157亿元，占全国银行业金融机构总资产的12.83%，总负债342505亿元，占全国银行业金融机构总负债的12.90%。全国城市商业银行和农村商业银行资产总额占全国银行业金融机构比例合计为25.68%，负债总额占全国银行业金融机构比例合计为25.89%，不包括村镇银行等微型银行在内，资产和负债占比均已经超过四分之一，特别是在支农支小一线发挥着举足轻重的作用。

一、我国微型金融组织经营风险现状

按照巴塞尔协议Ⅲ对商业银行日常经营管理风险的分类，一般认为商业银行在其经营过程中面临信用风险、市场风险、流动性风险、操作风险、法律风险、国别风险、声誉风险与战略风险等多种风险。近年来，随着我国经济形势呈下行趋势，一些金融企业出现大量风险暴露，各项风险集聚，总体呈上升态势，2019年甚至出现多年未有的商业银行停业整顿现象，如5月24日包商银行被中国人民银行和银保监会接管，期限1年；12月27日锦州银行在港交所发布公告宣布重大资产重组停牌，主要原因是连续出现严重经营亏损；恒丰银行因表外业务刚兑和内部管理混乱出现40多亿元的巨额风险暴露；等等。根据监管部门的分析，包商银行的核心问题是信用危机和大股东控制，锦州银行的核心问题是流动性风险和内部人控制，恒丰银行的核心问题是资本金不足，但三家银行的最终结局是一样的，因为风险导致商业银行经营困难。2020年4月10日，人民银行召开

一季度金融统计数据发布会,金融稳定局副局长黄晓龙在会上表示,我国中小银行整体稳定、风险可控,目前4005家中小银行,评级7级以上的3400多家,资本充足率均在10%以上,其中2400多家13%以上。高风险机构大概有532家,主要是农信社、农村合作银行和村镇银行,规模比较小,历史负担比较重。而风险机构数量也在逐年下降,从600多家降到了500多家(Bank资管,2020)。

(一)我国微型金融企业总体风险分析

1. 风险资产总规模上升,不良资产增速有明显升高趋势,但总体风险控制能力较强。根据中国银保监会网站统计数据,近年来,中小银行经营压力加大,不良资产规模和不良贷款率均呈上升趋势,农村商业银行已经连续6年持续走高,连续5年超过监管部门要求的商业银行不良贷款率小于2%的监管警戒线。城市商业银行自2014年以来也已经连续6年持续走高,风险管理的紧迫性越来越强(见表7-1)。

表7-1　　　　　　2014—2019年全国城市商业银行、
农村商业银行不良资产规模和增长率

银行 年份	城市商业银行		农村商业银行	
	总额(亿元)	增长率(%)	总额(亿元)	增长率(%)
2014	855	1.16	1091	1.87
2015	1213	1.40	1862	2.48
2016	1498	1.48	2349	2.49
2017	1823	1.52	3566	3.16
2018	2660	1.79	5354	3.96
2019	2968	1.88	5811	4.05

注:根据银保监会网站公开数据整理。

不过,我国商业银行自2013年以来就按照中国版巴塞尔协议的监管要求开展日常经营管理工作,风险管理意识一直较高,体现风险防范能力的重要指标如资本充足率、拨备覆盖率等维持高位,抵御风险的能力持续稳定增长(见表7-2)。

表7-2　　2014—2019年全国城市商业银行、
　　　　农村商业银行主要监管指标比较　　　单位：%

银行\年份	城市商业银行				农村商业银行			
	资产利润率	拨备覆盖率	资本充足率	流动性比例	资产利润率	拨备覆盖率	资本充足率	流动性比例
2014	1.12	249.33	12.19		1.38	236.52	13.81	
2015	0.98	221.27	12.59		1.11	189.63	13.34	
2016	0.88	219.89	12.42		1.01	199.10	13.48	
2017	0.83	214.48	12.75	51.48	0.90	164.31	13.30	53.14
2018	0.74	187.16	12.80	60.14	0.84	132.54	13.20	58.77
2019	0.70	153.96	12.70	63.51	0.82	128.16	13.13	63.15

注：根据银保监会网站公开数据整理。

从表7-2的数据可以看出，自2014年以来，我国城市商业银行和农村商业银行的共同特点是资产利润率呈逐年下降趋势，这与2015年以来利率市场化，利差缩小和竞争更加激烈有关，说明城市商业银行和农村商业银行的盈利能力下降，过去那种靠利差就高枕无忧的时代结束了。同时拨备覆盖率也出现持续下降的现象，与表7-2的不良资产率持续上升对照分析不难得出，其主要原因是近年来不良贷款额和不良贷款率持续上升需要加大核减不良贷款的结果，但这里同时透露了一个重要信息，通常拨备覆盖率降低就说明商业银行在核减其已经形成的不良资产，拨备覆盖率下降应该同时出现不良贷款率下降才是好的信号，但拨备覆盖率下降与不良贷款率上升同时出现，则是一个不好的信号，说明近年来每年新形成的不良资产的规模和比率在持续上升，也就是屡核屡增。城市商业银行和农村商业银行出现了风险损失集中暴露现象，这从其他数据上是说得通的，往往在经济状况好的时候，商业银行可以通过扩大贷款规模的方式来稀释不良贷款率，但近年来我国因经济结构调整经济增长率持续下降，许多企业经营困难，经济效益较差，许多银行出现存量贷款收息率下降的现象，银行此时当然不会贸然新增更多贷款，出现惜贷、不敢贷的现象，流动性比例持续上升也正好说明了这一点（按照监管规定指标，商业银行流动性比例不低于25%，目前城市商业银行和农村商业银行平均达到60%以上），所以就不能像经济环境好的时候那样可以采取扩大分母（资产规模）来降低不良贷款率的方式了，降低不良贷款率只有用拨备去覆盖和核减。

值得肯定的是，尽管拨备覆盖率下降，但均高于监管当局提出的高于150%的目标，且资本充足率均超过我国监管当局对系统性重要银行12%的要求，加之流动性比例高，城市商业银行和农村商业银行仍然处于稳健经营状态，不存在系统性经营风险。

全国村镇银行的资产质量情况银保监会网站上没有找到公开资料，但银保监会副主席祝树民2019年9月19日出席村镇银行改革发展研讨会的讲话稿显示，截至2019年6月末，全国已组建村镇银行1631家，覆盖了31个省份的1296个县（市、旗），县域覆盖率达70.6%；65.7%的村镇银行位于中西部地区，有450个国定贫困县和连片特困地区县已设立或已规划设立村镇银行。村镇银行资本充足率长期保持在17%以上，在主要投放支农支小贷款的情况下，不良贷款率控制在4%左右，拨备覆盖率超过110%，总体具备较强的风险抵御能力（李延，2019）。

2. 风险呈多点散发状况，风险结构出现多元化。通过上述分析，从总量上我国微型金融企业风险处于可防可控的稳健经营阶段，但近年来风险结构也出现多样化发展态势，风险结构中，信用风险仍然是主要部分，市场风险因利率市场化而逐步显现，操作风险、流动性风险、声誉风险、法律风险和战略风险也出现苗头。近年来由于理财刚兑而多次出现投资者到银行门前拉横幅，拍照片传上网的现象，给银行声誉造成恶劣影响，有的甚至因为一个谣言导致出现严重挤兑等声誉风险。近年来票据诈骗也成为网络媒体的高频词，许多商业银行牵涉其中，往往损失数额巨大。汇率风险也因近年来一些城市商业银行和农村商业银行涉足国际业务而被提上议事日程。金融科技风险也不容忽视，如今绝大多数城市商业银行和农村商业银行的线上系统承担着日常营运的重任，系统病毒风险、设备维护风险、黑客攻击风险等时时存在，不能掉以轻心。

在行业结构上也出现了值得高度警惕的现象，根据上市中小银行公布的2019年年报，城市商业银行和农村商业银行在制造业，交通运输、仓储和邮政业，农林牧渔业，建筑业，房地产业以及个人消费贷款等行业的不良贷款率出现明显升高,如2018年郑州银行批发和零售业,建筑业,农林牧渔业,交通运输、仓储和邮政业以及个人消费贷款的不良贷款率分别是2.49%、0.88%、5.24%、0.52%和0.59%,到2019年末分别上升到4.25%、1.77%、21.38%、2.19%和0.93%。青岛银行制造业的不良贷款率从2018年的6.61%上升到2019年的8.81%。重庆农村商业银行房地产的不良贷款率从2018年的0.71%上升到2019年的8.62%。广州农村商业银行租赁和商务服务业,制造业,交通运输、仓储和邮政业,农林牧渔业以及个人消费贷款的不良贷款率分别从2018年的1.97%、0.84%、0.27%、1.17%和0.96%上升到2019年的3.18%、3.63%、6.97%、10.89和1.75%(尚志科,2020)。上述行业在2020年新冠肺炎疫情的冲击下可能情况会更糟,必须做好处置预案。

3. 因经济下行,银行经营稳定性下降而导致风险暴露。根据评级机构2019年对全国银行评级结果,2019年累计有13家银行被下调评级,57家银行被上调评级,评级调整仍以上调为主。13家被下调评级的银行均为农村商业银行,包括山西平遥、山东莒县、长春发展、河南伊川、贵州仁怀茅台、山东郓城、长春、吉林蛟河、贵州乌当、吉林双阳、江苏建湖、安徽桐城、淮南通商农村商业银行。综合银行被下调评级的原因,主要分为资产质量下滑、负债稳定性降低、盈利能力及安全性下降等。资产质量下滑方面表现为不良贷款率及不良贷款规模上升,逾期贷款及关注类贷款占比上涨,贷款的行业集中度与客户集中度升高,拨备覆盖率大幅下降,非标投资占比上涨。负债稳定性降低方面表现为同业负债占比上涨,定期存款占比下降。盈利能力及安全性下降方面表现为净利润下滑,净息差下降,资本充足率下降甚至低于监管要求,期限错配严重。其中,吉林蛟河农村商业银行评级展望为负面,两年内连降3级,上海新世纪评级对蛟河农商行的跟踪评级观点:一是应收账款类投资回收对该行资产质量、流动性管理、盈利能力和资本充足水平产生重大影响;二是区域经济增速放缓,业务增速和盈利能力承压,贷款质量下行压力较大,同业负债成本较高将面临很大扭亏压力;三是同业负债占比较高,负债稳定性偏弱,市场融资能力及融资成本方面面临较大考验;四是合规内控仍存在整改压力;

五是资本充足率指标未达到最低资本要求,面临监管措施;六是贷款客户集中度较高(Bank 资管,2020)。

(二)我国微型金融企业具体风险分析

1. 信用风险。信用风险是微型金融企业的主要风险形式,是指由于信用活动中存在的不确定性而导致银行遭受损失的可能性,是所有因客户违约而引起的风险。信用风险是监管部门和商业银行自身十分重视的风险之一。根据原银监会颁布的 2006 年开始执行的《商业银行风险监管核心指标》(试行)第九条规定,信用风险指标包括不良资产率、单一集团客户授信集中度、全部关联度三类指标。不良资产率为不良资产与资产总额之比,不应高于 4%。该项指标为一级指标,包括不良贷款率一个二级指标;不良贷款率为不良贷款与贷款总额之比,不应高于 5%。单一集团客户授信集中度为最大一家集团客户授信总额与资本净额之比,不应高于 15%。该项指标为一级指标,包括单一客户贷款集中度一个二级指标;单一客户贷款集中度为最大一家客户贷款总额与资本净额之比,不应高于 10%。全部关联度为全部关联授信与资本净额之比,不应高于 50%。第十二条规定,风险迁徙类指标衡量商业银行风险变化的程度,表示为资产质量从前期到本期变化的比率,属于动态指标。风险迁徙类指标包括正常贷款迁徙率和不良贷款迁徙率。正常贷款迁徙率为正常贷款中变为不良贷款的金额与正常贷款之比,正常贷款包括正常类和关注类贷款。该项指标为一级指标,包括正常类贷款迁徙率和关注类贷款迁徙率两个二级指标。正常类贷款迁徙率为正常类贷款中变为后四类贷款的金额与正常类贷款之比,关注类贷款迁徙率为关注类贷款中变为不良贷款的金额与关注类贷款之比。不良贷款迁徙率包括次级类贷款迁徙率和可疑类贷款迁徙率。次级类贷款迁徙率为次级类贷款中变为可疑类贷款和损失类贷款的金额与次级类贷款之比,可疑类贷款迁徙率为可疑类贷款中变为损失类贷款的金额与可疑类贷款之比。

近年来,由于资本市场融资规模的进一步扩大,大企业和优质中小企业普遍争取到股票市场发行股票筹集资金,"脱媒"现象越来越成为一种正常的金融现象,商业银行信贷服务客户的风险度呈上升趋势,特别是近三年来，国家鼓励商业银行支持小微企业发展，商业银行存贷比经过多年下降之后，自2014年开始逐年回升，根据银保监会网站公开数据，2014年之前的几年，全国商业银行存贷比基本稳定在65%左右，2014年以后才开始逐年上升，2014—2019年的存贷比分别为65.09%、67.24%、67.61%、70.55%、74.34%和75.40%，2019年甚至超过原银监会规定的存贷比小于等于75%的控制线，说明近年来全国商业银行积极响应党中央和国务院的号召，积极向小微企业发放贷款，增加小微企业的资金供给，这同时也说明商业银行的信贷结构更倾向于小微企业，由于小微企业不确定性因素多，风险大，前面章节分析过，我国小微企业的存在寿命普遍较短，特别是我国县域多数小微企业的业务多以加工和商贸业务为主，科技含量低，产品受市场需求不确定性影响较大，信贷业务风险较大，这也印证了本节上文分析的近年来城市商业银行和农村商业银行不良贷款率持续上升的主要原因。

由于经济下行，小微企业的经济效益普遍下滑，直接导致微型金融企业近年来收息率的下降，一方面经济差的企业有的直接违约，有的直接倒闭，导致银行贷款损失，另一方面一些企业暂时遇到经营周转困难，出现亏损，不能按时偿还银行贷款利息，这也给银行形成直接经济损失。

值得高度警惕的是，近年来，微型金融企业贷款出现逆向迁徙的现象，正常贷款向关注类贷款、关注类贷款向次级类贷款、可疑类贷款向损失类贷款迁徙的比例出现上升趋势，根据银保监会网站公开数据，其中城市商业银行和农村商业银行只公布了2018年和2019年的数据（见表7-3）。

表7-3　2014—2019年全国银行业金融机构贷款迁徙情况统计　　单位：%

银行及分类不良率		2014年	2015年	2016年	2017年	2018年	2019年
全部商业银行	次级类	0.60	0.78	0.70	0.64	0.72	0.78
	可疑类	0.50	0.69	0.77	0.81	0.82	0.78
	损失类	0.15	0.20	0.28	0.29	0.28	0.30
其中：城市商业银行	次级类	—	—	—	—	0.62	0.48
	可疑类	—	—	—	—	0.27	0.32
	损失类	—	—	—	—	0.12	0.21

续表

银行及分类不良率		2014 年	2015 年	2016 年	2017 年	2018 年	2019 年
其中：农村商业银行	次级类	—	—	—	—	0.42	0.39
	可疑类	—	—	—	—	0.55	0.54
	损失类	—	—	—	—	0.034	0.074

注：全部商业银行的数据直接来源于银保监会网站，城市商业银行和农村商业银行2018年和2019年的数据根据银保监会网站公布的分类不良贷款金额计算而来。

从表7-3可以看出，全部商业银行合计自2014年到2019年的6年间，三类贷款不良率都有明显上升，其中次级类上升0.18%、可疑类上升0.28%、损失类上升0.15%，城市商业银行与全部商业银行的结果类似，相比农村商业银行相对比较稳定，损失类贷款比例明显增大。

微型金融企业的信用风险还需要关注单一集团客户授信度、行业授信集中度以及关联交易授信度，这三个指标对于以县域为主体的小型商业银行来说往往容易突破，在我国经济发展中，乡村经济发展都体现地方特色，一村一镇一乡甚至一县的产业集中度普遍较高，许多小型商业银行存在上述三项指标超过监管标准的问题，有些银行为了达到监管要求，采取一些技术手段进行处理，但事实上并没有改变现状。近年来这类风险频频发生，如2013年全国钢贸市场疲软，许多乡镇企业出现相互担保风险等，主要是因为我国经济已经面临转型升级的巨大压力，淘汰落后产能，向先进产业、优势产业转移已经成为国家产业政策的目标，但产业转移带有巨大阵痛，有些地方政府为了保有GDP规模，往往会给商业银行埋下隐患，必须引起高度关注。

2. 市场风险。市场风险是由金融资产的价格变化而产生的，一般又可分为利率风险、汇率风险等。原银监会颁布的2006年开始执行的《商业银行风险监管核心指标（试行）》第十条规定，市场风险指标衡量商业银行因汇率和利率变化而面临的风险，包括累计外汇敞口头寸比例和利率风险敏感度。累计外汇敞口头寸比例为累计外汇敞口头寸与资本净额之比，不应高于20%。具备条件的商业银行可同时采用其他方法（比如在险价值法和基本点现值法）计量外汇风险。利率风险敏感度为利率上升200个基点对银行净值的影响与资本净额之比。原银监会2004年底发布《商业银行市场风险管理指引》，于 2005 年开始执行。

随着全球负利率时代的到来，商业银行利率风险加大，目前微型商业银行为了吸引更多存款，往往通过提高定期存款利率或者发行利率较高的结构存款产品等方式提高竞争力。在利率下行趋势下（见表 7-4），一方面存款利率提高，另一方面贷款利率下降，存贷利差加速缩小，资产负债期限结构管理压力加大，利率下降时银行应该保持利率敏感性负缺口，即利率敏感性资产小于利率敏感性负债，也就是说要减少贷款规模，这样通过高息吸引来的存款如何运用就成了问题，如果没有高利息收入的运用配套，那么这部分高息存款就会形成利率倒挂，从而产生亏损。

随着近年来城市商业银行和农村商业银行逐年涉足交易性业务、投资类业务和外贸业务，汇率风险也已经成为微型金融企业的控制内容。但近年来，由于贸易保护主义抬头，加之国内经济增速放缓，人民币贬值压力加大，如何运用对冲手段防范汇率风险就成为风险管理的重要任务，但微型金融企业特别是农村商业银行由于人才短缺，汇率风险管理经验不足，容易形成损失。

表 7-4　　　　2014—2019 年商业银行存贷利差变化　　　　单位：%

银行＼年份	2014	2015	2016	2017	2018	2019
大型商业银行	—	—	—	2.07	2.14	2.12
股份制商业银行	—	—	—	1.83	1.92	2.12
城市商业银行	—	—	—	1.95	2.01	2.09
民营银行	—	—	—	4.52	3.49	3.74
农村商业银行	—	—	—	2.95	3.02	2.81
外资银行	—	—	—	1.71	1.86	1.78
全部商业银行平均	2.70	2.54	2.22	2.10	2.18	2.20

注：根据银保监会网站公开数据整理。

3. 流动性风险。近年来，监管部门对商业银行流动性风险管理日益强化。原银监会颁布的 2006 年开始执行的《商业银行风险监管核心指标（试行）》第八条规定，流动性风险指标衡量商业银行流动性状况及其波动性，包括流动性比例、核心负债比例和流动性缺口率，按照本币和外币分别计算。流动性比例为流动性资产余额与流动性负债余额之比,衡量商业银行流动性的总体水平,不应低于25%。核心负债比例为核心负债与负债总额之比,不应低于60%。流动性缺口率为90天内表内外流动性缺口与90天内到期表内外流动性资产之比,不应低于-10%。2009年9月28日发布的《商业银行流动性风险管理指引》,原银监会2014年发布的《商业银行流动性风险管理办法(试行)》等办法把商业银行的流动性风险分为狭义和广义,狭义的流动性风险是指商业银行没有足够的现金来弥补客户存款提取而产生的支付风险。广义的流动性风险除了包括狭义的内容外,还包括商业银行的资金来源不足而未能满足客户合理的信贷需求或其他即时现金需求而引起的风险。

近年来,监管层对商业银行流动性风险管理高度重视,及时增补了金融危机后巴塞尔委员会扩大的对流动性的监测指标,原中国银监会2011年《关于中国银行业实施新监管标准的指导意见》第二条第二款要求"商业银行改进流动性风险监管,建立多维度的流动性风险监管标准和监测指标体系。建立流动性覆盖率、净稳定融资比例、流动性比例、存贷比以及核心负债依存度、流动性缺口率、客户存款集中度以及同业负债集中度等多个流动性风险监管和监测指标,同时,推动银行业金融机构建立多情景、多方法、多币种和多时间跨度的流动性风险内部监控指标体系"。其中流动性覆盖率旨在确保商业银行具有充足的合格优质流动性资产,能够在规定的流动性压力情景下,通过变现这些资产满足未来至少30天的流动性需求。商业银行的流动性覆盖率应当不低于100%。流动性覆盖率=合格优质流动性资产÷未来30天现金净流出量。流动性匹配率衡量商业银行主要资产与负债的期限配置结构,旨在引导商业银行合理配置长期稳定负债、高流动性或短期资产,避免过度依赖短期资金支持长期业务发展,提高流动性风险抵御能力。商业银行的流动性匹配率应当不低于100%。流动性匹配率=加权资金来源÷加权资金运用。优质流动性资产充足率旨在确保商业银行保持充足的、无变现障碍的优质流动性资产,在压力情况下,银行可通过变现这些资产来满足未来30天内的流动性需求。商业银行的优质流动性资产充足率应当不低于100%。该指标值越高,说明银行抵御短期流动性缺口的能力越强,适用于资产规模在 2000 亿元以下的商业银行。优质流动性资产充足率 = 优质流动性资产÷短期现金净流出。净稳定融资比率是用于度量银行较长期限内可使用的稳定资金来源对其表内外资产业务发展的支持能力。该比率的分子是银行可用的各项稳定资金来源,分母是银行发展各类资产业务所需的稳定资金来源。分子分母中各类负债和资产项目的系数由监管当局确定,为该比率设定最低监管标准,有助于推动银行使用稳定的资金来源支持其资产业务的发展,降低资产负债的期限错配。商业银行的净稳定融资比例均不得低于 100%。

根据银保监会网站公开数据整理可知,由于监管部门高度重视商业银行的流动性管理,我国商业银行流动性比例指标呈逐年上升态势,2014—2019 年分别为 46.44%、48.01%、47.55%、50.03%、55.31% 和 58.46%,远高于 25% 的监管标准,商业银行流动性状况较好。分商业银行来看,外资银行最高,其次是民营银行,相对低的是大型商业银行,股份制商业银行、城市商业银行和农村商业银行 2019 年均超过 60%,从银行整体来看,流动性比例指标均呈逐年上升趋势(见表 7-5)。

表 7-5　　2017—2019 年我国商业银行分类流动性比例指标值　　单位:%

分类商业银行	2017 年	2018 年	2019 年
大型商业银行	48.10	52.34	54.97
股份制商业银行	50.78	56.49	61.63
城市商业银行	51.48	60.14	63.51
民营银行	98.17	82.86	68.29
农村商业银行	53.14	58.77	63.15
外资银行	66.80	72.20	69.81

注:资料来源于银保监会网站公开数据。

4. 操作风险。2007 年 5 月原中国银监会印发的《商业银行操作风险管理指引》第三条明确指出,操作风险是指由不完善或有问题的内部程序、员工和信息科技系统,以及外部事件所造成损失的风险。本定义所指操作风险包括法律风险,但不包括策略风险和声誉风险。这种风险是由于内部程序、人员、系统不充足或者运行失当,以及外部事件的冲击等导致直接或间接损失的可能性。原中国银监会颁布的 2006 年开始执行的《商业银行风险监管核心指标（试行）》第十一条规定：操作风险指标衡量由于内部程序不完善、操作人员差错或舞弊以及外部事件造成的风险，表示为操作风险损失率，即操作造成的损失与前三期净利息收入加上非利息收入平均值之比。

法律风险是一种特殊类型的操作风险，它包括但不限于因监管措施和解决民商事争议而支付的罚款、罚金或者惩罚性赔偿所导致的风险敞口。从狭义上讲，法律风险主要关注商业银行所签署的各类合同、承诺等法律文件的有效性和可执行性。从广义上讲，与法律风险相类似或密切相关的风险有外部合规风险和监管风险。外部合规风险是指商业银行由于违反监管规定和原则，而招致法律诉讼或遭到监管机构处罚，进而产生不利于商业银行实现商业目的的风险。监管风险是指由于法律或监管规定的变化，可能影响商业银行正常运营，或削弱其竞争能力、生存能力的风险。

近年来，微型商业银行企业的操作风险主要表现在内部控制程序不严密，导致部分员工利用职务之便实施套取银行资金的行为，使银行产生直接或间接损失。类似的案例有通过开虚假账户转移客户存款；通过内外勾结骗取银行贷款；通过内外勾结实施票据诈骗，或者由于工作人员业务能力不足、粗心大意等，导致票据审查不当，假票据蒙混过关，工作失误助力票据诈骗行为；因程序操作失误导致银行系统瘫痪，因个人电脑保管不善导致延误工作时间或数据丢失；有时也因柜面人员业务不熟悉与客户发生分歧，轻者导致客户流失，严重者甚至出现营业部客户纠纷等。

此外，近年来因商业银行开展业务违规而导致监管部门罚款处罚的事件频频发生，表现在商业银行宣传推销金融产品时出现故意造假、不实或含糊其词，如理财产品的保本与否解决不清、结构性存款假结构真提高利率等，根据银保监会 2020 年 2 月的处罚案例，商业银行主要违规问题集中反映在信贷业务（违反房地产信贷政策贷款、信贷资金违规流入房市、违法发放贷款）、内控管理不到位（提供虚假资料、员工行为管理不到位）等领域。

根据中国银行保险监督管理委员会（以下简称银保监会）官网显示，

截至 2020 年 3 月 2 日，致远云库共收录整理银保监会官网公示银行业罚单 18260 张。2020 年 2 月公示处罚罚单合计 83 张（以处罚公示日期为准），处罚机构共计 37 家，涉及 7 类金融机构，其中（按公示罚单数量排名），农村商业银行罚单合计 39 张，国有银行 20 张，股份制商业银行 10 张，农村信用社 7 张，村镇银行 3 张，农村合作银行和外资银行均为 1 张，以及未公示 2 张。其中，农村商业银行为监管重点处罚对象，股份制商业银行的累计处罚金额高居各类型金融机构之首，高达 29110000.00 元，远远高于本月其他类型处罚单位的处罚金额。但不容忽视的是，小型商业银行合计罚单 50 张（农村商业银行处罚金额 585 万元、农村信用社处罚金额 128 万元、村镇银行处罚金额 100 万元），其中，罚单数量最高的单位为陕西秦农农村商业银行，罚单累计 13 张。说明其业务操作很不规范，业务工作流程漏洞很多。处罚相关人员 51 人，共计处罚 59 人次。其中，44 人被警告，11 人被罚款、4 人被终身禁止从事银行业工作。

根据银保监会分析，违规原因具体分为十九类：违规发放土地储备贷款；受托支付不符合监管规定；信托消费贷款业务开展不审慎；流动资金贷款被挪用于股权投资；信贷资金被挪用流入房地产开发公司；个人经营性贷款资金被挪用于购房；非真实转让不良信贷资产；未对融资人交易材料合理性进行必要的审查，资金被用于缴纳土地竞买保证金；违规为房地产开发企业发放流动资金性质融资；签署抽屉协议互投涉房信贷资产腾挪信贷规模；卖出回购信贷资产收益权，实现信贷规模阶段性出表；理财资金违规投向未上市房地产企业股权；理财资金被挪用于支付土地出让价款；违规向资本金不足的房地产开发项目提供融资；并购贷款真实性审核不足，借款人变相用于置换项目公司缴纳的土地出让价款；协助合作机构签署抽屉协议，规避相关监管规定；理财资金实际用于置换项目前期股东支付的土地出让金；违规为房地产企业支付土地购置费用提供融资；违规向四证不全的商业性房地产开发项目提供融资（融新致远，2020）。

此外，近年来，金融企业因反洗钱工作不力，被中国人民银行处罚也较普遍。2019 年反洗钱行政处罚共 468 笔，处罚金额合计约 17273.6 万元；其中，对单位处罚金额合计约 16302.5 万元，对个人处罚合计约

971.1万元，双罚超过80%。共有319家机构受到反洗钱行政处罚，其中银行203家、信用合作联社31家、保险46家、证券15家、期货3家、信托1家、基金1家、支付公司13家、财务公司2家、资产管理公司2家、金融租赁公司2家。其中，商业银行占了绝大部分，处罚原因主要包括客户身份识别、可疑交易报告报送、反洗钱规定等方面执行不到位（受益所有人，2020）。

5. 国别风险。国别风险是指由于某一国家或地区的经济、政治、社会、文化及事件，导致该国家或地区借款人或债务人没有能力或者拒绝偿付商业银行债务，或使商业银行在该国家或地区的商业遭受损失，或使商业银行遭受其他损失的风险。微型金融机构中只有少数几家规模相对较大的城市商业银行和农村商业银行可能存在这一部分风险，大多数小微金融企业不存在国别风险。

6. 声誉风险。声誉风险是指由商业银行经营、管理及其他行为或外部事件导致利益相关方对商业银行负面评价的风险。声誉就是口碑，俗话说：人言可畏，口水淹死人。口碑是最好的广告，也是最具杀伤力的武器，对于商业银行来说，差的口碑容易形成挤兑，危及生存。经济学中最典型的理论就是羊群效应，跟风操作。2014年3月，江苏省射阳农村商业银行因客户到柜台办理大额提现业务，按规定需要验明其身份信息并提前预约，客户觉得自己的钱想提不能马上提到，心生不满，于是造谣说该银行要倒闭，这种不可靠的信息居然一传十、十传百，在很短时间里形成整个县域范围内网点的排队提现状况，而且人越排越多，这就是典型的挤兑，好在事件排查及时，解释迅速，才没有酿成更大的区域性挤兑风潮。2019年11月，营口沿海银行和河南伊川农商行也曾因为谣言发生了挤兑事件。2020年4月1日，甘肃银行股价出现连续跳水并跌破1港元/股，最低跌至0.58港元/股，成"仙股"源于股权质押爆仓，股价连续暴跌导致恐慌。4月5日甘肃陇南市徽县支行营业网点出现部分储户集中办理业务现象，由于人员较多、业务量大，致使办理过程较慢，挤兑苗头出现（城商行研究，2020）。可见声誉风险的威力巨大，必须引起小微金融企业的高度警惕。

7. 战略风险。企业战略是设立远景目标并对实现目标的轨迹进行的总体性、指导性谋划，属宏观管理范畴，具有指导性、全局性、长远性、竞争性、系统性、风险性六大主要特征。战略就是设计用来开发核心竞争力、获取竞争优势的一系列综合的、协调的约定和行动。当一个公司成功地制定和执行价值创造的战略时，能够获得战略竞争力。战略风险就是导致企业整体损失的不确定性。战略风险是影响整个企业的发展方向、企业文化、信息和生存能力或企业效益的因素。企业通过制订发展战略明确企业在一定时期内的发展方向、发展速度与质量、发展点及发展能力，战略的真正目的就是要解决企业的发展问题。目前我国中小商业银行每一届董事会都制订三年发展规划，明确发展方向、目标和速度等，但由于我国银行业的市场定位不同，县域金融企业的市场定位是监管部门明确规定的，农村商业银行和村镇银行必须坚守本土战略，业务不出县，在这个前提下，农村商业银行和村镇银行的战略风险主要集中在发展方式和发展手段的选择上，相对于螺丝壳里做道场，不是选择螺丝壳的问题，而是如何充分利用道场的问题。如对于金融科技的认识、投入与运用，如何处理好金融科技不发展的风险和发展中的风险成为县域小型商业银行的主要战略风险。

二、我国微型金融企业风险形成的主要原因

1. 宏观经济由高速增长转为高质量发展，企业面临转型发展困境，经济效益差，给商业银行经营带来很大的压力。2008 年美国次贷危机以后，我国实施了 4 万亿元的刺激计划，加之地方政府的层层加码，结果导致用药过猛，重复投资重复建设导致产能过剩，造成巨大浪费，增长盛宴过后就面临产业出清，去产能、去库存压力直接导致大量企业停工停产甚至倒闭，GDP 增速从 2010 年以来直线下降，见表 7-6。

表 7-6　　　　　　2010—2019 年 GDP 增长速度　　　　　　单位：%

年份 指标	2010	2011	2012	2013	2014	2015	2016	2017	2018	2019
GDP	10.6	9.6	7.9	7.8	7.4	7.0	6.8	6.9	6.7	6.1

注：数据来源于国家统计局网站。

进入2020年以来，经济形势因新冠肺炎疫情更加严峻，本来第一季度是春节消费旺季，中国人会利用春节假期走亲访友，出门旅游，但2020年因为疫情不能出门，全国消费一落千丈，到了3月，我国疫情在党中央的正确决策下得到有效控制，可病毒传播速度惊人，全球已经120多个国家有确诊病例，而且范围在迅速扩大，意大利、伊朗、西班牙、韩国、法国、德国、美国等国家疫情发展势头迅猛，全球经济增长将面临大考，3月上中旬国际股市油市剧烈动荡，历史罕见，这次疫情可能会拖累全球本已疲软的经济走下坡路，甚至直接产生经济危机，对于中国正处于经济转型困难之中的经济和企业来说无疑是内外交困。

2. 管理手段相对落后。目前大多数城市商业银行、农村商业银行和村镇银行的金融科技发展相对落后，与网络银行、大型商业银行和股份制银行能够全部线上办理业务并做到获客、选客、业务办理、信用评价和风险控制全流程智能化相比还有很大差距。在我国城市商业银行无论大小都必须独立开发自己的业务运营和管理系统，农村商业银行绝大多数是在省联社的统一系统下运营业务，有针对性开展个性化服务的能力相对较弱。对于多数小型城市商业银行和村镇银行来说，主要问题是投入不足，系统科技含量低，只能满足线下员工利用线上系统办理柜台业务等简单需求，很难满足当今客户对个性化服务的需求，更不能做到智能化获客、选客、信用评价和风险控制，效率低，效果差。

3. 内部控制存在不足和员工队伍相对老化叠加，导致企业传统业务经营把不准、吃不透，不懂创新、不会创新。微型金融企业许多内部控制中的问题与内部员工素质有一定关系，一些小微金融企业多年来引进人才很少，或者由于地处老少边穷地区，业务少收入低，人才难留住更难引进，内部人员结构老化，学历层次低，大学毕业生屈指可数，多数员工都是高中毕业，有的仅是初中文化程度，思想僵化，对企业和个人客户的现状未来如何诊断不知所措，做业务时心中无数，吃不透把不准，更不用说引领时代潮流主动创新了，就是自己不创新往往也不能主动接受创新适应创新，接受能力、适应能力差。这些都客观上影响企业内部控制的效果，有些业务操作流程内控部门、内审部门反复发现问题反复纠正问题，但仍然重复发生同样的错误，有的是责任心问题,但也有不少属于能力问题,所以对小微金融企业来说,员工队伍能力恐慌是当前产生各种风险的重要原因。

三、微型金融企业防范与化解风险的几点思考

(一)健全风险管理制度

微型金融企业防范和化解日常经营管理中的各种风险首要任务还是要根据中国人民银行和银保监会的要求,建立健全各项防风险的规章制度。从现实来看,微型金融企业完善制度建设应该注意以下几个问题。

1. 制度的针对性。如果说微型金融企业现在还没有规章制度,那肯定是不负责任的说法,主要的问题是制度上下一般粗,翻开小微金融企业的各种制度,基本上与银保监会的相关制度文件差不多,存在严重的八股式问题,多数文件是直接转抄而已,缺乏相应针对性。银行规模大小不一,市场定位层次不同,微型金融企业主要服务对象就是小微企业和当地市民,所以建立可用、能用、适用的制度就非常必要。

2. 制度的执行力。制度是用来约束行为的,如果光制定制度却不执行,那么有制度还不如没有制度好,现在许多单位存在制度是摆式花瓶问题,写在纸上、挂在墙上、说在嘴上,就是没有落实在行动上。因为制度约束了守规矩人的行为却没有对那些容易违反制度的人产生震慑,上层认为制度管理(法治)已经代替行政管理(人治),从而放任不管,结果反而风险频发,这是因为那些不守规矩的人因为制度而没有人管了。所以制度的关键取决于执行力。而执行力的好坏又取决于企业内部是否建立严格的考核激励机制。没有严格的奖惩激励制度,做多做少一个样,做好做坏一个样,做的不如看的,看的不如说的,长此以往必然打击能干者的积极性。微型金融企业要建立一套"护牛"(埋头苦干的老黄牛)、"识马"(能挑大梁的千里马)、"去猪"(饱食终日、碌碌无为的懒猪)、"打狗"(乱咬人、搬弄是非的疯狗)的好考核制度,激励员工奋发有为。

(二)提高员工队伍素质

提高员工队伍素质在于管理层做好两件事,要在德与智两个方面同步推进。

1. 在智方面,一是重视外部引进。当今时代知识更新日新月异,新的人才能快速带来新的知识和技能,引进人才能发挥人才管理的鲇鱼效应,实现带动、带领和影响的倍数效果,激发老员工学习新业务,提高新技能。二是要全力做好内部员工培训工作。内训是很多商业银行提高员工素质的重要抓手,内训方式既能提高员工素质又能节约商业银行人才引进成本,更重要的是毕竟老员工多,内部化解成本高,同时也只有充分挖掘现有员工的潜力,才能维护银行稳定,所以,银行人力资源部门必须精心规划内部员工培训方案,从宏观经济知识、微观业务知识、管理知识、心理知识等全方位有序更新现有员工的知识结构,为现有员工岗位充电加热。

2. 在德方面,微型金融企业要在企业内部建设道德讲堂,通过多种形式加强银行员工职业道德和职业操守宣传普及教育,多讲身边事、身边人,树正气,杀歪风。要建立晨会、周会、月会、季会和年会制度,表彰先进,鞭策后进;充分利用内网,开辟内网道德宣传专栏,建立内网银行员工道德模范墙,树立员工模范典型,营造感恩文化。自 2010 年 2 月开始,浙江泰隆商业银行推出了一项名为"亲情 2 + 1"的福利制度:凡是在银行工作满两年的员工,都可以为父母申请一笔 300 元的亲情工资,其中银行出 200 元,员工个人承担 100 元。每个月,这笔钱都会按时打入员工父母的账户。这一制度实现了一举多得的效果,员工觉得银行帮自己尽孝心,于是更加感恩银行;父母获得意外的惊喜,于是更加支持子女在银行工作,自觉成为银行终身客户;银行通过这种制度,增强了员工的归属感,营造温馨的家文化,把员工是企业的财富真正落到实处(可爱多,2011)。

(三)提升风险管理技术

有了鼓励做事的制度和想做事情的人,那么技术就是决定做事质量和效率的根本了。现代风险控制技术与传统银行风险管理方法有很大不同,科学性、有效性充分彰显。根据麦肯锡对亚洲银行客户开展的长期调查,数字化不仅被广泛应用,更推动了销售。在亚洲发达市场,58% ~75% 的客户在线购买了银行产品。未来银行的绝大部分销售与经营活动将通过线上完成,运用金融科技银行可以实现风险全流程管理(见表 7 - 7)。

表 7-7　　　　　数字银行与传统银行信用风险管理流程对比

区别	受理与调查	风险评价与审批	协议与发放	支付管理	贷后管理
传统银行	受理：主要通过客户向银行提交书面申请的方式进行调查：主要以实地调查为主、间接调查为辅	由具有不同审批权限的人员结合其自身经验人工完成。具有人工完成，信息来源窄，规定区域开展等特点	协议签订均采用线上签订的方式进行，合同中约定有关各方的各项条款内容，同时签订授权协议	采用受托支付或自主支付的方式进行资金支付，受托支付贷款人要求借款人使用贷款时提出支付申请	贷后管理落实到个人，客户实行专人负责，具体贷后操作主要由各实体网点客户经理负责
数字银行	受理：主要通过互联网、电话、邮件、手机客户端等非面对面方式进行调查：借助第三方数据、银行全自动、合作伙伴调查	线上审批为主，线下审批为辅。审批所依据的数据不同。因采用数据不同，授信审批模型变异较大	基本采用线上签订方式进行，无纸质协议文本，自动完成全部发放工作	贷款也采用受托支付和自主支付两种方式，但流程全部通过在线方式完成	贷款责任主体非人格化，审批人是系统而非个人，客户也不由具体经理开拓与维护

传统银行与数字银行在信贷管理上有实质性的差异。通过科技系统实现信贷业务跨环节审视，从而较好解决了信息不对称问题（见表 7-8）。

表 7-8　　商业银行金融科技融合信贷业务前台、中台和后台流程

业务流程	业务功能与管理
前台	智能认证、客户识别、客户管理
中台	业务系统、交互平台、运营管理
后台	IT 架构、风险防控、技术平台

金融科技解决了传统银行前台、中台和后台相分离，信息不对称的难题，实现"三台统一"和信贷贷前调查、贷中审查和贷后检查相统一（见表 7-9）。

表 7-9　　　　　智能信贷风险控制流程

信贷流程		业务流程	智能风控技术
贷前	业务受理	业务申请→信用审核→额度测算	设备指纹：设备采集标记、IP 识别预警→智能信审：算法优化题库、评分关联额度→地址雷达：进行现场调查留档
	调查评价		

续表

信贷流程		业务流程	智能风控技术
贷中	贷款审批	贷款审批→合同签订→贷款发放	图像识别：人脸识别＋活体识别→知识图谱：客户关系图谱，全面洞察客户
	合同签订		
	贷款发放		
贷后	贷后监控	贷后监控→逾期管理→资产保全	复杂网络：信用关联风险传导检测→失联修复：逾期客户失联、联系信息补全→智能语音：智能语音交互、话术策略区分
	资产保全		

人工智能技术能通过机器学习、机器视觉、生物特征识别、知识图谱、自然语言处理等技术，构建信用模型，收集客户信息，自动开展客户信用评价，为商业银行贷款提供支持。如1989年，Fair Isaac 与当时主导美国征信市场的三家信用机构 Equifax、Experian 和 TransUnion 合作发布了第一个消费者信用评分产品。该产品将消费者的信用状况用 300～850 的数字表示，分数越高表明其信用评级越高，这就是我们现在所熟悉的 FICO 评分（Fair Isaac Corporation Score），它迅速成为美国银行的信贷决策标准。FICO 评分从五个方面去分析一个人的财务状况，并为每个方面赋予不同的权重，包括付款历史记录（35%）、已欠款总额（30%）、信用增长长度（15%）以及两个信用组合——信用卡、购物记录、抵押贷款（10%）和新贷款申请（10%）。最终所得出的分数对是否能获得贷款，多久能获得贷款至关重要，FICO 评分现在已用于美国 90% 以上的消费者信贷决策。近年来，蚂蚁金服建立了一个维度极广的评分系统——芝麻信用，覆盖 3.25 亿人口（杨梦滢，2019）。该信用评级支持蚂蚁金服实现了小微信用业务快速增长，蚂蚁金服旗下网商银行则成为我国小微企业金融服务最大的黑马，其服务小微企业的相关数据在所有银行中明显领先：截至 2018 年末，累计放款 2 万亿元，其中 2018 年新增 1 万亿元；服务小微企业及个体经营者 1227 万户，2019 年 8 月已超过 1500 万户。小微企业覆盖面迅速扩大，在蚂蚁金服的大数据风控技术体系的支持下，网商银行在实现小微信贷业务"310"（3 分钟申请、1 秒钟放款、0 人工介入）全流程线上信用贷款模式充分展示互联网金融的规模扩张效应的同时，将不良贷款率控制

在 1% 左右，完全破解了长尾客户收益低风险高与企业商业可持续性不可兼顾的难题（聂欧，黄思楠，2019）。

第四节 微型金融企业风险管理创新案例分析

一、商业银行推行绩效工资延时支付制度

为充分发挥薪酬在商业银行公司治理和风险管控中的导向作用，建立健全科学有效的公司治理机制，促进银行业稳健经营和可持续发展，2010年3月原中国银监会发布《商业银行稳健薪酬监管指引》，共6章30条，主要从薪酬结构、薪酬支付、薪酬管理、薪酬监管等方面进行规范。在薪酬结构上，对基本薪酬、绩效薪酬等进行了规范，强调基本薪酬与薪酬总额的比例、绩效薪酬与风险抵扣和业绩的关系。在薪酬支付上，主要强调绩效薪酬必须经过考核以后才能发放，必须留存一定比例在财务年度结束以后支付，高管人员的绩效薪酬必须有40%以上采取延期支付方式，延期时间不少于3年。如果在延期支付的期限内，高管人员和对风险有重要影响的员工不当履职而造成重大风险损失的，商业银行应将相应期限内已经发放的绩效薪酬全部追回并止付未发放部分。

根据监管当局的要求，微型金融企业也相继对高层管理人员和风险业务岗位人员采用绩效工资延期支付的做法，旨在把重要岗位员工的劳动成果与银行绩效挂钩，解决业务尽职尽责问题，当然银行业务经营产生风险后责任如何追究？究竟由谁来承担，必须经过尽职调查加以确认，要防止将业务风险不问主客观原因直接与个人挂钩，这样简单操作尽管表面上追回了银行因产生不良贷款而产生的部分损失，但如果处理有失公允或者责任追究不客观，就会打击一线员工的开拓业务积极性，最后导致商业银行错失良机，把机会拱手让给竞争对手。

二、大丰农村商业银行运用薪酬设计、绩效考核等激励约束机制，有效控制银行业务风险，提高经营效益

自2012年以来，大丰农商行一直重视通过薪酬管理激发员工积极性，

构建银行长效发展模式,先后经历了手工粗放式考核到信息化系统考核、FTP模拟利润考核、KPI关键行为考核、工资费用全额承包考核、产品实时计价考核和以客户价值为目的的考核6个阶段,绩效考核模式不断优化,通过考核机制的优化实现了银行业务发展加快、工作效率提升、员工活力增强、经营质量倍增的良好局面。其薪酬架构的特色可概括为以下几个方面:

(一)创新设计"银行待遇=资历+努力+责任"的薪酬结构,建立优绩优酬的绩效激励机制

薪酬设计以"多劳多得,优绩优酬"为导向,建立包括基本工资、等级工资、岗位津贴工资、绩效工资、加班工资、中长期激励、福利性收入等项下的货币和非现金权益性收入相结合的薪酬结构体系,从合规经营、风险管理、经营效益、发展转型、社会责任五个维度出发,建立立体式发展责任制框架,在增人不增资、减人不减资的背景下,将综合考核切实内化为各部门内部管理和业务经营活动的重要内容,强化考核结果激励。

(二)通过层层考核,营造银行内部"比学赶超"的追赶文化氛围

1. 银行内部建立董事会对经营管理层考核机制,形成压力层层传导。坚持稳健经营、合规引领、战略导向、综合平衡、统一执行原则,明确行长年度考核与经营目标100%挂钩,分管行长70%与行长目标挂钩,30%与分管部门年度考核平均得分挂钩,实现管理层考核范围全覆盖。围绕合规、风险、经济效益、发展转型、社会责任等核心指标,通过定量和定性相结合的方式,对业务发展、内控管理、金融服务、风险防控以及综合发展实力等进行全面考核和评定。同时设立了特别条款,对获得上级管理部门的相关奖项设立加分项,对受到相关处罚、省联社等级行和银保监会监管评级发生降级等事项则增加考核力度。

2. 银行内部实行绩效双选竞聘上岗,实行优绩优酬,末位淘汰,以绩效考核服务于经营管理。配套组织架构和人事改革,每年组织中层干部对照竞聘目标进行竞争上岗,严格执行末位淘汰制度,对始终处于末位的负责人进行尽职调查,如若不尽职,实行就地免职,使得中层干部队伍素质不断提高。组织员工实行双选,明确考核指标,淘汰不适应发展的员工。

同时坚持用人市场化，在单位内部建立人才市场，末尾淘汰的员工可进人才市场进行再学习、再培训，双选再上岗，不能再上岗的，可采取双向议薪的形式做一些临时工作。让员工有紧迫感和危机感，促进员工不断学习跟上脚步。

（三）把薪酬与银行经营风险挂钩，杜绝员工行为短期化，通过薪酬设计完善银行长效激励机制，提高银行风险管理水平

1. 建立员工忠诚基金账户，通过银行内部忠诚基金建立员工中长期激励机制，培育员工工作责任感和主人翁意识。员工忠诚基金是为了员工忠诚于本行事业，不怠工、不旷工、不辞职或不违规违纪而设立，该基金需要员工真诚自愿购买，并办理购买忠诚基金签约手续，该基金账户有两个子账户，一是员工个人购买的忠诚基金账户，二是该基金的公共账户。员工延期支付工资和虚拟风险金可兑现部分资金购买忠诚基金。忠诚基金每年实行忠诚奖励，享受以下权利：持有忠诚基金的员工可以参加岗位晋升和从事本行重要岗位工作，重要岗位主要包括中高层管理人员、机关一般工作人员、厅堂主管、客户经理以及其他本行认为重要的岗位等；每年可根据财务承受能力经行长办公会及党委会会办决策后在成本中列支一定金额进行奖励用于再次购买忠诚基金；经行长办公会及党委会会办决策后可享受其他高附加值奖励用于再次购买忠诚基金。

2. 计提企业年金，提高本行职工退休后的养老金待遇，减少职工的后顾之忧，最大限度地保障职工的利益，激励职工长期稳定工作，激发职工劳动积极性和创造性，增强企业凝聚力和吸引力，促进企业与职工共同发展，2019年实行企业年金第三方托管，规范了企业年金基金的运作，维护员工的合法权益。

3. 实行个人虚拟贷款风险金累积制。个人虚拟贷款风险金每年计提并累加，且可以按一定标准抵冲以前年度被界定为尽职、一般未尽职、严重未尽职的不良贷款风险责任。

通过近年来的绩效考核，大丰农村商业银行取得了可喜的绩效。在宏观经济下行压力面前，银行市场定位清晰，实现了又好又快发展，市场份额不断提升，连续多年存贷增量份额在70%以上。总资产突破500亿元大

关,跳出了小银行圈子。存贷款总量、增量和市场份额持续在盐城市大丰区各银行和盐城市同系统排名第一,荣登"2019 中国金融品牌榜农商行100 强"。不良贷款持续"双降",连续五年获银保监会监管评级 2 级,连续三年省联社等级行达 5A。新的薪酬激励机制使员工活力进一步增强,实施全员营销,营销业绩直接与员工工资挂钩,并通过岗位、业绩、技术等途径,打开晋升通道,核心员工流失率大大降低。

三、村镇银行集团化内部控制和风险管理模式

(一)中银富登村镇银行集团风险控制模式:充分利用自身规模优势和两家控制公司的实力全面实施金融科技发展战略

2005 年中国银行股份有限公司(以下简称中国银行)和新加坡淡马锡下属的富登金融控股有限公司(以下简称富登金控)正式建立亲密无间的战略合作伙伴关系,2007 年富登金控建立咨询团队,协助中国银行推行新的中小企业业务模式。2009 年中国银行同富登金控合作挖掘县域经济中的金融机会,研究村镇银行的发展策略和商业模式。2011 年 3 月中银富登村镇银行借助中国银行的品牌和资源优势,结合富登金融的微型金融经验,在国家级贫困县湖北蕲春设立了第一个村镇银行网点,之后采用规模化、批量化方式发起设立村镇银行,先后集中收购国家开发银行和中国建设银行旗下的多家村镇银行,探索具有中国特色的大型银行发展微型金融之路。截至 2018 年 6 月末,中银富登村镇银行已在全国 19 个省(直辖市)设立了 100 家村镇银行和 119 家支行,其中 76% 在中西部,33% 在国家级贫困县,成为国内机构数量最多、地域覆盖范围最广的村镇银行集团。中银富登村镇银行以"建设新时代一流村镇银行"为目标,本着与客户"共同成长,成就梦想"的信条,致力于"立足县域、支农支小",为县域的中小企业、微型企业、工薪阶层、"三农"客户提供本土化、高水准、全方位的金融产品和服务。制定适合小微企业、"三农"客户的金融服务和信贷流程,开发了 14 大类、60 余种小微和涉农产品,服务客户超过 160 万户,为超过 13 万客户提供贷款服务(中银富登村镇银行,百度百科)。截至 2017 年末,累计贷款客户数超过 13 万户,累计发放贷款约 30 万笔、

约580亿元，户均贷款约为21万元。其中，涉农、小微贷款余额超过200亿元，占比高达92%（中银富登村镇银行网站），先后荣获"全国客户满意最具发展潜力品牌"（企业）、"全国支持三农经济发展十佳村镇银行"等大奖。

中银富登村镇银行成立之初就确立科技引领战略，2010年以构建客户关系管理系统为核心，建立包括银行运营系统、信贷管理系统、数据仓库、外围配套系统的完整信息科技体系，把大型商业银行的优势和积累转化为村镇银行的发展平台。此后进一步运用信息科技系统基础平台完善支付结算手段，所有中银富登村镇银行的客户都能够享受到城市客户所享受的现代金融支付结算手段，包括银联结算、央行大小额支付、第三方支付、二维码支付，同时中银富登村镇银行还开发了独立的手机银行，可以移动发卡等。中银富登村镇银行正与中科院相关研究所进行探讨，构建业务经营管理的大数据平台和模型，并已在风险监控、预警决策以及客户营销前端等方面广泛应用。

这些金融科技的开发与运用是小型村镇银行不可能实施的，这就是集团化优势。大数据风险控制已经在中银富登村镇银行的信贷管理中取得成效，首先是较好抓住了长尾客户。中国银行副行长高迎欣2017年11月23日在第142场银行业例行新闻发布会上以"全面践行普惠金融、着力服务实体经济"为主题，介绍了近年来中国银行在普惠金融服务方面的探索和创新。报告中指出中银富登村镇银行在公司、零售、"三农"三条业务线上，公司线的户均贷款110万元，零售和"三农"线户均贷款10万元，全部中银富登村镇银行贷款户均22万元。其次是较好实现了风险控制目标。报告指出：截至2017年11月，中银富登村镇银行在户均贷款只有22万元的基础上，不良率1.71%，关注类贷款比率1.1%，拨备覆盖率226%（王晓明，2017）。这些指标经过六年时间的考验，说明中银富登村镇银行的商业模式在控制信用风险方面有一定的成效。

（二）兴福村镇银行有限公司风险控制模式：提供系统支持，帮助村镇银行实现线上风险控制

南华兴福村镇银行成立于2016年6月13日，是由江苏常熟农村商业

银行股份有限公司主发起设立的具有独立法人资格的新型农村金融机构，2019年4月，江苏常熟农村商业银行（常熟农商行）在海南海口获批筹建兴福村镇银行股份有限公司，注册资本13.8亿元，2019年7月获批开业，成为全国首家成立的投资管理型村镇银行。常熟农商行作为主发起行，持有其90%的股份。2019年9月19日，兴福村镇银行正式开业。

常熟农商行是普惠金融实践者，积极落实银保监会小微企业金融服务要求，2009年组建事业部制的小微贷款专营机构，打造专业化、可复制、业内领先的微贷核心技术，服务贷款客户25万户，户均贷款约40万元，其中100万元以下贷款客户数占比95%。全部贷款中，65%的信贷资金用于支持小微企业，超过70%的信贷资金投向涉农领域，近80%的信贷资金服务于实体经济。常熟农商行是金融精准扶贫探索者，2007年在湖北咸丰设立首家村镇银行，2012年启动村镇银行批量化组建工作。常熟农商行立足普惠金融探索与实践，依托发起设立的村镇银行复制推广"常农商微贷模式"，先后在湖北、江苏、河南、云南、海南五省发起设立31家"兴福"系村镇银行，覆盖38个县域，营业网点超过180个，员工人数超过2000人。截至2019年6月末，"兴福"系村镇银行存款总额133.14亿元，贷款总额147.02亿元，贷款户数8.3万户，户均贷款18万元（顾志娟，2018）。

投资管理型村镇银行的机构类别仍然是村镇银行，仅调整增加了村镇银行的业务范围，增加的业务包括：投资和收购村镇银行，为村镇银行提供代理支付清算、政策咨询、信息科技、产品研发、运营支持、培训等中后台服务，以及受村镇银行委托申请统一信用卡品牌等业务。2018年1月12日，原中国银监会发布《关于开展投资管理型村镇银行和"多县一行"制村镇银行试点工作的通知》，鼓励投资设立村镇银行数量较多的主发起人采取投资管理行模式，对所投资的村镇银行实施集约化管理。已投资一定数量村镇银行且所设村镇银行经营管理服务良好的商业银行，可以新设1家或者选择1家已设立的村镇银行作为村镇银行的投资管理行。投资管理行受让其主发起人已持有的全部村镇银行股权，可以继续投资设立或者收购村镇银行，并对所投资的村镇银行履行主发起人职责。

"兴福"系村镇银行投资管理行正式开业运营后,"兴福"系村镇银行的管理工作主要由投资管理行来负责,风险内控工作模式主要如下:内部控制和风险管理方面,目前投资管理行在对"兴福"系村镇银行管理过程中,大部分是参照常熟农商行的管理模式,但因为下辖兴福系村镇银行为独立法人,在权限管理上会进行一定权衡,投资管理行在产品开发、贷款审批、核销、费用报支、柜面业务监督等重要环节和重点领域,通过下辖村镇银行事前报备方式来加强内控管理,除重要流程和环节以外的事项给予各村镇银行相应权限,由投资管理行职能部门进行指导、监督;"兴福"系村镇银行目前的内控管理系统大部分参照常熟农商行,但都根据法人机构的特性单独整理与常熟农商行不同的管理要点及流程。

常熟农村商业银行兴福村镇银行的开业,标志着常熟农商行在事业部管制村镇银行模式基础上向前迈出了一大步。对于未来村镇银行的业务经营与管理,将有一个质的飞跃,这是一种村镇银行集约化经营的探索,更是村镇银行的组织创新。这一组织创新,已经带来了村镇银行在内部控制、风险控制等风险管控领域巨大的改变。兴福村镇银行可以直接吸收常熟农商行在业务经营与管理上的成功经验,一改过去因力量不足而导致的无法通过金融科技开发业务、经营业务和管理业务的不利局面,充分利用常熟农村商业银行的系统支持,实现村镇银行的智能化经营与内控。

常熟农村商业银行2019年上半年年报首次公开披露了旗下村镇银行的经营情况。截至2019年6月末,该行旗下村镇银行总资产185.56亿元,总存款133.14亿元,总贷款147.02亿元,贷款整体不良率0.99%,实现利润总额2.03亿元,净利润1.50亿元(郭钰,2019)。数据充分说明了兴福村镇银行在常熟农村商业银行风险控制模式的影响下较好把控了业务经营中的风险。

(三)江苏省金农股份有限公司创建江苏省农村小额贷款公司综合云服务平台模式:江苏省农村小额贷款公司内部控制与风险管理自主管理+外包相结合模式

江苏省是小微企业发展的沃土,早年的苏南模式是全国乡镇企业发展的一面旗帜,近年来,在国家大量支持小微企业发展的利好政策刺激下,江苏小微企业更是如雨后春笋般飞速发展，与此同时，资金需求也呈大规模增长态势，因此，江苏省农村小额贷款公司顺应时代发展，充分抓住小微企业大发展的良机不断壮大自己的实力，根据江苏省地方金融监管局网站公开数据，截至 2019 年 10 月，江苏省内 13 个市共注册小额贷款公司 583 家，2019 年上半年，小额贷款行业贷款余额 1496.41 亿元，继续保持小额贷款公司数量和贷款余额总数全国第一。

2012 年 12 月，在江苏省政府和国家开发银行总行的支持下，金农公司与国家开发银行全资子公司——国开金融有限责任公司共同出资成立开鑫贷融资服务江苏有限公司，借鉴 P2P 网络信贷原理，建设以服务"三农"和小微企业为使命的开鑫贷社会金融服务平台模式，近年来，金农公司的服务产品不断丰富，服务范围不断拓展，充分发挥金融和 IT 技术相结合的优势，努力建设服务全国微金融综合服务平台，打造以"云服务"和"云监管"为特色的金农股份品牌，争当中国小微金融平台创新服务领跑者，具体业务包括为小贷公司提供 IT 系统、金融服务、培训服务和小微金融实业家俱乐部等。

IT 服务系统：建立全国首家小额贷款公司综合云服务平台，率先建成小额贷款公司 IT 综合运营系统，逐步建立以云服务、云监管为特色的金农金陵汇服务品牌，同时依靠多年沉淀的小贷公司经营数据，发挥大数据分析优势，提供对小额贷款公司非现场风险监测。具体包括小额贷款管理系统，该系统可以实现小贷公司内部联动系统、外部接入系统、业务流程与功能模块、大数据应用相融合，2015 年 2 月小微贷信贷系统 1.0 正式上线，2015 年 6 月 App 移动终端 1.0 正式上线，2019 年 9 月小微贷资金调剂系统正式上线。

财务管理系统：该系统可协助小贷公司处理日常管理工作，如账务基础设置、会计凭证、账簿报表、融资管理、票据管理、年终处理等。

集中代收服务系统：金农小贷综合业务平台与人行集中代收付系统直连，实现了扣收借贷客户贷款本息等功能，可显著减轻小贷公司结息日集中收款压力，提升小贷公司资金效率，降低其财务成本。

江苏省金农公司利用帮助全省小贷公司资产负债表、利润表和现金流量表的优势，利用技术优势，开发分析软件，既可做到小贷公司自身经营指标的统计对比分析，也可进行小贷公司间横向比较，有利于帮助小贷公司找出经营管理中的问题，与此同时，金农公司通过小贷公司的经营数据以及江苏省地方经济数据，利用大数据技术开展风险预警和提示，实现了辅助性风险监测等综合云平台服务。

金农小额信贷综合业务平台包括小额信贷管理、会计核算和业务监管系统，为小贷公司集中、在线提供财务核算、信贷业务、产品创新、辅助监管等全方位支撑，减少小贷公司IT投入成本，实现行业集约发展与统一监管，同时，全国首创开鑫贷、现金池、应付款保函等业务，并结合小贷综合业务平台，研发多重风险防控技术，在小贷公司业务经营和风险管理上实现了模式创新，使江苏省农村小额贷款公司内部控制与风险管理的自主管理和外部监督实现有机融合，是一项一举三得的组织创新：既解决了单个小贷公司资源不足的瓶颈，达到了借鸡下蛋的效果，又帮助江苏地方金融监管局实时监控地方小贷公司的发展与风险，优化了地方金融环境，同时金农公司在服务中也发展了自己。

第八章 微型金融企业的内部审计与外部监管

第一节 微型金融企业的内部审计与外部监管现状分析

监管部门对商业银行内部审计工作一直高度重视，2006年原中国银监会发布《银行业金融机构内部审计指引》，随着近年来全球金融危机的频繁爆发，商业银行经营环境发生显著变化，巴塞尔协议Ⅲ对商业银行内部控制的要求越来越严，2016年原中国银监会对原内部审计指引进行了修订完善，2016年发布新的《商业银行内部审计指引》（以下简称《指引》）（银监发〔2016〕12号）。《指引》第三条指出：内部审计是商业银行内部独立、客观的监督、评价和咨询活动，通过运用系统化和规范化的方法，审查评价并督促改善商业银行业务经营、风险管理、内控合规和公司治理效果，促进商业银行稳健运行和价值提升。第四条规定：商业银行内部审计目标包括：推动国家有关经济金融法律法规和监管规则的有效落实；促进商业银行建立并持续完善有效的风险管理、内控合规和公司治理架构；督促相关审计对象有效履职，共同实现本银行战略目标。第五条规定：商业银行内部审计工作应独立于业务经营、风险管理和内控合规，并对上述职能履行的有效性实施评价。内部审计活动应遵循独立性、客观性原则，不断提升内部审计人员的专业能力和职业操守。按照《指引》的要求，微型金融企业在内部审计上进行有益探索，取得了较好成效。

一、微型金融企业的内部审计监督现状

(一) 商业银行内部审计工作的成效

1. 内部审计组织体系完善。由于国家高度重视微型金融企业的改革与发展,目前城市商业银行、农村商业银行的改制工作已经基本完成,已经建立起适应现代企业制度要求的公司法人治理结构。村镇银行因为建立迟,内部组织框架基本按照股份公司要求建立,因此从组织层面来看,微型金融企业的内部治理结构基本实现法定原则、职责明确、协调运转、有效制衡现代公司组织框架,股东大会、董事会、监事会和高级经营管理层设置齐全,商业银行通常在董事会下设审计委员会,直管公司审计部,在组织上保证审计部门独立于经营层,使内部审计独立性原则在组织结构层面得到有效贯彻落实。

2. 内部审计活动正常开展。审计部门每年都会根据商业银行董事会明确的内部审计目标制订年度审计工作计划方案,经董事会批准后执行。日常内部审计工作严格遵循银保监会《商业银行内部审计指引》和商业银行自身内部审计办法,对分支行有序开展年度审计、专项审计等工作,在工作安排上,根据工作重要程度、人力配备、任务松紧和进度要求等情况,采用现场审计、报表审计、委托审计相结合的方法,合理调动内部审计资源,确保审计工作任务得到有效落实。

3. 审计手段有所改进。多数已经上市的城市商业银行和农村商业银行以及一些规模较大地处大中城市的商业银行,近年来越来越重视内部审计系统的建设,通过开发内部审计系统,运用大数据开展计算机审计、信息系统审计,既解决了内部审计人员不足的发展瓶颈问题,又实现了审计效率和审计绩效倍增,为其他小型金融企业树立了典范。

4. 推动了商业银行全面风险管理工作的扎实开展。内部审计运用其监督、审查、评价、问责等工作职能,促进商业银行内部合规意识、全面风险管理意识空前提升,微型金融企业已经基本形成公司治理更加完善、规章制度更趋有效、内部控制更讲务实、风险管理更重预防、员工工作更有担当、风险文化更加浓郁的良好氛围。内部审计工作的环境得到巨大改

善,风险控制的闭环反馈改进机制已经成型。

(二) 内部审计工作中存在的问题

1. 内部审计理念陈旧。目前微型金融企业的内部审计主要以合规性审计为主,工作目标侧重于查错纠弊,在审计内容上侧重于常规业务审计,内部审计缺乏价值增值和风险导向功能。目前,多数商业银行已经设立了合规部门,内部审计工作应逐步减少合规性检查的内容,把以识别、控制、化解风险为目的的风险导向型审计作为内部审计工作的重点。

2. 内部审计人员数量不足,结构不合理。《商业银行内部审计指引》第十四条规定:商业银行应配备充足的内部审计人员,原则上不得少于员工总数的1%。目前微型金融企业在内部审计人员上基本安排不足,导致内审工作长期任务重压力大,许多商业银行为了应对内部审计任务完不成的现状,通常采用外包的方式来弥补,长此以往必然会影响内部审计工作的质量和效果。

3. 内部控制、风险管理和内部审计信息共享机制没有建立,不利于内部审计方向的把控和审计结论的客观公正。目前多数微型金融企业管理部门之间信息沟通机制不健全,基本还停留在定期会议交流上,信息数据化程度不高,共享渠道受限,有的商业银行官僚主义作祟,部门之间一道墙,交流沟通不主动;有的由于审计部门自身技术和方法滞后于商业银行信息化步伐,不会利用共享信息为内部审计工作服务;有的由于审计人员与审计对象之间信息沟通渠道不畅等,对审计人员确定审计方向、判断审计重点、分析和评价审计内容带来难度和风险。

4. 内部审计手段相对落后。目前大多数微型金融企业还是以手工审计为主体,审计效率低,对审计人员专业素养要求较高,在人手少的现状下,传统落后的审计手段更是疲于完成任务,发现问题、解决问题的能力严重不足。

二、微型金融企业的外部监管现状

(一) 微型金融企业的特色监管政策分析

近年来,我国金融监管机构对微型金融企业采取了许多区别于大型商业银行和股份制商业银行的监管政策,以扶持微型金融企业发展,在实施过程中,许多政策起到了积极作用。

1. 定向降准的差别存款准备金政策。我国存款准备金制度最早在1984年建立。自2003年以来,金融机构贷款进度较快,部分银行扩张倾向明显。一些贷款扩张较快的银行,资本充足率及资产质量等指标有所下降。因此,借鉴国际上依据金融机构风险状况区别对待和及时矫正措施的做法,中国人民银行自2004年4月25日起对金融机构实行差别存款准备金率制度,有利于抑制资本充足率较低且资产质量较差的金融机构盲目扩张贷款,防止金融宏观调控中出现"一刀切"。差别存款准备金率制度是将金融机构适用的存款准备金率与其资本充足率、资产质量状况等指标挂钩。金融机构资本充足率越低、不良贷款比率越高,适用的存款准备金率就越高;反之,金融机构资本充足率越高、不良贷款比率越低,适用的存款准备金率就越低。

2014年,中国人民银行为了贯彻落实国务院办公厅《关于金融服务"三农"发展的若干意见》的精神,决定引入定向降准考核机制。通过对满足审慎经营要求且"三农"或小微企业贷款达到标准的商业银行实施优惠存款准备金率,建立正向激励机制,引导商业银行改善优化信贷结构。定向降准考核于每年2月进行,根据商业银行上一年度"三农"或小微企业贷款投放情况,对其存款准备金率进行动态调整。所有商业银行都属于定向降准考核范围,严格采用央行已有统计数据进行评估,无须另行上报数据或申请。定向降准政策一般会于当年的2月底完成调整并实施。当年4月25日首次实施定向降准政策,2014—2017年中央银行共运用定向降准政策8次。

2017年,国庆、中秋"双节"假期前最后一个工作日的下午五点,央行发布了关于对普惠金融实施定向降准的特急通知。根据国务院部署,为支持金融机构发展普惠金融业务,着力缓解小微企业融资难、融资贵问题,提高金融服务覆盖率和可得性,为实体经济提供有效支持,央行决定将当前对小微企业和"三农"领域实施的定向降准政策拓展和优化为统一对普惠金融领域贷款达到一定标准的金融机构实施定向降准政策,并从

2018年起实施。这是一个经过全新升级后的定向降准政策。

自2018年4月25日中国人民银行一共进行了3次定向降准操作。根据国务院部署，为支持金融机构发展普惠金融业务，聚焦单户授信500万元以下的小微企业贷款、个体工商户和小微企业主经营性贷款，以及农户生产经营、创业担保、建档立卡贫困人口、助学等贷款，人民银行决定统一对上述贷款增量或余额占全部贷款增量或余额达到一定比例的商业银行实施定向降准政策。凡前一年上述贷款余额或增量占比达到1.5%的商业银行，存款准备金率可在人民银行公布的基准档基础上下调0.5个百分点；前一年上述贷款余额或增量占比达到10%的商业银行，存款准备金率可按累进原则在第一档基础上再下调1个百分点。县域农村商业银行、农村合作银行、农村信用社、村镇银行继续参与新增存款一定比例用于当地贷款考核，达标县域法人金融机构存款准备金率按低于其法定存款准备金率基准档1个百分点执行。政策性银行、财务公司、金融租赁公司和汽车金融公司继续执行现行存款准备金率。2018—2020年中央银行操作共6次，见表8-1。

表8-1　　2018—2020年中国人民银行历次定向降准汇总

机构类型	定向降准标准	2018年(月、日)(%)			2019年(月、日)(%)			2020年(月、日)(%)	
		4.25	7.5	10.15	5.15	10.15	11.15	1.6	3.16
农发行	特定标准	8.5	8.5	8.5	7.5	7.5	7.0	6.5	6.5
工商银行 农业银行 中国银行 建设银行 交通银行 邮储银行	正常标准	16.0	15.5	14.5	13.5	13.5	13.0	12.5	12.5
	上年普惠金融领域的贷款增量占比1.5%，或余额占比1.5%，但未达到10%	15.5	15.0	14.0	13.0	13.0	12.5	12.0	12.0
	上年普惠金融领域的贷款增量占比达到10%，或余额占比达到10%	14.5	14.0	13.0	12.0	12.0	11.5	10.5	10.5

续表

机构类型	定向降准标准	2018年（月、日）(%)			2019年（月、日）(%)			2020年（月、日）(%)	
		4.25	7.5	10.15	5.15	10.15	11.15	1.6	3.16
股份制银行城市商业银行非县域农村商业银行外资银行	正常标准	14.0	13.5	12.5	11.5	11.5	11.0	11.0	11.0
	上年普惠金融领域的贷款增量占比1.5%，或余额占比1.5%，但未达到10%	13.5	13.0	12.0	11.0	11.0	10.5	10.0	10.0
	符合上述条件的股份制银行								9.0
	上年普惠金融领域的贷款增量占比达到10%，或余额占比达到10%	12.5	12.0	11.0	10.0	10.0	9.5	9.0	9.0
	仅在本省级行政区经营，区域外未设分支行的城市商业银行						10.0/9.5/8.5	9.5/9.0/8.5	9.5/9.0/8.5
县域农商行（不属于服务县域的农商行）	正常标准	12.0	12.0	12.0	11.0	11.0	10.5	10.0	10.0
	符合一定存款比例用于当地政策	11.0	11.0	11.0	10.0	10.0	9.5	9.0	9.0
	仅在本县级行政区域内经营，或在他县设有分支机构，但资产规模小于100亿元的农商行						8.0	7.5	7.0	7.0
农村合作银行、农村信用社、村镇银行、服务县域的农商行	正常标准	9.0	9.0	9.0	8.0	8.0	7.5	7.0	7.0
	符合一定存款比例用于当地政策	8.0	8.0	8.0	7.0	7.0	6.5	6.0	6.0
财务公司、金融租赁公司、汽车金融公司	普降	7.0	7.0	7.0	6.0	6.0	6.0	6.0	6.0

注：表中存款准备金率的调整时间为央行宣布的实施时间。

资料来源：孙海波. 刚刚！股份制银行定向降准来了，5500亿元流动性！. [2020-03-13] https：//www.sohu.com/a/379855486-120053281.

较之差别准备金动态机制，MPA 更加全面系统地考虑了资本和杠杆、资产负债、流动性、定价行为、资产质量、跨境业务风险和信贷政策执行情况七个方面，在保持宏观审慎政策框架的连续性、稳定性的同时又作了进一步完善与改进。

　　2020 年 3 月 16 日这次降准是我国经济遇到了新冠肺炎疫情的突发事件冲击，在 2019 年 GDP 增长 6.1% 的下降态势中，宏观政策必须同时做好防止经济运行滑出合理区间和过度货币刺激可能带来的物价上涨过快的问题。充分用好货币政策实施精准滴灌，把握好逆周期的调节力度，在不大开货币闸门的前提下，有效缓解因新冠肺炎疫情对全国经济特别是小微企业的冲击。具体操作如下：

　　（1）普惠金融定向降准的基本条件。央行根据 2019 年度普惠金融考核，一些达标银行由原来没有准备金率优惠变为得到 0.5% 的准备金率优惠，另一些银行由原来得到 0.5% 优惠变为得到 1.5% 优惠，总体来看，对这些达标银行定向降准 0.5%~1%。具体看，本次定向降准中，国有大行（本次考核中无论是否达标）和股份行（本次考核中达标 0.5% 优惠档的）将获得 1.5% 的准备金率优惠，同时要求降准资金用于普惠金融贷款且贷款利率要明显下降。之前针对城农商行已经进行过定向降准，本次没有出台针对城农商行的定向降准政策。

　　（2）"三档两优"存款准备金率框架。本次操作央行对商业银行实施"三档两优"的存款准备金率制度，其中"三档"指：（1）国有大行执行 12.5%；（2）股份行、城商行和大型农商行执行 10.5%（省内城商行额外降准 1% 执行 9.5%）；（3）县域农村金融机构（包括县域农商行）执行 7%。"两优"指在三个基准档的基础上实行两项优惠政策。优惠之一是针对第一档和第二档银行中，前一年普惠金融贷款余额或增量占比达到 1.5% 或 10% 的，存款准备金率可在基准档基础上下调 0.5% 或 1.5%。优惠之二是针对第三档银行中，达到新增存款一定比例用于当地贷款考核标准的，可享受 1% 的存款准备金率优惠。在执行普惠金融定向降准后，国有大行实际执行 11%、股份行实际执行 10.5% 或 9%，跨省城商行和大型农商行实际执行 10.5%、10% 或 9%，省内城商行实际执行9.5%、9%或8%，县域农商行实际执行7%或6%（中信建投证券研究，2020）。

为支持实体经济发展，促进加大对中小微企业的支持力度，降低社会融资实际成本，2020年4月3日中国人民银行决定对农村信用社、农村商业银行、农村合作银行、村镇银行和仅在省级行政区域内经营的城市商业银行定向下调存款准备金率1个百分点，于4月15日和5月15日分两次实施到位，每次下调0.5个百分点，共释放长期资金约4000亿元。中国人民银行决定自4月7日起将金融机构在央行超额存款准备金利率从0.72%下调至0.35%（数据来自中国人民银行网站）。

2. 降低风险抵押品标准，增加小微金融流动性政策

2018年，中国人民银行印发《关于加大再贷款再贴现支持力度引导金融机构增加小微企业信贷投放的通知》，旨在通过扩大再贷款担保品范围的信贷政策来支持小微金融企业增加流动性。信贷政策支持再贷款接受的合格抵押品包括：国债、中央银行票据、国家开发银行及政策性银行金融债、地方政府债券；不低于AA级的公司信用类债券（包括企业债、公司债、中期票据、短期融资券等）；不低于AA级的小微企业、绿色和"三农"金融债；央行内部（企业）评级为"可接受级"（含）以上的信贷资产；未经央行内部（企业）评级的正常类普惠口径小微贷款和绿色贷款。

对比2018年和2015年版本再贷款（包含SLF）的质押品以及质押率可以发现，两者存在较大的差异：一是2018年新增主体评级AA+和AA的企业债、中票、短融、公司债、小微企业/绿色/"三农"金融债。2015年初的版本中不包括任何普通金融债，也不包括AAA级以下的企业债。质押率考核不再区分央企和非央企。二是地方政府债此前局限于中央政府代发代还券种，2018年版本没有该限制。三是2018年删除了同业存单，同业存单不再作为再贷款的合格质押品。至于MLF、TMLF，其合格质押品尚未明确。2018年6月初央行宣布扩大MLF担保品范围，新纳入的有：不低于AA级的小微企业；绿色和"三农"金融债券；AA+、AA级公司信用类债券（优先接受涉及小微企业、绿色经济的债券）；优质的小微企业贷

款和绿色贷款。加上此前 MLF 接受的高等级信用债、利率债，MLF 的抵质押品和再贷款/SLF 的实际差别很小，只是信贷资产作为质押品的流程和操作稍有差异（孙海波，2019）。

3. 提高风险容忍度，明确农村商业银行的市场定位和业务经营地域范围

（1）提高风险容忍度政策以鼓励农村商业银行开展"三农"和小微信贷业务。2004—2020 年中央已经连续十六年发布以"三农"（农业、农村、农民）为主题的"一号文件"，强调了"三农"在我国到 2020 年实现小康目标的"重中之重"地位。金融监管部门在发展中也不断探索金融企业的发展定位问题。2014 年原中国银监会发布《加强农村商业银行三农金融服务机制建设监管指引》，把农村商业银行视作金融支持"三农"的主力军，其中第十五条规定："农村商业银行应按照战略目标总要求，细分三农市场，针对性制定三农业务的客户、产品、渠道、营销等策略。"第四十一条规定："银监会及其各级派出机构对农村商业银行三农金融服务实施不良贷款适度容忍和尽职免责政策。允许结合农村商业银行实际，'一对一'制定差别化的涉农不良贷款率容忍度，原则上最高不超过上一年度当地银行业金融机构各项贷款平均不良贷款水平 3 个百分点。允许涉农贷款出现违约后对尽职的农村商业银行相关人员实施免责。"

（2）实施指标化考核，明确"三个不低于要求"。2015 年原中国银监会发布《关于 2015 年小微企业金融服务工作的指导意见》，明确工作目标，努力实现"三个不低于"，从 2015 年起，商业银行适用小微企业金融服务相关的正向激励政策，应以实现小微企业贷款增速不低于各项贷款平均增速、小微企业贷款户数不低于上年同期户数、小微企业申贷获得率不低于上年同期水平为前提。进一步明确考核指标的要求。

（3）明确农村商业银行的市场定位和业务经营地域范围，指标考核范围进一步扩大，包括经营定位、金融供给、金融基础设施、金融服务机制四个方面，约束力进一步明确。2019 年 1 月 14 日银保监会在其官网发布《关于推进农村商业银行坚守定位、强化治理、提升金融服务能力的意见》（以下简称《意见》），本《意见》与 2014 年指引最大的不同在于强调了

约束力,而且更加具体明确,意见明确农村商业银行应准确把握自身在银行体系中的差异化定位,确立与所在地域经济总量和产业特点相适应的发展方向、战略定位和经营重点,严格审慎开展综合化和跨区域经营,原则上机构不出县(区)、业务不跨县(区)。应专注服务本地,下沉服务重心,当年新增可贷资金应主要用于当地。此外,《意见》专门制定了监测和考核农村商业银行经营定位和金融服务能力的一套指标体系,主要包含经营定位、金融供给、金融基础设施、金融服务机制 4 大类 15 项指标,对科学合理监测、考核和评价农村商业银行支农支小金融服务情况将起到有力的支撑作用(见表 8-2、表 8-3)。

表 8-2 《关于推进农村商业银行坚守定位、强化治理、
提升金融服务能力的意见》指标(一)

分类	指标名称	公式	目标值	备注
经营定位	各项贷款占比	各项贷款期末余额/表内总资产期末余额	≥50%	—
	新增可贷资金用于当地比例	年度新增当地贷款/年度新增可贷资金	≥70%	对县域农商行,"当地"指该行所在的县(市、旗);对城区农商行,"当地"指该行所在的一个或几个市辖区。若年度可贷资金减少,则贷款余额应保持增加
	涉农及小微企业贷款占比	(涉农贷款期末余额+小微企业贷款期末余额-涉农贷款与小微企业贷款重复部分)/各项贷款期末余额	逐年上升直至超过80%	—
	大额贷款占比	大额贷款期末余额/各项贷款期末余额	逐年下降直至低于30%	大额贷款指单笔贷款超过(含)一级资本净额2.5%或5000万元人民币(孰低)的贷款

续表

分类	指标名称	公式	目标值	备注
金融供给	涉农与小微企业贷款增速	（涉农贷款与小微企业贷款扣除重复部分的期末余额－涉农贷款与小微企业贷款扣除重复部分的期初余额）/涉农贷款与小微企业贷款扣除重复部分的期初余额	≥各项贷款增速	涉农及小微企业贷款占比超过80%的，可替换为"涉农与小微企业贷款余额持续增长"
	普惠型农户贷款和普惠型小微企业贷款（扣除重复部分）增速	（单户授信在500万元以下的农户贷款与单户授信在1000万元以下小微企业贷款扣除重复部分的期末余额－单户授信在500万元以下的农户贷款与单户授信在1000万元以下小微企业贷款扣除重复部分的期初余额）/单户授信在500万元以下的农户贷款与单户授信在1000万元以下小微企业贷款扣除重复部分的期初余额	≥各项贷款增速	单户授信在500万元以下的农户贷款、单户授信在1000万元以下小微企业贷款以及重复部分的计算口径参考银保监会非现场监管报表S71

注：资料来源于银保监会网站。

表8-3 《关于推进农村商业银行坚守定位、强化治理、提升金融服务能力的意见》指标（二）

分类	指标名称	公式	目标值	备注
金融供给	农户授信覆盖面	授信农户数期末余额/当地农户总户数期末余额	原则上逐年上升	—
	小微企业授信覆盖面	授信小微企业户数期末余额/当地小微企业总户数期末余额	原则上逐年上升	—
	农户与小微企业用信覆盖面	农户和小微企业的用信（贷款）户数/农户和小微企业的授信户数	原则上逐年上升	—

续表

分类	指标名称	公式	目标值	备注
金融基础设施	农户建档评级覆盖面	建档评级的农户户数期末余额/当地所有农户户数期末余额	原则上逐年上升	—
	小微企业建档评级覆盖面	建档评级的小微企业户数期末余额/当地所有小微企业户数期末余额	原则上逐年上升	—
	电子交易替代率	主要电子交易笔数/（主要电子交易笔数＋柜面交易笔数＋其他交易笔数）	逐年上升	—
金融服务机制	涉农贷款不良率容忍度	涉农不良贷款余额/涉农贷款余额	≤当地银行业金融机构各项贷款不良率以上3个百分点与5%的孰高值	—
	小微企业贷款不良率容忍度	小微企业不良贷款余额/小微企业贷款余额	≤自身各项贷款不良率之上3个百分点	—
	支农支小业务绩效考核倾斜度	支农支小贷款业务绩效考核指标权重	＞其他业务绩效考核指标权重	—

注：资料来源于银保监会网站。

（4）区别对待，科学实施差异化考核。2019年3月4日银保监会发布《关于2019年进一步提升小微企业金融服务质效的通知》（银保监办发〔2019〕48号）进一步强化对"两增"目标的考核。各银行业金融机构全年努力完成"单户授信总额1000万元及以下小微企业贷款（以下简称普惠型小微企业贷款）较年初增速不低于各项贷款较年初增速，有贷款余额的户数不低于年初水平"。明确对商业银行实施差异化考核，地方性法人机构考核对象包括城市商业银行、民营银行、农村商业银行、农村信用社、农村合作银行、村镇银行。差异化考核具体内容包括在辖内法人机构信贷计划总体完成"两增"考核目标的前提下，可对部分机构实行差异化考核，相关标准或条件由各银保监局自主制定。具体包括以下四个方面：

一是对辖内2018年完成"两增"考核目标（或普惠型小微企业信贷计划）的法人机构，允许其在考核时将当年普惠型小微企业不良贷款核销金额还原计算。

二是对辖内 2018 年完成"两增"考核目标（或普惠型小微企业信贷计划）以及利率指导目标、普惠型小微企业贷款余额占其各项贷款余额超过一定比例的法人机构，经报属地银保监局同意，可适度放宽考核要求，确保至少完成"普惠型小微企业贷款余额不低于年初水平，有贷款余额的户数不低于年初水平"。

三是对辖内涉农贷款占比较高的法人机构，可选择将其"两增"考核计算口径扩大为"单户授信总额 1000 万元（含）以下小微企业贷款和普惠型其他组织及个人经营性（非农户）贷款、单户授信总额 500 万元（含）以下的普惠型农户经营性贷款"。

四是对部分总体风险水平偏高、但正在积极进行风险化解处置的法人机构，普惠型小微企业贷款不良容忍度可在"不高于各项贷款不良率 3 个百分点"的基础上适当放宽。

48 号文明确要建立差异化的小微企业利率定价机制。要求各商业银行要综合考虑资本金、运营成本、服务模式以及担保方式等因素，实施差别化利率定价。普惠型小微企业贷款利率明显高于同类机构同类产品平均水平的银行，要进一步加大贷款利率压降力度。使用政策性银行转贷资金、人民银行支小再贷款资金以及由政府性融资担保公司提供担保的普惠型小微企业贷款，要合理确定其利率定价水平。

4. 鼓励通过建立村镇银行投资管理公司或成立村镇银行集团方式探索村镇银行规模化集约化经营。2018 年 1 月 12 日，原中国银监会印发《关于开展投资管理型村镇银行和"多县一行"制村镇银行试点工作的通知》（以下简称《通知》），完善了村镇银行市场准入政策，该《通知》称，具备一定条件的商业银行，可以新设或者选择一家已设立的村镇银行作为村镇银行的投资管理行，即投资管理型村镇银行，由其受让主发起人已持有的全部村镇银行股权，对所投资的村镇银行履行主发起人职责。《通知》明确，投资管理行仅调整增加了村镇银行的业务范围，其机构类别仍然是村镇银行。与现行管理模式相比，投资管理行模式优势明显。作为独立法人，投资管理行能更好统筹集中优势资源，提高管理服务效率，解决中后台服务短板。投资管理行还能针对村镇银行特点，建立专门的风险识别、监测、处置以及流动性支持等制度安排，提升村镇银行整体抗风险能力，这标志着全国开启村镇银行集约化经营管理新模式。

银行投资管理模式和设立方式，有利于扩大村镇银行在偏远和欠发达地区的覆盖面。

5. 扩大农村小额贷款公司信用渠道。我国小额贷款公司自2003年建立之初，属于在工商行政管理部门注册的一般投资型企业，不属于金融机构系列，根据公司章程只能以自有资本开展贷款活动，随着国家鼓励农村小额贷款公司向"三农"和小微企业融资，监管部门逐步放宽小贷公司的负债管理，认定小额贷款公司向银行业金融机构融入资金属于一般商业信贷业务。2008年5月8日，原银监会、中国人民银行联合发布的《关于小额贷款公司试点的指导意见》（即"银监会2008年23号文"）规定，小贷公司的非标准化融资杠杆率为资本金的1.5倍。2017年12月11日原银监会印发的《小额贷款公司网络小额贷款业务风险专项整治实施方案》等监管文件要求，ABS回到表内，执行3倍杠杆上限。实际上许多省份的地方管理文件基本执行的是小额贷款公司向商业银行融资杠杆率为资本金的300%。2020年3月以来，广东、重庆、山东、深圳、湖南、河南、四川等多省市向小贷公司释放利好政策，涉及阶段性放宽融资杠杆、拓宽小贷公司融资渠道、扩张展业区域等多个方面。具体而言，疫情防控期间，国有小额贷款公司年化综合实际利率原则上下调5%~10%，而且允许小额贷款公司因支持企业复工复产围绕供应链跨区放贷。各项监管指标优良、参与疫情防控和支持企业复工复产的小额贷款公司，经报备后融资余额可放宽至不超过净资产的3倍。杠杆倍数方面，广东省金融局率先提出在疫情期间放宽小贷公司融资杠杆率至5倍，而对于采取非标准化融资方式的小贷公司，融资杠杆放宽不超过净资产2倍。深圳金融局方面提到，如因支持疫情防控需提高融资杠杆的、融资杠杆不超过5倍。此外，山东金融监管局宣布适度放宽优秀小贷公司的融资杠杆至5倍。山东地区小贷公司为防疫物资生产企业提供资金支持，经市地方金融监管局认定并报省地方金融监管局同意后，可适当放宽经营区域和业务范围。融资渠道方面，湖南、深圳地方金融监管局都表示，允许小贷公司通过银行、股东定向借款、行业内拆借等非标准化方式融入资金；鼓励优质小贷公司使用证券交易市场、银行间市场发行债券、资产证券化产品等标准化工具融资（史安都，2020）。

（二）微型金融企业的监管组织现状分析

我国目前的微型金融市场呈双线多头监管现状，主要由中国人民银行、中国银行保险监督管理委员会、地方金融监管局和省信用社联合社等共同负责。

1. 国家级监管组织的分工及职责

2017年11月8日正式成立国务院金融稳定发展委员会，2018年3月13日《国务院机构改革方案》公布，提出将中国银监会和中国保监会的职责整合，组建中国银行保险监督管理委员会，不再保留中国银监会和中国保监会，至此，我国的金融监管体系已形成"一委一行两会"（国务院金融稳定发展委员会、中国人民银行、中国银行保险监督管理委员会和中国证券监督管理委员会）的新格局。在新的监管框架下，国务院金融稳定发展委员会将主要承担统筹协调职责；人民银行除承担货币政策职能外，更多担负起宏观审慎管理职能；银保监会和证监会则更加突出微观审慎监管和行为监管职能。通过本次金融监管框架改革，监管协调得到有效加强，中央银行"双支柱"职能更加清晰，功能监管和行为监管被放到更重要的位置。

（1）人民银行履行宏观审慎管理职责。人民银行牵头拟定或建立法律、法规、制度：牵头建立宏观审慎管理框架，拟定金融业重大法律法规和其他有关法律法规草案，制定审慎监管基本制度，建立健全金融消费者保护基本制度。牵头负责系统性金融风险防范和应急处置，负责金融控股公司等金融集团和系统重要性金融机构基本规则制定、监测分析和并表监管，视情责成有关监管部门采取相应监管措施，并在必要时经国务院批准对金融机构进行检查监督，牵头组织制订实施系统重要性金融机构恢复和处置计划。对微型金融企业的监管主要由人民银行的分支机构具体操作，具体包括：发行人民币，管理人民币流通；监督管理银行间同业拆借市场和银行间债券市场等货币市场；实施外汇管理，监督管理银行间外汇市场；维护支付、清算系统的正常运行；指导、部署金融业反洗钱工作，负责反洗钱的资金监测，等等。

（2）中国银保监会履行微观、行为监管职责。银保监会参与起草、拟定或制定法律、法规、制度：参与拟订金融业改革发展战略规划，参与起草银行业和保险业重要法律法规草案以及审慎监管和金融消费者保护基本制度。起草银行业和保险业其他法律法规草案，提出制定和修改建议。依据审慎监管和金融消费者保护基本制度，制定银行业和保险业审慎监管与行为监管规则。制定小额贷款公司、融资性担保公司、典当行、融资租赁公司、商业保理公司、地方资产管理公司等其他类型机构的经营规则和监管规则。制定网络借贷信息中介机构业务活动的监管制度。监管方式：市场准入＋现场监管＋非现场监管＋制定审慎监管与行为监管规则。

本书主要讨论的微型金融企业包括城市商业银行、农村商业银行、农村合作银行、农村信用合作社和村镇银行，目前属于中国人民银行和中国银保监会直接监管，本书讨论的农村小额贷款公司以及其他地方性金融企业和类金融企业都归属地方金融监管局监管。

2. 地方金融监管组织及其职责

（1）省地方金融监管局。2017年7月召开的第五次全国金融工作会议提出，地方政府要在坚持金融管理主要是中央事权的前提下，按照中央统一规则，强化属地风险处置责任。自此，强化地方金融监管被提上议程。根据会议的精神，各个地方必须要由同一个部门来承接金融监管的职责，主要负责包括小额贷款、融资担保、融资租赁、资管公司、典当行等7类金融属性机构监管。

我国地方政府开始重视地方金融管理职能要追溯到2002年。2002年上海市政府成立了全国第一家政府金融办公室，全称为"上海市金融服务办公室"，起初为事业单位，2008年明确为市政府直属机构。此后全国各省政府也相继成立省政府金融办公室并且直接延伸到下面市县。许多省市在地方金融监管职能上进行了有益探索，2009年、2015年北京、武汉将金融办升格为金融工作局，2017年3月山东曾下发通知明确了地方政府金融办的职能转变，9月江苏省的改革方案出台，升格省金融办为省政府直属机构，正厅级单位，2017年10月10日，深圳市决定在市金融办加挂地方金融监管局牌子。根据中国服务贸易协会商业保理专业委员会不完全统计，截至2018年11月1日，全国已有海南、福建、山东、江苏、广东、湖南、辽宁、云南、浙江、吉林、黑龙江、宁夏、山西、安徽、北京、河北、河南、甘肃、重庆、四川、江西、广西、陕西、湖北、新疆、内蒙古、贵州、西藏28个省区省级机构改革方案获批。其中，海南、福建、广东、湖南、辽宁、浙江、吉林、黑龙江、宁夏、重庆、江西、湖北、山东、甘肃、云南15个省区已公开了省政府机构设置情况，而且在省直属机构中都设置了"地方金融监督管理局"。

根据国家与地方分工安排，省地方金融监督管理局的主要职责是：服务＋协调＋管理，具体职责是：组织、协调或配合有关部门打击辖区内各类非法金融活动，防范化解地方金融风险，处置地方金融突发事件和重大事件；负责对7+4类机构实施监管，即小额贷款公司、融资担保公司、区域性股权市场、典当行、融资租赁公司、商业保理公司、地方资产管理公司7类机构，投资公司、开展信用互助的农民专业合作社、社会众筹机构、地方各类交易场所4类机构；拟定地方资本市场培育发展规划（计划），组织协调、培育、推动企业改制上市；拟定地方金融业发展规划、起草金融地方性法规、规章草案和规范性文件；承担辖区中央金融监管部门和金融机构的联系、协调、服务工作。地方金融监管局的监管范围是省、直辖市辖区金融业，履行属地管理职责。其监管方式是组织、协调或配合有关部门开展各项监管工作；对类金融机构进行准入、监管和处罚。以江苏省政府金融管理局为例，其工作职责有如下九项。

江苏省根据《省委办公厅、省政府办公厅〈关于印发江苏省地方金融监督管理局职能配置、内设机构和人员编制规定〉的通知》（苏办〔2019〕18号），省地方金融监管局主要职责有：

第一，在坚持金融管理主要是中央事权的前提下，按照中央统一规则，履行地方金融监督管理职责；在国务院金融稳定发展委员会指导下，推动地方金融改革发展；协同配合驻苏中央金融管理部门建立信息共享、风险处置、业务发展和消费者保护等协作机制；负责地方金融业综合统计相关工作。

第二，贯彻执行金融法律法规和方针政策；研究拟定地方金融监督管理领域的地方性法规、规章草案；研究拟定地方金融监督管理职责范围内发展规划和政策；加强对地方金融监督管理领域运行情况的监测分析，配合驻苏中央金融管理部门研究分析全省金融运行形势，提出改善金融环境、加强金融服务、促进金融业发展的建议。

第三，联系协调驻苏金融机构，配合驻苏中央金融管理部门规范发展全省上市公司；推进全省金融改革创新工作，配合驻苏中央金融管理部门引导银行业金融机构优化资源配置、推动多层次资本市场建设、加快现代保险服务业发展。

第四，负责全省小额贷款公司、融资担保公司（含融资再担保公司）、典当行、融资租赁公司、商业保理公司、区域性股权市场以及从事经中央金融管理部门批准可开展金融企业不良资产批量收购处置业务的地方资产管理公司的监督管理。

第五，负责强化对全省开展信用互助的农民专业合作社（含农民资金互助合作社）和具有金融属性但不属于中央金融管理部门监管的投资公司、社会众筹机构、地方各类交易场所的监督管理。

第六，推动落实金融风险防范处置属地责任，组织协调有关部门防范化解地方金融风险、处置地方金融突发事件和重大事件，协同配合驻苏中央金融管理部门健全全省金融风险监测预警体系和早期干预机制。

第七，会同有关部门依法防范查处非法金融机构及非法金融业务；组织协调有关部门依法做好防范和处置非法集资工作，承担省打击和处置非法集资工作领导小组办公室的日常工作。

第八，完成省委、省政府交办的其他事项。

第九，按照转变政府职能的要求，明确职能定位，强化监管职责，加强审慎监管、行为监管和金融消费者保护，守住不发生系统性金融风险的底线。按照"放管服"改革要求，依法规范事前审批、提高审批效率，加强事中事后监管，提升地方金融监管效率。进一步提升服务水平，更好地发挥金融服务实体经济功能。

(2)金融委办公室地方协调机制。2020年1月14日国务院金融稳定发展委员会办公室印发《国务院金融稳定发展委员会办公室关于建立地方协调机制的意见》(金融委办发〔2020〕1号)(以下简称《意见》),该《意见》中明确表示,地方金融监管框架已经形成,《意见》明确在全国建立金融委办公室地方协调机制,加强中央和地方在金融监管、风险处置、信息共享和消费者权益保护等方面的协作。金融委办公室地方协调机制设在央行省级分支机构,由其主要负责人担任召集人,银保监会、证监会、外汇局省级派出机构、省级地方金融监管部门主要负责人以及省级发展改革部门、财政部门负责人为成员。接受金融委办公室的领导,定位于指导和协调,不改变各部门职责划分,不改变中央和地方事权安排,主要通过加强统筹协调,推动落实党中央、国务院及金融委有关部署,强化金融监管协调,促进区域金融改革发展和稳定,推动金融信息共享,协调做好金融消费者保护工作和金融生态环境建设。

协调机制的建立是对中国金融监管体系的进一步完善。一方面,目前的金融风险主要集中在地方政府债务以及城商行、农商行、互联网金融平台等地方金融机构,分布较为分散,具有区域特征,地方协调机制有助于对金融风险的精准处置,提高处置效率。另一方面,过去的地方金融办首要任务是发展,常常会忽视风险,地方协调机制有助于强化中央和地方各自的责任,提高协调效率。在目前的金融监管中,地方政府承担着属地风险处置的职责。中国人民银行在2020年年初的工作会议上表示,要厘清各方职责边界,压实各方责任。压实金融机构的主体责任、地方政府属地风险处置责任和维稳第一责任、金融监管部门监管责任和人民银行最后贷款人责任,坚决防范道德风险。

金融委办公室地方协调机制的落地将对地方金融监管产生两方面的影响。第一,地方监管更加严格。地方金融监管部门将更注重风险控制,对地方金融机构的牌照发放、业务方面的监管将更加严格。第二,监管精准发力,处置方式因地制宜。地方监管部门可以结合本地区的发展特点对风险进行合理处置,"一刀切"和"误杀"的现象会减少。

(3) 省信用合作社联合社。省信用合作社联合社简称省联社，目前属于省政府领导下的行业管理机构，正厅级单位。在省政府的领导下，依法履行对辖区内农村商业银行、农村合作银行和农村信用社的管理、指导、协调和服务职能。在新的发展时期，省联社的行业管理和服务工作是立足农村，支持农业，服务农民。

我国的农村信用社创始于 1951 年，在近 70 年的发展中，经历了从小到大、从弱到强的变化和飞跃，特别是改革开放以来，农村信用社在改革中不断发展壮大，1996 年经国务院批准，农村信用社与中国农业银行脱离行政隶属关系，由中国人民银行代管，自此，结束了农业银行管理农村信用社的历史。2003 年 6 月 27 日，国务院下发了《深化农村信用社改革试点方案》，这个方案启动了农村信用改革的新一轮创新，以改革产权制度，完善法人治理结构，转换内部经营机制为主要内容的农村信用社改革正式启动，首批试点工作在吉林、山东、江西、浙江、江苏、陕西、贵州、重庆 8 个省份（直辖市）开展。

以江苏省为例，江苏省农村信用社联合社成立于 2001 年 9 月 19 日，是全国农村信用社首家改革试点单位，是由全省农村商业银行共同入股，经江苏省政府同意，并经中国人民银行批准设立的具有独立企业法人资格的地方性金融机构，江苏省农村信用社联合社在省政府领导下，负责行使对全省农村商业银行的指导、协调、服务和管理职能。截至 2018 年末，江苏省范围内农村信用社已经全部改制成功，全省共有 62 家农村商业银行基层法人单位，各类营业网点 3289 家，从业人员 53197 名，是省内金融机构中营业网点最多、覆盖范围最大、服务群体最多的金融企业。2018 年末，全省农村商业银行各项存款余额 21010.77 亿元，各项贷款余额 14852.75 亿元，存、贷款规模均居全省金融机构第一。全省三分之二的法人单位存贷款规模位居县域金融机构之首，为促进江苏农业持续增长、农民持续增收、农村经济持续发展作出了积极的贡献，江苏省农村商业银行成为拥有地方金融资源主要份额、支持地方经济发展主要渠道、服务惠及社区主要人口的农村金融主力军。江苏省农村信用社联合社目前的行业管理主要突出"管方向、管班子、管制度、管风险"四项重点，探索出了一条既符合现代金融企业管理要求，又彰显江苏农信特色的科学管理模式。

第二节 微型金融企业内部审计改进与创新

一、微型金融企业内部审计工作的改进思考

（一）内部审计的观念更新

传统理念下的内部审计主要职责是查错纠弊，事后监督。但这些是基于商业银行传统经营下的一种制度安排。在互联网时代，微型商业银行的业务经营已经与以往有很大差异，服务对象很难按照传统模式提供"三表"，其生产经营活动和资金活动也比以往更加活跃，小微企业面临的市场环境瞬息万变，面临的生存环境更加恶劣，这些都预示着微型金融企业的经营风险随时会发生，需要内部审计工作创新观念，在内部审计组织设计、独立性、职能、内容、方法和手段等方面进行大胆革新，以提高内部审计的效率。

（二）内部审计的职能更新

2014年开始实施的内部审计新准则中，一个重大变化就是将内部审计的"监督和评价"职能改为"确认和咨询"职能，突出了内部审计的价值增值功能。新时代的内部审计已不是简单的事后监督，而是微型金融企业的自身免疫系统。因此，从被动监督型转变为主动服务型是内部控制审计工作发展的一大趋势。要改变侧重查错纠弊的工作理念，注重内部控制评估，分析组织经济运行的各种因素，客观评价影响组织目标实现的主要风险，及时发现组织内部控制运行中存在的漏洞和缺陷，为组织完善内部控制、稳健经营提供支持，寓监督于服务之中，为组织创造价值。

内部审计要真正成为单位的自我免疫系统，就必须做好审计关口前移，注重任中审计、决策中审计、过程审计，促进效益配置和风险控制，才能更好地发挥内部审计的评价和咨询服务功能。

（三）内部审计的手段创新

充分利用IT系统平台开展内部控制审计。通过开发审计系统，与基础

业务系统进行数据共享,实现业务数据信息采集、存储自动化,并对获取的数据加以转换和分析,及时传递至内审部门,便于内部审计人员及时发现被审单位内部控制过程中存在的问题,为审计提供线索和资料,确保内部审计工作的精准度,减少现场审计时间,提高审计效率。同时,建立风险预警监测模型,评估业务部门、网点开展各项业务的风险状况,分析风险成因,提出风险防范对策,为内部审计工作的关口前移提供技术保障,确保小微金融企业规范经营、稳健发展。

二、农村商业银行内部审计技术创新实践

(一)重庆农村商业银行内部审计系统的创新实践

2012年重庆农村商业银行(重庆农商行)结合银行业务经营管理的实际,设计了现代信息科技再造审计模式的路线图和时间表,并进行了有效推进,重庆农商行内部审计信息系统的基本特点有以下五个方面(凌家全,陈方仪,王春雨,2015):

1. 以大数据审计理念建设内部审计信息系统和数据库。突出数据量大、来源多样、预测性、基础性和全面性等大数据特点,全面整合银行内部各业务系统数据,形成了独具特色的银行内部审计信息系统建设方案。该系统包括审计管理、业务预警、现场作业、内控评价四大审计模块。高质量的基础数据是大数据审计系统的根本,重庆农商行根据系统方案明确的四大审计模块全面开展数据库建设,成立数据领导小组,设立"数据专项治理办公室",分两个阶段推进实施。其中第一阶段历时9个月,全行2/3的人员参与,通过平台开发、全员培训、数据补录等工作,更正了85万余个数据项,基本解决了客户信息错误等问题;第二阶段按照监管部门报送标准化数据的要求,在数据管控长效机制建设和短期数据质量提升两个方面同时推进,建立管控机制、优化系统功能、提升数据准确率,确保数据标准化。

2. 把系统开发与人员培训、知识储备、队伍素质提升等多因素系统考虑,不依赖专业公司的现成系统,挑选精通业务和IT技术的审计人员组成项目团队,开发适应重庆农商行业务经营特性的内部审计系统。项目团队

全程参与系统建设的前期考察、技术咨询、需求撰写、项目开发与验收，掌握从框架设计到技术实现的所有主导权，确保系统具有良好的适用性并可根据管理需要随时维护改造；在系统开发的同时，同步培养一支具有复合技能的种子团队，为信息化审计工作锤炼了专业的人才队伍。

3. 围绕大数据审计，指向银行可能出现的各种风险，梳理内部审计流程，创建懂业务懂风险的内部审计模式。利用系统再开发功能，梳理提炼审计经验，形成了信用风险和操作风险两大类 80 余个审计预警模型，创新工作模式，极大释放了审计效能。在审计预警模型的开发中，注重模块内容的专业性和风险预防性，预警模型内容要涵盖银行内部审计的重点风险和主要风险点，可为各类现场审计项目提供扎实的数据支持，实现现场与非现场的紧密联动，从根本上提升现场审计质量、深化非现场审计内涵。在信用风险防控方面，信贷资金流向既是风险重点，也是管控难点，项目开发团队设计了系统，跟踪监测信贷资金发放后资金划转情况，对不按规定用途使用信贷资金等重点风险实施有效控制；在操作风险防控方面，根据"柜面八项禁止行为"等重点风险防控要求，有针对性地开发了柜员自办业务、临时离岗不签退等 5 个预警模型，有效防止柜员业务操作不合规问题。在风险整治过程中，摸索出了"系统分派—总行排查—支行排查—总行督查"的工作流程，形成了专项风险排查、组织支行自查、专项风险提示、全行制度规范等风险治理方法，并通过《审计信息系统预警信息处理流程》等制度加以固化留存，逐步建立起一套全新的审计工作模式。

4. 系统建设不急于求成，逐步推进，在运用中迭代完善。系统 2012 年启动建设，2013 年上线试运行。本着先试点后推广的运行思路，稳妥把握验收推广工作节奏，在总行使用的同时，选择支行逐步推进，2013 年初 6 家支行第一批使用，8 月 9 家支行第二批使用，系统运行效果良好，提升了审计质效、强化了内部控制，各项功能充分实现，与原有审计工作平稳衔接，在此基础上在全行全面推行。

5. 内部审计信息系统形成银行业务风险正向回路反馈，倒逼业务系统更加规范化。按照 EAST 系统理念建设的审计信息系统具有天然的风险敏感性优势,并且可以整合各业务系统数据进行全面分析,从而发现业务系统在风险控制方面的缺陷,倒逼业务系统优化流程实现风险硬约束。

(二)昆山农村商业银行内部审计系统的创新实践

昆山农商行内部审计系统与重庆农商行的自主开发不同,采用科技公司开发+银行协助的方式完成。2015年立项招标,信雅达公司中标,2017年4月进入农商行实施开发,2018年2月完成一阶段功能上线,2018年末试投入运行。经过审计系统功能、性能的升级、改造,提供大数据量内部业务数据、外部综合数据的在线实时查询、分析和展示工具,优化审计项目实施、问题整改处理等工作流程,完善审计分析模型编制、运行、结果处理等功能,提高了内部审计项目质量、降低审计风险,增强内部审计工作效能和提升内部审计形象,确保内部审计人员高质量顺利完成审计任务,保证最终审计目标的实现。

1. 内部审计系统的内容架构。系统基于先进的J2EE技术规范,实现真正的B/S三层结构;采用多层次、构件化的软件设计思想,保证应用的可扩展和灵活组合实施,能实现应用的快速部署及二次开发,支持通过统一登录平台单点登录、多标签页面操作及显示,支持多系统管理员。

新一代审计系统运用双数据源架构,数据平台采用GBase 8a MPP Cluster与DB2共同搭建,其中GBase 8a MPP Cluster管理业务数据表,用于海量数据查询和关联;DB2管理应用服务。GBase 8a MPP Cluster与DB2混搭使用,各自发挥所长,达到平台性能最大化(见图8-1)。

2. 内部审计系统的主要功能及特点

(1)支持全天候非现场检查和数据挖掘。非现场审计主要提供向导式和开放式两种灵活、开放的SQL查询分析工具,支持审计人员自主建模,通过自动报批或手动执行,以便发现问题疑点线索及在审计现场通过SQL查询分析工具对数据进行实时查询,为问题疑点查证、深入检查等提供必要的支持。

通过简易查询功能可以实现用户对数据进行简单、快速的查询和筛选、分析,并支持用户将查询、分析的过程和结果以多种形式加以保存,查证配置操作简单,功能丰富,既可连接影像平台调阅影像,也可以通过

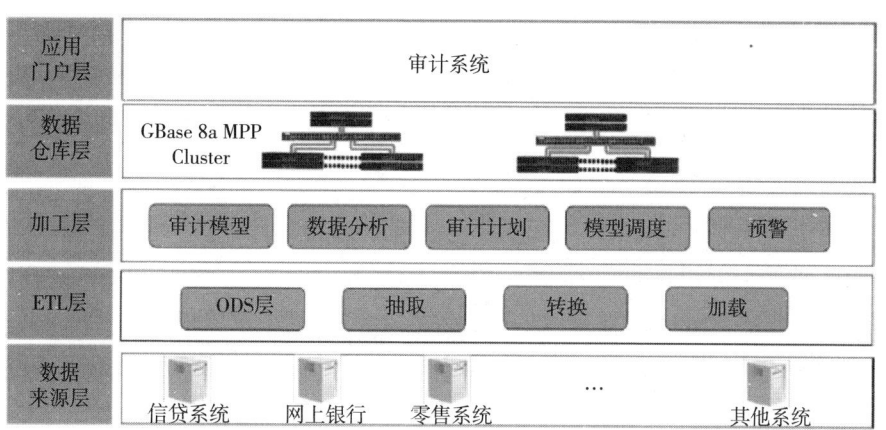

注：图8-1由昆山农村商业银行审计部提供。

图8-1 昆山农村商业银行内部审计系统数据源框架

模型开展数据挖掘，追踪审计线索，为现场审计提供审计方向、确定审计重点，确保现场审计工作精准抓问题和高效审风险。如关系查询功能，基于一个灵活的技术平台，提供用户自我设计、自我服务的查证辅助工具。该功能以某笔业务或信息项为基点，通过预定义的业务追踪模型，利用模型间的关联跳转，追踪相关业务流程或信息，实现审计数据查证。该功能模块包括资金流向分析、担保关系查询。再如知识库和问题库功能，实现与审计工作有关的各类信息的汇集，为审计工作提供审计依据，并为审计人员提供一个学习型的知识体系，使得审计经验得以共享，更好地发挥审计知识资产的实际功效（见图8-2）。

（2）支持现场审计方案管理和流程操作，提高现场审计的办事效率。现场审计主要分为审计管理和审计作业，其中审计管理主要对审计过程中的各类对象实体进行管理，主要包括审计项目、审计人员、审计对象和审计档案。审计作业主要根据审计流程的生命周期进行设计，涵盖了审计计划、审计立项、审计准备、审计实施、审计报告等流程。

（3）系统支持创建内控评价模型，提升内部审计评价的标准化和科学化水平。根据内控评价规范和标准，按照业务条线和管理需要建立内部控制评价模型，分别按照内部环境、风险评估、控制活动（包括贷款、存

注：图8-2由昆山农村商业银行审计部提供。

图8-2 昆山农村商业银行内部审计系统分析数据查询挖掘界面

款、银行卡业务、资金业务、中间业务、财务管理、信息技术管理、综合管理等业务单元）、信息与沟通、内部监督对内部控制进行量化评价。

(4) 内部审计系统融入全数据平台，实现内部控制、风险管理和内部审计的系统融合。昆山农村商业银行内部审计系统在结合国内三大银行审计系统开发公司现有产品的基础上，加入大数据应用、优化审计工作流程、使用双数据库技术、使用向导式建模工具等新技术，系统共接入全行近60个业务系统的上千张数据表单，如核心、信贷、网银、财务、理财、信用卡、COMSTAR、人力、总账等，同时通过大数据平台引入工商、司法等外部数据，探索内/外部数据，在信用风险、市场风险、操作风险等建模排查，有效提高稽核审计项目实施效率和稽核审计质量。

3. 内部审计系统应用有效提升商业银行内部审计工作的效果

随着现代银行业数据信息化程度越来越高，大数据体系已初步形成，如何在纷繁复杂的海量数据中抽丝剥茧，精准定位，及时发现风险点，是摆在商业银行内审部门面前的一道难题。内部审计必须创新审计方式方法，提高运用信息化技术查核问题、评价判断、精准分析的能力，充分利用审计信息系统，探索在审计实践中运用大数据技术的途径，以风险导向为根本出发点，以数据梳理分析为着力点，充分挖掘数据背后的价值关系，及时抓住风险问题实质，提高审计效率，加强非现场审计，筑牢商业银行第三道防线。

（1）信息化的立体审视。逐步改变原来审计由点到面的传统审计风险和抽样方法，转到以立体到面再到点的审计方法上来，充分利用数据信息优势，从全行业务数据全量数据中分析、发现异常点、风险点，再聚集发现相关业务，实现审计的全局把控，精准打击。审计系统的推广运行，让昆山农商行非现场审计工作有了快速推进，取得了良好的效果。通过预警模型、查证模型的运用，让审计人员足不出户便能对全行的业务数据、经营发展、风险管理有了全局整体性了解，审计系统还对其他信贷业务、会计业务、柜台业务、资金业务、国际业务等涉及全行关键重要业务的操作风险、合规风险等进行预警，有力保障全行各项业务合规发展。

（2）智能化的分析判断。逐步改变原来主要依赖审计人员经验判断的相对低效率审计方法，转向部分复杂关系、风险集聚领域依靠计算机智能辅助分析的智能审计方法，有效提升审计工作效率，防范审计风险。在现场审计工作中，审计系统相当于让审计人员拥有了一个工作利器。审计人员在实践中充分依靠系统强大的数据支持，可以合理对已经部署的模型海量分析出来的预警信息进行排查，确定疑点数据对应的交易背景是否真实和内控管理流程是否合规，可以通过各类业务数据抽样分析复核，来确定审计重点和要点。

（3）持续化的跟踪监督。逐步改变原来审计监督只对项目审计范围、其间业务风险进行阶段性监督而为利用全量数据对全行业务风险进行持续不间断监督。业务过程只要出现问题系统便会自动预警，审计人员根据分工和线索可及时核查问题，做到对全行风险的持续跟踪。

（4）体系化的风险布控。逐步改变审计由相对零散的局部布局转向根据全行面临的信用风险、操作风险、市场风险、流动性风险、科技风险等全面风险和内部控制管理重点、盲点、弱点进行有针对性体系化全面布局。审计系统纳入了全行重要业务系统数据，针对不同系统开发不同模型，使全行的审计跟踪触角延伸至全行所有风险领域，做到审计业务全局化。

三、村镇银行内部审计的组织创新

村镇银行由于规模小，在内部审计工作方面近年有许多创新模式，集中表现了规模化和集团化的内部审计特点。

（一）中银富登村镇银行集团内部审计模式

中银富登村镇银行集团化经营解决了单个村镇银行业务规模小、人手少、成本费用高等问题，而且集团控股公司中国银行有丰富的内部控制、风险管理和内部审计经验与系统技术优势，富登金融控股公司有长期从事小微金融的经验，两者的结合使得村镇银行集团内部控制和内部审计具有天然的专业性，可以直接复制两家控股公司的成功做法并结合村镇银行的业务特点进行改进完善。自集团建立以来，村镇银行的业务经营效益显著改善，不良贷款率比同行业明显下降，这也是2018年1月原中国银监会出台《关于开展投资管理型村镇银行和"多县一行"制村镇银行试点工作的通知》鼓励村镇银行开展组织创新的原因所在。

（二）控股商业银行对村镇银行的内部审计创新安排

1. 射阳农村商业银行对控股村镇银行采用重点审计+指导审计模式

射阳农村商业银行共发起设立四家村镇银行，其中三家在河南焦作市、一家在江苏南通海安，目前对发起村镇银行采用的审计模式基本上是大多数村镇的内部审计状态，即控股商业银行对村镇银行的重点领域、重点风险点进行不定时专项审计，并负责对村镇银行内部审计进行培训和指导。射阳农商行的基本做法是：

（1）两级组织，职责分明。射阳农商行设立专门针对村镇银行的业务管理和内部审计组织。射阳农商行董事会下设审计部，负责对村镇银行审计工作进行辅导，提供业务咨询服务，组织实施审计项目。具体职责为：一是负责对村镇银行审计项目的立项进行审查，并提出项目实施意见；二是负责为各村镇银行内部审计工作提供咨询、指导服务，适时组织村镇银行审计人员开展学习研讨和经验交流；三是负责对村镇银行相关风险进行监测；四是根据经营与管理要求，牵头组织审计活动；五是负责对村镇银行高管进行离任审计。行长室下设村镇银行管理部，服务、指导、监督村镇银行业务经营发展。每个村镇银行都设立了审计监察部，配备2名审计人员，专职负责村镇银行的日常审计工作。

（2）抓关键，抓重点。农商行明确村镇银行领导层的离任审计必须由发起行审计部负责，建立村镇银行领导的工资绩效考核机制，把收入与经营绩效和风险直接挂钩。发起行运用信息技术、绩效管理、责任约束等手段，管理和处置审计检查出的风险点，形成管理层监督、审计部门督办、村镇银行承办、经办人具体整改的问题联动整改机制，并将审计整改作为考核、奖惩领导干部的重要依据，适时组织后续审计和审计"回头看"等，对整改情况进行检查，提高审计整改质效。发起行审计部利用商业银行业务系统和内部审计系统模型由专人负责开展村镇银行的数据分析，每季度对村镇银行下发一次风险数据疑点，每两年至少完成一次村镇银行的重点领域、重点业务的审计。村镇银行管理部牵头组织各家村镇银行对商业银行审计部发现的重点风险疑点进行认真排查，并对排查问题进行复核，监督各家村镇银行进行处罚及整改。

2. 常熟农村商业银行控股的兴福村镇银行投资管理行延伸审计模式

兴福村镇银行投资管理行正式开业运营后，兴福村镇银行的管理工作主要由投资管理行来负责，在内部审计方面，采用内外联动的审计模式，投资管理行自身成立了专职审计队伍，并将逐步在村镇银行较多的省份设立区域审计中心，通过投资管理行派出审计和在区域审计中心派驻审计，提升审计工作的权威性和实效性；同时，常熟银行也会不定期派出审计队伍进行村镇银行审计，进一步提高审计工作威慑力。在非现场审计方面，我们利用常熟银行系统，开展持续的非现场审计工作，并正在探索大数据审计组织模式，综合关联分析业务数据与财务数据以及跨机构、跨业务、跨产品数据，全方位监测和分析被审计对象所有业务经营活动数据信息，增强审计工作的整体性和覆盖面。

3. 重庆农村商业银行运用内部审计系统对控股村镇银行开展并表审计

重庆农商行在江苏、四川、云南、广西、福建等省控股村镇银行10多家，由于分布面积广、辐射半径长，影响了现场检查的频率和日常业务指导的及时性，重庆农商行利用自身开发内部审计系统的契机，将审计模型的开发使用与并表管理相结合,延伸审计工作触角。通过审计模型的开发使用,审计信息系统突破了空间限制,管理异地机构与管理辖内机构同样及时有效,极大延伸了现场审计触角、提高了对控股村镇银行的审计质量,成为强化并表管理的有力工具(凌家全,陈方仪,王春雨,2015)。

第三节 微型金融企业的监管创新

一、微型金融企业金融监管的理念创新

近年来,监管沙盒理念在金融科技领域得到普遍应用。监管沙盒(Regulatory Sandbox)的概念由英国政府于2015年3月率先提出。按照英国金融行为监管局(FCA)的定义,"监管沙盒"是一个"安全空间",在这个安全空间内,金融科技企业可以测试其创新的金融产品、服务、商业模式和营销方式,而不用在相关活动碰到问题时立即受到监管规则的约束。再直白一点就是,监管者在保护消费者/投资者权益、严防风险外溢的前提下,通过主动合理地放宽监管规定,减少金融科技创新的规则障碍,鼓励更多的创新方案积极主动地由想法变成现实,在此过程中,能够实现金融科技创新与有效管控风险的双赢局面。我国监管部门近年来也开始在金融科技领域开展这项探索,如2019年12月在中国人民银行指导支持下,北京市地方金融监督管理局在全国率先启动金融科技创新监管试点。

其实,这种理念也可以移植到金融监管的微型金融领域,只要把握好度,那么限制与放松就会找到较好的切入点和平衡点,但对这个"度"的把握是有难度的。如我国对于P2P网络贷款公司的监管起初比较放松,因为P2P是个新生事物,但它从事的是与资金业务相关的金融活动,是不是应该有金融监管部门对其实施监管当时并不明确,监管职责不明,P2P属于监管边缘,后来才逐步将其归到网络金融的范畴,被动监管导致P2P逃避了必要的约束,出现了野蛮增长的混乱局面,回头来看,我国对于P2P的管理确实存在放松过度问题,从而导致大量违法犯罪活动,近两年的大

量倒闭跑路产生不小的负面效应,也给投资者造成了巨额经济损失。再如农村互助资金组织当时也是属于农村金融市场监管职责不明确情况下的一种组织创新,起初的组织是由地方政府的民政部门批准设立,2007年1月原中国银监会制定了《农村资金互助社管理暂行规定》,才正式将其列为金融企业强化监管,完成从乱到治的过程。上述两个案例说明放与管必须把控好度,管而不死,放而不乱是监管沙盒理念的精髓。笔者前文介绍的中银富登村镇银行集团化模式、常熟农村商业银行控股的兴福村镇银行投资管理行模式以及江苏省金农股份公司代管江苏农村小额贷款公司相关业务的模式等,都是近年来监管部门在创新监管理念的条件下实现的小微金融企业转型发展的成功案例。因此,我国对于大量小型城市商业银行、县域农村商业银行和村镇银行的监管也要在监管理念上大胆突破和创新,彻底解决当前微型金融企业发展的瓶颈问题。

笔者认为,在县域金融企业的监管上必须摒弃两个传统观念:一是认为死守县域金融企业法人数量等于守住了金融企业支持"三农"、支持小微企业。这种理念的反面案例就是近年来以小微业务为主而快速扩张的蚂蚁金融旗下的浙江网商银行和微众银行,它们的发展依靠金融科技大力开发长尾客户,既降低了经营成本,又实现了业务下沉,所以不需要人为运用行政手段强制规定某种金融机构的市场定位,这样做实际上等于回到20世纪80年代改革前工农中建的业务划分,但后来的改革打破了这种画地为牢的局面。对于金融机构的业务监管部门可以从风险角度出发,设定控制指标以限制和引导金融机构合理定位、科学发展。二是认为只有县域小型金融机构才是做小微金融业务的主力,所以要想方设法保持国内存在一定量的小型金融机构,尤其是县域市场,通过行政手段限制县域金融企业跨区域发展,为县域"三农"和小微企业配置金融资源。实际上近年来金融领域的业务竞争越来越激烈,原来大型商业银行和股份制银行主动放弃县域市场这几年又见他们的身影,与此同时金融科技的发展已经科学解决了办理小微企业业务必然成本高和风险大的难题,在智能获客和智慧风控的保护下,对于金融企业来说小微客户与大型客户相比反而体现出定价优势,提高了办理业务的收益率。近年来我国大型商业银行、股份制商业银行和民营银行在金融科技领域大量投入,业务经营和风险控制模式发生了惊人的变化,业务已经没有城乡区域界限、没有发达地区和落后地区的界限,只有客户需求满足不满足的界限,打破了原来大银行不做小业务、没有网点做不成业务的传统思维,依靠供应链金融,依靠网络获客渠道,依靠科技风控,全线上全天候全信用开展金融业务,真正实现立等可取。所以小微金融企业已经没有所谓的本土优势,更没有小而精和小而美的小微金融优势,反而在目前大型商业银行、股份制商业银行和民营银行群攻县域市场的当下,农村县域金融企业显示出从未有过的劣势,许多县域金融企业经营状况持续下滑,因为金融企业往往需要通过规模的扩展来覆盖风险,对于金融企业来讲,规模经济和范围经济是一枚硬币的两面,实际上我国近年来的部分监管政策已经体现了这种差异性,如中国人民银行实施的定向降准政策和再贷款政策,定向降准政策就体现了城市商业银行和农村商业银行在发展上的差异,如在城市商业银行中分出仅在本省级行政区域内经营,区域外未设分支机构的城市商业银行;农村商业银行分成非县域农商行和县域农商行,县域农商行又分出仅在本县行政区域内经营或在他县设有分支机构但资产规模小于100亿元的农村商业银行。特别是城市商业银行,目前我国已经有北京、上海和江苏三家城市商业银行的规模超过了股份制商业银行中的浙商银行、恒丰银行和渤海银行,甚至重庆农商行、广州农商行和上海农商行的规模都超过了股份制银行中排名最后的恒丰和渤海银行两家。事实上我国目前金融风险主要集中在小型金融机构当中,所以必须创新小微金融企业的发展和监管理念。

二、金融监管的组织创新,提高微型金融监管的针对性,增强微型金融企业监督的属地性

目前我国的金融监管模式主要以中央层面的监管为主,地方金融监管的职能近年来不断扩大,特别是2020年1月国务院金融稳定发展委员会明确在各省(区、市)建立金融委办公室地方协调机制,加强中央和地方在金融监管、风险处置、信息共享和消费者权益保护等方面的协作,明确地方微型金融企业风险处置的地方属性和责任担当。笔者认为,地方微型金

融企业的监管权应该放在地方金融监管局或者与银保监会逐步在小型城市商业银行、农村商业银行和村镇银行的监管权限上进行区分,确保事权和责任相一致。

(一) 扩大和完善我国地方金融监督局的监管职能

我国商业银行的类型划分目前按银保监会公布的资料通常是大型商业银行、股份制商业银行、城市商业银行、民营银行、农村商业银行和村镇银行,这种分类改革开放以来一直未变,显然已经不太符合现状,首先分类标准较乱,目前至少涉及大小、所有制、区域三种分类标准,这种分类不能体现商业银行经营的特性,既不符合巴塞尔委员会对商业银行的分类要求,也不符合中国社会主义市场经济发展的现实要求。其次巴塞尔委员会对商业银行是按照风险来划分的,分为系统性重要银行和非系统性银行两类。现在社会上各类评级机构对商业银行的评价排名通常按照资产规模或者资本金大小来划分。再次从我国社会主义市场经济的发展来看,按所有制或地域来划分银行带有一定的歧视性。建议统一按照规模大小进行分类,为完善我国系统重要性金融机构监管框架,建立系统重要性银行评估与识别机制。2018年以来,监管部门已经开始着手完善这项工作。

按照党中央、国务院决策部署,2018年11月27日人民银行与银保监会、证监会联合发布了《关于完善系统重要性金融机构监管的指导意见》(银发〔2018〕301号,以下简称《指导意见》),对我国系统重要性金融机构的识别、监管和处置作出总体性的制度安排。2019年11月26日,人民银行会同银保监会发布《系统重要性银行评估办法(征求意见稿)》(以下简称《评估办法》),正式向社会公开征求意见。《评估办法》作为《指导意见》的实施细则之一,是我国系统重要性银行认定的依据,也是对系统重要性银行提出附加监管要求、实施宏观审慎管理、建立特别处置机制的前提,符合我国金融监管体制改革的总体方向和要求。《指导意见》设定了参评机构的范围标准:一是可采用金融机构的规模指标,即所有参评机构表内外资产总额不低于监管部门统计的同口径上年末该行业总资产的75%;二是可采用金融机构的数量指标,即银行业、证券业和保险业参评机构数量分别不少于30家、10家和10家。依据四大类共计13项指标评分。《评估办法》发布后，人民银行、银保监会将向参评银行发送数据报送模板和数据填报说明，收集2018年数据，开展2019年系统重要性银行评估。根据《评估办法》，首先，采用定量评估指标计算30家参评银行的系统重要性得分，评估的一级指标包括"规模""关联度""可替代性"和"复杂性"，指标权重均为25%，每个一级指标下设若干二级指标，得分达到一定分值的银行被纳入系统重要性银行初始名单。具体评估指标构成如下：

1. 规模：采用作为杠杆率分母调整后的表内资产余额和调整后的表外项目余额之和作为定量指标，按照《商业银行杠杆率管理办法》规定的口径计算。

2. 关联度：包含三个定量指标，权重均等，分别是金融机构间资产，即银行与其他金融机构交易形成的资产余额；金融机构间负债，即银行与其他金融机构交易形成的负债余额；发行证券和其他融资工具，即银行通过金融市场发行的股票、债券和其他融资工具余额。

3. 可替代性：包含四个定量指标，权重均等，分别为通过支付系统或代理行结算的支付额，指银行作为支付系统成员，通过国内外大额支付系统或代理行结算的上一年度支付总额，包括为本银行清算的支付总额和本银行代理其他金融机构进行清算的支付总额；托管资产，指上年末银行托管的资产余额；代理代销业务，指银行作为承销商或代理机构，承销债券，代理代销信托计划、资管计划、保险产品、基金、贵金属等业务的年内发生额；境内营业机构数量，指银行在境内设立的持牌营业机构总数。

4. 复杂性：包含五个定量指标，权重均等，分别为衍生产品，指银行持有的金融衍生产品的名义本金余额；交易类和可供出售证券，指银行为交易持有、以公允价值计量且其变动计入当期损益的证券余额和可供出售证券余额之和；非银行附属机构资产，指银行控股或实际控制的境内外非银行金融机构的资产总额；理财业务，指银行发行的非保本理财产品余额；境外债权债务，指银行境外债权和境外债务之和。

根据2018年末的资产规模，我国首批30家成为系统重要性银行的大型商业银行6家（工农中建交邮）、政策性银行3家（国家开发银行、中国进出口银行和中国农业发展银行)、股份制银行10家(招行、兴业、浦发、中信、民生、光大、平安、华夏、浙商、渤海)、城商行8家(北京、上海、江苏、南京、宁波、杭州、徽商、盛京)、农商行3家(重庆农商、北京农商、上海农商)。从上述系统重要性银行的遴选条件和参考结果来看,目前我国商业银行按照大小、所有制性质和区域等多重标准分类的做法已经不能反映商业银行的发展现状,也不能客观反映商业银行经营管理和抗风险能力。

笔者建议,在商业银行监管权的划分上,中央监管部门和地方监管部门的划分依据商业银行对行业的影响权重来考量,中央监管部门负责前100强商业银行的监管,其余商业银行的监管权划归地方金融监管局负责。这一建议的依据是中国银行业协会发布的我国商业银行实力榜单。中国银行业协会连续四年发布"中国银行业100强榜单"。该榜单遵循简单、客观、专业原则,参考巴塞尔协议和监管机构对银行业资本实力的相关要求,以核心一级资本净额作为唯一评价标准,并对中国银行业前100家银行的经营规模、盈利能力、运营效率及资产质量进行全方位评价,力图成为衡量我国银行业综合实力的重要参考和社会各界了解中国银行业现状和发展趋势的重要窗口。榜单力求实现如下三大目标:一是数据权威公正。通过发挥行业自律组织的作用,为市场提供信息和数据参考,数据主要来源于各银行公开年报中上一年末的合并报表数据。二是指标设计客观专业。指标体系设计既符合国际规范,便于国际间的交流与比较,又充分结合中国国情,以人民币为单位进行呈现,可直观体现出本土银行的实际情况。三是涵盖范围广泛。将所有中资商业银行纳入同一个榜单,而不考虑大型商业银行、全国性股份制银行、城商行以及农商行这样的传统分类,上榜的100家银行占商业银行总资产的96.87%,创造商业银行96.08%的净利润。2018年年底,上榜银行核心一级资本净额共计138238.94亿元,同比增速为10.94%,较2017年增长0.54%。2019年,进入100强榜单的商业银行包括6家大型商业银行,11家全国性股份制商业银行,63家城市商业银行、19家农村商业银行和1家民营银行(中国银行业协会研究部,2020)。

从银保监会公布的 2018 年商业银行机构数量来看，绝大多数城市商业银行（71 家）、民营银行（16 家）、农村商业银行（1408 家），全部农村信用社（812 家）和村镇银行（1616 家），合计 3923 家银行机构仅占全国银行业总资产的 3.13%，监管权划归地方金融监管局不会影响我国商业银行整体稳定性，体现了中央监管的抓大放小，更有利于中央和地方监管事权和责权的明晰。

（二）探索省联社改革，壮大省级金融监管队伍

农村信用社省级联社是在我国农村信用社的改革与发展中成立的，大多数成立于 21 世纪初，目前已经基本完成信用社体制改革任务转向行业管理职能+行业信息系统外包服务职能。近年来，从地方金融办成立到地方金融监管局挂牌，对于省级信用联合社出路问题的讨论越来越多，也越来越迫切。2016 年《中共中央 国务院关于落实发展新理念加快农业现代化实现全面小康目标的若干意见》提出：开展农村信用社省联社改革试点，逐步淡出行政管理，强化服务职能。2017 年的中央一号文件中也强调"抓紧研究制定农村信用社省联社改革方案"。特别是 2018 年银保监会严监管以来，查处名单中出现省级联社，大家越来越困惑省级联社的性质与定位问题，江苏省苏南部分已经上市的农村商业银行一度通过行使董事会否决权抵制省联社对银行人事任免。与此同时，省级金融监管局的成立与省联社并行，尽管目前地方金融监管局没有监管农村商业银行、农村信用社的事权，但一级政府内同时有两家管理地方金融机构的部门反而会分散监管的力量，不利于集中管理和形成合力。目前地方金融监管局新成立，人员不足，如何强化地方金融监管局的工作也是当务之急。

不过 2019 年以来，监管层对于省联社改革思路已经越来越明晰。2019 年 2 月 11 日，人民银行、银保监会等五部委联合印发《关于金融服务乡村振兴的指导意见》，对省联社改革及其职能作出了新的要求："积极探索农村信用社省联社改革路径"，"淡化农村信用社省联社在人事、财务、业务等方面的行政管理职能，突出专业化服务功能"。2019 年年底人民银行发布的《中国金融稳定报告（2019）》中特别以专题形式对省联社的改革思路进行了深入探讨：坚持市场化、法治化、企业化改革方向，科学界定服

务功能和业务范围，合理优化调整管理事项，制定依法管理履职清单，明确职责边界。无论采取何种省联社改革模式，省级人民政府都要建立服务县域经济、小法人分类治理、机构风险处置、行业服务以及监督约束等机制安排，并明确承担部门和责任。2020年1月6日，银保监会首席风险官兼办公厅主任、新闻发言人肖远企在媒体通气会上针对热点话题作出回应时提到："下一步要推进省联社改革，并将采取多样化改革模式。"2020年4月，据媒体报道，省联社改革相关文件已经下发各地省政府，这次改革方向很明确，金融监管部门对省联社改革不搞"一刀切"，各家省联社可在改革原则的总体要求下，根据自身实际情况，自行制订改革方案，经省政府报送银保监会，银保监会审核各省联社改革方案，然后给出答复。目前我国信用社的省级管理模式主要有三种：

1. 省联社模式，即各县级联社作为独立法人，共同出资成立省联社，由省联社代理省政府对农信社进行管理，这也是当前多数地区采用的模式。这种模式省份的联社大多已经完成成立之初的任务，这也是目前省联社需要改革的重点模式，改革的思路既可以从行政角度也可以从商业化角度考虑方案，比如，江苏省目前的农村信用社已经全部改制成股份制农村商业银行，这一类省联社的改革可以选择两种方案：一是将省级农村信用社联社与地方金融监管局合并，成立单一省级金融监管局，省联社为省内农村商业银行和农村信用社服务的电子银行信息系统独立出来，作为社会服务机构，专门外包农村商业银行、农村信用社的业务系统，企业化管理以后也有利于电子银行公司更加专注于对服务对象的专业服务，今后还可以把省内村镇银行甚至农村小额贷款公司的电子银行系统纳入统一服务范围，推动村镇银行金融科技的发展。二是由省市政府出资设立省级农村金融控股公司。省级农村金融控股公司出资对省辖内所有法人农村商业银行实施控股，控股比例可以第一大股东为准绳，或者统一规定对各农村商业银行的持股比例为15%或20%以上，政府出资方式一方面可以把目前由财政、国资委或其他地方国有企业持有的农村商业银行股份直接划转金融控股公司持有，另一方面对于早期政府持股比例较低的农村商业银行，可由地方财政出资收购股份（目前农村商业银行的股份转让比例频繁，价格也不高，便于操作）。省级农村金融控股公司可以向子公司派出董事和监事，甚至董事长和监事长，运用资本的力量行使地方政府对农商行的管理监督职能。金融控股公司作为省级金融法人可以独立开展商业银行业务经营活动，还可以与控股子公司合作开展业务经营活动。这种省联社的改革思路既实现了省联社的顺利转型改革，又提升了原来农村商业银行小法人的抗风险能力，有利于地方金融市场的稳定。这种改革模式特别适合中西部地区，因为这些地区的农村信用社正在改制为农村商业银行过程中，转型中的改革可以一步到位。对于发达地区，特别是农村信用社已经全部改制成农村商业银行的省份（截至目前全国农信系统中除北京、上海、天津和重庆4个直辖市外，安徽、湖北、江苏、山东、江西和湖南6个省农信也已经完成全面改制），这种模式投入的资金规模可能太大，地方财政有一定的压力。

2. 统一法人模式，即在4个直辖市组建全市统一的农商行，其中天津有天津农商行和天津滨海农商行2家。海南省联社也类似这种模式（海南省农村信用社联合社2007年8月10日揭牌成立，是经海南省政府同意，中国银行业监督管理委员会批准，由海口、三亚等19家市（县）农村信用社联合社共同发起设立的、具有独立企业法人资格的、省政府领导的唯一地方性金融机构，省联社承担对辖内农村信用社的管理、指导、协调和服务职能，海南省农村信用社联合社及辖属225个法人信用社），海南省成立省级信用联社独立法人后经营状况良好，并没有影响农村信用社对"三农"和小微企业的支持力度，反而在这些方面因为统一法人的规模更大、实力更强、更容易办大事，"三农"和小微企业业务做得更专注、更专业、更有效力。另外，河南省联社的改革也在探讨统一法人模式：2018年两会期间，全国人大代表、中国人民银行郑州中心支行行长徐诺金在接受记者采访时，就曾透露出河南省联社改革的进展：建立河南联合农商银行的方案目前已报银保监会审批。

3. 金融持股模式。成立金融控股公司模式做强省域农村信用社是完全可能做到的，可以由省联社控股各县的农村信用社独立法人，建立省级信用社控股公司。这种模式比较适合国内目前正在进行农村信用社改制工作的大多数中西部省份，可以抓住各县农村信用社小法人改制的关键契机，省级政府直接控股完成改制。如宁夏黄河农商行在原宁夏联社和银川市联社合并的基础上组建，吸收国内若干家法人单位和自然人组建，并以资本为纽带对全区各县市联社实行统一管理。2020年5月8日，陕西省政府发布了《陕西省人民政府关于成立省深化农村信用社改革工作领导小组的通知》，省长挂帅担任组长，意在充分挖掘秦农银行改革实践的成功经验，全面推动陕西省联社和农信系统的资本化改革。

三、探索建立适应微型金融企业的适应性监管指标体系

我国商业银行的监管指标体系建设是一个不断发展和完善的过程，中国人民银行印发《商业银行资产负债比例管理考核暂行办法》（银发〔1994〕171号），该办法提出了资本充足率、存贷比、中长期贷款比例、资产流动性比例、备付金比例、单个贷款比例、拆借资金比例、贷款质量指标（一逾两呆）、信用贷款比例、资金损失比例、负债成本比例、资产盈利比例、实收利息比例和资本回报比例十四项考核指标体系；1996年12月12日，中国人民银行对银发〔1994〕171号文进行修订后印发《商业银行资产负债比例管理监控、监测指标和考核办法的通知》，该办法从1997年1月1日起执行，指标分监控和监测两大类，监控类指标有资本充足率、贷款质量指标、单个贷款比例指标、备付金比例指标、拆借资金比例指标、境外资金运用比例指标、国际商业借款指标、存贷款比例指标、中长期贷款比例指标、资产流动性比例指标十种，监测类指标有风险加权资产比例指标、股东贷款比例指标、外汇资产比例指标、利息回收率指标、资产利润率指标等六种，同时还定义了资本成分、表内外资产风险权数、信用风险转换系数等重要测算标准。

2006年1月，原中国银监会根据巴塞尔协议要求，重新制定并颁发了《商业银行风险监管核心指标（试行）》，商业银行风险监管核心指标分为三个层次，即风险水平、风险迁徙和风险抵补。风险水平类指标包括流动性风险指标、信用风险指标、市场风险指标和操作风险指标，以时点数据为基础，属于静态指标。流动性风险指标衡量商业银行流动性状况及其波

动性,包括流动性比例、核心负债比例和流动性缺口率,按照本币和外币分别计算。信用风险指标包括不良资产率、单一集团客户授信集中度、全部关联度三类指标。市场风险指标衡量商业银行因汇率和利率变化而面临的风险,包括累计外汇敞口头寸比例和利率风险敏感度。操作风险指标衡量由于内部程序不完善、操作人员差错或舞弊以及外部事件造成的风险,表示为操作风险损失率,即操作造成的损失与前三期净利息收入加上非利息收入平均值之比。风险迁徙类指标衡量商业银行风险变化的程度,表示为资产质量从前期到本期变化的比率,属于动态指标。风险迁徙类指标包括正常贷款迁徙率和不良贷款迁徙率。风险抵补类指标衡量商业银行抵补风险损失的能力,包括盈利能力、准备金充足程度和资本充足程度三个方面。

2008年美国金融危机后巴塞尔委员会提出的另一个流动性监管指标净稳定融资比率,根据原中国银监会2011年11月发布的《关于中国银行业实施新监管标准的指导意见》(以下简称《指导意见》),确立了我国银行业实施新监管标准的政策框架。根据巴塞尔委员会发布的第三版巴塞尔协议(巴Ⅲ),在充分借鉴国际经验,紧密结合国内银行业经营和监管实际的基础上,《指导意见》按照宏观审慎监管与微观审慎监管有机结合、监管标准统一性和分类指导统筹兼顾的总体要求,明确了资本充足率、杠杆率、流动性、贷款损失准备监管标准,并根据不同机构情况设置差异化的过渡期安排。建立多维度的流动性风险监管指标和监测指标体系,在我国现行流动性风险监管指标的基础上,引入流动性覆盖率和净稳定融资比例,提升流动性风险监管的有效性。流动性覆盖率和商业银行的净稳定融资比例均不得低于100%。2013年1月1日起施行的《商业银行资本管理办法(试行)》,对资本金充足率以及资本构成等提出新的监管要求。

从国际巴塞尔委员会和中国监管部门对商业银行监管发展来看,强化风险性、流动性和自身抗风险能力方面的指标逐步成为监管重点。就差异化监管而言,监管标准和要求是一致的,但在实施进度上主要体现渐进性原则,巴塞尔委员会对于巴Ⅲ在各国的执行并未要求进度一致,中国自2013年1月1日起执行新资本管理办法,但实施时间跨度为5年,2018年年底全部到位，从目前来看，我国商业银行已经全部达到新资本办法的基本要求。2017年12月7日，巴塞尔银行监管委员会发布公报表示，旨在加强银行业监管的《巴塞尔协议Ⅲ》已完成修订，将从2022年1月1日起逐步实施。新协议与2010年版相比看点主要有三点：其一，最新修订版设定了内部模型法的最低输入值和最低测算值，减少了高级内评法的适用范围，简化了操作风险计量方法；其二，最新修订版对于信用风险计量的资产类型和风险权重进行了更为细致的划分；其三，最新修订版本对全球系统重要性银行提出了更高的杠杆率监管要求。为应对新冠肺炎疫情挑战，确保银行有足够资本扩张信贷，巴塞尔委员会2020年3月27日决定将巴Ⅲ的实施时间推迟一年至2023年1月1日。与此同时，于2018年12月确定的第三支柱披露要求和2019年1月修正后的市场风险监管框架，其实施时间也同样顺延至2023年1月1日。

就我国来看，随着监管体制改革的深化和监管水平的提高以及我国商业银行分类标准的更加明晰化，对不同类型的商业银行提出更具针对性的监管标准，更具必要性和现实性。

根据《关于完善系统重要性金融机构监管的指导意见》（银发〔2018〕301号），我国系统重要性银行的监管指标体系和监管标准即将明确，其他小微商业银行的监管指标和监管标准也值得研究和探讨。从银保监会目前的一些规定和政策来看，只是一些零星临时性指标调整，如农村商业银行、农村信用社因为是小微企业信贷业务的主力军，监管部门把对其不良贷款率的监管容忍度从2%提高到3%。对于村镇银行的监管要求，2007年执行的《村镇银行管理暂行规定》对资本充足率大于8%、不良资产率低于5%的，适当减少现场检查的频率和范围，支持其稳健发展。村镇银行对同一借款人的贷款余额不得超过资本净额的5%；对单一集团企业客户的授信余额不得超过资本净额的10%。商业银行同类指标要求：单一集团客户授信集中度为最大一家集团客户授信总额与资本净额之比，不应高于15%。该项指标为一级指标，包括单一客户贷款集中度一个二级指标；单一客户贷款集中度为最大一家客户贷款总额与资本净额之比，不应高于10%。比较来看，村镇银行略低一些。

在差异性监管指标上，2019年1月14日银保监会在其官网发布的《关于推进农村商业银行坚守定位、强化治理、提升金融服务能力的意见》比较具体，明确了农村商业银行支持小微企业差异性监管的四个大类共15项指标。这些指标都比较明确为对小微金融企业的固定监管要求。比如明确业务涉及"三农"、涉及"小微企业、个体工商户"的比例，业务资金规模用于本土经济社会发展的比例等。建立这些对小微银行的考核指标，基本可以把小微银行定位在"三农"一线、定位在县域基层，就没有必要对农村商业银行和农村信用社提出"资金不出省、业务不出县"的行政规定，相反可以允许经济发达地区农村商业银行和城市商业银行出资收购或者控股落后地区的农村信用社、农村商业银行、城市商业银行，这样做县域法人机构数确实减少了，但风险反而会下降，银行在当地"三农"和小微企业的业务力度也不会降低，因为业务下降等于失去市场份额。这样既鼓励了发达地区农村商业银行和城市商业银行积极主动输出成熟的经营管理经验，扩大农村商业银行和城市商业银行经营的规模经济和范围经济效率，另一方面也有利于我国整体优化金融组织结构，用市场化方式化解经济落后地区金融风险，使农村信用社改制发展走出一条集约化转型道路。

参考文献

[1] 焦瑾璞. 微型金融学[M]. 北京：中国金融出版社，2013.

[2] 张伟. 微型金融理论研究[M]. 北京：中国金融出版社，2011.

[3] 董昀. 从普惠金融到包容性金融[N]. 中国证券网，2013-11-05.

[4] 习近平. 在决战决胜脱贫攻坚座谈会上的讲话[R]. 新华网，2020-03-09.

[5] [美]安格斯·迪顿. 逃离不平等：健康、财富及不平等的起源[M]. 北京：中信出版社，2014.

[6] [美]阿尔文·托夫勒. 第三次浪潮[M]. 北京：中信出版社，2018.

[7] [美]凯文·凯利. 新经济，新规则[M]. 北京：电子工业出版社，2014.

[8] 格列. 金融理论中的货币[M]. 上海：上海三联书店，1988.

[9] 雷蒙德·W. 戈德史密斯. 金融结构与金融发展[M]. 上海：上海三联书店，1991.

[10] [美]罗纳德·I. 麦金农. 经济发展中的货币与资本[M]. 上海：上海人民出版社，1997.

[11] [美]爱德华·肖. 经济发展中的金融深化[M]. 上海：格致出版社，2018.

[12] [美]斯蒂格利茨. 经济学（第二版）[M]. 北京：中国人民大学出版社，2000.

［13］［美］罗伯特·席勒. 新金融秩序——如何应对不确定的金融风险［M］. 北京：中信出版社，2014.

［14］［美］克里斯·安德森. 长尾理论：为什么商业的未来是小众市场［M］. 北京：中信出版社，2015.

［15］威廉·詹姆斯. 行为改变思想：表现原理［M］. 海口：南海出版社，2014.

［16］［美］伊恩·艾瑞斯. 大数据思维与决策［M］. 北京：人民邮电出版社，2014.

［17］［美］丹尼尔·卡尼曼. 选择、价值与决策［M］. 北京：机械工业出版社，2017.

［18］赵冬青，王康康. 微型金融的历史与发展综述［J］. 金融发展研究，2009（1）.

［19］郭晓鸣. 以农民合作的名义——1986—1999 年四川省农村合作基金会存亡里程［EB/OL］. 豆丁网 https：//www.docin.com/p-383927470.html.

［20］中国人民银行. 2019 年三季度小额贷款公司统计数据报告［R/OL］.（2019-10-25）.

［21］谭帅. 微型金融发展历史综述［J］. 山东经济战略研究，2011（7）.

［22］孙颖. 微型金融理论基础及相关研究综述［J］. 华北金融，2010（3）.

［23］任涛. 4588 家银行业金融机构名单大全［Z］. 轻金融，2019-02-15.

［24］今日农商行. 钱存农商银行，建设美丽家乡！. 银保监会公布最新 1478 家农商银行法人名单［Z］. 今日农商行，2020-04-08.

［25］薛亮. 我国农村微型金融服务的实践及发展［J］. 金融参考，2009（5）.

［26］张晓燕. 普惠金融的理论和实践［M］. 北京：经济科学出版社，2014.

［27］李扬，叶蓁蓁．中国普惠金融创新报告（2018）［M］．北京：社会科学文献出版社，2018．

［28］刘晏汝．全球最大的 NGO 是如何玩转公益和商业的？［EB/OL］．（2017-09-28）．

［29］修德弘法．一家专为穷人开办的银行，却日益发展壮大——孟加拉国乡村银行［Z/OL］．（2017-10-27）．百家号 https：//baijiahao. baidu. com/s？id = 1581787211091360759&wfr = spider&for = pc．

［30］富平微型金融事业部．高贵的贫穷——孟加拉国乡村发展委员会（BRAC）访问手记［Z］．（2014-02-13）．http：//www. fdi. ngo. cn/shengyin/gushi/brac．

［31］格莱珉银行，互动百科，http：//www. baike. com/wiki/% E6% A0% BC% E8% 8E% B1% E7% 8F% 89% E9% 93% B6% E8% A1% 8C．

［32］印度尼西亚人民银行，百度百科，http：//baike. baidu. com/link？url = UzbEz4r7ob1W97_jMg - Ixw4x9SyjpKTQsMhswDwW3KnmeS36_b3fqlGxV3_X0a4DhrS1VXgHahA - Cp5LaTHM5a．

［33］韩军伟．有特色的零售银行——印度尼西亚人民银行的发展及启示［J］．当代金融家，2016（6）．

［34］国务院发展研究中心"印度、印度尼西亚微型金融服务考察团"课题组范保群．印度尼西亚、印度微型金融服务模式及对我国的启示［EB/OL］．（2008-07-21）．国研网．

［35］刘金兴，林旻，斐巧彬．微型金融发展的国际经验借鉴与启示［J］．福建金融，2016（5）．

［36］唐钧．1980 年代以来中国的减贫成就［J］．民主与科学，2017（1）．

［37］行业频道．2018 年中国小微企业信贷行业现状及市场发展前景分析预测［EB/OL］．（2018-07-19）．http：//www. chyxx. com/industry/201807/660277. html．

［38］植凤寅．邮储银行 2017 年实现净利润 477 亿元［EB/OL］．（2018-03-29）．中国金融在线．

[39] 万木. 民营银行发展的三个特点与五个问题 [EB/OL]. (2018-05-07). 中国电子网综合.

[40] 张彭鸿. 2018 年消费金融公司有哪些? 获得消费金融公司盘点 [Z]. (2018-01-11). 希财新金融.

[41] 肖文斌. 中国普惠金融蓝皮书（2018）[EB/OL]. (2018-10-16). 中青在线.

[42] 中国农业银行. 中国农业银行普惠金融服务报告（2018）[R]. (2018-08-31). 中国农业银行网站.

[43] 陈月石. 中行再扩版图：耗资 16 亿元接手建行 27 家村镇银行 [EB/OL]. (2018-08-27). 澎湃新闻.

[44] 中国民生银行. 中国小微金融发展报告（2018）[EB/OL]. (2018-12-10). 新华网.

[45] 国务院发展研究中心金融研究所《中国城市商业银行研究》课题组. 城市商业银行抽样调查的一些重要结论 [EB/OL]. (2005-02-07). 金融时报网.

[46] 李玉雯. 未及时披露权益变动，江阴银行两股东信披违规收监管函 [EB/OL]. (2019-03-26). 每日经济新闻.

[47] 管斌. 论我国村镇银行公司治理的制度变革 [J]. 经济法论丛, 2017 (1).

[48] 北京富华创新科技发展有限责任公司. 深夜重磅! 这家万亿银行 IPO 获批：还是全国最大的农商行! [Z]. 金融界, 2019-09-06.

[49] 中国银行业协会. 19 家农商银行入选! 2019 年中国银行业 100 强出炉 [Z]. 金融界, 2020-03-10.

[50] 钟源. 国常会：支持商业银行多渠道补充资本金 [N]. 经济参考报, 2019-02-12.

[51] 孙海波. 商业银行资本工具大比拼 [Z]. 金融监管研究院, 2019-01-28.

[52] 首单农商行永续债即将落地! 年内银行发行永续债已超 1400 亿. 今日农商行, 2020-04-02.

[53] 中国人民银行. 截至2019年9月末，全国共有小额贷款公司7680家［EB/OL］.（2019-10-25）. 新浪财经.

[54] 王明山. 拟成立理财子公司的商业银行已达26家［N］. 证券日报，2018-12-24.

[55] 严强. 互联网大数据在小微金融领域的运用实践与前景［J］. 清华金融评论，2019（3）.

[56] 任涛. 46家上市银行各项指标排名大全［EB/OL］.（2019-04-30）. 博瞻智库.

[57] 柴季风，刘磊. A股上市银行资产负债结构对标及变化趋势分析［Z］. 金融监管研究院，2019-07-04.

[58] 央行. 2018小微企业贷款利率下降，微型企业贷款利率累计下降多少？［EB/OL］.（2019-03-07）. 至诚财经网 www.zhicheng.com.

[59] 果藤金融. 小微企业贷款利率4.76%，已连续6个月下降！融资成本再降低［N］. 人民日报，2019-04-19.

[60] 吴雨，张千千. 央行吹风上权威回应，小微企业融资成本降了多少？［N］. 科技日报，2019-04-30.

[61] 丁丹. 轻型化运营能力的较量：28家上市银行非利息收入占比排名［EB/OL］.（2018-12-03）. 零壹财经.

[62] 新华社. 国务院关于《推进普惠金融发展规划（2016—2020年）》［R］（2016-01-15）. 中央政府门户网站 www.gov.cn.

[63] 省联社. 省联社举办小微贷IPC技术应用与创新培训班［EB/OL］.（2017-07-28）. 河南省农村信用社网站.

[64] 卢伟. 德国IPC微贷技术会消失吗？［Z］. 微金读书会，2018-07-03.

[65] "小本贷"赢得大市场——访台州银行行长黄军民［J］. 中国金融家，2016（10）.

[66] 聂欧，黄思楠. 银行业服务小微实践调查：谁是"最小微"的银行？［J］. 财经国家周刊，2019（10）.

[67] 财联社. 已与50多家银行、消金公司展开合作，累计放款2500

亿元[EB/OL]. (2018-11-01). 百度度小满金融.

[68] 浙江台州小微金融研究院课题组. 推行信用保证基金模式, 破解小微融资担保难题[N]. 金融时报, 2015-10-12 (9).

[69] 包慧. 区域经济提振之宁波保险破局样本[N]. 金融时报, 2015-10-20 (10).

[70] 聂欧, 黄思楠. 谁是最小微的银行[Z]. 金融科技研究, 2019-04-30.

[71] 黄志龙. 小微企业的融资缺口究竟有多大?[Z]. 钛媒体APP, 苏宁财富资讯, 2018-07-26.

[72] 韩松. 飞贷金融科技董事长唐侠攻占小微金融全球制高点[Z]. VC/PE/MA 金融圈, 2018-11-07.

[73] 中国1/3小微企业经营困难 资金缺口22万亿[J/OL]. 网易财经, 2015-01-6.

[74] 统计称中国小微企业寿命仅3.7年, 低于美欧日[N]. 第一财经日报, 2014-09-18.

[75] 张沁. 金融科技在银行小微信贷中的用武之地[Z]. 互联网金融, 2019-06-11.

[76] 高国华. 帮助线下小微商户发展与成长, 网商银行推出"口碑贷"[N]. 金融时报, 2015-10-13 (3).

[77] 黄彦. 融资担保公司能否解决网贷机构转型困境?[Z]. 互联网金融, 2019-06-16.

[78] 7000万小微企业有了国家队担保[Z]. 税融通, 2018-11-12.

[79] 李丽辉. 我国将对小微企业融资担保业务降费奖补2018—2020年每年安排资金30亿元[N]. 人民日报, 2018-10-26 (10).

[80] 将小微企业不良贷款容忍度从不高于各项贷款不良率2个百分点放宽到3个百分点[Z]. 农开基金, 2019-06-10.

[81] 张云. 2019年末普惠型小微企业贷款余额11.6万亿元, 同比增长25%[EB/OL]. 中国新闻网, 2020-01-13.

[82] 经济日报—中国邮政储蓄银行小微企业运行指数课题组. 2019

年 5 月中国小微企业运行指数为 46.1, 创历史新低 [EB/OL]. 中国经济网 www.qqjjsj.com.

[83] 未央研究. 国家审计署报告显示网贷利率多高于 30% [Z]. 互联网金融, 2019-06-27.

[84] 央行, 银保监会. 小微贷款盈亏平衡利率应保持在 5%~5.7%, 贷款余额同比增长 30%. 中国网 [EB/OL]. (2019-04-25). 领带金融.

[85] 嵇少峰. 中国银行业小微信贷已到最危急时刻 [Z]. 意见领袖, 2019-05-28.

[86] 王晔君. 供应链金融: 用技术破解小微融资难题 [Z]. 互联网金融, 2019-07-10.

[87] 王仲琦, 冉学东, 宋清辉. 农商行不良贷款率飙升, 银行慌了政府帮要钱 [N]. 华夏时报, 2018-08-31.

[88] 银保监会发布 2019 年一季度数据商业银行不良贷款余额 2.16 万亿元 [EB/OL]. (2019-05-11). 中国银保监会网站.

[89] 第一白银网. 不良率攀升, 农商行陷生存怪圈 [N]. 北京商报, 2019-04-18.

[90] 乐天. 从 0 到 1 区域银行大数据信贷崛起 [EB/OL]. (2019-06-14). 互联网金融.

[91] 张沁. 银行如何在小微企业金融生态中抓住机会? [EB/OL]. (2019-06-16). 互联网金融.

[92] 陈赋明, 吴蓓. 马云最擅长的是捅破阿里的天花板 [Z]. 格上私募圈, 2019-07-06.

[93] 马化腾. 全球互联网公司都站在了风口上, 新产品的迭代速度以天为单位 [EB/OL]. (2017-12-03). 品途网.

[94] 张林. 速度就是一切: 光的速度 [Z]. 职场知识, 2019-02-12.

[95] Lee I, Shin Y J. Fintech: Ecosystem, business models, investment decisions, and challenges [J]. Business Horizons, 2018, 61 (1): 35-46.

[96] 巴曙松, 白海峰. 金融科技的发展历程与核心技术应用场景探索 [J]. 清华金融评论, 2016 (11).

[97] Ma Y, Liu D. Introduction to the special issue on Crowdfunding and FinTech [J]. Financial Innovation, 2017, 3 (1): 8.

[98] 庄雷. 金融科技创新下数字信用共治模式研究 [J]. 社会科学, 2019 (2).

[99] 蚂蚁金服井贤栋定下 2020 年目标: 网商银行要为小微企业贷款 2 万亿 [EB/OL]. (2020-03-06). 中保网.

[100] 乐天. 降维攻击, 银行触网: 银行网点面临的七大挑战 [Z]. 互联网金融, 2019-07-24.

[101] 吴振武. 商业银行网点转型的正确打开姿势 [Z]. 看懂经济, 2016-12-14.

[102] 李玉雯. 六大银行去年缩减网点超 800 个, 减员 1.15 万人! 为何中小行却在扩增? [N]. 每日经济新闻, 2020-04-08.

[103] 张哲宇, 何飞, 文巧甜. 过去一年银行业科技赋能都做些什么? [Z]. 金融科技研究, 2020-04-09.

[104] 郭品, 沈悦. 互联网金融对商业银行风险承担的影响: 理论解读与实证检验 [J]. 财贸经济, 2015 (10).

[105] 高智贤, 李成, 刘生福. 货币政策与审慎监管的配合机制研究 [J]. 当代经济科学, 2015 (1).

[106] Mulherin, J, Boone, A. Comparing acquisitions and divestitures [J]. Social Science Electronic Publishing, 2000, 6 (2): 117-139.

[107] Laeven, L, Levine, R. Complex Ownership Structures and Corporate Valuations [J]. Review of Financial Studies, 2008, 21 (2): 579-604.

[108] Pathan, S. Strong boards, CEO power and bank risk-taking [J]. Journal of Banking & Finance, 2009, (7): 0-1350.

[109] Francis, W. B, Osborne, M. Capital Requirements and Bank Behavior in the UK: Are There Lessons for International Capital Standards? [J]. Journal of Banking and Finance, 2012 (3): 803-16.

[110] Merton, R. C. A Functional Perspective of Financial Intermediation [J]. FinancialManagement. 1995 (2): 23 – 41.

[111] 吴晓求. 中国金融的深度变革与互联网金融 [J]. 财贸经济, 2014 (1).

[112] Askitas, N., Zimmermann, K. F. Google Econometrics and Unemployment Forecasting [J]. Discussion Papers of Diw Berlin, 2009 (2): 107 – 120.

[113] 徐明东, 陈学彬. 货币环境、资本充足率与商业银行风险承担 [J]. 金融研究, 2012 (7).

[114] 江曙霞, 陈玉婵. 货币政策、银行资本与风险承担 [J]. 金融研究, 2012 (4).

[115] Aghion, P, Bolton, P, Fries, S. Corporate Financial Corporate Control ││ Optimal Design of Bank Bailouts: The Case of Transition Economies [J]. Journal of Institutional and Theoretical Economics, 1999 (1): 51 – 70.

[116] Gambacorta, L. Monetary policy and the risk – taking channel [J]. BIS quarterly review, 2009 (1): 43 – 53.

[117] 刘晓霏. 新常态下我国商业银行信用风险实证研究 [D]. 杭州: 浙江大学, 2016.

[118] 张雪兰, 何德旭. 货币政策立场与银行风险承担——基于中国银行业的实证研究 (2000—2010) [J]. 经济研究, 2012 (5).

[119] 谷安平, 史代敏. 面板数据单位根检验 LLC 方法与 IPS 方法比较研究 [J]. 数理统计与管理, 2010 (5).

[120] Delis, M, Kouretas, G. Interest rates and bank risk – taking [J]. Journal of Banking &Finance, 2011 (4): 840 – 855.

[121] Zhu, X. Understanding China's Growth: Past, Present, and Future [J]. The journal of economic perspectives, 2012 (4): 103 – 124.

[122] 崔吕萍. 2019 年净利润同比增 205.4%, 新网银行都干了些什么? [EB/OL]. (2020 – 03 – 27). 人民政协网.

[123] 城市行研究. 2019 年中国银行业 100 强榜单发布 [EB/OL].

(2020 – 03 – 10)．新浪财经．

[124] 普益君．全国 271 家农村金融机构理财能力排行榜发布（2019年度）[Z]．今日农商行，2020 – 03 – 24．

[125] 杨世鉴．一张图看懂内部审计与内部控制和风险管理的关系 [EB/OL]．(2016 – 04 – 18)．风控在线．

[126] 中宝．图解内部审计、内部控制、风险管理的关系 [Z]．内审小兵，2017 – 01 – 16．

[127] Bank 资管．央行发声！提到两家银行，说了很多干货 [Z]．Bank 资管，2020 – 04 – 10．

[128] 李延．银保监会：全国已组建村镇银行 1631 家 [EB/OL]．(2019 – 09 – 20)．新华网．

[129] 尚志科．银行雷区：这些行业不良率飙升 N 倍！[Z] 轻金融，2020 – 04 – 09．

[130] Bank 资管．2019 年银行评级被调整涉及 70 家 [Z]．Bank 资管，2020 – 03 – 23．

[131] 融新致远．2020 年 2 月银保监会监管处罚分析（银行业）[N]．致远云库智能报告，2020 – 03 – 02．

[132] 受益所有人．2019 年度反洗钱处罚信息汇总 [EB/OL]．(2020 – 01 – 16)．中国贸易金融网．

[133] 城商行研究．某银行遭"挤兑" [Z]．城商行研究，2020 – 04 – 08．

[134] 可爱多．泰隆银行给员工父母发"亲情工资" [EB/OL]．(2011 – 07 – 07)．富阳新闻网．

[135] 杨梦滢．信用评分的过去、现在和未来 [Z]．互联网金融，2019 – 08 – 12．

[136] 中银富登村镇银行．百度百科 https：//baike. baidu. com/item/% E4% B8% AD% E9% 93% B6% E5% AF% 8C% E7% 99% BB% E6% 9D% 91% E9% 95% 87% E9% 93% B6% E8% A1% 8C/507764？fr = aladdin．

[137] 中银富登村镇银行．http：//www. bocfullertonbank. com/．

[138] 王晓明. 中银富登村镇银行的发展模式、做法经验是什么? [N]. 中银富登村镇银行, 2017-11-24.

[139] 顾志娟. 打包村镇银行, 常熟农商行拟成立 "兴福系" 投资管理银行 [N]. 新京报, 2018-12-18.

[140] 郭钰. 常熟农商行半年报: 净利润增幅超20%, 不良贷款率为0.96% [Z]. 今日农商行, 2019-08-28.

[141] 孙海波. 刚刚! 股份制银行定向降准来了, 5500亿元流动性! [Z]. 金融监管研究院, 2020-03-13.

[142] 中信建投证券研究. 怎么看央行定向降准 [Z]. Bank资管, 2020-03-15.

[143] 孙海波. 重磅! 票据、同业存单首次纳入合格质押品, 3000亿流动性支持中小银行! [Z]. 金融监管研究院, 2019-06-14.

[144] 史安都. 融资杠杆松绑! 多省市小贷公司获多项 "临时性" 利好, 能否破解融资难题? [N]. 券商中国, 2020-03-17.

[145] 凌家全, 陈方仪, 王春雨. 大数据时代银行内部审计的求索与变革 [N]. 中国农村金融, 2015-08-14.

[146] 今日农商行. 新一轮农信社改革酝酿中! 河南农信: 积极推动省联社改革 [N]. 今日农商行, 2020-05-11.

后　　记

　　2020年是全面建成小康社会目标实现之年，是全面打赢脱贫攻坚战收官之年。习近平总书记在2020年新年贺词中说："2020年是具有里程碑意义的一年。"我们将全面建成小康社会，实现第一个百年奋斗目标。目前全国上下已进入脱贫攻坚全力冲刺阶段，金融行业更是扶贫一线的先锋队，从上市商业银行公布的一份份年报成绩单来看，小微金融服务捷报频传，商业银行积极响应党中央和国务院回归实体经济，支持"三农"和小微企业发展的号召，把支农支小作为业务发展基本目标，在普惠金融事业中发展壮大，充分彰显了商业银行在社会经济发展中的使命担当和历史责任。在这个重要的转型发展时期，《微型金融经营管理与创新》一书结稿，作者心情十分激动，希望书稿早日出版能为微型金融企业的健康发展贡献一份自己的努力。

　　在此书的写作过程中，得到了多家商业银行和身边朋友的帮助和支持，江苏省农村信用社联合社电子银行部和信息科技部、江南农村商业银行信息科技部，昆山农村商业银行审计稽核部、大丰农村商业银行科技信息部和人力资源部、射阳农村商业银行、常熟农村商业银行、溧水农村商业银行和扬中农村商业银行等单位提供了有关支农支小产品、金融科技系统开发、内部控制、风险管理、内部审计和绩效考核等方面的鲜活案例材料；江苏省农村信用社联合社主任助理王骏和电子银行部经理严军，昆山农村商业银行副行长刘海和审计稽核部总经理杨小华，江南农村商业银行副行长戚道富，射阳农村商业银行副行长朱广东等同志为调研工作提供了热情的帮助；书中第六章第一节至第三节内容与陆龙飞共同完成，第四节主要部分由陆龙飞执笔完成；同时，还通过中国人民银行、中国银行保险监督管理委员会、国家统计局、百度、百度百科、Wind、零壹财经、埃森哲咨询、前瞻产业研究院、苏宁金融研究院、样本商业银行等网站、数据库和年报以及金融监管研究院、互联网金融、金融科技研究、金融读书会、金融行业网、华尔街见闻、轻金融、今日农商行、Bank资管、投资银行在线、VC/PE/MA金融圈、格上私募圈、看懂经济等微信公众号查找数据、资料和信息。中国金融出版社和王雪珂编辑为本书的出版提供了专业而高效的支持。本书得到了南京审计大学"南审金融文库"的立项资助，得到金融学院同人的中肯建议和热情支持，在此一并表示衷心的感谢！最后还要感谢我的家人，在完成书稿的过程中他们提供了生活上无微不至的关怀，才使我能专心做好研究工作。

书中的一些见解和建议只作为个人学术观点，提出供读者交流讨论，肯定有不当之处，由于作者水平有限，书中肯定还有许多纰漏，在此一并恳请读者指正赐教。

刘志友
2020年5月28日于南京